행정조직관리론

내일을여는지식 정치 20

행정조직관리론

한만봉 · 김두흠 · 이필호 지음

 한국학술정보㈜

머리말

이 책은 행정조직관리에 대해서 이론과 실무를 기록한 책이다. 조직은 우리 삶에 있어서 큰 영향을 미친다. 공식적 조직, 비공식적 조직, 선한 조직, 불의한 조직, 명예를 중시하는 조직, 권력을 중시하는 조직, 돈을 중시하는 조직, 운동을 중시하는 조직, 취미 또는 동회를 중심으로 모이는 조직, 남녀 간의 애정을 중심으로 모이는 조직, 종교적인 사상을 중시하는 조직, 봉사조직 등 다양한 조직이 존재한다. 이러한 다양한 조직에 대해서 의미를 해석하고 행정학적으로 이해하기 쉽게 풀어 놓았다. 공무원 및 회사, 개인사업자 또는 일반인, 종사자 등이 알기 쉽게 기술하였으며, 특히 대학생들의 강의와 교재로 사용하기 쉽도록 현실성 있게 분류하여 놓았다.

모쪼록 본 책을 통하여 맡은 바 분야에서 진정한 조직을 이끌고, 조직에 참여하는 전문가가 되길 바란다. 이 책을 공부함으로써 내적 성공, 외적 성공, 자아실현을 동시에 모두 이루며 행복한 삶이 되었으면 한다. 본 책을 출간함에 있어서 전적으로 도움을 주신 한국학술정보(주) 채종준 사장님과 강태우 과장님께 감사드리며, 늘 지식적인 면에서 도움을 주신 고려대학교 인문대학 학장님이셨던 김동규 박사님, 고려대학교 부총장님이셨던 표시열 박사님, 성균관대학교 정덕희 박사님, 성남기능대학 학장님이셨던 민영오 박사님께 감사를 드린다. 또한 자료를 찾아 주고 도움을 주신 최선월 선생님, 프리스카 선생님, 공주대학교 대학원생 조명연 선생님, 홍성군청 주민복지과 7급 최선희 선생님에게도 감사를 드린다.

모쪼록 이 책을 통하여 21세기의 진정한 신의성실한 조직관리자들이 많이 나오길 바란다.

2009년 10월
고려대학교 도서관에서 저자 일동

차 례

머리말 • 5

Ⅲ 조직관계와 인간관계 • 315

I

행정조직관리의 정의

1. 행정조직의 출현

대규모 조직이 출현하여 인간의 생활에 커다란 영향을 미치기 시작한 것은 별로 오래되지 않았다. 조직이 나타나기 전에는 사람들이 자신의 일을 관리할 수 있었기 때문에 전문적인 관리자가 필요하지 않았다. 그러나 과학기술의 발달이 세계시장을 하나로 묶는 교통·통신체계를 가능하게 만들었다. 이러한 획기적인 변화는 조직의 리더로 하여금 업무성과에 영향을 미치는 사람들과 집단 그리고 조직을 연결하는 수많은 관계를 고려하도록 강요하고 있다. 뿐만 아니고 조직에 참여하는 많은 사람들의 목적, 의견, 신념의 다양성은 상상하기 어려울 정도로 복잡하고 방대하다. 복잡한 조직의 출현은 대부분의 인간활동을 집합적인 형태로 바꾸어 놓았다. 즉 인간은 조직에서 태어나서 조직에 의해 양육되고 교육을 받는다. 조직에서 일하며 조직이 제공하는 상품과 서비스에 의존하여 살아간다. 심지어는 조직 속에서 늙고 죽어 가며, 조직에 의해 장례식이 치러진다. 조직이 중요한 행위자로 등장한 사회를 조직사회 또는 조직국가라고 한다. 조직의 영향을 지나치게 받으면서 왜 인간은 많은 조직을 만들어 내는가? 조직은 인간을 위해서 반드시 필요한 존재인가? 인간의 조직생활은 '필요악'이라고 하기도 한다. 조직이 필요악이 아니라 필요선으로 될 수는 없는가? 이와 같은 문제에 대한 완전한 해답은 쉽사리 찾아볼 수 없다. 인간사회의 이에 대한 반응은 조직을 불가피한 현상으로 받아들이고, 이를 개선하는 방법에 주로 관심을 기울이고 있다. 즉 조직은 인간의 생존과 행복을 위해 필요한 광범위한 상품을 생산하고, 가정에 오락을 제공하며, 교육과 복지를 향상시켜 주기 때문에 존재한다는 것이다. 그러나 조직이 반드시 인간의 복지에 공헌하는 것은 아니다. 조직은 사람들을 좌절시키고 때로는 착취하기도 한다. 또한 조직이 만들어 놓은 상품은 제대로 도움을 주지 못하며, 교육이 별다른 효과를 나타내지 못하고, 환자들의 병은 낫지 않고, 정부의 정책은 문제를 개선하기는커녕 오히려 약화시키는 경우가 많다. 무엇보다도 대부분의 사람들은 자기에게 관심조차 없는 누군가로부터 상품과 서비스를 제공받고 있다는 것이다.

2. 행정조직의 개념

21세기의 현대인은 다양하고 복잡한 수많은 조직들로 구성되어 있는 사회 속에서 조직의 구성원으로 혹은 조직과 관련된 범주 내에 살아가고 있다. 즉 이들은 조직에 참여하거나 조직을 관리하거나 조직의 영향을 받으면서 살아가고 있다. 사회가 발전하고 변동속도가 빨라질수록 조직이 인간생활에서 차지하는 비중은 더욱 커지게 된다. 이러한 모든 조직들은 공동의 목표가 있으며 이것을 효율적으로 달성하기 위해 상호 협력하고자 노력한다. 공식적이고 복합적인 사회 조직에 대한 연구는 오랫동안 많은 사회학자들의 관심의 대상이 되어 왔다. 이러한 조직 개념에 대한 정의는 조직이론의 계보에 따라 다양하게 제시되어 왔는데 학자들의 조직에 대한 개념을 정리하면 다음과 같다. 첫째, 조직은 합리체제라는 견해를 가지는 학자의 정의로서 ① 조직은 공동의 목표를 달성하는 데 공헌하려는 구성원들의 자발적인 의욕, ② 목표와 의욕을 연결하기 위한 의사전달을 구성요소로 하는 2인

이상의 인간이 의도적으로 조정된 행동 또는 체계라고 하였다.

둘째, 조직이란 상호 작용하는 인간복합체이며 중앙조절체제와 유사한 내용을 포함하고 있는 우리 사회의 가장 대규모적인 집합이라고 하였으며, 조직은 일정한 환경 아래에서 특정한 목표를 추구하며 이를 위하여 일정한 구조를 가지는 사회 단위라고 정의하였다.

셋째, 자연체제이론 학자인 scott는 조직을 그 구성원이 공식적 구조나 공식적 목표의 영향을 크게 받지 않으나 조직이 생존해야 한다는 데에는 공동적인 이해를 가지며, 이러한 목적의 달성을 위하여 비공식적 구조를 지니면서 집단적인 활동에 종사하는 집합체라고 정의하였다.

넷째, 개방체제이론 학자의 정의에 의하면 조직이란 비교적 확인이 가능한 한계, 규범적인 질서, 권한의 계층, 의사전달체제 및 구성을 조정하는 체제를 지닌 집합체라고 정의하였다.

그 밖의 연구들을 살펴보면, 조직을 인간의 집합체로서 특정한 목적을 추구하기 위하여 의도적으로 구성된 사회적 단위라고 하였으며, 소식이란 목표를 달성하기 위한 인간의 결합 형태로서 이러한 목표의 달성을 위하여 계층구조와 본업 및 조정이 이루어지는 형태이며, 환경과 상호 작용하여 사회적 기능을 수행하는 사회체계라고 보고 있다. 또한 조직이란 특정한 공동의 목표 달성을 위하여 인적·물적 자원을 동원하고 환경과 상호 작용하면서 구성원들 사이에 일정한 관계를 유지하는 구조를 갖춘 인간의 의식적 활동체계라고 하였다.

이상과 같은 견해를 종합해 볼 때 조직은 정해진 목표를 달성하기 위하여 구성원 모두 상호 협동하여 유기적 관계를 형성하고 그 내부에서 구조와 문화를 만들어 가면서 의식적이고 집단적으로 활동하는 사회적 집단 또는 사회적 단위라고 할 수 있다. 조직에 대한 이해가 없이는 회사, 정부, 국가, 세계 관계를 제대로 파악할 수가 없으며, 관리할 수가 없을 것이다. 그러므로 조직에 대한 깊이 있는 이해가 필요하다.

3. 조직의 특징

1) 다양성을 갖는 조직을 파악하고 이해해야 한다

현대 사회에 존재하는 대부분의 조직은 대다수의 사람들이 이해하기 어려울 정도로 복잡하다. 조직이 이와 같이 복잡한 이유는 다양하다. 복잡성의 이해는 다양성으로 파악될 수 있다. 다양하다는 것은 사회가 그만큼 발달하고 성장하여 21세기형으로 바뀌었다는 것이다.

① 조직이 사람들에 의해 구성되어 있고, 아직까지 인간행태를 이해하고 예측하는 능력에는 한계가 있기 때문이다. 인간한계뿐만 아니라 조직한계도 있다. 즉 한계에 의한 해결점을 조직에서 찾아야 할 것이다.

② 서로 다른 개인, 집단, 조직 간의 상호작용이 대단히 복잡하기 때문이다. 특히 대규모 조직에서의 사람들, 단위조직, 기술, 목표 및 환경 간의 관계는 실로 복잡하게 얽혀 있다. 이러한 현상은 조직과 조직의 관계에서는 더욱 악화된다. 복잡한 조직일수록 해결점을 찾기가 어렵다. 그렇다고 인원이 적은 조직이 문제 해결과 의견 수렴을 잘 한다는 보장은 없다. 예를 들면 작은 수의 모임인 10명 이내의 조직도 의사결정에 있어서는 상당한 진통과 어려움을 겪게 된다. 왜냐하면 인간의 마음과 가치관, 추구하는 바가 다르기 때문이다. 이것에 대한 이해가 있어야 하며, 모든 사람이 추구하는 포괄적이며 다양한 해결점을 제시해 주어야 조직이 규합되고 공동체와 합의를 이룰 수 있는 것이다.

2) 의외성을 갖는 조직을 파악하여야 한다

조직이 복잡한 성격을 지니고 있기 때문에 조직 내에서의 결정이나 주도권의 결과를 예측하기란 쉬운 일이 아니다. 바로 이러한 점이 조직의 의외성을 짐작게 해 준다. 기존의 문제에 대한 해결방법이 앞으로의 문제를 해결하는 데는 오히려 장애요인이 될 수 있으며, 심지어는 또 다른 파괴의 가능성을 만들어 낼 수 있다. 우리가 일반적으로 생각하는 그 이상의 획기적이며, 다양한 의외성이 존재할 것이다.

조직에서의 행동은 마치 당구공에 불을 붙여 놓은 것과 같이 서로 부딪히고 여러 방향으로 튕겨 다니기 때문에 과연 어떠한 결과를 가져올지 예측하기 어렵다. 예측불허가 생기는 것은 의외성이 많은 조직일수록 그 비중이 커진다.

3) 기만성을 파악해야 한다

조직은 의외성을 감추어 버리는 기만적인 행위를 할 때도 있다. 이는 구성원들의 성격적 결함이나 착오에 의해 나타나는 것이 아니다. 조직의 구성원들은 의도적으로 행동을 정당화하고, 자신에게 되돌아올지도 모르는 비난을 회피하기 위하여 기만적인 행위를 하는 경우가 많다. 조직 내의 의사전달은 거의 언제나 기만적이고 솔직하지 못하며 개방적이기보다는 폐쇄적이다. 자기만의 생각과 가치관만 옳다고 보아서는 안 된다. 타인의 가치관과 다른 생각도 인정해 줄 수 있는 이해력 있는 조직이 되어야 할 것이다.

4) 모호성을 파악해야 한다

조직의 성격을 대표하는 것이 바로 모호성이다. 조직에서 과연 무엇이 어떻게 일어나고 있는가를 알아내기는 실로 어려운 일이다. 그리고 정작 무엇이 일어나고 있는가를 알게 되었다 하더라도 그 과정과 결과를 해석하고 이해하기란 더욱 어려운 일이다. 조직은 자신의 이익을 고려하여 조직에서 일어나고 있는 모든 작용을 외부에 노출시키려 들지 않기 때문이다. 심지어는 조직 활동에 직접 관여하는 사람조차도 구체적인 과정을 파악하기 어려울 때가 많이 있다. 이런 조직의 모호성은 여러 가지 이유에서 비롯된다. 문제가 애매하여 대립적인 성격을 띠고 있을 뿐 아니라 다른 문제와도 복잡하게 얽혀 있기 때문에 모호성이 발생한다. 정보가 불완전하고 애매하며 신뢰성이 없는 경우가 있는가 하면, 때로는 동일한 정보마저도 사람들이 서로 다른 해석을 하기 때문이다. 불분명하고 상충되는 복수의 목표를 가지고 있고, 이는 결국 정치적 및 감정적 갈등을 유발하고 만다. 또한 시간, 주의, 금전 등의 부족으로 인하여 더욱 모호하게 된다. 조직이 아무리 인간 복지에 공헌하지 못한다고 해도 나는 '조직'이라는 체제는 필요하다고 생각한다. 왜냐하면 인간은 사회적 동물이다. 인간은 평생을 혼자 살 수가 없다. 만약에 그렇다면 장애로 변할 염려가 있기 때문이다. 그렇기 때문에 단체나 조직에 속하여 상호 교환을 해야 한다. 또 인간은, 욕망은 크고 능력은 작은 존재이기에 조직을 만들어 한 사람이 할 수 없는 일을 2명이서 하고 2명이 할 수 없는 일을 3명 또는 4명이서 같이 하여 목표를 수립할 수 있기 때문이다.

간단히 말해서 국가와 지방자치단체 등 행정기관의 모든 조직과 권한에 관한 사항이다. 넓은 뜻으로는 조직화된 기구를 포함해 공무원과 물적 시설까지를 말하나 일반적으로는 물적 시설을 제외하며, 더 좁은 뜻으로는 인적(人的, 공무원)·물적(物的, 시설물) 요소를 제외한 기구만을 가리킨다. 즉 행정기관의 설치, 소관(所管) 사무, 행정기관 상호간의 권한관계 등을 의미한다. 행정조직에서 가장 중요한 내용은 행정수행에 필요한 직무와 기능 권한이며, 이 직무와 권한을 배분하는 구조와 형태가 행정조직의 핵심이다. 따라서 합리적이고 능률적으로 조직되어야 한다. 현대국가의 행정조직은 자유주의 시대의 분권·합의·분립제(分立制)에서 벗어나 서서히 집권(集權)·단독·통합·관료제로 옮겨 가고 있다. 현대국가는 사회 전반을 육성하고 통제하는 직능(職能) 국가이므로, 양적으로 확대된 행정활동을 처리하려면 행정조직을 통일하고 강화하여 운영기술을 극대화해야 한다. 이를 위해서는 행정기구의 편성을 행정부에 전적으로 맡기거나 법률로 규정하기에 앞서, 민주국가의 기본원리에 따라 쌍방을 조화시키는 타협점을 찾아 그때의 정치

상황을 배경으로 편성되어야 한다. 행정조직의 구조형태는 독임제와 합의제 기관으로 나뉘며, 이 구조 형태를 규정하는 조직과 편성 원리에는 몇 가지 일반적인 원칙이 있다. 이것은 지휘명령 계통이 일원적이어야 하는 <명령 일원화 원칙>, 효과적 통제기능의 적정범위에 관한 <통제범위 원칙>, 달성할 목적·작업방법·대상자와 대상사물·대상지역에 관한 <부문편성 원리> 등이 알려져 있다. 모호성은 해결에 대한 어려움을 단순화할 때 해결이 쉽고, 상호적으로 이해의 폭을 넓히며 정보를 교류할 때 모호성을 해결점으로 바꿀 수 있다.

첫 번째는 행정이란 것은 국가의 일이기 때문에 영속적이다. 어느 나라에서나 국가의 기본기능이라 할 수 있는 외교, 국방, 화폐, 우정, 법과 질서의 유지 등을 담당하는 조직들은 타 조직에 비하여 더욱 영속적이라 할 수 있다. 그러나 이런 기능을 담당하지 않고 있는 조직일지라도 사기업 등에 비하면 훨씬 오래 지속될 가능성이 많다.

두 번째로 행정조직은 독점적이라는 특징을 가진다. 자기의 고유한 업무분야 또는 영토가 보장되어 있다. 그래서 행정조직은 자기의 목적으로 관할권 또는 기능이 정해지면, 타에 이와 중복되는 조직을 두지 않는 것이 일반적이다. 만약에 중복되는 조직을 제안한다면 중복으로 인한 혼선을 초래하고, 국민의 세금을 낭비하는 것이라고 해서 비난을 받을 것이다. 그리고 행정조직들은 정부 전체의 정책결정과정 속에서 각자가 차지하는 권력구조상의 현 위치를 유지 또는 향상시키기 위한 경쟁을 한다. 기업들 간의 경쟁과는 다르다. 세 번째로 행정조직에 속한 공무원들은 자기의 신분에 관해서도 특별한 보장을 받는다. 이런 면에서 기업에 속한 직장인들하고는 다르다. 신분의 보장은 긍정적으로 보면 공무원들로 하여금 소신껏 행동할 수 있게 한다는 장점을 가지나 이것이 단점이 되어 이런 보장장치 속에서 안주하면서 안일한 자세를 갖게 할 수도 있다. 네 번째로 공무원이 일을 잘했는가에 대한 기준이 없다는 것이다. 기업체 같은 경우 이윤, 매출액, 절약액, 생산량, 판매량, 재고량, 주문량 등의 수치화할 수 있는 기준들이 있는 데에 비해 행정조직의 성과에 대해서는 이런 기준들이 없다. 따라서 설혹 일을 잘하지 못해도 평가가 잘 드러나지 않게 되어 있다. 사기업에서는 효과성, 능률성, 경제성의 이야기를 하기 쉬운데, 행정조직에서는 이들을 내세워 업적을 판단하기 어렵다. 다섯 번째 행정조직에는 기업조직에 비해 간섭하는 자가 매우 많다. 국회, 정당, 언론, 이익단체, 기타 사회단체들, 여러 종류의 개인들이 자기들의 이익을 주장하거나 관심을 표명하는 때가 많다. 이것이 행정조직들 사이의 갈등에 개입하게 되고, 그 결과 이 과정을 정치과정으로 만들게 되고, 따라서 권력이 중심요인으로 작용하게 된다. 뿐만 아니라 협상, 연합을 통하여 더 복잡한 정치과정이 된다. 정치가 민주화되면 될수록 공무원들의 투입이 많아지게 되고, 그 절차가 복잡하게 되고 결정에 소요되는 시간도 길어진다. 그렇기 때문에 행정조직의 일은 비밀로 해야 하는 경우가 많다. 이렇게 보면 행정조직의 환경은 도와주는 것보다는 방해하는 곳이 더 많은 것같이 느껴지기도 한다. 마지막으로 행정조직은 기업체와 달라 법적 권한을 배경으로 깔고 일을 한다. 행정조직의 특성 가운데 가장 중요한 것이 강제력이다. 행정조직은 정당하게 강요할 수 있는 힘이 있는 것이다. 물론 모든 행정기관이 이런 권력남용을 할 수 있는 것은 아니다. 그러나 일반적으로 행정조직이 행사하는 힘은 사회적인 가치배분에 있어서 매우 큰 의의를 갖고 있다. 그러기 때문에 행정조직이 하는 일은 권력정치의 대상이 될 가능성이 많다. 그리고 이런 강요적 특성 때문에 행정조직은 그가 갖고 있는 권력을 남용할 가능성도 있다. 그러나 행정조직들 사이의 관계에서는 이들 사이에 직접적으로 법적인 강요적 권한을 갖는 경우는 많지 않다. 참모기관이 계선기관에 대해서 통제하는 권한과 상급기관이 하급기관에 대해서 강요하는 경우뿐이다. 동렬상에 있는 같은 기능부들 사이에서는 갈등을 법적으로 해결하기 어렵다. 이들 사이에서는 상호협의나 상급기관에 의한 개입에 의하여 갈등을 해결하게 된다. 먼저 행정이란 간단히 말해서 대다수 사람들의 공익을 달성하기 위한 정부의 활동이라고 정의할 수 있다. 행정의 정의에서도 볼 수 있듯이 행정은 국민을 위해 필요한 것이다. 국민들은 자신의 이익을 행정부한테 반영해 달라고 요구할 수 있다. 정부라는 처리장치를 통해 적절한 '전환'을 하고 국민들에게 공공재 서비스를 반영하는 것이다. 이러한 과정을 하기 위해서 정부는 정책을 수립하고, 조직을 구성하고, 예산 계획을 세워서 원활하게 이 과정을 할 수 있게 만든다.

  행정조직이 필요한 이유 첫 번째는 국민을 위해 공공적인 서비스를 제공해 줄 수 있는 기관이기 때문이다. 행정조직은 행정의 의미에서도 알 수 있듯이 정부라는 처리 장치를 통해서 적절한 '전환'을 시켜서 국민들에게 서비스를 할 수 있기 때문이다. 만약에 정부가 국민들을 위한 서비스를 하지 않는다면 국민들은 굉장히 힘들 것이다. 예를 들어서 공원에 있는 쉼터 같은 것도 일반 사기업들에 의해서 만들어졌다면 우리는 돈을 내고 이 쉼터를 이용할 수밖에 없을 것이다. 두 번째로는 국가가 생겼기에 행정조직이 필요하다고 생각한다. 인간은 혼자 살 수 없다. 그래서 조직을 형성한다. 고대 그리스에서는 도시국가를 만들었다. 이것을 '폴리스'라고 불렀다. 그리고 이후에는 로마와 알렉산더 대왕의 국가 마케도니아가 있다. 이 같은 큰 국가는 지금처럼 국가 정책을 다루는 행정조직이 있었을지도 모른다. 왜냐하면 이렇게 거대한 국가를 다루다 보면 조직이 많아야 할지도 모른다. 그래서 지금과 유사한 개념의 행정이 있었지 않을까 하고 생각을 해 본다. 그래서 정리하자면 인간은 모여서 국가를 만든다. 그래서 그 국민을 다스리고 서비스하기 위한 행정이 필요하다. 그래서 그 행정을 하기 위한 행정조직, 즉 정부가 필요하다고 생각한다. 지금까지 조직의 출현과 개념 그리고 행정조직의 개념, 특징 그리고 행정조직이 필요한 이유에 대해 조사하였다. 행정은 반드시 필요한 것이다. 물론 모든 국가가 행정국가를 지향하고 있다. 반드시 국가가 있기에 정부가 있는 것이다. 계속해서 강조하지만 인간은 사회적 동물이다. 즉 어울려서 살아가는 생물이기 때문이다. 이렇게 어울리면 조그만 조직을 형성하고 그 조그만 조직은 많은 사람을 불러들이거나 들어오면 그 조직은 커진다. 그래서 거대한 조직이 된다. 그래서 이 큰 조직을 다스리기 위한 더 큰 조직이 필요하다. 이것이 바로 행정조직이다. 행정조직은 국민들을 위한 많은 서비스를 제공하기 위해서 존재한다. 중요한 점은 개개인을 위한 조직이 아니고 우리나라 사람 모두를 위한 조직인 것이다.

〈참고문헌〉

　박우순, 현대 조직론, 법문사, 1996.
　조준석, 한국행정조직론, 법문사, 1997.

4. 행정조직관리의 실제(홍성군)

　우리나라의 행정조직은 정부와 지방자치단체로 나뉘게 되었다. 그중 지방자치단체란 정부가 모든 지방을 다스리기에는 약간 부족하므로 그곳에 각각 자치권을 부여해 일정 지역을 기초로 법률이 정한 범위 안에서 주민을 지배할 수 있는 권한을 가진 단체이다. 주민들이 안심하고 마실 수 있는 수돗물을 공급하고 하수도 공사, 도로와 다리를 만들며, 생활이 어려운 사람을 돕고, 각종 전염병을 예방하고, 쓰레기 수거와 환경보전으로 깨끗한 생활환경 유지에 힘쓰며, 농사기술 보급과 고장에 있는 기업의 생산 활동을 지원하는 등 모든 분야에서 시민들을 돕고 보호하는 일들을 다양하게 하고 있다. 그중 우리 고장의 자치단체인 홍성군청이 하는 일을 직접 방문하여 알아보았다.

　홍성군청은 1914년 3월 1일 설치되었으며, 2003년 12월 현재 홍성읍·광천읍과 9개 면을 관할구역으로 한다. 기구는 군수와 부군수, 3실 9과로 이루어져 있으며, 보건소와 농업기술센터 등의 직속기관을 두고 있다. 중앙정부와 광역자치단체로부터 위임받은 업무와 홍성군 고유의 행정 및 민원업무를 수행한다. 홍성군청은 기획관리실, 주민지원과, 민원봉사실, 문화관광과, 자치행정과, 재무과, 농수산과, 축산과, 지역경제과, 복지과, 환경녹지과, 건설교통과, 재난관리과, 도시건축과, 수도과, 도청이전지원단, 해양오염사고대책단, 의회사무과로 나뉘어 있다. 각 부서별 하는 일을 알아보자.

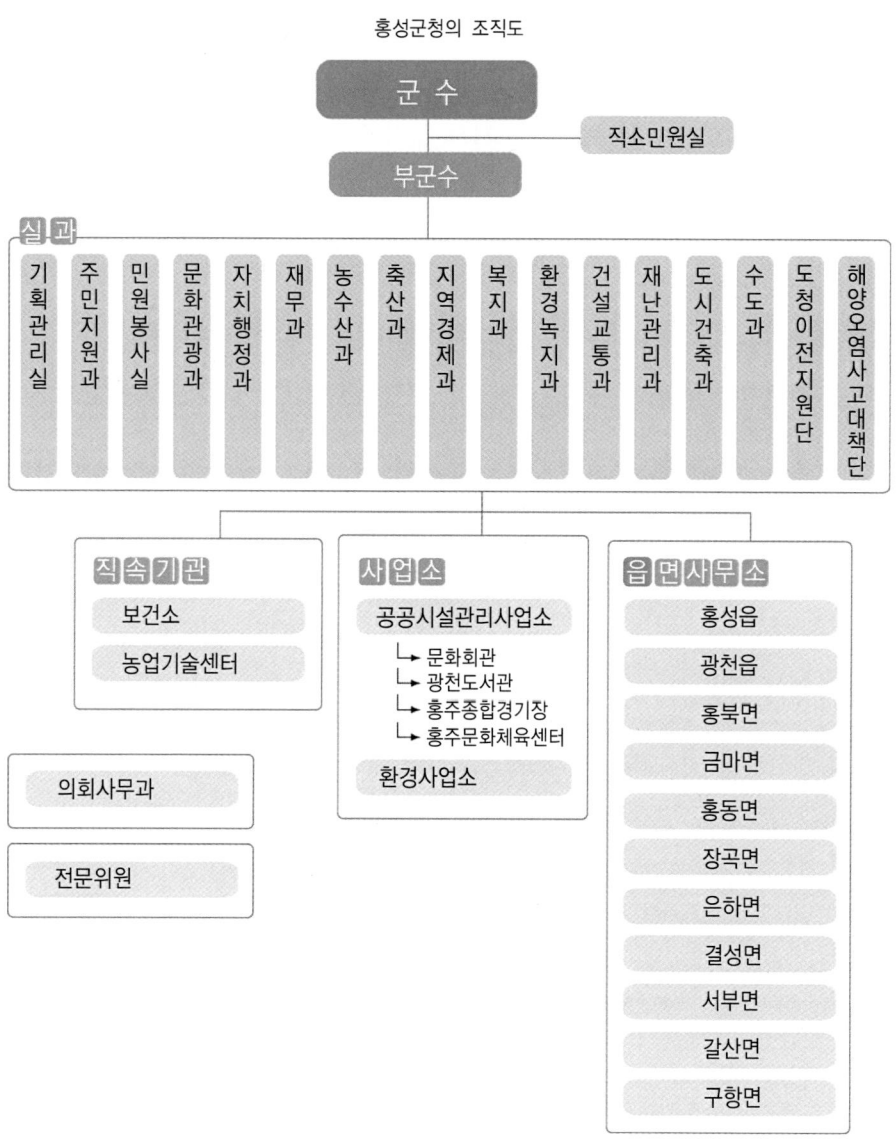

홍성군청의 조직도

군 수

직소민원실

부군수

실과

| 기획관리실 | 주민지원과 | 민원봉사실 | 문화관광과 | 자치행정과 | 재무과 | 농수산과 | 축산과 | 지역경제과 | 복지과 | 환경녹지과 | 건설교통과 | 재난관리과 | 도시건축과 | 수도과 | 도청이전지원단 | 해양오염사고대책단 |

직속기관
- 보건소
- 농업기술센터

사업소
- 공공시설관리사업소
  - ↳ 문화회관
  - ↳ 광천도서관
  - ↳ 홍주종합경기장
  - ↳ 홍주문화체육센터
- 환경사업소

읍면사무소
- 홍성읍
- 광천읍
- 홍북면
- 금마면
- 홍동면
- 장곡면
- 은하면
- 결성면
- 서부면
- 갈산면
- 구항면

- 의회사무과
- 전문위원

1) 기획관리실

(1) 기획평가 분야

① 군정 전반에 관한 종합기획·조정, ② 군정 확인·평가 및 주요사업

추진사항 점검, ③ 군정 자체평가 및 주요사업 확인·평가, ④ 목표관리제 계획수립 및 운영, ⑤ 행정실적 종합평가, ⑥ 군정자문단 및 군정조정위원회 운영, ⑦ 대통령, 국무총리, 도지사, 군수 지시사항 처리, ⑧ 공약사항 관리, ⑨ 군정보고 및 주요업무 시행계획 수립, ⑩ 당면 주요사항 보고, ⑪ 군의회 운영지원, ⑫ 국제교류, 협력증진에 관한 사항, ⑬ 산·학·관 교류협력에 관한 사항

(2) 정책개발 분야

① 지역발전에 관한 정책개발 계획수립, ② 주요 정책개발에 관한 사항, ③ 현안과제 발굴에 관한 사항, ④ 군정발전에 관한 제안제도 운영, ⑤ 군정발전 벤치마킹 및 우수시책 개발, ⑥ 정책개발 및 각종 자료수집

(3) 예산 분야

① 예산편성 및 계획수립 조정, ② 지방재정분석 및 재정동원실시계획 수립, ③ 예산편성 및 배정계획 수립, ④ 예산집행의 지도·감독, ⑤ 예비비 관리, ⑥ 지방재정 투융자에 관한 사항, ⑦ 주민숙원사업 및 지역현안사업 관리, ⑧ 지방채무 운영, ⑨ 중기지방재정계획 수립, ⑩ 재정운영 평가 및 공개에 관한 사항, ⑪ 기금운영 총괄, ⑫ 지방교부세에 관한 사항

(4) 감사 분야

① 군 행정의 감사계획 수립 및 시행, ② 상급기관의 감사의 수감과 처리 요구사항 처리, ③ 비위예방대책과 처리, ④ 공무원의 비위조사 처리, ⑤ 공직자 재산등록에 관한 사항, ⑥ 공직기강 확립, ⑦ 진정 민원조사 처리, ⑧ 민원부조리사항 조사 및 신고센터 운영, ⑨ 회계검사 및 특별감사, ⑩ 직속기관, 사업소, 읍면 종합감사

(5) 법무통계 분야

① 법무통계소관 업무의 종합계획수립 및 조정, ② 자치법규(조례, 규칙) 및 행정규칙(훈령, 예규)안 심사, ③ 조례규칙심의회 운영, ④ 조례규칙의 보고, 공포, ⑤ 법령추록 배부 및 관리지도, ⑥ 소송사무의 조정 통제, ⑦ 규제개혁 업무, ⑧ 각종 통계조사, ⑨ 통계의 심사분석 공표 및 통계 간행물 발간

2) 주민지원과

(1) 총괄기획 분야

① 보안관련업무, 충무계획, ② 현충일 행사, ③ 주민생활지원서비스 종합계획수립 및 조징, ④ 주민서비스욕구조사 및 제공계획 수립, ⑤ 보훈단체 지원 관리, ⑥ 충령사관리업무, ⑦ 3·1운동 기념행사 관리(금마, 홍동, 장곡, 결성), ⑧ 사회복지시설 공익요원관리, ⑨ 재해구호 및 이재민 관리, ⑩ 지역사회복지계획 수립 평가, ⑪ 사회복지법인 지도감독 총괄, ⑫ 사회복지관지원관리, ⑬ 사회복지전담공무원관리 및 교육, ⑭ 바우처 비용의 예탁업무 총괄

(2) 생활보장 분야

① 생업자금 융자, ② 생활안정자금관리, ③ 의료보호특별회계 예산관리, ④ 저소득층 의료보호 업무, ⑤ 차상위의료급여대상자 관리, ⑥ 장애인 보장구 지원, ⑦ 자활사업업무, ⑧ 국민기초생활보장업무, ⑨ 차상위계층 지원업무, ⑩ 부랑인보호 및 행려자 업무, ⑪ 상해외인 업무추진, ⑫ 의료급여 중복청구 및 환수, ⑬ 사례관리, ⑭ 의료급여 전산관리

(3) 통합조사 분야

① 통합조사 총괄·조정, ② 6개 분야 복지대상자 신규조사, 보장결정(분담읍면) - 기초생활, 모부자가정, 경로연금, 차상위의료급여, 차상위자활, 차상위장애인, 희귀난치성 질환자, 사회취약계층(출소예정자 등), ③ 복지대상자 전산입력 및 확정통지, ④ 복지대상자 중지 및 보장변경 업무, ⑤ 상담실운영 및 상담민원 처리

(4) 서비스연계 분야

① 서비스연계업무총괄, ② 이웃사랑 성금모금, ③ 어려운 가정 응급지원, ④ 공동모금회 관련업무, ⑤ 긴급복지업무, ⑥ 푸드뱅크, ⑦ 고용촉진훈련 및 실업대책 추진, ⑧ 취업알선 및 취업정보센터 운영에 관한 업무, ⑨ 공공근로사업 종합 추진, ⑩ 지역사회복지협의체 관련업무, ⑪ 민·관 협력체계 구축 및 운영

3) 민원봉사실

(1) 민원 분야

① 과 소관 업무의 종합 조정, ② 민원업무의 기획조정, ③ 창구민원의 즉결처리, ④ 민원사항의 열람, ⑤ 어디서나 민원 처리, ⑥ 기한부 민원 접수 및 통제, ⑦ 민원 1회 방문 처리제도 운영 및 종합관리, ⑧ 일반 복합민원 접수 및 진행관리, ⑨ 행정안내 및 민원상담, ⑩ 민원행정 제도개선 및 지도, ⑪ 여권업무, ⑫ 외국인 등록업무, ⑬ 자동차 등록업무, ⑭ 건설기계 등록

(2) 부동산 관리 분야

① 부동산업무의 기획조정, ② 외국인 토지관리, ③ 개별공시지가 조사

산정, ④ 개별지가 자동산정 프로그램 운영, ⑤ 토지평가위원회 운영, ⑥ 표준지 토지관리, 지가결정 및 운영, ⑦ 지가조사 점검반 편성 운영, ⑧ 개별공시지가 확인원 발급, ⑨ 개발이익 환수제 운영, ⑩ 택지소유 상한제 운영, ⑪ 토지거래계약 허가 신고, ⑫ 매매계약서 검인 업무, ⑬ 토지이용사후 실태조사, ⑭ 부동산 중개업소 허가 및 지도단속 업무

⑮ 부동산 중개업소 관련 민원처리, ⑯ 부동산 전산운영 및 토지거래 통제, ⑰ 부동산 투기억제 대책, ⑱ 부동산 등기 해태 과태료 부과 징수

(3) 지적 분야

① 지적관련 업무 기획 운영, ② 지적공부관리, ③ 지적측량장비 운영 관리, ④ 지적측량성과검사(구획, 경지정리 및 일반업무), ⑤ 지적측량 수행자 지도·감독, ⑥ 미등록토지 신규등록 및 지적복구, ⑦ 지적측량기준점(지적삼각점, 지적삼각보조점, 도근점) 검사 및 관리, ⑧ 읍면 지적공부 부본 정리 지도 감독, ⑨ 등록사항(경계, 면적, 위치) 정정 처리, ⑩ 지적공부 마이크로 필름화 관리, ⑪ 토지이용지 일제 조사, ⑫ 공유토지분할에 관한 특례법 운영, ⑬ 토지이동(분할, 합병, 지목변경, 등록전환) 정리, ⑭ 토지분할허가 업무

(4) 지적 정보 분야

① 지적정보 업무 기획 조정, ② 지적전산 운영 및 장비운용 관리, ③ 지적전산 관련자료 관리, ④ 등기필 부본정리, ⑤ 지적도면 전산화 업무, ⑥ 법인 등록번호 부여관리, ⑦ 토지표시 변경 등기촉탁, ⑧ 토지이용계획 확인(신청)서 발급, ⑨ 토지(임야)대장 등본 발급, ⑩ 지적(임야)도 등본 발급, ⑪ 지적통계관리 및 토지 정보자료 이용, ⑫ 세무관련 관세자료 및 기타 지적전산자료 정보제공, ⑬ GIS(지리정보시스템)에 관한 업무, ⑭ 등록번호 미등재 조사 등록, ⑮ 조상땅 찾아주기, ⑯ 부동산 소유권 이전 등기 특별조치법, ⑰ 주소등록에 관한 업무

4) 문화관광부

(1) 홍보 분야

① 실 소관 업무의 기획 조정 및 일반서무, ② 과 내 경리 및 물품관리, ③ 홍보계획의 수립 실시, ④ 군정홍보자료의 수집 제공, ⑤ 언론과의 유대관리, ⑥ 홍성소식, 군보 발급 보급, ⑦ 전시홍보 및 매개체 동원에 관한 사항, ⑧ 국·도·군정 홍보 및 보도

(2) 문화예술 분야

① 문화행사 기획 및 관광(향토) 축제 개최에 관한 사항, ② 문화예술 육성 및 문화예술단체 육성지도, ③ 역사재조명 문화행사 및 학술용역, ④ 공연장 및 공연자 지도 감독, ⑤ 음반 비디오물 유통관련업소 지도단속, ⑥ 노래연습장업, 게임장업, 감상실업 등록 및 지도 감독, ⑦ 출판사 인쇄소 등록, ⑧ 종교에 관한 사항, ⑨ 홍주문화상 및 군립합창단 관리 운영, ⑩ 문화원 육성지도

(3) 문화재 분야

① 문화재 보존계획 수립, ② 제향업무, ③ 문화재 지정 해제 및 보호구역관리, ④ 문화재관련 재산관리, ⑤ 향토문화유적 보호 및 향토유적보존위원회 운영, ⑥ 향교 및 전통사찰 관리, ⑦ 문화재 안내판 시설관리, ⑧ 문화재 홍보에 관한 사항, ⑨ 사적, 천연기념물, 전적기념물 관리, ⑩ 충.효.열 시설물 관리, ⑪ 문화재 시설물 순찰, ⑫ 문화재 지정을 위한 학술연구

(4) 관광 분야

① 관광관련 계획·지도·등록·홍보에 관한 사항, ② 관광지 기본계획 수립, ③ 관광지 개발 및 관리, ④ 관광 이벤트 개발 및 관광 이벤트 사업,

⑤ 체험관광에 관한 사항, ⑥ 관광자원의 상품화 및 마케팅, ⑦ 관광여행업 등록 및 지도 감독, ⑧ 관광안내 홍보판 설치 및 관리

(5) 체육청소년 분야

① 공공체육시설 관리 및 체육진흥업무 추진, ② 사회체육활동 지원 및 생활체육 활성화, ③ 각종 체육행사 지원, ④ 생활체육시설 확충 및 생활체육 활동지원, ⑤ 체육공원시설 관리 및 조정, ⑥ 체육시설의 설치이용에 관한 법률상 체육시설의 등록신고 등 지도감독, ⑦ 청소년 선도 및 보호사업, ⑧ 청소년 수련시설 지도관리

5) 자치행정과

(1) 행정 분야

① 과 소관업무의 기획·조정, ② 직제 및 정원관리, ③ 공무원 임용 징계 소청, ④ 인사위원회 운영, ⑤ 공무원의 교육, ⑥ 하부행정기관의 지도 감독, ⑦ 행정시책 추진, ⑧ 간부회의, 읍면장회의, 지역총화협의회 운영, ⑨ 반상회 운영, ⑩ 공무원 연금 의료보험 국민연금, ⑪ 평화통일정책 자문회의 업무, ⑫ 공무원 공제회비 관리, ⑬ 적십자 회비 수납 및 관리, ⑭ 리 행정 및 시범 읍면 지도육성, ⑮ 행정구역개편, ⑯ 선거 및 국민투표, ⑰ 지방행정조정 협의회 운영, ⑱ 호적 및 주민등록 관리, ⑲ 여론 동향 및 대화행정 관리, ⑳ 전시주민 및 차량통제에 관한 사항, ㉑ 읍면 기능전환, ㉒ 주민자치단체센터에 관한 사항

(2) 서무 분야

① 공무원 복무단속 및 제 복무관리, ② 회의 및 행사 의전, ③ 상훈에

관한 사항, ④ 보안업무, ⑤ 사무관리(사무위임조례, 사무전결규정 개정 등), ⑥ 문서수발 및 통제, ⑦ 기록물 보존 및 도서관리, ⑧ 공인관리, ⑨ 통합 방위협의회 운영에 관한 사항, ⑩ 군정사 기록 보존관리, ⑪ 공무원의 후생 복지에 관한 계획수립 시행, ⑫ 공무원 사기진작에 관한 사항, ⑬ 공무원단 체 운영지원·협의, ⑭ 공무원노조법 제정 및 시행에 따른 사전준비, ⑮ 단 체교섭 및 단체협약 체결, ⑯ 기타 서무에 관한 사항

(3) 도의 새마을 분야

① 도의 새마을운동 종합 추진, ② 새마을금고 문고, 지도자 육성, ③ 바르게살기운동, ④ 도의사회교육 추진, ⑤ 새마을 소득사업 운영, ⑥ 새마을 가꾸기 사업, ⑦ 새마을 시설물 설치 관리, ⑧ 소규모 숙원사업 추진, ⑨ 오지 및 도서종합개발사업, ⑩ 자원봉사 공공근로에 관한 사항

(4) 행정혁신 분야

① 자체행정혁신계획 수립 및 혁신과제 발굴 추진 총괄, ② 행정혁신 관련 자체교육 및 학습프로그램 개발 운영 총괄, ③ 「지방분권특별법」상 자치단체 수행사랑 이행 및 정부혁신 지방분권위원회 및 지방이양추진위원회 업무전반 협력, ④ 지방분권 및 지방이양 업무 총괄, ⑤ 행정혁신 및 지방분권 관련 대외 협력 및 홍보 등, ⑥ 행정업무 혁신과제 발굴 및 일하는 방식 개선, ⑦ 군정혁신 및 발전여구모임 등 혁신인프라 구축, ⑧ 지역혁신계획 수립 및 추진, ⑨ 신활력 지역사업, 지역전략 산업의 육성, 지역특화발전 특구사업, 공공기관유치 및 혁신도시 관련 등 지역경제 활성화 및 지역개발 관련 업무 총괄, ⑩ 국가균형발전위원회 업무전반 협조 등, ⑪ 국가균형발전 관련 업무의 총괄 조정 및 시책 추진, ⑫ 지역혁신협의회 운영, ⑬ 지역혁신 특성화 시범사업 추진

(5) 지역정보 분야

① 지역정보화 기획 및 시행, ② 지역정보통신산업의 기반조성 및 육성에 관한 사항, ③ 정보화마을 관리, ④ 인터넷 홈페이지 운영 및 유지관리, ⑤ 지역주민과 공무원의 정보화 교육 추진 및 인력양성, ⑥ 홍성포탈(portal) 관리 및 고향넷 관리

(6) 행정정보 분야

① 행정정보화 기획 및 시행, ② 전자정부 통합망 운영 및 네트워크 관리, ③ 컴퓨터 관리 및 행정정보화 시스템 관리 등, ④ 정보화 촉진 및 전산망 보급 확장과 이용촉진에 관한 사항, ⑤ 군 행정업무의 정보화 및 표준화 추진, ⑥ 국가정보화사업과 관련된 업무의 종합조정 및 추진, ⑦ 전자계산조직(H/W, S/W) 및 통신시설 장비의 도입과 개선 추진, ⑧ 전자계산조직(H/W, S/W) 및 정보통신망 운영 및 유지관리, ⑨ 전화교환시설 및 각종 통신장비운영 및 유지관리, ⑩ 군 정보통신시설 장비의 보급 및 통합관리 추진, ⑪ 정보통신관련 보안관리 및 정보보존 추진, ⑫ 전산실, 통신실, 전산교육장의 운영과 보호에 관한 사항, ⑬ 전자결재 및 자료관 전산자료 관리 및 장비 유지관리, ⑭ 주민등록 호적업무의 전산처리 및 장비 유지관리, ⑮ 지방세·세외수입 서버관리, ⑯ 각종 행정전산화 추진 및 유지관리, ⑰ 기타 종합정보통신망을 위하여 필요한 사항(인사, 예산회계, 자치법규, 전산, 부동산, 지방세, 자동차 등)

6) 재무과

(1) 세정 분야

① 과 소관 행정의 종합조정 및 일반서무, ② 과 내 예산 경리 및 물품

관리, ③ 군금고 지도감독 검사 및 수납대행기관 지정관리, ④ 자금배정, 운용 및 여유자금 관리, ⑤ 세외수입 총괄 관리, ⑥ 세입금 징수 보고(월보, 감사원 보고), ⑦ 보조금 및 교부금 지방교부세 수입결의, ⑧ 일반·특별회계 수입금 관리, ⑨ 세입결산(국·도·군세입, 특별회계), ⑩ 과오납금 환부처리, ⑪ 수입증지 판매원 지정 인수 및 수불, ⑫ 기부금품 모집 통제, ⑬ 지방세 외 수입 연감 작성, ⑭ 징수관, 수입금 출납원 직인관리, ⑮ 채권관리

(2) 세무 분야

① 지방세의 부과 징수에 관한 사항, ② 지방세 이의신청에 관한 사항, ③ 국세의 위탁 부과징수, ④ 지방세 관련 위원회 운영, ⑤ 지방세 고지서 송달, ⑥ 지방세 고지 유예, ⑦ 지방세 세무조사 업무 및 세원조사, ⑧ 납세관리인 지정에 관한 업무, ⑨ 가산금 조정 및 독촉장 발부, ⑩ 지방세(자동이체, 사이버, 카드) 수납제도 운영, ⑪ 지방세 징수유예에 관한 사항, ⑫ 압류물건 공매처분, ⑬ 조세채권 압류 및 해제, ⑭ 징수불능 체납액 결손처분, ⑮ 관허사업 제한 및 취소, ⑯ 지방세 정보화, ⑰ 체납액 교부 청구 및 배당금 수령

(3) 경리 분야

① 국·도비 및 군비의 세출예산 관리 및 출납보관, ② 일상경비의 교부 및 정산, ③ 공무원 봉급 계산, ④ 국·도비 및 군비의 결산, ⑤ 세입세출 외 현금의 출납보관, ⑥ 유가증권의 출납보관, ⑦ 군비 집행에 따른 원천징수, ⑧ 지방 재정연감 작성, ⑨ 공사, 용역 및 물품구매계약, 조달, 출납관리, ⑩ 공사, 물품대장 관리, ⑪ 공사 하자검사에 관한 사항, ⑫ 관급자재 계약 및 검수관리, ⑬ 물품의 정수관리, ⑭ 회계관계 공무원의 직인관리, ⑮ 그 밖의 경리업무에 관한 사항, ⑯ 복식부기 회계정보시스템(DAIS) 설치·운영, ⑰ 수입 및 지출거래에 대한 회계처리·결산, ⑱ 물품 및 공유재산, 지방채 등 기초 자산 부채 실사

(4) 재산관리 분야

① 국·공유재산 총괄, ② 소관 국·공유재산의 대부 및 사용허가, ③ 소관 국·공유재산의 소유권 보존등기, ④ 위임관리하고 있는 국·공유재산 취득처분, ⑤ 국유재산 특별회계 징수보고서(월보), ⑥ 국유재산 특별회계 징수보고서(기보), ⑦ 국·공유재산의 권리의무증서 및 관계증빙서 보관 관리, ⑧ 청사관리, 관사관리, 조경수 관리, 관용차량 관리

(5) 과표 분야

① 주택시가조사 세부추진계획 수립, ② 건축물 현황 및 주변특성 조사, ③ 건축물관련 자료 전산입력 및 시가산정, ④ 건축물 가격 결정·공시 및 개별통지, ⑤ 건축물관련 이의신청 접수 및 가격 재산정 등, ⑥ 재산세 과세자료 및 공부관리, ⑦ 재산세부과·고지, ⑧ 지방세 시가표준액 조정에 관한 사항

7) 농수산과

(1) 농정 분야

① 과 소관 업무의 기획 조정, ② 농어촌발전계획 수립 및 종합조정, ③ 농림수산사업 통합 실시 및 평가, ④ 농업진흥지역 지정 및 관리, ⑤ 삶의 질 향상 기본계획 수립, ⑥ 농지전용허가(협의), ⑦ 농지용도 변경 승인, ⑧ 농지 타용도 일시사용허가(협의), ⑨ 농지전용지 사후 관리, ⑩ 농정심의회 운영, ⑪ 여성농업인 센터 운영관리, ⑫ 농가 도우미 지원육성, ⑬ 농업법인 육성 및 관리, ⑭ 농어민 자녀 학자금 지원관리, ⑮ 지역농업 클러스터 사업 추진, ⑯ 녹색농촌체험마을 육성 및 관광농원사업, ⑰ 농업인 정예인력 육성 및 농민단체 관리, ⑱ 그 밖의 과 내 다른 분야에 속하지 아니하는 사항

(2) 농산 분야

① 식량생산 및 수급계획 수립, ② 고품질 쌀 생산 시책 추진, ③ 논 농업 직접 지불제 사업, ④ 쌀 생산 조정제 사업 추진, ⑤ 쌀 소득보전 직불제 사업, ⑥ 지력증진(농토배양사업), ⑦ 농업기상 및 농작물 재해대책 추진, ⑧ 농작물 병해충 방제, ⑨ 비료, 농약, 농기구 등 농업자재의 수급조절 및 단속, ⑩ 농약, 비료 판매업 등록, ⑪ 농기계 보관창고 관리, ⑫ 농업기계화 사업 추진, ⑬ 푸른들 가꾸기 사업, ⑭ 전작물 관리 및 쌀 전업농 관리, ⑮ 양곡관리 특별회계 운영, ⑯ 추곡수매에 관한 사항, ⑰ 도정업 및 양곡매매업에 관한 사항, ⑱ 양곡수불 및 수급에 관한 사항, ⑲ 정부양곡 가공 및 청산, ⑳ 전시양곡 수급계획, ㉑ 정부양곡 창고 및 RPC관리, ㉒ 정부양곡 매출 및 보관관리

(3) 친환경농업 분야

① 친환경농업의 종합계획 수립 및 시행, ② 친환경 농업 육성에 관한 사항, ③ 친환경농업 직불제 사업, ④ 친환경농산물 유통관리, ⑤ 환경 보존형 저농도 비료 지원

(4) 유통 분야

① 특용작물 증산시책의 종합계획 및 추진, ② 채소, 특용작물 화훼 주산지 조성 육성, ③ 채소, 화훼 등 원예작물 생산계획 및 추진, ④ 학교급식 지원에 관한 사항, ⑤ 과수산업 육성(FTA 기금관리 및 집행), ⑥ 농특산물 공동브랜드 개발, ⑦ 농산물 안전성 업무관리 및 추진, ⑧ 농특산물 품질추천 및 추진, ⑨ 농특산물 판로개척, ⑩ 농수산물 특산단지 조성 및 육성, ⑪ 종자업자 지도 단속, ⑫ 인삼생산 유통 지원, ⑬ 지역특화품목 육성, ⑭ 시설채소 생산 유통지원사업, ⑮ 농산물 수출진흥, ⑯ 농산물 원산지 표시 지도 단속, ⑰ 농산물 포장 개선 및 농산물 규격출하 지도, ⑱ 농수산물 가공

산업 육성, ⑲ 농산물 산지 유통시설 지원 및 관리, ⑳ 농산물 직거래 사업 추진, ㉑ 물류 표준화 사업

(5) 수산해양 분야

① 어업허가 및 신고, ② 어업면허 및 어장관리, ③ 어선등록 및 어선 안전조업, ④ 어장이용개발 계획 수립, ⑤ 수산 증·양식 사업 및 사후관리, ⑥ 어업인 후계자 전업허가 및 산업기능요원 선정관리, ⑦ 어업인 교육, ⑧ 해양수산 사업 및 사후관리, ⑨ 해수·내수면 불법어업 단속 및 사건처리, ⑩ 어업허가 및 어업면허 행정처분, ⑪ 수산자원 보전지구 관리, ⑫ 수산물 가공등록 및 지도관리, ⑬ 내수면 어업 면허·허가·신고, ⑭ 수산물 생산 및 수출관계, ⑮ 어항시설사업 및 사후관리, ⑯ 어업보상(공특법상 제외), ⑰ 해양오염방지 종합대책 추진, ⑱ 해양오염 사전지도 단속, ⑲ 해양오염 방제작업, ⑳ 해양시설 점검 및 방제 기자재 관리, ㉑ 해양오염 방제장비 및 기기관리, ㉒ 어업지도선 운영관리, ㉓ 해양오염예방 및 적저 예찰, ㉔ 오·폐수 해양 유입감시 및 지도, ㉕ 해양오염발생 시 사고 수습, ㉖ 오염원 무단방류 및 투기행위 단속, ㉗ 해양오염 배출업소 지도 감독, ㉘ 낚시 어선업 신고 및 과태료, ㉙ 수산 관계법령에 의한 과태료 부과징수, ㉚ 해양오염 피해보상업무 추진, ㉛ 공유수면업무(해양수산부), ㉜ 공유수면 점·사용 허가(협의) 및 관리, ㉝ 연안 지역계획 수립 및 사후관리

8) 축산과

(1) 축산정책 분야

① 과 소관업무의 기획조정, ② 축산정책 총괄, ③ 축산단지 조성 및 관리, ④ 축산기반유지 및 경영개선, ⑤ 축산재해 복구, ⑥ 홍성군 축산축제 개최, ⑦ 가축사육시설 및 기자재 지원, ⑧ 축산업 등록 및 관리, ⑨ 우량종

축 보급, ⑩ 가축인공수정소 관리, ⑪ 가축통계조사

(2) 친환경축산 분야

① 친환경축산 종합계획 수립 및 총괄, ② 가축분뇨 자원화계획 수립, ③ 가축분뇨처리시설 지원, ④ 축산폐수 공동 처리장 설치, ⑤ 조사료생산 기반확충사업, ⑥ 사료작물(춘·추파)재배사업, ⑦ 유기축산육성, ⑧ 축산환경개선(악취제거)사업, ⑨ 양봉농가 육성사업, ⑩ 조사료생산 관련 장비 지원, ⑪ 초지조성 및 관리

(3) 축산유통 분야

① 축산유통업무 계획 수립 및 총괄, ② 축산물 브랜드 개발 업무, ③ 축산물특화시장 조성, ④ 식육포장처리업소 인·허가 및 지도 점검, ⑤ 가축시장 지도, ⑥ 부정축산물 지도, 단속, ⑦ 축산물판매업소 신고 및 지도, ⑧ 학교 및 아동복지시설 우유지원, ⑨ 한우 및 돼지 우수정액 공급, ⑩ 수정란 이식사업, ⑪ 축산물가공·유통 업무, ⑫ 한우 혈통, 고등등록우 관리, ⑬ HACCP 운영 지도, ⑭ 축산물가격조사 및 소비대책 추진

(4) 가축방역 분야

① 가축위생 및 방역대책 수립 및 총괄, ② 가축질병관리지도 및 방역관련 시설지원, ③ 동물병원 등록신고처리 및 지도 감독, ④ 수의약품 및 수의기구 취급신고 처리 및 지도 감독, ⑤ 공수의 위·해촉 및 지도 감독, ⑥ 축산물 유통과 관련된 위생업무, ⑦ 축산물 작업장 지도 감독, ⑧ 가축전염병 예찰 및 예방섭종 추신, ⑨ 유기동물 보호 빛 구소사업, ⑩ 돼시콜레라 청정화 대책 추진, ⑪ 지역가축방역협의회 운영

9) 지역경제과

(1) 지역경제 분야

① 과 소관 업무의 기획조정, ② 지역경제 활성화 대책 추진, ③ 지역단위 경제동향 관리영, ④ 노정에 관한 업무, ⑤ 노사정 안정대책에 관한 사무, ⑥ 연료수급 조절 관리, ⑦ 가스안전관리 계획수립 추진, ⑧ 소비자 보호단체 지원육성, ⑨ 소비자 정책심의 위원회 운영, ⑩ 에너지 절약계획 수립 및 추진, ⑪ 직업소개소 등록 및 관리, ⑫ 주유소 판매업 등록 및 관리, ⑬ 특정고압가스 사용신고 처리, ⑭ 고압가스 제조·판매 저장소 허가, ⑮ 액화석유가스 판매 저장소 집단공급사업 허가, ⑯ 액화석유가스 충전사업 허가, ⑰ 액화석유가스 공급규정(변경) 승인, ⑱ 가스안전관리 책임자 선·해임 신고, ⑲ 재래시장 육성 및 시장 유지관리, ⑳ 상업진흥, ㉑ 시장 내 장옥관리 및 사용료 부과징수, ㉒ 상거래 질서 확립에 관한 사무, ㉓ 지역 공산품 판매지원 및 홍보, ㉔ 지역산업 특산단지 조성 및 육성, ㉕ 물가안정대책 및 생활필수품 수급조절, ㉖ 저축업무 및 금융지원 지도 감독, ㉗ 담배소매업에 관한 사항, ㉘ 도량형기 단속

(2) 기업지원 분야

① 중소기업 육성지도 관리, ② 공산품 품질관리, ③ 전기용품 안전관리, ④ 승강기 유지관리, ⑤ 중소기업 육성, ⑥ 공업단지 조성, ⑦ 불량 공산품 신고센터 운영, ⑧ 기업체 실태조사, ⑨ 광업 및 염생산 지도 육성, ⑩ 기업애로 직소창구 운영, ⑪ 공예품 육성지도

(3) 투자유치 분야

① 기업 등 투자유치 종합계획 수립 총괄, ② 지역개발에 관한 투자유치 및 홍보에 관한 사항, ③ 외자유치사업 발굴 및 타당성 분석, ④ 기업 입지

조사 및 조성에 관한 사항, ⑤ 기업유치 상담 및 지원, ⑥ 기업 등 투자유치 프로젝트 관리 및 추진, ⑦ 해외시장 개척, ⑧ 수출행정의 종합기획 조정

(4) 공단조성 분야

① 민간전문단지 유치·조성, ② 산업(농공)단지 입지선정, ③ 산업(농공)단지 조성관련 토지협의 및 간선시설 설치 협의, ④ 산업(농공)단지 분양, ⑤ 산업(농공)단지개발사업 감독 및 준공, ⑥ 산업(농공)단지 조성관련 인, 허가, ⑦ 산업(농공)단지 기반시설물 유지보수 공사, ⑧ 농공단지특별회계 운영 및 관리, ⑨ 관리기본계획 수립, 변경, ⑩ 산업입지정보시스템 운영 및 관리, ⑪ 산업단지 공공시설 위탁관리 및 시설 용지 관리

10) 주민복지과

(1) 여성복지 분야

① 과 소관 업무의 기획조정, ② 과 일반서무 및 회계업무, ③ 여성단체 조직육성 및 활동지원, ④ 여성자원활동센터 육성관리, ⑤ 요보호 여성 발생예방 및 선도, ⑥ 여성교육관계, ⑦ 결혼이주여성 지원, ⑧ 여성정책 개발에 관한 업무, ⑨ 여성주간행사, ⑩ 홍성군 여성대회, ⑪ 군민합동 결혼식, ⑫ 여성권익 증진사업, ⑬ 여성권익보호(성폭력, 가정폭력 상담소) 시설 관리 지원 및 운영, ⑭ 저소득 모·부자 가정지원, ⑮ 건전가정 육성, ⑯ 여성발전기금 관리, ⑰ 영유아 보육시설 운영 및 지도감독, ⑱ 영유아 보육 및 지원관리, ⑲ 요보호아동(급식, 위탁교육, 소년소녀가정) 조사 및 결정, ⑳ 요보호아동 지원관리, ㉑ 아동복지시설 운영 지도감독 및 지원관리, ㉒ 보육료 지원대상자 조사 및 결정, ㉓ 보육료 지원대상자 지원관리, ㉔ 요보호아동 보호관리

(2) 경로 · 장애인 분야

① 노인복지 법인 · 시설 지원 및 관리감독, ② 경로연금 및 노인교통수당 지급, ③ 장수어르신 수당 및 장제비 지급, ④ 노인종합복지회관 지원 및 관리, ⑤ 노인여가활동 지원, ⑥ 노인일자리 창출사업 및 실버봉사대 운영, ⑦ 노인복지기금 운영, ⑧ 저소득 노인지원 관련업무, ⑨ 노인회 및 경로당 · 경로식당 운영지원, ⑩ 기타 노인복지 추진사업, ⑪ 독거노인 및 무의탁노인 관리, ⑫ 독거노인 생활지도사 파견사업, ⑬ 저출산 고령화대책 업무, ⑭ 노인 · 장애인관련 바우처사업, ⑮ 장애인복지 종합계획수립 추진, ⑯ 장애인복지시설 육성 및 지도 · 관리, ⑰ 장애인단체 육성 지원, ⑱ 장애인관련 법인 · 시설 지원관리 감독, ⑲ 장애인 고용촉진 및 재활사업, ⑳ 장애인 생활안정 지원사업, ㉑ 장애인 편의시설 설치 및 운영, ㉒ 묘지조사 및 수급관리, ㉓ 개장허가, ㉔ 사설묘지(개인 · 가족 · 종중 · 문중 · 법인) 등의 설치(변경) 허가 및 관리

(3) 평생학습 분야

① 교육지원업무 총괄, ② 평생학습 프로그램 개발 및 인재육성, ③ 학교급식지원 사항, ④ 각종 교육사업 지원, ⑤ 평생학습도시 선정 및 기반구축, ⑥ 평생학습협의회 구성 및 운영

(4) 장묘 분야

① 화장장, 납골당, 장례식장 업무, ② 화장장주변지역주민지원기금 관리

11) 환경녹지과

(1) 환경관리 분야

① 과 소관업무의 기획조정 및 일반서무, ② 과 내 예산운영 및 물품관리, ③ 환경보전 종합계획 수립, ④ 환경개선부담금 부과, 징수업무, ⑤ 토양환경보전법에 의한 신고처리, ⑥ 자연보호 업무에 관한 사항, ⑦ 오수처리시설 설치허가 및 신고(협의), ⑧ 오수처리시설 사후관리, ⑨ 공중화장실 관리, ⑩ 분뇨 등 관련 영업허가 및 지도점검, ⑪ 분뇨처리시설 등 설계 시공업 등록 및 지도점검, ⑫ 야생조수 및 수렵에 관한 사항, ⑬ 지방의 제21 업무, ⑭ 먹는 물 관리, ⑮ 하천, 호소수 관리

(2) 환경지도 분야

① 환경영향평가에 관한 업무, ② 환경분쟁조정제도에 관한 업무, ③ 환경관리인 교육 관련 업무, ④ 소음, 진동 배출시설 신고, ⑤ 대기, 수질 배출시설 설치허가 및 신고, ⑥ 대기, 수질, 소음진동 배출업소 지도단속, ⑦ 축산폐수 배출사업장 지도단속, ⑧ 축산폐수 재활용 신고, ⑨ 자동차 배출가스 지도단속, ⑩ 위반업체 배출부과금 및 과태료 부과, ⑪ 배출업소 조업정지 등 행정처분업무, ⑫ 수질오염물질의 제거 명령, ⑬ 유해 화학물질 관련 영업허가 및 사후관리, ⑭ 축산폐수 배출시설 설치허가 신고 및 준공검사, ⑮ 비산먼지 발생사업 신고 및 지도단속, ⑯ 배출업소 기본부과금 부과업무, ⑰ 실내 공기질 관련 업무, ⑱ 악취배출업소 신고 및 지도단속

(3) 청소행정 분야

① 청소행정의 기본계획 수립 시행, ② 폐기물처리시설 설치사업 추진, ③ 폐기물 처리업 및 재활용 업소 인, 허가 및 지도단속, ④ 재활용품 및 농어촌 폐비닐 수집관리, ⑤ 사업장 폐기물 배출자 신고, ⑥ 지정 폐기물

관리, ⑦ 음식물 감량화 사업장, ⑧ 쓰레기 종량제, ⑨ 감염성 폐기물 관리, ⑩ 폐기물 처리시설 설치 신고 및 지도단속, ⑪ 생활폐기물 수집운반 대행 사업 추진, ⑫ 1회용품 사업장 관리, ⑬ 폐기물 처리시설 주변지역 기금운용, ⑭ 나눔장터 추진, ⑮ 청소업무 민간위탁 추진, ⑯ 농어촌 관광유원지 등의 쓰레기 대책업무, ⑰ 음식물쓰레기 처리 수수료 부과, ⑱ 비위생매립장 정비사업, ⑲ 홍천마을 수혜사업 추진

(4) 산림정책 분야

① 독림가 및 임업후계자 관리, ② 산림동원 계획수립 및 실시, ③ 임정에 관한 사항, ④ 산림형질변경, 허가, 신고(협의), ⑤ 채석허가 및 토사채취 허가 산지전용, 토석채취 허가지 관리, ⑥ 산림재해방지 및 사방관련 사업 임도시설 및 사후관리 군유임야 관리 보안림 관리, ⑦ 산림보호 및 특별사법경찰업무, ⑧ 산불방지 업무, ⑨ 산림 병해충 방지, ⑩ 산림이용계획수립 및 입지조사, ⑪ 산림통계, ⑫ 산림장비 및 비품관리, ⑬ 농림사업에 관한 사항, ⑭ 산림부산물 생산지도 육성, ⑮ 영림계획 편성 및 사업관리, ⑯ 입목벌채 및 굴취에 관한 사항, ⑰ 임업진흥권역 관리, ⑱ 그 밖에 산림정책에 관한 사항

(5) 공원녹지 분야

① 자연공원 및 도시공원 녹지조성관리, ② 자연휴양림 조성 관리, ③ 산림욕장 조성 관리, ④ 산촌종합개발, ⑤ 국토공원화사업, ⑥ 산림환경, 생태 및 산지정화, ⑦ 보호수(노거수) 지정 해제관리, ⑧ 소규모 공원조성 관리, ⑨ 무궁화 식재 및 사후관리, ⑩ 수목원 조성 관리, ⑪ 생태숲 조성 관리, ⑫ 도시숲 조성 관리, ⑬ 학교숲 조성 관리, ⑭ 산림문화 창달, ⑮ 가로수 조성 관리, ⑯ 자생식물 식재 관리, ⑰ 푸른숲 선도원 육성관리, ⑱ 등산로 정비 관리, ⑲ 간벌 및 천연림 보육사업, ⑳ 어린나무 가꾸기, ㉑ 덩굴류 제거사업, ㉒ 조림 및 사후관리(양묘, 풀베기 등)

12) 건설교통과

(1) 건설정책 분야

① 과 내 소관 업무의 종합기획 조정, ② 전문 건설업체관리, ③ 지하수 관리, ④ 측량표지 관리, ⑤ 국·공유 재산관리(건설교통부 소관), ⑥ 골재채취에 관한 사항, ⑦ 노점상·노상적치물 정비, ⑧ 건설동원계획 수립 및 실시

(2) 농촌개발 분야

① 국·공유 재산관리(농림부), ② 농업용수 개발, ③ 경지정리 사업, ④ 개간허가 및 지도, ⑤ 농지개량 시설물 관리, ⑥ 양수장비 관리, ⑦ 정주권 개발에 관한 사업, ⑧ 배수개선사업, ⑨ 밭기반 정비사업, ⑩ 농어촌 생활용수 개발사업, ⑪ 방조제 유지관리, ⑫ 농지개량계 계비부과 승인, ⑬ 기반조성사업 통계

(3) 도로 분야

① 도로행정의 종합 조정, ② 군도, 농어촌 도로사업에 관한 종합계획 수립 시행, ③ 도로유지관리, ④ 도로, 교량의 긴급복구, ⑤ 군도, 농어촌 도로개설 및 확포장 사업, ⑥ 위험교량 및 도로개량, ⑦ 토목공사의 측량설계 시공감독, ⑧ 군도, 농어촌도로 방재대책, ⑨ 접도구역 관리, ⑩ 군도, 농어촌도로 정비 및 유지보수, ⑪ 교통량 조사, ⑫ 도로유지기동반 편성 운영지도, ⑬ 도로변 휴게소 설치, ⑭ 과적차량 단속, ⑮ 도로굴착 및 점사용허가

(4) 교통행성 분야

① 여객·화물자동차 운수행정의 종합계획, ② 여객·화물자동차 운수사업 인·면허, 허가, 등록, 신고, ③ 창고업무에 관한 사무, ④ 여객·화물자

동차 운임 및 요금 업무, ⑤ 교통량 조사, ⑥ 운수업체 지도 감독, ⑦ 항공장애물 관리, ⑧ 육상운송 진흥, ⑨ 오지도서 교통지원사업, ⑩ 터미널 관계, ⑪ 자동차 관리사업 종합 기획 조정, ⑫ 자동차 관리사업(정비, 매매, 폐차) 허가 및 등록업무, ⑬ 자동차 정비 관리자 지도 감독, ⑭ 교통안전시설물 설치 및 관리

(5) 교통지도 분야

① 불법 운행차량 및 사업용 차량 행정처분, ② 자동차 관련 특별사법경찰 업무, ③ 자동차 책임보험 지도 감독, ④ 이륜자동차 등록 지도 감독, ⑤ 교통 불편 신고 처리, ⑥ 사업용 차량 사고처리, ⑦ 운수자동차 교육 및 운수연수원 운영 지도, ⑧ 불법 주·정차 단속, ⑨ 주·정차 위반 과태료 부과 징수, ⑩ 공영 주차장 관리, ⑪ 교통안전계획의 수립 및 추진, ⑫ 사업용 차량 점검, ⑬ 자동차 검사, ⑭ 건설기계 관리, ⑮ 건설기계 조종사 면허신청, ⑯ 불법주정차 지도·단속 공익근무요원 관리, ⑰ 주차장 및 주정차 사업 특별회계 관리

14) 재난관리과

(1) 재난행정 분야

① 과 내 소관업무의 기획·조정, ② 재난업무 총괄 및 재난종합상황실 운영, ③ 지역단위 재난예방·안전관리계획 수립 및 시행, ④ 군 안전대책위원회 및 재난대책위원회 구성·운영, ⑤ 국가기반체계 보호 업무, ⑥ 시설물의 안전관리에 관한 특별법에 의한 시설물, 건축물 관리, ⑦ 안전관리 자문간 구성, 운영, ⑧ 특정관리대상시설·지역 지정 관리, ⑨ 재난위험시설·지역 지정 관리, ⑩ 재난취약시설물 안전관리 지도, ⑪ 물놀이 안전대책 추진, ⑫ 재난대비 물자지원, 장비파악 및 재난 단계, 규모, 유형별 동원

계획 수립 운영, ⑬ 재난대비훈련 실시 및 평가, ⑭ 재난관리기금 관리 및 운영, ⑮ 재난관리책임기관 및 긴급구조책임기관 간 협조 지원체제 구축

(2) 방재협력 분야

① 자연재해 종합대책 수립 추진, ② 지역방재종합계획 수립 시행, ③ 우수유출저감대책 수립 시행, ④ 사전재해 영향성 검토 협의 및 이행의 관리·감독, ⑤ 재해위험지역 지정·관리, ⑥ 재해복구계획 수립, ⑦ 재난피해원인 및 피해상황조사, 분석, ⑧ 재해 피해합동조사반 편성·운영, ⑨ 하천정비기본계획 수립, ⑩ 치수사업의 종합계획, ⑪ 하천유지관리 및 하천개·보수, ⑫ 하도준설 및 정비사업, ⑬ 소하천공사 시행 허가, ⑭ 수방자재 확보·관리 및 수방단 조직운영, ⑮ 재해장비 운영 관리 및 기상특보 전파 관리, ⑯ 응급복구장비 지정관리 및 수문관리, ⑰ 민간모니터요원 구성 운영, ⑱ 재해구호 및 이재민 수용건물 지정 관리, ⑲ 방재전산시스템 운영, ⑳ 소하천 유지관리 및 점·사용, ㉑ 하천 공작물 설치허가 및 협의, ㉒ 하천부지 점용 또는 사용허가, ㉓ 하천 감시·보호 및 하천 훼손에 관한 사항, ㉔ 위임관리 국유재산(건설교통부 소관 하천, 제방)의 관리, 취득, 처분, ㉕ 위임관리 군유재산(하천, 제방)의 관리, 취득, 처분, ㉖ 각종 공사장 안전관리, ㉗ 수방기준 적용 협의, ㉘ 내풍, 내진 설계기준 협의, ㉙ 재난 예·경보시설 설치·운영

(3) 민방위 분야

① 민방위계획 수립 및 운영, ② 비상대책업무(주민이동, 관서이동, 조직관리 제외), ③ 전시 자체통행 절차 및 업무처리에 관한 행정, ④ 전시 민방위 계획 수립 시행, 전시 병사 업무, ⑤ 민방위·소방시설장비 및 재산관리, ⑥ 민방위 준비명령의 집행, ⑦ 인력동원계획의 수립 및 시행, ⑧ 응급조치명령 및 이에 따른 조직관리, ⑨ 민방위대 동원 및 자원관리, ⑩ 의용소방대 운영 및 화재예방 홍보, ⑪ 재향군인 및 향토예비군 업무, ⑫ 공익근무

요원 복무관련 업무, ⑬ 주민신고, ⑭ 민방위 경보에 관한 사항

15) 도시건축과

(1) 지역계획

① 과 소관 업무의 기획조정 및 일반서무, ② 과 내 예산운영 및 물품관리, ③ 국토이용관리, ④ 군 기본계획 및 관리계획 수립, ④ 개발제한구역 관리 및 보호, ⑤ 가로등 및 방범등 관리, ⑥ 개발행위 허가(협의) 및 사후관리, ⑦ 도시계획시설 결정, ⑧ 지구단위계획 수립 및 협의, ⑨ 도시계획위원회 운영, ⑩ 기반시설부담금 부과·징수 및 관리, ⑪ 기반시설특별회계 운영, ⑫ 토지이용규제 합리화 계획수립

(2) 도시기반

① 도시계획시설사업 계획 및 시행, ② 소도읍 육성 사업, ③ 도시지역 내 도시계획 시설사업의 시행 및 관리, ④ 도시계획시설사업 시행에 따른 토지 등 보상업무(단, 「국토의계획및이용에관한법률」 이외 법률에 따라 시행되는 사업 제외), ⑤ 자전거 이용 활성화 사업, ⑥ 장기미집행 도시계획시설 관리, ⑦ 도시계획시설 단계별 집행계획 수립, ⑧ 도시계획시설사업 시행자지정 및 실시계획인가

(3) 지역개발

① 도시개발 정책입안 및 계획수립, ② 도시재개발사업 기본계획 수립 및 시행, ③ 지역종합개발사업 추진, ④ 온천개발 및 관리, ⑤ 도시 주거환경 개선사업, ⑥ 개발촉진지구 업무총괄, ⑦ 택지개발 업무, ⑧ 개발지역내 보상업무 및 민원조정 협의, ⑨ 개발지역내 불법행위 지도·단속

(4) 주택

① 건축관련 업무의 기획 조정, ② 주택건설 사업계획 승인, ③ 건축관련 통계, ④ 주거환경 개선사업(마을하수도사업시행 제외), ⑤ 영구임대주택 관리(개나리APT), ⑥ 주택개량 기술지도, ⑦ 주택사업자 지도 단속, ⑧ 국민 주택 및 주택자금 관리, ⑨ 부설주차장 설치 및 지도단속

(5) 건축

① 건축허가 및 신고, ② 건축물대장 기재신청 설계지원 및 관리, ③ 표준설계도서 관리, ④ 건축물대장 보관관리, ⑤ 건축물 변경, 말소, 정정내용 대장정리, ⑥ 건축물대장 전산화, ⑦ 건축사 지도단속 업무, ⑧ 불법(무허가) 건축물 지도단속

16) 수도과

(1) 관리 분야

① 사업소 내 소관업무의 종합기획 및 조정, ② 소관 일반·특별회계 예산편성 집행 및 결산, ③ 상수도 공기업 특별회계 예산편성 및 결산, ④ 상·하수도 사용요금 인상 및 체계조정, ⑤ 계약업무, ⑥ 상·하수도 통계 업무, ⑦ 상수도 급수공사 대행업소 인·허가 및 지도 감독, ⑧ 상하수도 사용검침 및 부과·징수에 관한 사항, ⑨ 그 밖에 소 내 타 분야에 속하지 아니하는 사항

(2) 상수도 분야

① 상수도사업 종합(기본)계획 수립 및 시행, ② 상수도 시설 공사, ③ 상수도용 지하수 개발 및 시설관리, ④ 광역상수도 관련사업 시행 및 지도 감

독, ⑤ 간이 상수도 신설·개량 및 유지관리, ⑥ 상수도 급수에 관한 사항, ⑦ 급수시설공사 시행 승인 및 지도 감독, ⑧ 수도계량기 유지관리, ⑨ 도수, 급수, 배수관 누수방지 및 유지관리, ⑩ 중수도에 관한 업무, ⑪ 전용상수도 인가, 변경, 폐지, ⑫ 시설경계 및 경비, ⑬ 기타 수질시험과 관련된 업무, ⑭ 배수지등 관리 운영, ⑮ 간이상수도 및 소규모 급수시설의 소독 등 수질관리, ⑯ 저수조 관리

(3) 하수도 분야

① 하수도시설 종합(기본)계획수립 및 시행, ② 하수종말처리장 시설개발 공사 및 관리, ③ 시설공사에 따른 용지매수 및 교환 업무, ④ 하수도 시설의 개발공사 및 유지 관리, ⑤ 시설유수지 배수펌프장 및 하수처리장 유지관리, ⑥ 읍면 하수도 관련업무 지도 단속, ⑦ 마을 하수도의 설치 및 유지관리(하수도정비 기본계획에 포함된 지역), ⑧ 배수설비 설치 시행승인 관리업무, ⑨ 하수도 원인자 부담금 부과·징수에 관한 사항, ⑩ 하수종말처리장 민간위탁 및 관리 감독, ⑪ 분뇨처리 반입 수수료 징수 및 시설물 유지관리, ⑫ 분뇨처리장 민간위탁 및 관리 감독

17) 해양 오염사고 대책단

(1) 피해배상 지원

① 해양오염사고 대책단 운영에 관한 사항, ② 해양·해안·환경분야 등 직·간접 피해에 대한 지원 대책, ③ IOPC기준에 맞는 피해조사 및 배상지원, ④ 보상에 대한 연구 및 대책, ⑤ 사고수습 대책 및 자문상담, ⑥ 방제 및 피해관련 기록관리 증거자료 채증 및 지역실정에 맞는 대책 수립

(2) 항구복구 지원

① 분야별 피해복구 및 대책지원, ② 중앙·도·군 간 협력 지원, ③ 방제대책 공동대응, 대책회의 개최, ④ 인력 및 장비수급, 보건위생, 안전관리, 피해복구 등 사고수습 대책지원, ⑤ 자원봉사자 인력관리 등

18) 의회사무과

(1) 의사 분야

① 기본운영 계획 수립 및 종합 조정, ② 직원의 복무 및 복리후생에 관한 사항, ③ 문서, 보안, 공인관리, ④ 예산, 결산에 관한 사항, ⑤ 의원 등록 관리, ⑥ 의회 청사 시설장비 및 물품의 관리, ⑦ 회의장 질서유지에 관한 사항, ⑧ 의회운영에 필요한 자료수집 및 관리, ⑨ 의정활동 홍보 조정, ⑩ 의회 관련 각종 간행물 발간, ⑪ 정기회, 임시회 운영에 관한 사항, ⑫ 회의록 녹음 및 속기에 관한 사항, ⑬ 회의록 작성, 발간, 보관 및 열람, ⑭ 각종 의안의 접수, 배부, 이송, ⑮ 문서의 보존 관리, ⑯ 의회 의전에 관한 사항, ⑰ 기타 의회운영의 전반적인 사항

(2) 전문위원

① 본회의 및 위원회에 상정할 의안의 검토 및 심사보고, ② 진정, 청원 등의 심사처리, ③ 위원회 의사진행 보좌, ④ 의안심의에 필요한 자료수집 및 조사연구

5. 지방자치단체 부서별 하는 일

자치행정의 주체로서 국가로부터 행정권의 일부를 부여받은 공공단체의 전형적인 존재이며 공법인이다. 한국의 헌법은 지방자치를 보장하고, 지방자치단체의 조직·운영 등에 관한 사항을 법률로 정하도록 하고 있다. 이에 따라 제정된 법률이 지방자치법이다. 지방자치단체는 국가와 같은 모습의 통치단체 성격을 가지며, 단순한 경제단체가 아니다. 따라서 그 권능으로는 자치행정권은 물론이고 조례를 제정·개폐하는 자치입법권과 지방세과징, 사무처리 경비를 수입·지출하는 자치재정권 등이 인정된다. 지방자치단체의 종류는 보통지방자치단체와 특별지방자치단체로 대별될 수 있고, 보통지방자치단체는 다시 상급지방자치단체와 하급지방자치단체로 나뉜다. 지방자치단체의 기관에는 의결기관인 지방의회가 있고, 집행기관으로 지방자치단체의 장, 보조기관 소속행정기관히부행정기관이 있다. 지방자치단체는 그 사무를 처리함에 있어서 주민의 편의 및 복리증진을 위하여 노력하는 홍성군청이 하는 일을 알아보았다.

1) 부서별 하는 일

(1) 공보관실 – 도에서 하는 일을 알리기
(2) 감사관실 – 공무원들이 일을 올바로 하는지 감독하기
(3) 기획관실 – 도청에서 할 일을 종합하여 계획 세우기
(4) 예산담당관실 – 각종 사업에 필요한 돈을 알맞게 쓰도록 계획하기
(5) 법무담당관실 – 공무원들이 법을 올바로 집행하도록 도와주기
(6) 정보통신담당관실 – 컴퓨터를 이용하여 일을 편리하게 하도록 도와주기
(7) 경제교통정책과 – 잘사는 도를 만들고 교통을 편리하게 만들기
(8) 과학기술진흥과 – 과학기술이 발전할 수 있도록 계획하고 도와주기

(9) 기업노동과 – 기업 활동 및 근로자와 사업주가 협동하도록 도와주기

(10) 국제통상과 – 외국시장을 개척하고 외국과 교류하기

(11) 총무과 – 도의 모든 부서가 일을 잘 할 수 있도록 도와주기

(12) 자치행정과 – 도와 시군이 지방자치를 잘 하도록 도와주기

(13) 새마을과 – 도민자체활동을 도와주기

(14) 세정회계과 – 세금을 걷고 도청에서 쓰이는 돈을 집행하기

(15) 민방위과 – 도민의 생명과 재산을 보호하기

(16) 문화예술과 – 문화유적을 보존하고 관리하기

(17) 문화산업과 – 문화자원을 이용하여 소득을 높이고 도민문화생활 돕기

(18) 체육청소년과 – 도민의 체육활동을 도와주기

(19) 관광진흥과 – 관광자원을 개발 보호하고 관광객을 끌어오기

(20) 농정과 – 경북도의 농업이 발전되도록 계획하고 관리하기

(21) 농산과 – 경북도 농업발전을 도와주기

(22) 농업기반과 – 농지를 개량하고 넓혀서 농업의 바탕을 튼튼하게 하기

(23) 유통특작과 – 농산물이 공정하게 판매될 수 있도록 돕기

(24) 축산과 – 경북도의 축산업이 발전될 수 있도록 돕기

(25) 해양수산과 – 경북도의 수산업이 발전될 수 있도록 돕기

(26) 보건위생과 – 도민들이 건강하게 살 수 있도록 도와주기

(27) 환경관리과 – 깨끗한 환경에서 살 수 있도록 도와주기

(28) 수질보전과 – 깨끗한 물을 공급하고, 버린 물을 잘 처리하기

(29) 산림과 – 산림을 보호하고 산림자원을 개발하기

(30) 사회복지과 – 어려운 도민을 도와주어 골고루 잘살게 하기

(31) 가정복지과 – 어린이와 노인들이 행복하게 살 수 있도록 도와주기

(32) 여성정책과 – 여성들이 사회생활을 잘 할 수 있도록 도와주기

(33) 도시계획과 – 쾌적하고 편리하게 살 수 있는 지역으로 계획하기

(34) 지역개발과 – 쾌적하고 편리한 지역을 건설하기

(35) 도로과 – 편리하게 왕래할 수 있도록 도로를 건설하기

(36) 치수방재과 – 홍수나 재해를 예방하고, 피해 시 대책 세우기

(37) 주택지적과 - 도민들이 살기 좋은 집에서 살 수 있도록 도와주기

(38) 소방행정과 - 여러 소방서에서 잘 근무할 수 있도록 도와주기

(39) 방호구조과 - 화재를 예방하고 위급한 사고 시 구조 및 응급처치하기

(40) 보건환경연구원 - 환경을 더 깨끗하게 하기 위한 방법 연구하기

2) 자치행정과에서 하는 일

(1) 조직 · 인사관리

(2) 행정구역 개편

(3) 하부행정기관의 지도 감독

(4) 선거 및 국민투표

(5) 일제 강점하 강제동원 피해 진상규명 및 과거사 정리업무에 관한 사항

(6) 가족관계 등록, 주민등록

(7) 사책업무추진

(8) 지역 여론동향

(9) 민주평화통일정책자문회의 업무

(10) 상훈 · 의전

(11) 복무관리

(12) 문서수발 통제 및 기록을 관리

(13) 보안업무

(14) 사무관리

(15) 행정사 지도 감독

(16) 행정정보공개에 관한 사항

(17) 공무원단체에 관한 업무

(18) 공무원의 복리 후생업무

(19) 새마을운동에 관한 종합계획 수립 추진

(20) 국민운동단체 지원 및 육성

(21) 광고물설치 허가 및 관리

(22) 소규모 지역개발사업 추진

(23) 오지 및 도서종합개발 추진

(24) 새마을 시설물 관리

(25) 행정혁신 추진계획 및 추진체계 구축

(26) 지방분권 및 지방이양 업무 총괄

(27) 국가균형발전 및 지역혁신 업무 추진

(28) 행정혁신 및 지방분권 관련 대외협력·홍보

(29) 민원행정 제도개선 및 지도

(30) 지역혁신계획 수립 및 추진

(31) 신활력지역 사업, 지역전략사업의 육성 등 지역경제 활성화 및 지역
     개발관련 업무에 관한 사항

(32) 자체행정혁신 추진계획 및 추진체계 구축

(33) 행정통신 및 행정전산에 관한 사항

(34) 정보통신 공사(구내통신) 사용 전 검사에 관한 사항

(35) 부가통신 사업의 신고에 관한 사항

(36) 지역 및 행정정보화에 관한 사항

(37) 주민자치센터에 관한 업무

(38) 자원봉사센터 지원과 육성

(39) 청 내 단속과 그 밖의 자치행정에 관한 사항

(40) 타 실과에 속하지 않는 사항

(41) 인사부서, 공무원복무단속

(42) 공무원조직 및 보완 업무

(43) 혁신업무

(44) 정부와 지역정부 관리

(45) 인구증가를 총괄

3) 의회에서 하는 일(서산시 의회 사례)

우리가 알지 못하는 여러 가지 일을 해 주시고 우리가 사는 이 서산이 잘 살 수 있도록 해 주고 환경을 만들어 주시는 시의원분들을 찾아가 봤다.

(1) 의회 연혁

1990년 12월 31일 지방자치 전면 실시를 위한 지방자치법이 개정 공포됨에 따라 기초지방자치단체인 서산시·군에도 지방의회가 구성되게 되었다.

초대 서산시·군의회는 1991년 3월 26일 주민의 직접선거에 의해 시-7명, 군-10명의 의원이 선출되어 동년 4월 15일 초대의회를 개원하였으며, 1995년 1월 1일 서산시·군의회가 서산시의회로 통합되었다.

제2대 의회는 1995년 6월 27일 전국동시지방선거를 통해 16명의 의원이 선출되었고, 동년 7월 10일 개원하여 인기 만료 시까지 활발한 의정활동을 펼쳤다.

제3대 의회는 1998년 6월 13일 전국동시지방선거에 의하여 15명의 의원이 선출되었고, 동년 7월 10일 개원하여 보다 성숙한 의회위상정립과 지역발전을 위한 의회운영에 역점을 두고 의회를 이끌어 왔다.

제4대 의회는 2002년 6월 13일 전국동시지방선거에 의하여 15명의 의원이 선출되었으며, 동년 7월 9일 개원하여 지역발전과 주민복지 증진을 위한 의정활동을 펼쳤다.

제5대 의회는 정당공천제와 중선거구 선거제도로 2006년 5월 31일 실시되어 5개의 선거구에서 11명의 의원과 비례대표의원으로 여성의원 2명이 당선되어 모두 13명의 의원이 7월 3일 개원하여 생산적이고 합리적인 의회운영으로 시민에게 한발 더 다가가는 의회가 될 것을 다짐하고 힘찬 출발을 하였다.

(2) 시정현황

① 지역특성

토지의 기복이 심하나 비교적 평야가 많으며, 기후와 풍토가 영농에 적합하여 미곡과 채소를 많이 재배하며, 마늘과 생강도 다량 생산되고 있다.

② 지역여건
*면적 – 739.2
*인구 – 150,006
*주택 – 53,653
*주요 공공시설 – 235

(3) 의회구성

① 의원

의원은 지방의회의 구성원으로 주민의 직접선거에 의해 선출되고 주민의 대표자로서 자치단체의 의사를 결정하는 권한과 성실한 직무수행을 위한 의무가 부결되며 임기는 4년으로 서산시의회의원은 현재 13명으로 구성되어 있다.

② 의장단

지방의회를 대표하는 의장 1인과 의장 직무를 대행하는 부의장 1인은 의원 중에서 선출되며, 의장은 의회를 대표하고 의회의 사무를 감독하는 등 임무를 수행한다.

③ 위원회

위원회는 집행기관의 행정조직에 대응하여 설치되며, 소관의안과 청원 등을 심사·처리하는 상임위원회와 특정안건의 심사처리를 위한 특별위원회가 설치되며, 서산시의회는 3개의 상임위원회가 구성되어 있으며 특별위원회는 필요시 본의회의 의결로 설치된다.

④ 의회사무국

의회는 조례안의 심의 의결, 예산안의 심의 확정과 기타 활동 등 의회의 기능을 보다 효율적으로 수행하는 데 필요한 사무를 처리하기 위하여 사무국을 두며 서산시의회사무국은 1인의 사무국장과 3인의 전문의원, 13명의 직원으로 구성되어 있다.

(4) 의회기구

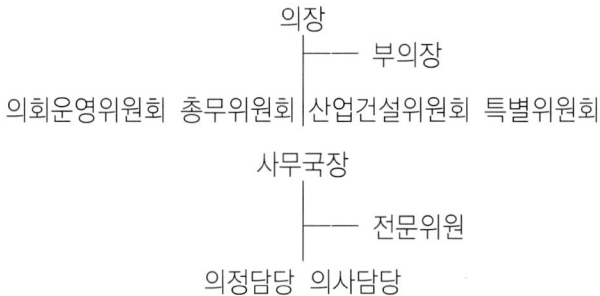

(5) 의회의 기능

① 의결권

조례의 제정 및 개폐, 예산심의 확정, 결산의 승인, 중요재산 취득·처분

② 행정감사권

행정사무감사 및 조사, 행정사무 처리상황보고 및 의견청취 등

③ 자율권

회의규칙 및 의회규칙의 제정, 회기의 결정, 의원의 자격심사 등

④ 선거권

의장, 부의장 선거, 상임위원장 선거 등

⑤ 조례제정·개정 및 폐지

조례라 함은 자치단체에서 자치입법권에 근거하여 제정할 수 있는 법의 하나로서 내용에 따라서 시민들의 권리를 제한하거나 의무를 부과하는 조례가 있는 반면, 시민들의 복지향상과 부담을 덜어 주는 조례도 있다. 주민의 권리제한, 의무부과에 관한 사항이나 벌칙을 정할 때에는 법률에 위임이 있어야 한다.

⑥ 조례의 제정절차

발의 – 의결 – 이송 – 공포

⑦ 예산안의 심의·확정 및 결산승인

예산이란 서산시의 한 해 동안 살림살이라 할 수 있다. 의회에서는 시장이 편성 제출한 예산안을 심의·확정하며 시장이 집행한 예산을 결산승인 받도록 하고 있다.

⑧ 행정 사무감사·조사

의회는 집행기관에 대하여 매년 정례회 기간 중 6일 이내의 기간으로 행정사무 감사를 실시하고 특정사안에 관하여는 재적의원 1/3 이상의 연서로 발의하여 본회의 의결로 조사를 할 수 있다. 필요한 경우에는 현지 확인, 서류제출 요구, 시장 또는 관계공무원이나 그 사무실에 관계되는 자를 출석하게 하여 증언하게 하거나 참고인으로서 의견의 진술을 요구할 수 있다. 시장 또는 관계 공무원은 의회나 그 위원회에 행정사무감사의 처리 상황을 보고하거나 의견을 진술하고 질문에 답변할 수 있다.

⑨ 청원의 심사·처리

청원은 시민이 시정에 관한 희망이나 개선사항을 시의회의원의 소개를 받아 서면으로 제출하여 의회의 소관위원회 또는 본회의에서 심사·처리하는 제도로서 채택한 청원이 집행부에서 처리함이 타당한 경우 의견서를 첨부 이송한다.

6. 관료부패 해결을 위한 대안

1) 관료부패 의의

공직자가 금전적 이득, 지위확보, 영향력 행사 등 기타 어떤 목적을 위해 공적인 역할을 남용하거나 그 지위와 관련된 법적·사회적 규범을 위반하는 행위를 말한다. 우리 사회의 가장 심각한 사회문제 중의 하나는 부정부패가 구조적으로 만연되어 가고 있다는 점이다. 이러한 부패는 장관에서부터 말단의 공무원, 그리고 중앙부처에서 일선 행정기관, 권력형 비리, 불법선거사범에 이르기까지 실로 광범위하게 발생하고 있다. 부정부패라고 하는 것은 꼭 뇌물을 받는 행위만을 가리키는 것은 아니다. 관료의 부정부패라고 하는 것은 민족성·문화·규제·법 등 다양한 요인에 의해 결정되는 것이다. 관료의 부정부패 현상은 정도의 차이는 있으나 거의 공통된 속성처럼 되어 있으며, 그 원인과 유형 및 결과에 있어서도 거의 유사한 양상을 보이고 있다. 이처럼 사회문화적 배경과 역사적 전통이 다르기 때문에 부정부패를 보는 관점도 달라서 그 범위와 비난 내지 처벌의 강도에도 차이가 있다. 그러나 공무원의 비리가 그들만의 책임은 아니다. 각종 민원인이 청탁·압력으로 문제를 해결하려 하거나, 사례금으로 무마하려는 것 등, 국민 법규준수 의식이 결여된 데서 비롯되는 문제도 있을 것이다. 여기서 관료 부패 해결을 위한 대안에 어떤 예방 노력을 할 것인지 생각해 보도록 하겠다.

2) 관료부패

(1) 관료부패의 영향

부정부패가 발생함으로써 사회 전반에 걸쳐 부정적인 영향을 미친다. 그렇다고 해서 꼭 부정적인 면만 있는 것은 아니다. 일부 학자는 부정부패가 경제발전과 구민통합 및 정부능력의 제고를 통하여 정치 발전에 긍정적인 역할을 한다는 견해를 보이고 있다. 부정부패의 긍정적인 효과와 부정적인 효과에 대해서 알아보겠다.

① 긍정적인 효과

첫째, 정부가 목표를 명확히 제시한 경우에도 보다 나은 선택을 하도록 하는 수단으로서 이바지할 수 있다.

둘째, 자본형의 중요한 원천이기도 하며 자원을 소비가 아닌 투자에도 할 당하게 된다.

셋째, 권력으로부터 제외되었기 때문에 체제에 대한 불만을 품고 있는 개 인이나 집단을 체제에 동화시키는 수단을 제공한다.

넷째, 정부 관료의 자질을 증진시키는 데 이바지한다.

② 부정적 효과

첫째, 자본의 과잉과 투자 왜곡 등을 통하여 자원을 낭비하고 정치체제의 정통성을 파괴함으로써 장기적으로 볼 때 국가 사회의 발전을 심각 하게 저해한다.

둘째, 부정부패가 확산효과를 통하여 민주체제의 기반 자체를 위협하게 된다.

셋째, 정부가 정책결정의 기준을 설명해 놓았을 때 정부가 추구하는 목표 성취를 어렵게 만든다.

넷째, 행정비의 인상, 자본의 손실, 공공목적을 위해서 지출되는 총경비의 삭감을 가져온다.

(2) 관료부패의 원인

① 환경적인 요인

가. 정치·경제의 불안정

정치·경제가 불안정한 상황에서는 미래 예측이나 장기적 계획수립이 어려워지고 사회적 규범과 관행에 혼란이 일어난다. 금전에 대해 지나친 집착을 보이게 되는데 이러한 경향들이 공무원들의 부패행위를 유도하게 한다.

나. 행정문화

권위주의, 정적 인간주의, 형식주의, 의리주의 등으로 관료는 공직을 사유하거나 조직을 가부장적으로 운영하기 쉽고 조직의 부정적인 면을 정당화하려는 관행을 갖기 쉽다.

다. 통제의 미흡

제도적으로 통제가 어려웠을 뿐만 아니라 부패에 대한 시민의 고발정신도 약하여 부패가 온존하는 계기가 되었다.

② 조직적 요인

가. 낮은 급여

공무원의 낮은 보수체계로 제도화된 부패가 만연되어 오고 있다.

나. 신분에 대한 불만

사회불안과 공무원제도 자체의 변동이 변칙적으로 일어나 불안의식을 가질 때 부정과 부패의 유혹에 빠지기 쉽다.

다. 전통적 가치관

전통적인 관존민비 의식, 정을 강조하는 풍조는 부패의 원인이 되고 있다.

③ 개인적 요인

가. 상대적 박탈감

현실적 가치인 부와 사회적 가치인 명예에 있어서 상대적인 불만을 갖게 되는 경우 능률성 저하 및 도덕성 둔화를 야기하고 부패의 요인으로 작용할 수 있다.

나. 전근대적 공직관

공직을 사유시하고 공직자 윤리의식이 정립되지 못한 채 확대된 막강한 관료력을 행사하는 과정에서 각종 비리와 부조리가 생긴다.

④ 행정구조 및 환경적 요인

가. 발전과정상에 어쩔 수 없이 발생하는 필요악

나. 관료제도의 미성숙한 발전에서 발생하는 부산물이며 역기능

다. 권력문화의 미성숙에서 공직과 사직의 혼용, 권력의 남용, 장기집권,
   권력관리 부족에서 발생한 부작용 - 권력형 비리, 장기독재에서 발생
   하는 사례

라. 행정과 정치통제의 미비와 제도적 통제미약 - 후진국, 개발도상국가에
   서 발생

마. 건전한 정치문화의 미성숙 - 군사 쿠데타, 군사문화가 정치문화를 파
   행적으로 지배

(3) 관료부패의 유형

① 구조에 의한 분류

가. 관료 중심적 부패구조: 부패형성의 중심이 관료 개인인 경우

나. 행정 중심적 부패구조: 특정수준의 관료 조직이 주체가 되는 경우

다. 다기관연결형 부패구조: 행정조직과 비행정조직이 결합하여 부패발생
   의 중심적인 역할을 하는 경우

② 부패 주체에 의한 분류

가. 정권 주체의 부패: 부패 행위의 주체가 정권인 경우
   정치자금 조달과 관련된 부패, 선거부패, 반대세력의 억압과 관련된
   부패

나. 기관 주체의 부패: 행정기관이 부패의 주체가 되는 경우

다. 권력 부패: 정치인이나 고위 관료들이 포함된 부패(변양균·신정아 사건)

라. 관료 부패: 관료들이 관련되어 있는 부패

③ 부패 수단에 의한 부류

가. 정실형 부패: 친한 사람들에게 다른 일반 대상자에 우선하여 유리한

결정이나 조치를 취하는 것(MB정권의 고소영, 강부자 내각)

나. 위협성 부패: 불리한 조치나 결정을 예방하거나 그러한 조치나 결정을 구실로 금품 등을 직접 또는 간접적으로 강요하는 행위

다. 사기형 부패: 공직자가 그의 지위를 이용한 사기와 횡령을 혼합한 부정(공공재산횡령, 회계 부정, 공문서위조, 기밀정보제공, 공금유용, 허위공문서발행, 허위보고서) - 권력형 비리 등으로 볼 수 있겠다.(역대 대통령들의 비리(전두환), 변양균·신정아 사건 등)

라. 거래형 부패: 어떤 행정적, 정치적 조치나 묵인의 대가를 받는 행위(양정례 비례대표 금품상납 등)

④ 전수일의 부패유형

가. 정치적 영향력 행사로서의 부패

나. 공직자 일탈행위로서의 부패

　　의무불이행: 직무유기 및 태만, 업무지연행위, 직무이탈행위, 무사안일주의와 보신주의적 형태

　　불법행위: 뇌물수수행위, 직원남용행위, 공금유용 및 공금행령행위, 공문서 위조 및 변조 행위, 기밀 누설 및 정보제공행위

　　부당행위: 정실주의에 입각한 행정부조리, 연고관계와 의리의식에 입각한 행정부조리

3) 해결 대안

① 공무원 개인의 윤리의식을 제고하기 위한 노력이 경주되어야 할 것이다. 근대적인 가치관으로 바꾸고, 건전한 직업윤리를 확립

② 여러 제도적 장치를 개선하여야 한다.
　　부패 방지를 위한 엄격한 규제 장치(강력한 처벌수단, 행정과정의 투명성확보, 현실에 맞는 법령의 재조정, 경제발전을 추구하면서 행정규

제 완화, 경제적 유혹에 갈등하지 않도록 근무여건 개선, 인사행정 합리화)

③ 환경을 이루는 일반시민의 가치관이 변화되고 의식수준이 제고되어 행정에 대한 외적 통제가 강화되어야 할 것이다.
정부의 반부패 활동이 국민의 신뢰를 얻어야 할 것이다.

④ 직무관련 요인들 보수수준과 인사관리의 합리화 등을 통제하여야 한다.
공직자로서의 자부심이나 윤리의식 강화 – 직무만족도

⑤ 조직 내 부정부패를 용인하는 관행을 근절시켜야 한다.
우리 사회에 만연해 있는 부패용인관행이 부정부패행위를 결정짓는 중요한 요인이다.
조직 내부에서 일어나는 부정부패를 폭로하고 고발하는 행위를 보호하는 제도적 장치가 마련되어야 한다.

⑥ 여러 법적인 제재를 가할 수 있는 그런 부패 방지제도가 우선적으로 필요하다.

부패 방지 관련 장치가, 사회적으로 가할 수 있게, 제도적으로 시급하게 추진되어야 할 것이다. 앞서 말한 바와 같이 관료의 부패는 한 나라의 흥망성쇠를 좌지우지 할 것이다. 아무리 나라가 경제적으로 부강하다 하더라도, 관료들의 부패로 정치적으로, 행정적으로 나라가 불안정하면, 나라의 앞날은 불 보듯 뻔할 것이다. 시대가 변한다 하더라도 관료의 부패는 없어지지 않을 것이다. 한 예로, 중국의 경우 관료의 부정부패가 발견되었을 시에 최고 사형까지 처하는 처벌을 한다. 그러나 우리나라의 경우는 단순히 관직에서 떠나는 것으로 끝나는 경우가 많다. 이렇게 안일한 대처가 관료의 부정부패를 더 키울 수 있을지도 모르겠다. 부정부패가 발견되었을 때 강력한 조치가 필요한 것 같다. 현 MB정권에서는 정부개편으로 공무원의 수를 줄이는데, 한편에선 공무원의 손이 모자라서, 일을 시일 안에 해결하지 못하는 곳이 많다고 한다. 좀 더 공무원의 수를 늘려 사회 각층에 도움의 손길을 받지 못하는 곳에 많은 도움을 펼쳐야 할 것이며, 일선에서 일하는 공무원들의 인센티브제 등으로, 경쟁력을 길러 서로 일하려고 하는 사회를 만들면 관료부패 해결에 도움이 되리라 생각한다.

〈참고문헌〉

이상엽, 조직론, 상영사, 2005.

현대 민주국가에서 공직자들은 국민 전체의 봉사자로서 공익을 추구해야 할 입장에 있고 국민생활에 심대한 영향을 미칠 수 있는 지위에 있다. 공직자의 윤리적 행동 여하는 행정의 방향과 가치에 심대한 영향을 미치는 것이다. 그러나 최근 공무원 사회에 만연된 부정부패에 대한 논의가 다양한 언론매체에서 거론되고 있으며 이에 대한 대책의 소리가 높다. 관료의 부정부패문제는 정권담당자에게나 국민에게나 반드시 일소되어야 할 부분으로 인식되고 있다. 왜냐하면 관료부패는 행정권 내부에서 일어나는 현상이지만 그 영향력은 일반사회로 확대되어 부패의 악순환 고리로 작용하게 되기 때문이다. 이러한 문제의식을 가지고 관료부패를 여러 가지 측면에서 면밀히 분석하고 개념 및 유형을 살펴본 후 관료부패의 원인과 실태 및 개선방향을 살펴보도록 하자.

◆ 관료부패 개념 및 유형

(1) 공익 중심의 정의

불특정 다수인이 누구나 기대하는 이익, 즉 공익을 침해하여 특수한 개인의 이익을 도모하는 것을 말한다.

(2) 공직 중심의 정의

공익을 위하여 공직의 의무규범에서 일탈하는 경우를 부패라 하며 공익을 중요시하고 공권력을 오용하는 경우나 부당한 이유로 합법적인 재량권을 행사하거나 작위 또는 부작위 의무를 수행함으로써 금전이나 금전적 가치의 반대급부를 받는 경우를 말한다.

(3) 시장 중심의 정의

경제정책을 입안하고 관리하는 책임을 맡고 있는 관료가 경제에 대대적인 조정자의 역할을 수행하면서 공공의 이익을 분배할 때 자신의 지위를 개인적 이익을 위한 수단으로 보는 것을 말한다.

가. 정권 주체의 부패

이는 부패행위의 주체가 정권인 경우이다. 대부분의 경우 독재자와 그의 추종자들에 의해 이루어진다. 또한 이러한 정권단위의 부패는 대부분 무력이나 혁명 또는 쿠데타 등과 같은 정당치 않은 방법으로 정권을 쟁취한 집단에서 흔하며, 정당성이나 정통성이 결여된 정권에서 자행되는 경우가 대부분이다. 이러한 정권 주체의 부패에 속하는 대표적인 경우가 정치자금 조달과 관련된 부패, 선거부패 등이라 할 수 있다.

나. 기관 주체의 부패

부패행위는 일반적으로 개인이 그 주체가 되나, 행정기관이 주체가 되는 경우도 있다. 이 경우 부패는 대체로 각종 행정관리 기준이 비현실적이거나 보수수준이 현실에 지나치게 미달하는 상태에서 야기되는 경우가 많다. 기업 활동에 관련된 행정기관으로부터 어떠한 혜택을 보거나 혜택을 기대하는 기업의 업무추진비용 등의 명목으로 금전을 제공하는 형태로 나타난다.

◈ 부패수단에 의한 분류

(1) 정실형 부패

정실형 부패는 공적인 업무를 처리함에 있어서 사적 이익을 인정하고 특정 개인이나 집단에 대한 사적 이익을 위해 국가 기구 내지는 행정 수단이 이용되는 경우를 말한다.

(2) 위협형 부패

강취형 부패 또는 공갈형 부패라고 할 수 있다. 사업자에게 불리한 조치나 결정을 예방하거나 그러한 조치나 결정을 구실로 금품 등을 직접 또는 간접적으로 강요하는 부정행위를 말한다.

(3) 사기형 부패

사기형 부패는 대개 형법상 공무원 범죄로서 소추가 되는 가장 노골적이며 명백한 부패로서의 성격을 지니고 있다. 공직자가 그의 지위를 이용한 사기와 횡령을 혼합한 부패에 해당한다.

◈ 목적에 따른 분류

(1) 생계형 부패

생계형 부패란 하위직 관료들이 정당한 보수만으로는 기본적인 생활을 하기에 어려움을 느껴 양심의 가책을 느끼면서도 부정의 유혹을 이겨 내지 못하고 부족한 생활비를 보충하기 위한 방편으로 이루어지는 부패유형으로 대부분 작고 소액금품 수수행위를 수반한다.

(2) 권력형 부패

권력형 부패란 고위직 관료가 직접적 또는 간접적으로 그 직무와 관련해서 개인의 이익을 위해 직권을 남용하는 것을 말한다.

(3) 치부형 부패

치부형 부패란 하위직 관료가 그의 공직을 치부와 축재의 수단으로 이용해서 고의적으로 공직수행의 상대방, 즉 국민, 기업, 타 관료 등을 유인하거나 적극적으로 거액의 뇌물을 거부하지 아니하고 수수하여 부정소득으로 치부하는 부패형태를 말한다.

◈ 개인적 요인

(1) 권위주의 행태

권위주의는 지배복종의 상하 신분관계를 의미하며 자기보다 상급자에게는 무비판적이고 복종적인 반면에 하급자에게는 비판적이고 복종하기를 바라는 성향이 있다.

(2) 정실주의 행태

정실주의란 타인과의 정적 유대관계를 계속 유지하려는 경향으로서 상호 포괄성, 밀착성, 통합성을 주요 구성요소로 하고 있다.

(3) 가족주의 행태

가족에 대한 충성심은 직계가족이나 친족에 대한 충성심을 말하나 이것이 확대되면 출신지역이나 출신학교 등 제1차 집단에 대한 충성심으로 나타난다. 이러한 사회에서는 가족 혹은 연고가 정치·경제·사회 등 모든 공권의 활동에 있어서 기초적 행동단위가 되어 분파주의, 지역주의를 조장하게 된다.

(4) 형식주의 행태

모든 행정활동은 법령에 근거를 두고 각종 규범에 따라 이루어져야 한다. 그러나 법령의 존중이 지나치면 부패의 원인이 된다.

◆ 체제적·제도적 요인

(1) 관료제의 역기능

관료제가 주변 사회집단의 욕구와 희망을 흡수, 수용, 중개하는 가장 중요한 기제로서의 역할을 수행하며 그 능력을 팽창시킴에 따라 관료들은 그들의 이익을 위해 권력과 통제의 영역을 넓혀 국민의 경제, 사회생활에 깊숙이 침투하고 본래의 봉사적 기능이 아닌 정치, 경제, 사회적 공납을 강요하며 권력을 과장, 왜곡하여 행사한다는 것이다.

(2) 보수수준의 비현실성

생활수준에 대한 기대가 높은 관료에게 생계비를 못 대주는 보수수준은 부패유발의 원인이 된다. 우리나라의 경우, 공무원의 보수는 민간 기업에 비해 상대적으로 낮으며 가계비나 물가상승률에 비해 극히 경직된 증가율을 나타낸다.

(3) 내부통제 및 관리기준의 비현실성

내부통제의 경우 사정기관이 여러 기관으로 분산되어 있기 때문에 통일된 사정이 불가능한 문제점이 있고, 행정관리기준이 현실과 맞지 않아 부패를 조장하는 역할을 한다. 예를 들어 현실적으로 필요한 예산이 없거나, 위생검사, 차량매연단속과 같이 법규대로 단속할 수 없는 비현실적인 통제기준으로 인해 부패가 발생한다.

(4) 인사행정의 불합리성

인사권자의 의식적, 무의식적인 편견 또는 무원칙적인 보직변경 및 승진추천, 징계상신, 인사기록의 위조·변조, 시험문제의 유출, 불공정한 채점 등으로 금전을 수반하거나 사적인 충성심을 강요함으로써 관료의 근무의욕을 좌절시킬 뿐 아니라 안정감을 손상시킨다.

◆ 관료부패의 영향 및 해결 방안

(1) 관료부패의 영향

① 정부가 정책결정의 기준을 설정해 놓았을 때 정부가 추구하는 목표성취를 어렵게 만든다. 부패가 만연한 곳은 불합리성, 비능률성 때문에 의사결정 과정과 계획 달성이 방해된다.
② 행정비의 인상, 자본손실, 공공목적을 위해 지출되는 총경비의 삭감을 가져온다. 공사 청부를 따내기 위해 제공한 뇌물은 결국 지출되어야 할 총경비에서 삭감해야 하기 때문에 열등하고 저급한 자재를 사용하게 되어 부실공사를 하기에 이른다.
③ 부패는 또 다른 부패를 낳고 정치적 불안정, 행정기관에 대한 존경심 박약, 정부 신뢰도 실추, 국민 전체의 사기를 저하시켜 타성과 비능률성을 초래하게 된다.

(2) 관료부패의 해결 방안

① 공무원의 의식개혁과 보수 적정화

부정부패 척결을 위한 제도적 통제장치를 마련하기에 앞서, 헌법 제7조에 규정되어 있듯이 공무원의 관존적 의식을 봉사적 책임감으로 바꾸는 의식개혁이 필요하다고 본다. 또한 공무원의 백색부패 소지를 차단하고 공무원의 사기를 진작시키기 위한 일환으로 공무원 보수 적정화 방안도 긴요하다고 생각된다.

② 정보공개 및 평가 강화를 통한 행정의 투명성 제고

행정정보 공개는 정부의 투명성을 제고하고, 시민은 이를 바탕으로 행정기관에 대한 협조·감시·견제를 할 수 있다. 또한 행정기관에 대한 청렴성을 평가하여 공무원의 직무수행과 관련하여 부정부패를 줄일 수 있을 것이다.

③ 국민 윤리의식 향상

국민으로서의 자부심을 일깨워 주어 자부심과 신념이 확고하도록 만들어질 수 있는 사회적 풍토가 조성되어야 한다.

④ 부조리 억제를 위한 행정 수반의 강력한 실천 의지

정부 최고 책임자인 대통령의 의지가 무엇보다 중요하고 행정 수반의 주변 사람들이 부패에 대한 정화의지가 강해야 하며, 솔선수범해서 국민의 신뢰를 얻어야 한다.

⑤ 다양한 집단의 자문흡수

정부의 정책결정 과정은 민간에 비해 불투명하기 때문에 정부종사자들이 자신만의 이익을 추구하게 되는 경향이 강할 수밖에 없으므로 행정의 전통적 불투명성은 부패의 직접적인 배경이 된다. 이러한 문제를 극복하는 가장 현명한 방법은 행정과정에서 다양한 집단의 자문을 흡수하는 것이다. 관료부패의 방지 대책을 요약하면 다음과 같다. 공무원의 의식개혁과 보수의 적정화 정보공개 및 평가 강화를 통한 행정의 투명성 제고, 국민 윤리의식 향상, 부조리 억제를 위한 행정 수반의 강력한 실천 의지, 다양한 집단의 자문 흡수 등을 들 수 있다. 결국 관료부패 해결을 위한 대안으로는 부패에 대한 정부의 적극적이고 지속적인 반부패 운동에 대한 자세뿐만 아니라 부패에 대한 철저한 국민의 감시와 사회 전반의 의식개혁이 뒤따를 때 비로소 깨끗하고 건강한 정부, 사회 각 부문의 효율성 및 생산성을 제고할 수 있는 정부 그리고 국민의 신뢰성을 바탕으로 한 양질의 국가 행정을 추구할 수 있게 될 것이다.

〈참고 사이트〉

http://www.nanet.go.kr
http://cafe.naver.com/hj06.cafe
http://cafe.naver.com/kjh791215.cafe

부패의 해소 또는 부패구조의 척결은 국가경쟁력 강화는 물론이고 정부에 대한 국민의 신뢰성 제고를 위한 국정의 핵심 개혁과제의 하나이다. 이제 부패문제는 국내적 차원의 문제를 넘어서 범국제적인 관점에서 공동의 해결방안을 모색하는 글로벌 이슈로 전환되고 있다. 그런데 국제투명성기구(Transparency International; TI)에서 발표한 세계 주요 국가의 부패지수에 의하면 우리나라는 상대적으로 부패지수가 높은 국가로 평가되고 있으며, 그 동안 정부의 지속적인 노력에도 불구하고 별로 개선되지 않고 있다. 사실상 부패의 만연은 국가의 경쟁력을 약화시키고 국민들의 정부에 대한 신뢰감을 저하시킬 뿐만 아니라 국제경쟁관계에서도 직접적인 경제손실을 초래하기도 한다. 바로 이런 배경에서 국민의 정부에서는 깨끗한 공직사회 구현을 위해 국민생활과 직결된 세무, 경찰, 건설, 건축, 식품, 위생, 환경, 조달, 교육, 지방행정, 예산, 복지시설, 중소기업자금지원 등 13개 취약분야를 중심으로 지난 1999년부터 부패유발요인 제거를 위한 제도개혁을 추진해 왔다. 그 결과

정부부문의 부패는 지속적인제도 개선으로 점차 개선되어 가고 있는 성과를 확인할 수 있다.

그러나 준공공부문, 민간부문의 경우에는 정부부문 못지않게 부패문제가 심각한 수준임에도 불구하고 그동안 체계적인 대응노력이 부족하였다. 특히 준공공부문은 국민경제 활동에 미치는 파급효과가 막대할 뿐 아니라 그 운영의 성과에 대한 책임도 궁극적으로는 정부에 있음에도 불구하고 반부패 활동은 상대적으로 미흡하였다고 할 수 있다. 따라서 앞으로 부패방지 활동을 전개함에 있어서는 준공공부문을 대상으로 부패 장비를 위한 제도 개혁 노력에 적극 나설 필요가 있다.

(1) 공직 중심의 관점

공직 중심의 관점에서 보면, 부패는 주로 공직자들이 금전적·지위상의 이득 또는 영향력 등과 같은 사적 이익을 위해 법적, 공적 의무, 규범 등으로부터 일탈하는 것을 말하는데, 이러한 공직 중심의 이해는 '사적 이익 추구'를 위하여 '공직 의무'를 위반하는 행위로 요약할 수 있다.

(2) 공익 중심의 관점

공익 중심의 관점에 따르면, 부패는 사익보다 공익을 우선시하는 민주질서체제에 대한 책무를 위반하는 것으로, 결국 특수이익을 위해 공익을 손상시키는 것이라 할 수 있다. 그러나 이러한 공익 중심의 정의는 여러 집단의 이익이 경합될 경우 어느 집단의 이익을 공익으로 볼 것인가 하는 문제와 상황에 따라 공익의 정의가 큰 폭으로 변화할 수 있다는 문제, 즉 공익이라는 개념 자체의 모호성에 기인하는 모호성이 가장 큰 단점이라고 할 수 있다.

(3) 시장 중심의 관점

시장 중심의 관점에서 부패는 관료가 공직을 매개로 공적 이익을 분배함에 있어 사적 이익을 극대화하는 수단으로 이용하는 행위인데, 이 입장의 경우 관료가 부패를 통해 벌어들이는 소득의 크기는 시장상황 및 수요·공급곡선상에서 최대의 이익을 보장해 주는 특정한 점을 찾아내는 능력에 달려 있다. 그러나 이런 관점은 적극적인 동기유발인자로서 관료의 역할을 무시하고, 단지 경제적 용어에서 공익 대신에 이윤극대화라는 개념을 차용한 것에 불과하며, 방법론적 개인주의의 한계도 지니고 있다.

◆ 인적 요인

(1) 공무원의 의식문제

역대 정권이 모두 각종 부정부패를 척결하기 위한 수단으로 법적·제도적 또는 행정적 조치를 취하였는데, 물론 부정부패 척결을 위해 불합리적이고 비효율적인 법과 제도를 고치고, 윤리교육을 강화하는 것이 현실적으로 필요할 뿐만 아니라 짧은 기간 내에 상당한 성과를 거둘 수 있을 것이지만, 사회에 뿌리 깊게 자리 잡은 부정부패를 근원적으로 제거하는 데는 일정한 한계가 있었다. 공무원 부패의 상당 부분은 관행적·관습적으로 이루어지는 경우가 많은데, 부패행위를 저지르면서도 이에 무감각하거나 대수롭지 않게 여기는 경향이 있다고 생각된다.

(2) 공무원의 낮은 보수수준

공무원의 보수의 크기도 부패와 관계가 있다. 특히 공무원을 상대로 한 설문에서는 대부분 부패의 주요 원인으로 보수를 지적하고 있다. 보수는 공무원의 사기 및 행정의 능률성과 직결되며, 공무원의 근무의욕에 영향을 미치는 결정요인 중 하나이다. 공무원 보수에 대한 충실성이 극도로 저하된다.

◈ 행정제도적 요인

(1) 행정정보공개 미흡

부패가 발생하는 가장 근본적인 이유는 부패가 발생하는 조건, 상황, 결과 등에 대한 정보가 외부로 노출되지 않기 때문이다. 부조리를 효과적으로 방지하기 위해서는 무엇보다도 적절하고 정확한 정보를 조직 내·외부로 공개하는 것이 필요하다.

(2) 행정에 대한 평가체제 미비

부패관련 정보가 완전히 공개되는 것은 관료 자신의 치부를 완전히 드러내는 것이기 때문에, 관료들이 자신들의 치부가 완전히 공개되는 것을 원치 않으며, 매우 두려워하기 마련이다. 정부조직에서는 감사원, 검찰, 반부패특별위원회 등 여러 기관이 부패척결을 위해 노력하고 있다. 그러나 이들 정부기관은 부패와 관련된 다양한 정보자원을 산발적으로 소유·독점하고 있으며, 때론 은폐하기도 한다.

◈ 부패통제체제적 요인

(1) 감사체제와 검찰조직의 문제

우리나라의 대표적인 감사기관은 검찰과 감사원이다. 이 두 사정기관이 안고 있는 가장 중요한 문제는 구조적 한계에 따른 비독립성이라 할 수 있다. 검찰의 경우, 준사법기관이지만 집권세력의 정치적 영향력으로부터 자유롭지 못해 그 독립성이나 중립성이 제대로 보장되지 않고 있다고 생각된다. 감사원 또한 공무원 부패사건에 대한 변상책임판정이나 징계요구시정 그리고 고발권을 가지고 있지만 수사기능이나 사법경찰권이 없다는 구조적 한계를 지니고 있다.

(2) 비리공직자에 대한 관대한 처벌

공무원의 부패는 그 상징성 때문에 일반인들에 비해 보다 엄격하게 처벌해야 하는 것이 원칙이나 지금까지는 자체징계가 대부분이었으며, 형사처벌까지 가는 경우라 할지라도 기껏해야 집행유예 등에 그치는 등 관대한 처벌 관행이 일반적이었다. 또한 실형을 선고받아도 곧 사면되어 출옥하는 경우가 대부분이라 엄정한 처벌을 통한 부패척결은 구두선에 그쳐 왔다고 할 수 있다.

◆ 부패 환경적 요인

(1) 연고주의 문화

한국의 사회·문화적 특징 중에 대표적인 것이 연고주의 문화이다. 연고주의적 행위는 공직자가 합리적 절차에 따라 객관적으로 업무를 처리하기보다는 자신과 특별한 연고관계가 있는 사람에게 유리한 방향으로 일을 처리하는 행위이다. 한국사회에서는 전통적으로 연고가 사회적으로 중요한 기능을 한다. 혈연, 지연, 학연 등의 연고관계는 법률과 규칙에 맞서 연고집단의 이익을 우선적으로 추구하는 부정적 모습으로 나타나고 있다.

◆ 관료부패의 해결방안

(1) 공직자들의 직무와 관련된 윤리의식과 행동을 제고시키기 위해서는 윤리적 행동에 위배되는 부적절한 상황에 대처할 수 있는 구체적인 기준과 절차를 규정하는 공무원 행동강령을 제정하도록 한다.

(2) 시민단체, 시민과의 반부패토론마당을 공무원교육기관의 정규교육프로그램에 반영하는 등 시민과 공직자의 반부패교육·홍보를 강화하도록 한다.

(3) 직무성과급제를 정착하도록 하고, 공무원 보수와 민간기준점을 연계하도록 한다. 부처별 인건비 총액과 자율적 인사규정을 도입하도록 한다. 업무 추진비와 성과금 제도의 개선이 필요하다.

(4) 행정기관에 대한 청렴도를 평가하도록 한다. 공무원과 접촉한 경험이 있는 민원인 사업자를 대상으로 하여 부패체감도를 측정하고, 부패적발도와 반부패노력도를 보다 체계적으로 구성하여 평가해야 할 것이다.

(5) 감사원의 사전·예방적 부정방지 기능을 강화시키기 위해, 감사원 기구를 확대하고, 직무감찰에 관한 내용을 보다 상세히 하고 각급 행정관청 감찰기구를 통합·조정하는 방향으로 입법해 나간다.

(6) 부패자에 대해서는 징계기준을 시행령에 구체적으로 명확하게 설정하여 기관장의 '봐주기식 징계'를 방지하도록 한다. 비리행위로 적발된 공직자에 대해서는 근무성적평정, 포상, 승진 전보 시 제한을 확대하도록 한다.

(7) 조직 내부에서 은밀히 이루어지는 부정부패의 적발과 사전적 예방을 위해서는 내부고발자와 익명의 제보에 대한 보호를 강화한다.

(8) 모든 국민이 동참하는 부정부패 운동 전개가 필요하다. 시민단체 주도의 자발적인 부패추방운동이 될 수 있도록 하여야 하고, 정부는 이에 필요한 협조와 지원을 아끼지 말아야 할 것이며, 여기에는 시민단체의 정부로부터의 독립성 측면도 고려되어야 한다.

관료의 부패를 방지하기 위해서는 부패에 대한 체계적인 원인분석과 강력한 방지방안의 모색 및 객관적인 견지에서 철저하게 적용하는 노력과 더불어 이러한 제도적 장치 이전에 전 국민이 부정부패를 추방하고자 하는 확고한 의지를 갖고 일괄되면서 체계적이고도 장기적인 안목에서 의식의 개혁과 아울러 이를 실천으로 옮길 수 있는 그 실천력이 필요하다. 즉 정부의 적극적이고 지속적인 반부패 운동에 대한 자세뿐만 아니라 부패에 대한 철저한 국민의 감시와 사회 전반의 의식개혁이 뒤따를 때 비로소 깨끗하고 건강한 정부, 사회 각 부문의 효율성 및 생산성을 제고할 수 있는 정부 그리고 국민의 신뢰성을 바탕으로 한 양질의 국가 행정을 추구할 수 있다.

〈참고문헌〉

박경일, 한국 관료부패의 방지방안에 관한 연구, 광주대 산업대학원, 2004.

오연천·한덕철, 공기업 분야 부패방지 연구, 국무조정실, 2009.

조덕희, 한국 관료부패의 원인과 방지 대책에 관한 연구, 한서대 정보산업 대학원, 2001.

부패라는 용어는 썩을 부(腐)와 패(敗)로 구성되어 있는데, 말 그대로 어떤 물질이 썩어서 못쓰게 된다는 의미이다. 부패(corruption)라는 영어단어는 라틴어 rumpere에서 유래하는데, 무엇인가를 위반함을 의미할 뿐만 아니라, 함께(cor) 파멸(rupt)한다는 뜻도 함축하고 있다(Perry, 1997). 즉 사람이 도덕적으로 부패하면 거래 당사자 모두가 파멸 상태에 빠지고 만다는 의미를 담고 있다.

관료부패의 부패 현상은 특정 국가·사회의 정치제도, 국민의 가치관 내지는 도덕성, 그리고 사회적 경향을 반영하는 것이므로 부패의 견해는 매우 다양하며 통일적인 개념 정의가 이루어지지 못하여 왔다. 하이덴 하이머는 문화 횡단적 비교방법을 이용하였는데 공직 중심적 정의로서 공직에서의 일탈이라 하였으며 시장 중심적 정의로서는 시장이론을 기초로 한 경제학자들은 관료제가 경제에 대하여 광범위한 조정자의 역할을 수행하면서 공공의 이익을 극대화하는 수단으로 생각할 때 부패가 발생한다고 봤다. 그리고 마지막으로 공익 중심적 정의로서 공익으로부터의 일탈이라고 정의하였다. 또한 뮈르달(Myrdal)은 관료부패를 공직과 관련 있는 영향력이나 권력을 부당하게 사용하는 행태라고 정의하였다. 이에 결론적으로 정의하면 관료부패는 법을 집행하는 관료들이 법규를 남용하거나 재량권을 일탈하여 부정한 방법으로 재화 가치를 획득하거나 수수하는 행태이며 관료의 개인적 이득을 얻기 위해 탐욕스런 의식과 행태가 표출된 것으로 정의될 수 있다.

관료란 관리 또는 정치적 결정에 영향을 끼칠 만한 세력을 가진 집단의 일원을 말한다. 관료란 어느 시대 없이 어떤 국가나 조직에서 반드시 필요한 존재이다. 그런데 바람직한 본연의 역할이 제대로 되지 않을 때 관료주의란 부정적인 말을 사용한다.

관료주의란 공직이나 사회집단 등의 구성원들이 업무수행을 하는 과정에서 야기되는 조직적으로 관행화된 기능적인 장애나 병적인 행동양식, 잘못된 의식형태 등을 말하는데, 비능률과 책임전가, 무사안일과 비리 감싸주기, 비밀주의와 파벌주의, 부처이기주의와 거짓보고 등의 현상이 나타난다고 한다. 이러한 현상은 공직이나 민간조직을 불문하고 조직이 대규모화할수록 확대 심화되는 경향이 있다고 한다.

관료주의의 행동양식과 의식형태는 정부의 관료에게만 나타나는 것이 아니라 정당이나 기업체, 언론기관이나 교육기관, 사회단체와 노동조합 등의 대규모 집단에서도 볼 수 있다고 한다. 후진국일수록 이러한 관료주의 경향이 농후하고, 같은 사람이라도 지위와 경우에 따라 그가 속한 조직의 건전성에 따라 관료주의 경향을 띠기도 하고 그렇지 않는 경우도 있다고 한다. 관료주의 성향을 지닌 사람이 어떤 자리에 있게 되면, 창의적이고 발전적인 업무처리나 비리척결과 바람직한 관행의 확립에는 무관심한 가운데, 자신의 권한을 최대한 누리면서 관행에 따라서 소극적으로 업무를 수행하면서도 자신의 기득권은 철저히 고수하려고 한다. 뿐만 아니라 드러나지 않으면 수단 방법을 가리지 않고 자신의 이득을 최대한 취하면서 불법이나 탈법적인 것도 관행이 되어 있으면 묵인하는 가운데 자기가 속한 조직원에게 피해만 없으면 고치려고 하지 않는다. 그래서 관료주의 성향이 높을수록 부패하기가 쉽고 국민에게 피해를 끼치며 국가사회의 발전에 장애가 된다고 한다.

(1) 부패가 일어나는 영역에 따른 정의

· 공직 중심 정의: 공직자가 사익을 위해 공직을 남용하는 행위
· 공익 중심 정의: 공직자가 업무수행 과정에서 공익을 위반하는 행위
· 시장 중심 정의: 일반 경제 주체들이 행정부의 경제정책을 입안하고 관리하는 책임을 맡고 있는 공직자들로부터 특혜를 구매하는 행위

(2) 부패방지법상 '부패행위'의 정의

· 공직자가 직무와 관련하여 그 지위 또는 권한을 남용하거나 법령을 위반하여 자기 또는 제3자의 이익을 도모하는 행위
· 공공기관의 예산 사용, 공공기관 재산·취득·관리·처분 또는 공공기관을 당사자로 하는 계약 체결 및 그 이행에 있어서 법령에 위반하여 공공기관에 대하여 재산상 손해를 가하는 행위
· 위 행위 및 그 은폐를 강요, 권고, 제의, 유의하는 행위

(3) 부패의 개념 규정

· 공직 중심 정의(베일리 주장) → 공직의 의무개념
- 사익에 치중한 나머지 공권력을 오용하는 행위를 총칭한다.
예) 뇌물수수, 친족 등용주의, 공금 횡령 등……
· 시장이론 중심 정의(레프와 같은 경제학자들이 주장) → 경제이론 도출
- 행정부의 경제 정책을 입안하고 관리하는 책임을 맡고 있는 관료로부터 특혜를 구매하는 행위
예) 외국환, 수입, 수출, 투자 등을 위해 뇌물을 주는 경우
· 공익 중심 정의(프리드리히) → 공익 중심의 개념
- 어떤 일을 수행할 책임 있는 공직자가 법적으로 규정되지 않은 금전 또는 기타 보상을 제공한 자에게는 누구나 혜택을 주는 행위를 함으로써 국민 대중의 이익에 손해를 끼치는 경우

(4) 부패의 정의

· 공직자가 사리사욕을 위해서 공직에 부수되는 공권력을 남용하거나 공직에 있음을 기회로 영향력을 직, 간접으로 행사함으로써 법규를 위반하는 경우 및 의무 불이행 또는 부당 행위(비윤리적 행위 포함) 등 규범적 의무를 일탈하는 경우를 총칭한다.

◆ 부패도 결정 요인

(1) 사회적 풍토

· 기준이 명확지 않으며 상대적이다.
· 사회적 풍토에 따라 부패를 보는 관점에 차이가 난다.
· 국민 간에 온당한 사고 기준을 확립한 사회가 부패 정도가 낮다.

(2) 법적 제재

· 부패는 부정으로 얻은 대가가 그것의 노출로 인한 처벌보다 크다면 부패는 더 많이 유발된다. 규제가 미약하면 부패를 억제할 수 없다.

(3) 윤리의식

· 윤리의식 수준: 부패의 정도를 가늠하는 척도
· 올바른 길을 비춰 주는 가치 기준: 공무원에게 더 높은 윤리의식을 기대한다.(윤리 헌장)

(4) 관료와 시민의 형태 특성

· 상관의 리더십 행태와 상관과 부하 및 동료 집단 간의 결속 관계가 관료제 조직의 특성을 대변한다.

예) 상관이 청렴하면 조직 부패 정도가 낮으며, 관계 밀접이 극단적이라
면 조직적 부패 행위 발생 확률이 높다.

◈ 관료 부패의 유형

(1) 정치적 영향력 행사로서의 부패행위

· 국민의 정부에 대한 요구와 주장에서 생기는 경우 이익집단을 통해서
입법 내용에 영향 끼친다.
· 영향력 행사 - 입법자에게 영향 끼치는 단계
- 법령이 공포된 후 법 집행자에게 영향을 끼치는 단계
예) 경제인들이 정치적 영향력을 행사하기 위해 당에 헌납
· 일본: 자민당(입법정책 - 대기업체 받은 자원자금을 반영해 결정)

(2) 공직자 일탈 행위로서의 부패

· 가디너(John. A. Gardiner)의 공직자 일탈행위
- 의무 불이행: 요구되는 의무를 전혀 이행하지 않음
예) 공무원이 규정된 의무를 무시하고 단속을 눈감아 주는 경우(도박)
- 불법 행위: 명백히 불법적인 행위를 저지르는 경우
예) 공금 횡령
- 부당 행위: 적절히 수행할 수 있는 어떤 행위를 부적절하게 수행하는
경우
예) 시(市)에서 구매관이 업자로부터 받은 뇌물을 고려해서 특정 물자를
구입하는 행위

(3) 부패 행위의 내용에 따른 유형

· 독직 행위: 공직자가 그 업무를 수행하는 것이 그의 의무임에도 불구하고 이에 대한 대가를 명시적으로 요구하는 경우 뇌물수수 행위와 비슷하지만 관여하는 범위가 크다.

예) 모든 공사 입찰 건당 일정한 액수의 금품을 강요

· 뇌물수수 행위: 냉혈적인 상거래(Cold – blooded commercial transaction)
– 어떤 사람이 정부 공직자로부터 바라는 바의 행위를 확보하기 위해 금전이나 다른 유인책을 제공하는 것

예) 공직자에게 받고 값이 오를 주식이나 부동산을 사도록 귀띔해 주는 일

· 공금 횡령 행위: 공직자가 의도적으로 개인 또는 파당적 이익을 위해 공금 횡령을 함으로써 국고에 손실을 가져오는 일체의 행위

· 연고자 후원 행위: 인사채용 또는 계약에 있어서 실적보다도 파당적 지원에 근거를 두고 공권력을 행사하는 경우

◈ 관료부패의 이론 체제

(1) 정치적 차원에서의 부패 소지

· 정치적 이데올로기와 공직자 양심
– 정치적 이데올로기와 국가 목표가 받아들여지지 않는 사회에서 일어날 소지가 많다.
– 정부의 기능이 생계 방편 이상의 것이 되지 않아 민원인이 뇌물을 바칠 때까지 업무를 지연하거나 공공자금을 개인적인 일에 사용

· 독재 정권과 부패 소지
– 독재자는 자신의 측근들의 충성심에만 신경을 곤두세운다.
– 부하들이 부패 행위로 지탄받는 경우에도 크게 문제시되지 않는다.

(2) 행정적 차원에서의 부패 소지

· 관료제 확대와 부패 소지
- 관료들이 시민의 일상생활에 간섭을 하면서 시민은 자신의 욕구를 만족시키기 위해 관료들에게 지나치게 의존한다.
- 관료의 광범위한 재량권 행사는 유혹적 상황을 조정한다.
- 통제 수단 결여, 비능률성 – 관료들이 사익을 위해 부패의 기회가 많아진다.
· 행정 법규와 절차상의 미비 혼란
- 행정 법규, 법령이 제대로 정비되지 않아 기준도 현실과 동떨어진다.
- 법령의 해석에 따라 달라지기 때문에 법 집행자의 재량이 커져 부패의 소지가 발생하게 된다.
· 인사 행정상의 결함과 부패
- 인사 기능은 행정의 가장 중요한 측면이기 때문에 선발과 임명이 객관적 기준에 의거해야 한다. 만일, 임용에 있어서 특별한 자격 조건이 규정되어 있지 않다면 인사권자는 잘 알고 있는 사람을 요직에 배치시켜 족벌주의와 정실주의를 발생할 수 있으며 임용 후보자는 좋은 자리에 임용되기 위해 뇌물과 청탁을 하게 된다.

(3) 사회문화적 차원에서의 부패 소지

· 관료 지상주의의 가치관
- 국민들이 직업관에 있어서 관직이 최우선 순위에 있는 나라는 부패 소지가 많을 수 있다. 왜냐하면 관리가 되어야만 부가 축척이 되고, 지배 계급이 된다는 의식이 높아 소위 감투를 쓴 사람을 알고만 있어도 사람들이 법 규칙을 어기면서 부당한 권익을 획득할 수 있다는 생각을 할 수 있기 때문이다.
· 권위주의적 행태
- 지배와 복종의 상하 신분관계를 의미한다.

- 윗사람이 아랫사람의 권익을 침해해도 으레 그럴 수 있을 것이라 생각한다. 대등한 관계가 아니라 항상 한쪽은 특별한 은혜에 의한 봉사와 의식이라 생각하고 다른 한쪽은 은혜에 대한 보답과 봉사라 생각한다.
- ·가족에 대한 충성심, 연고주의
- 전통적 가족주의에서 형성된 국민 의식에서는 가족관계야말로 가장 긴밀한 결속이며 이상적 인간관계로 보는 사고방식에 의해 부패 발생
- ·정의(Sentimental)적 사회와 부패
- 애정적 요소가 정책결정이나 사람을 판단할 때 결정적 영향을 끼친다.
- 일을 합리적 기준에서 처리하는 경우가 비인간적인 행위로 지탄을 받는다.

◈ 관료 부패의 영향

(1) 부패는 정부가 정책결정의 기준을 설정해 놓았을 때 정부가 추구하는 목표성취를 어렵게 만든다
·뮈르달: 부패가 만영한 곳은 불합리성, 비능률성 때문에 의사결정 과정과 계획 달성이 방해된다.
·뇌물은 뇌물 공여자에게 유리하게 작용하여 행정 기계에 윤활류로서의 역할은 하지만, 뇌물을 줄 형편이 되지 않거나 더 많은 정부의 서비스를 바라는 비뇌물공여자에게 주는 효율적 서비스를 희생하는 대가로 치러짐.
·부패: 능률보다는 비능률과 낭비를 초래한다.
(2) 부패는 행정비의 인상, 자본손실, 공공목적을 위해 지출되는 총경비의 삭감을 가져온다
·공사 청부를 따내기 위해 제공한 뇌물은 결국 지출되어야 할 총경비에서 삭감해야 하기 때문에 열등하고 저급한 자재를 사용하게 되어 부실공사를 하기에 이른다.

(3) 부패는 또 다른 부패를 낳고 정치적 불안정, 행정기관에 대한 존경심 박약, 정부 신뢰도 실추, 국민 전체의 사기를 저하시켜 타성과 비능률성을 초래하게 된다

◆ 대책

(1) 부조리 억제를 위한 행정 수반의 강력한 실천 의지

· 정부 최고 책임자인 대통령의 의지가 무엇보다 중요하다.
· 행정 수반의 주변 사람들이 부패 정화 의지가 강해야 하며, 솔선수범해서 국민의 신뢰를 얻어야 한다.

(2) 생활 및 신분보장 확보

· 국가: 공무원이 공직에 헌신할 수 있도록 공무원 생활 보장
· 신분 보장도 확실해야 한다.

(3) 행정 공개와 국민 감시체제 확보

· 행정 절차 과정은 국민이 알 수 있도록 해야 한다.
· 국민들의 감시와 압력 작용이 필요하다.

(4) 엄정한 상벌체계 확립

· 정부: 책임성 있는 행정을 위해 공무원의 책임성을 확실히 하는 것이 중요하다.
· 공무원: 윤리적 딜레마에 빠지는 경우가 생기기 때문에 유혹에 굴하지 않고 성실하게 근무하는 공무원에게 상이 필요하다. 이러한 정책이 성공적이기 위해선 엄격하고 정확한 정보를 토대로 상벌체계가 확립되어

야 한다.

(5) 윤리 교육 강화로 전체 사회 환경 쇄신이 이뤄지도록 해야 한다

· 공직 사회는 일반 사회와 상호 밀접한 관계를 가진다.(상호영향을 미침)
· 국민으로서의 자부심을 일깨워 주어 신념이 확고하도록 사회적 풍토가
  조성되어야 한다.
· 예방 조치 필요: 공공 업무의 특성에 맞는 공무원에게 기대되는 바람직
  한 행동 규범을 직업윤리로 승화시키는 작업
· 공무원의 부조리 현상을 방지, 억제하기 위해서는 외적 제도의 통계방
  식이 아니라 공무원 개개인의 내면적이고 자율적인 통계로 윤리적 가
  치를 행동 규범화하고 실천하려는 자기 노력이 무엇보다 중요하고 실
  효성이 있다. 또한 올바른 국민교육도 필요하다.

◈ 한국 사회의 부패문제

공식통계에 의하면 뇌물죄로 처벌받는 사람의 수는 전국적으로 연평균
200여 명을 상회하는 정도다. 이것만을 본다면, 우리나라에서 공직자의 뇌
물문제는 전혀 심각하지 않다고 할 수 있다. 그러나 안타깝게도 이런 결론
에 동의할 사람은 거의 없을 것이다. 뇌물죄의 사법처리인원이 이렇게 적은
것은 뇌물죄에 대한 수사 및 적발이 미온적으로 이루어지고 있기 때문이다.
부패공직자 중에서 극히 일부만 처벌되기 때문에 처벌되는 공직자는 반성을
하기보다는 자신은 재수가 없어서 처벌된다고 생각하거나 아니면 자신이 정
치보복의 희생양이라는 피해의식을 갖게 한다. 또한 법 적용의 형평성 결여
로 검찰이나 법원은 재수 없게 걸려든 공무원을 엄하게 처벌하는 것은 너무
가혹하지 않느냐는 생각에 특별예방과 징계된 사실을 강조하여 가능하면 처
벌의 강도를 낮추고자 한다. 이에 대해 일반국민들은 모두가 한통속이라는

생각을 갖고 법과 국가기관에 대해 불신과 냉소를 보내게 된다. 이러한 악순환은 부패문제가 터질 때마다 관련자를 처벌하고 이어서 비리전모가 밝혀지면 대책이 나오는 등의 절차를 통해 확대 재생산되고 있다. 그리고 조금 시간이 경과하면 사람들의 흥분은 가라앉고 사회시스템은 아무 일 없었던 것처럼 일상으로 회귀한다. 이것이 한국형 부패시스템의 작동경로다. 5·16 쿠데타 이후 3공화국에서 6공화국을 거치면서 지금에 이르기까지 여러 차례의 정화운동으로 수많은 비리공직자가 쫓겨나고 처벌받았다고 하나 여전히 부패행위는 일상화수준에서 벗어나지 못하고 있다. 오히려 부패통제를 강화하면 할수록 부패시스템은 더욱 견고해지고 있는 상황이다. 다시 말해서 부패통제에 대한 면역체계가 형성되고 있는 셈이다. 국제투명성위원회(TI)가 발표한 금년도 부패인지지수에 따르면 우리나라는 91개국 중 10점 만점에 4.2점으로 42위를 차지했다고 한다. 물론 부패인지지수가 부패에 대한 주관적인 체감지수이기 때문에 이것이 곧바로 객관적으로 존재하는 부패의 규모 및 강도와 연결되는 것은 아니라고 자위해 보지만, 여전히 마음 한 구석의 찜찜함을 떨쳐 버리지는 못한다. 하버드 대학교의 웨이샹진 교수는 부패인지지수에 대한 연구에서 국가 청렴도가 싱가포르의 수준에서 말레이시아 수준으로 떨어지면 한계조세율이 20% 이상 오른 것과 같은 효과를 낸다고 지적하고 있다. 한계조세율이 1% 증가하면, 국내로의 외국인 직접투자는 약 5% 감소하게 된다는 설명이다. 이는 부패가 국가경쟁력을 떨어뜨리는 가장 주요한 원인자로 작용한다는 것을 의미하고 있다. 부패현상이 심화되고 있지만 이에 대한 뾰족한 대책이 나오지 않고 있는 것이 우리를 답답하게 한다. 부패작동시스템에 대한 개혁이 지연되는 것은 우리를 더욱 답답하게 한다. 지금부터는 부패통제 활동에 있어서 제도와 시스템을 고치는 일에 나서야 한다. 이는 결과적으로 부패의 원인을 제거하는 제도적 차원의 노력이 요구되는 일인 동시에 그러한 제도적 장치의 효율성을 제고하는 노력으로 이어지지 않으면 안 된다는 말이다. 지난 6월 말에 국회를 통과하여 내년 1월 25일부터 시행을 앞두고 있는 부패방지법은 우리 사회의 부패작동시스템에 일대 충격을 줄 것으로 기대된다. 이 법에는 부패행위신고자에 대한 신분보장과 신변보호를 규정하고 있을 뿐만 아니라 금전적인 보상과 포상이 가능하도록 하는 조치내용이 담겨 있기 때문이다. 과거나 현재의 각종 게이트와 비리사건이 내부자의 고발에 의해 세상에 드러나고 있다는 사실에 주목한다면 내부 비리 고발자에 대한 제도적인 보호 장치를 마련하는 것이 부패척결전략에 있어 매우 중요함을 알 수 있다. 내부비리 고발자 보호제도는 호루라기를 부는 조직 내부의 양심들에게 '부패의 뚜껑을 안에서 열고' 나오도록 도와주는 장치이다. 뿐만 아니라 '다수의 눈에 의한 상시적 부정감시'라는 점에서 밀도 있는 부패통제전략이라는 평가를 받는다. 내부 비리 고발자 보호제도는 부패를 내부로부터 상향적으로 해체하려는 노력이라는 점에서 주목된다. 부패방지과정에 하위 공직자, 시민 누구든지 참여가 허용됨으로써 부패통제기구는 여러 가지 오해와 비난을 피할 수 있는 효과가 있다. 감사를 하는 기관과 감사를 받는 기관 사이의 '감시와 은폐의 관계구조'가 아니라 양자의 '협조적 관계'를 통해 구조적 비리체계를 일소하려는 노력이 가능하도록 하는 것이 바로 이 제도가 갖는 득징이다. 그래서 이 제도의 시행에 거는 기대가 자못 크다. 한 연구자의 조사에 의하면 조선왕조의 청백리는 19세기 초의 순조 때까지 4백 년 동안 157명에 지나지 않는다고 한다. 이것은 역설적으로 157명의 청렴한 관료들만으로도 정권을 400년을 유지할 수 있었다는 의미다. 지금 우리는 국가와 공직을 위해 청렴한 자세로 헌신하는 관료를 원하고 있다.

부패에 대한 통제체제 측면에서의 접근은 시장교환적 접근방식이나 저지이론에 기초하고 있다. 저지이론은 형사범 등 범죄행위는 처벌에 따르는 3가지 요소, 즉 확실성, 엄격성, 신속성 측면에 대한 인식 정도에 따라 억제효과가 발생한다고 본다. 형사상의 범죄행위는 범법자에 대한 처벌에 있어 강한 벌칙을 신속하고 확실하게 부과함으로써 범죄당사자는 물론 일반 사회인들로 하여금 범죄행위를 저지르는 의지를 위축시켜 결국 범죄를 억제할 수 있다는 것이다. 부패를 공직자와 민간인 사이에 자신의 이익증대를 위한 거래 또는 교환행위로 보는 시장교환적 접근에서는 공직자 부패란 부패로 인해 기대되는 사적 이익이 부패의 적발에 따른 역효과보다 크기 때문에 발생된다는 것이다. 따라서 시장교환적 접근하에서는 부패의 원인을 부패행위에 대한 적발 확률과 부패행위자에 대한 처벌 강도가 부패에 수반되는 비용을 얼마나 효과적으로 증대시키고 있는가를 통해 찾고 있다.

이러한 접근법하에서는 구체적인 통제수단의 구비 여부나 개별 수단의 부패저지를 둘러싼 실효성을 중심으로 분석되고 있다. 이들 통제수단은 모두 궁극적으로 부패행위자에 대한 적발확률을 높이고, 적발된 부패행위자에 대한 처벌을 강화하는 대안들이다. 구체적인 통제수단으로는 내부고발제도 및 자체감사제도 등 내적 통제단과 사정기관의 활동과 효과를 내용으로 하는 외적 통제수단 등이 있다.

◆ 부패 환경적 요인

부패 환경적 요인은 위에서 언급한 주요 3대 변수 외의 대부분을 총괄하는 것으로서 정치적, 경제적 요인과 사회적, 문화적 요인을 의미한다.

정치적, 경제적 접근은 부패의 원인을 규명하기 위해 부패를 국가 또는 사회 차원에서의 정치적, 경제적 여건, 특히 정치 및 경제발전 수준과의 연계성이나 사회 전반에 걸친 구조적인 측면에서 찾는 것이다. 근대화 등 정치적, 경제적으로 급속한 변화를 경험하는 국가일수록 정치적, 경제적으로 안정되고 발전된 국가들에 상대적으로 많은 부패가 발생하고 있다고 주장한다. 이는 정치 및 경제발전이 활발한 국가일수록 가치의 혼돈과 갈등이 심하고, 정부의 기능 및 역할증대와 함께 중앙집권적인 국정운영으로 인한 공직자의 막강한 권력 및 권한과 민간분야에서의 부의 증대에 따른 상호 거래 가능성과 필요성이 커지기 때문이다. 사회적, 문화적 접근은 특히 아시아적 가치관과 문화적 성격이 강한 한국을 비롯한 아시아권 국가의 부패원인을 설명하는 것으로 널리 활용되고 있다. 조직 내적인 풍토 및 문화 측면에서는 부패 및 부패행위자에 대한 관리자 및 구성원의 시각과 접근, 그리고 조직의 관행, 절차 및 형태유형에 관한 구성원들의 인식과 조직풍토에서 부패의 원인을 찾고 그 대책을 마련한다.

　예로부터 우리는 농업에 기반을 둔 공동체 문화이었다. 농사를 짓게 되면, 품앗이, 두레 등을 통해 서로 협동을 통하여 도움을 받으면, 도움을 주는 사회였다. 은혜를 받게 되는 사람은 심리적 부담으로 인해 신세를 갚게 되고 싶은 맘이 생기게 되어 마음속에 항상 생각을 하게 된다. 그런 공동체 문화의 기반으로 인해, 현재는 정치적이나 경제적 그리고 사회문화적으로 관료는 사람들과 관계를 통해 서로 도움을 주고받는 관계를 맺는다. 물론 도움을 받고 주는 행위는 좋지만 그 대가로 물질적인 것이나 권력이 따라와서는 안 될 것이다. 이러한 것들은 예전부터 계속 이어져 왔기에 뭐라 관료부패의 개선방안을 정의할 수는 없지만, 관료사회나 조직사회의 개혁과 교육을 통해 하나씩 바꾸어 나가야 할 것이다.

〈참고문헌〉

　이상엽,『조직론』, 상영사, 2005.
　네이버 지식인 검색

II

다양한 조직관리 부분들

1. 커뮤니케이션이 조직에 미치는 영향

인간을 포함한 모든 동물들은 각각 고유의 수단을 가지고 상대방과 커뮤니케이션을 가지고 있다. 예하면 고릴라는 Drumming 가슴 치는 시늉으로 상대방을 위협한다. 언어 이외에 비언어적 의사소통도 있다. 사람과 사람 사이의 교제는 먼저 상대를 파악하는 것에서 시작된다. 따라서 사람의 마음을 읽기 위해서는 원활한 의사소통이 필요하다.

1) 커뮤니케이션

(1) 개념

"둘 이상의 사람들 사이에 의견, 정보, 감정 등의 교환을 통하여 공통적 이해를 이해하고 수신자 측의 의식 태도 행동 등에 변화를 일으키게 하는 일련의 행동"이다. 즉 조직을 하나의 단일체로서 적용할 수 있도록 전체를 통합하는 역할을 한다.

커뮤니케이션 = 전달자(sender) → 메시지(message) → 경로(channel) → 수

신자(receiver)

(2) 학자들의 견해

사이먼: 상호교류작용(two - way process)
버나드: 조직의 3요소로 공동목표, 2인 이상의 협동의사, 의사전달
라스웰: 전달자, 전달내용, 전달과정, 방법, 피전달자
카츠와칸: 정보를 교환하고 조직의 본질이라고 봄

(3) 배경

사람의 마음을 읽으면 사귀는 것이 즐겁다.

우리가 세상을 살아감에 있어 만일 사람을 정확하게 파악하는 능력을 가
진다면 사람을 사귀는 일이 더없이 즐거울 것이다. 또한 삶의 대부분을 사
람들과 접촉하면서 살아가기 때문에 의사소통은 가장 기본적인 수단이 된
다. 사람을 파악하는 방법을 알 수 있다.

2) 커뮤니케이션의 유형과 특징

(1) 상의하달적 커뮤니케이션

명령은 지시각서, 지령 등과 같이 어떤 문제에 대하여 상급자가 하급자에
게 작위, 부작위를 요구하는 모든 행위를 말한다.

일반적 정보는 조직구성원에게 사실을 주지시키고 그들의 식견을 높이기
위한 목적으로 행하여지는 모든 커뮤니케이션 정보를 말한다.

상의하달적 의사전달의 특징
① 업무수행에 필요한 구체적 작업
② 조직의 규칙 업무조치

③ 업무수행의 배경, 필요성 설명, 이해

④ 하급자의 업무수행의 결과에 대한 평가와 조직의 목표 일체감

(2) 하의상달적 의사전달

하급자가 상급자에게 행하는 의사전달

보고, 면접, 직원의견조사, 제안제도, 상담, 품의제도

하의상달적 의사전달의 특징

① 수신자는 자신이 원하는 방향으로 정보를 해독한다.

② 수신자는 자신의 신념, 가치, 견해와 일치하는 정보를 받아들인다.

③ 유리한 정보를 더 빨리 받아들인다.

(3) 수평적 커뮤니케이션

조직에서 위계수준이 같은 구성원이나 부서 간의 커뮤니케이션

메시지의 내용은 협력적이며 왜곡의 정도도 덜하다.

사전협의제도, 사후 통지제도, 회의, 위원회제도

3) 일&인간관계 커뮤니케이션

부하직원과의 원활한 커뮤니케이션은 리더의 몫이다.

커뮤니케이션의 장애요인과 극복방안

(1) 커뮤니케이션의 장애요인

① 구조적 장애요인

가. 선별행동(filtering)

나. (MNM effect) 현상

② 전문화로 인한 결함

③ 표현상의 문제

④ 소극적 선택적 청취와 선입견

(2) 커뮤니케이션의 효율적 방안

① 의사전달 경로의 명확화

권한의 계열이 명확하게 확립되어야 한다.

각 구성원을 각각의 지위에 선임한다.

완전한 의사전달경로를 사용해야 한다.

책임의 소재를 명확히 하고 개인적 위신을 지켜 준다.

② 커뮤니케이션의 계속성 유지

개인적인 작은 조직을 제외하고 모든 조직은 자동적으로 그 직책을 일시적으로 보충시킬 수 있는 규정을 만든다.

③ 적극적인 경청 태도

정보의 교환은 대화분위기와 경청 방법에 의해서 달라진다.

가. 주변적 청취

대충 내용만 듣고 오해하기 쉬움

나. 비판적 청취

상대방의 말을 이해하고 듣는 게 아니라 자신의 관점으로 평가함

다. 적절한 거리 유지

㉠ 근접거리

15~45cm 정서적으로 가까운 사람이 자신의 소유물처럼 보는 거리

친구, 연인, 부모

㉡ 개인거리

46cm~1.2m 파티나 친구 모임 등에서 다른 사람과 유지하는 거리

㉢ 사회거리

1.2m~3.6m 낯선 사람이나 잘 모르는 사람과 유지하는 거리

ⓒ 공중거리

3.6m 이상 많은 사람들에게 연설을 할 때 유지하려는 거리

사람과의 관계는 인생의 재산이다. 인생을 풍성하게 만들어 주는 핵심은 바로 대인관계에 있다. 즉 타인과 원활하게 교제하고 싶다면 기분 좋게 마음과 마음의 교류가 생겨나도록 의사소통에 신경 써야 한다. 더불어 사는 사회에 사람과의 관계를 맺지 않고서는 살 수가 없다.

그때그때의 만남을 가치 있게 만들고 의미 있는 관계로 발전시키려면 상대방과 공통된 관심사를 자연스럽게 화제로 이야기하면서 친분을 쌓는 것도 중요하다.

사실 어느 한 조직에 소속되어 있으면서도 인맥을 구축하기란 쉬운 일이 아니다. 사람이 다 내 마음 같지 않아서 상대방을 100%로 받아들이고 이해하기에는 한계가 있지만 어느 정도 조율이나 타협으로 설득하면 된다고 본다.

커뮤니케이션을 살 한다는 것은 화려한 수식어나 감언이설이 아니라 사람과 사람 사이를 원만하게 만드는 필요악인 것 같다.

〈참고문헌〉

이상엽, 조직론, 삼영사, 2005.
박수영, 현대 사회와 행정, 대영문화사, 2008.
손형석, 사귐에 능한 사람이 성공을 잡는다, 인디북, 2002.

인간은 삶의 대부분을 다른 사람들과 접촉하면서 보낸다. 이러한 상호작용의 가장 근본적인 수단이 바로 커뮤니케이션이다. 인간이 조직을 형성하고 그 목적을 달성하기 위해서는 커뮤니케이션이 원활하게 이루어져야 한다. 커뮤니케이션은 집단행동에 있어서 구성원 사이를 연결해 주고 상호작용을 원활하게 하는 데 가장 중추적인 역할을 한다. 커뮤니케이션은 둘 또

는 그 이상의 사람들 사이에 사실, 생각, 의견 또는 감정의 교환을 통하여 공통적 이해를 이룩하고, 수용자 측의 의식이나 태도 또는 행동에 변화를 일으키는 일련의 행동이다. 커뮤니케이션은 일반적으로 의사전달 또는 의사소통이라고 불리기도 한다. 이처럼 커뮤니케이션에 있어서는 상호간의 공통적 이해가 중심이 되는 것이므로, 의사의 단순한 일방적 전달만으로 커뮤니케이션이 끝나는 것이 아니라, 수용자 또는 상대방이 커뮤니케이션을 행한 사람의 메시지를 이해했을 때에 비로소 커뮤니케이션이 이루어졌다고 말할 수 있다.

1) 커뮤니케이션의 네 가지 구성요소

네 가지 구성요소 중 메시지의 흐름과 분석 및 평가의 과정을 거친다.

(1) 센더(Sender) – 메시지를 보내는 쪽, 주로 마케팅 커뮤니케이션의 경우 기업이나 공고주라고 할 수 있다.

(2) 리시버(Receiver) – 메시지를 받는 쪽이며 메시지를 평가하고 분석하는 주체이다. 일반적으로 소비자나 계몽대상이 된다. 하지만 과학기술과 통신 산업의 발달 그리고 사회적 요구들에 따라 양방향 커뮤니케이션이 발달한 지금은 센더와 리시버의 경계가 점차로 없어지고 있다. 단일 메시지 한 번의 흐름으로 보면 센더와 리시버가 반드시 따로 존재하지만 실제적인 전체 커뮤니케이션에서는 센더와 리시버가 상호작용하며 커뮤니케이션을 유지시키기 때문에 양쪽 모두가 센더임과 동시에 리시버가 될 수 있다.

(3) 미디어(Media) – 메시지가 센더를 출발해 리시버에게까지 이르는 경로와 매개체. 일반적으로는 TV나 신문, 라디오 같은 맥스 미디어만을 생각하기 쉽지만 실제로는 책, 점포의 간판, 직원들의 유니폼, 사람들의 말이나 글, 전화, 냄새, 색깔, 소리 등등 수많은 미디어가 있다.

(4) 메시지 – 커뮤니케이션의 토픽 혹은 내용이다. 광고나 대화의 주제나

이슈가 여기에 해당된다.

2) 커뮤니케이션의 순기능과 역기능

(1) 순기능

① 환경감시의 기능(정보, 뉴스제공)

사람들로 하여금 매스미디어를 통해서 간접적으로 외부환경과 접촉을 가능하게 하고 이에 적응시키는 뉴스보도기능. 라자스펠트(Lazarsfeld)와 머튼(Merton)은 사람들이 너무 많은 정보에 동화된 결과로서 무관심이나 수동적 상태로 전락되는 이른바 '마취의 역기능'에 주목했다. 또한 기자가 취재한 모든 뉴스가치가 있는 것이 보도되는 것이 아니라, 매스미디어 조직 내부에서의 편집과정이라고 할 수 있는 선택과정을 통해서 최종적으로 뉴스로 결정된다. 이 선택과정을 게이트키핑(gate-keeping) 과정이라고 한다. 이런 의미에서 리프먼(W. Lippman)은 신문이 전달하는 외부세계는 진실의 세계가 아니라, 신문이 재구성해서 만들어 낸 복사의 세계, 즉 '의사환경(pseudo-environment)'이라고 하였다.

② 상관조정기능(선택, 해석, 비판)

환경에 대한 정보의 선택과 해석을 의미하며, 신문 방송의 사설이나 논평 및 해설이 주로 담당. 보도는 외부환경에서 일어난 사건을 취재기자나 언론사의 주관적 입장이나 의견을 배제하고 사실만을 알리는 것인 데 비해서, 사설이나 논평은 언론사의 주관적 입장이 표현된다는 것이 다른 점이다.

③ 문화전달의 기능(교육)

한 세대로부터 다음 세대로 혹은 한 사회 구성원으로부터 새로운 구성원에게 정보 가치 규범을 전달하는 것. 이 과정에서 미디어는 공통적 경험의 기반을 확장, 사회 응집력을 향상시킨다.

④ 오락기능

매스커뮤니케이션에 의해 제공되는 것은 텔레비전의 드라마나 가요 및 쇼

프로그램과 같은 수동적인 오락이 많고, 능동적 오락으로서의 'hobby'를 추구하는 내용은 많지 않다.

(2) 역기능

① 오보

검증되지 않은 정보의 공개는 대중에게 잘못된 정보를 흘림으로써 이를 바로잡는 데 상당한 시간이 소요되는 문제를 안고 있다. 그럼에도 이러한 폐단이 끊이지 않는 이유는 빠른 보도를 해야만 살아남을 수 있는 커뮤니케이션 종사자의 속성 때문이다.

② 개인사생활 침해

언론의 속성상 대중의 관심을 유도하기 위한 일부 연예인이나 유명인의 사생활이 침해를 받는 경우가 종종 있어 왔다. 근래에 들어서 이에 대한 법률이 강화됨으로써 상당히 개선이 되고 있으나 형평성의 원칙이란 측면에서 다시 문제가 되고 있다.

③ 문화와 개성의 획일화

TV 속의 문화에 대한 무분별한 모방으로 개성이 없는 세대의 생성은 커뮤니케이션의 역기능에 해당한다고 볼 수 있다.

④ 오락지상주의

내용은 없고 그저 즐거움만 준다는 것에 의해 시청률만 올리려는 프로그램의 양산은 아직 이를 받아들이는 데 익숙하지 못한 세대에게 올바른 가치기준의 판단능력을 잃게 한다.

3) 효과적인 커뮤니케이션 방법

커뮤니케이션(communication, 의사소통)은 누구에게나 쉬운 듯하지만, 사실은 조직의 여러 문제들 가운데 60퍼센트는 커뮤니케이션의 잘못으로 이야기된다. 우리는 주로 시행착오를 거쳐 커뮤니케이션에 관한 다음의 네 가지 기본원칙을 배웠다. 첫째, 커뮤니케이션은 지각 활동이다. 옛날부터 전해오는 불교의 선승(the Zen Buddhist) 들이 사람을 골탕 먹이기 위해 하는 선문답이 있다. "아무도 듣는 사람이 없는 숲 속에서 나무가 쓰러질 때 소리가 나는가?" 이 문제의 정답은 "아니다."이다. 물론 음파는 발생한다. 그러나 그 장소에 누군가가 있어 그 음파를 지각하지 않는다면 단연코 소리는 나지 않은 것이나 마찬가지다. 소리는 지각이 되어야만 소리가 된다. 이는 커뮤니케이션행위를 하는 사람은 바로 그것을 받아들이는 사람이라는 것을 의미한다. 커뮤니케이션(communicator), 즉 커뮤니케이션을 전달하는 사람이 커뮤니케이션행위를 하는 것이 아니다. 경영자가 외친다고 하자. 그것을 듣는 부하가 없다면, 커뮤니케이션은 없는 것이다. 단지 소리만 있을 뿐이다. 수사학에 관한 현존하는 가장 오래된 문헌들 가운데 하나인 플라톤의 페이돈(Phaedon)에 따르면, 소크라테스는 다음과 같이 지적했다고 한다. "사람은 다른 사람과 말을 할 때 듣는 사람의 경험에 맞추어 말해야만 한다. 예를 들면 목수에게 이야기할 때는 목수가 사용하는 말을 써야 한다." 이는 듣는 사람의 언어로, 그리고 그가 사용하는 용어로 말할 때에만 대화를 할 수 있다는 말이다. 둘째, 커뮤니케이션은 기대이다. 우리는 원칙적으로 우리가 지각하기를 기대하는 것만 지각하고, 보고자 하는 것만 보며, 듣고자 하는 것만 듣는다. 기대하지 않았던 것이 일어나면 적개심을 일으키거나 대체로 전혀 받아들여지지 않는다. 사람의 마음은 자신이 접한 자극을 자신의 기대의 틀 안에 맞추려고 시도한다.

셋째, 커뮤니케이션은 언제나 무엇을 요구한다. 그것은 언제나 수신자들이 어떤 사람이 되기를, 무엇을 하기를 또는 무엇을 믿기를 요구한다. 그것은 항상 마음에 호소한다. 만약 커뮤니케이션이 수신자의 야망, 가치관 또는 그의 목적에 부합되면, 그것은 강력한 힘을 발휘한다. 반대로 어떤 사람의 '마음 바꾸려고' 하는 시도에 대해서는 적극적으로 반발한다. 주님께서도 사울(Saul)을 사도 바울(Paul)로 바꾸기 위해서 먼저 사울의 눈이 멀도록 내리쳐야 했다. 마음의 진정한 전향을 노리는 커뮤니케이션은 굴복을 요구한다.

따라서 커뮤니케이션의 요구가 수신자의 가치관과 부합되지 않으면 커뮤니케이션은 이루어질 수 없다. 넷째, 커뮤니케이션과 정보는 다른 것이며, 사실상 거의 대립관계에 있다. 그러나 이들은 상호의존 관계에 있다. 커뮤니케이션은 지각(perception)인 반면, 정보는 논리(logic)이다. 정보는 완전히 공식적이고 그 자체는 아무런 의미가 없다. 그것은 인간 사이의 관계가 아니다. 인간과는 무관한 것이다. 정말이지, 정보는 인간적인 속성, 즉 정서, 가치관, 기대, 그리고 지각과 같은 것으로부터 해방되면 될수록, 정보로서의 타당성과 신뢰성은 더욱 높아진다. 그러나 정보는 커뮤니케이션을 전제로 한다. 정보의 이용은 말할 것도 없고, 정보를 입수하기 위해서라도 수신자는 커뮤니케이션의 암호를 알고 해독할 수 있어야 한다. 그것은 사전 약속된 지각이 있어야 한다는 의미이다. 달리 표현하면, 커뮤니케이션은 정보에 의존하는 것이 아닐지도 모른다. 정말이지, 가장 완벽한 커뮤니케이션은 순수한 '경험의 공유(shared experience)'일지도 모른다. 어떤 논리도 필요 없이 말이다. 수 세기 동안 우리는 '상의하달식(downward)' 커뮤니케이션을 시도해 왔다. 그러나 이것은 우리가 아무리 강력하게, 그리고 아무리 현명하게 시도한다 하더라도 효과를 발휘할 수가 없다. 그것이 효과를 볼 수 없는 첫째 이유는 그것은 '말하고 싶어 하는 자'에 초점을 두고 있기 때문이다. 그러나 '듣는 것(listening)'도 효과가 없기는 마찬가지다. 엘튼 메이요(Elton Mayo, 1880~1949)를 비롯한 인간관계학파는 이미 오래전에 커뮤니케이션에 대한 전통적 접근방식이 실패했다는 것을 깨달았다. 그들이 내놓은 처방은 경청하도록 하는 것이었다. 물론, 경청은 커뮤니케이션의 전제조건이다. 그러나 그것만으로는 효과를 발휘할 수가 없다. 왜냐하면, 듣는 자가 말하는 자보다 잘못된 커뮤니케이션을 할 확률이 훨씬 낮다고 믿을 이유가 없기 때문이다.

효율적인 커뮤니케이션을 위해서는 먼저 권한의 계열이 명확하게 확립되어야 한다. 이를 위해서 공식적 임명을 주지시키고, 각 구성원을 각각의 지위에 선임하여야 하며, 고시, 조직도, 교육 등을 통하여 체제의 영구성을 확보하고자 하는 방법이 사용된다. 훌륭한 커뮤니케이션은 제공된 환경적 제약조건 속에서 상대방의 이해를 이끌어 냄으로써 발언자가 목표한 바를 달성하기 위한 가장 빠른 지름길을 효과적으로 정확하게 찾아내는 방법이라고 할 수 있다. 말 한마디로 천 냥 빚을 갚는다고 하지 않았던가, 커뮤니케이션이 갖는 힘은 그만큼 강대하다. 커뮤니케이션 도중 목적을 상실했다고 느낀다면, 차라리 그 자리에서 커뮤니케이션을 바로 중단하는 것이 더 나은 길이란 방법론도 있었던 걸로 기억한다. 목적을 상실한 커뮤니케이션은 자신의 허점만을 더 보일 뿐이다. 커뮤니케이션에 앞서서나, 커뮤니케이션을 하는 도중에나 모두 커뮤니케이션을 통해 얻고자 하는 바를 항상 상기했으면 한다.

〈참고문헌〉

이상엽, 조직론, 상영사.
http://kin.naver.com/detai
http://kin.naver.com/detail
두산백과사전, EnCyber & EnCyber.com

우리는 깨어 있는 시간의 거의 70%를 커뮤니케이션을 하면서 보내고 있다고 한다. 의사결정과 정보의 배분 과정으로서의 커뮤니케이션은 조직을 하나의 단일체로서 작용할 수 있도록 전체를 통합하는 역할을 한다. 원래 communication이란 말은 공동 또는 공통성을 뜻하는 라틴어 communis를 어원으로 하고 있으므로 그 본래의 의미를 따져 본다면 일방적인 의사전달이 아니라 둘 이상의 사람들 사이에 서로 공통성을 만들어 내는 과정으로 볼 수 있다. 이처럼 커뮤니케이션에 있어서는 상호간의 공통적 이해가 중심이 되는 것이므로, 의사의 단순한 일방적 전달만으로 커뮤니케이션이 끝나는 것이 아니라, 수용자 또는 상대방이 커뮤니케이션을 행한 사람의 메시지를 이해했을 때에 비로소 커뮤니케이션이 이루어졌다고 말할 수 있는데, 이 커뮤니케이션이 조직에 미치는 영향을 알아보았다.

1) 커뮤니케이션의 유형과 방법

(1) 공식적 커뮤니케이션

① 하향적 커뮤니케이션

상급자로부터 하급자에게로 명령이나 지시, 방침, 성과 표준 등이 전달되는 상의하달적 커뮤니케이션을 말하며, 이러한 상의하달은 업무 활동상의 관계로 볼 때 직접적인 것과 간접적인 것으로 나누어진다. 전자에는 명령이 있고 후자에는 일반적 통보가 있는데, 일반적 통보의 종류로는 편람, 핸드북, 게시판, 구내방송, 기관지 등이 있다.

② 상향적 커뮤니케이션

하층에서 상층으로 올라가는 하의상달적 커뮤니케이션으로서 성과보고로부터 내부 결재, 인간관계의 유지 향상을 위하여 행하여지는 여러 가지 정보 전달, 즉 각종 면담, 직장 여론조사, 직장회의, 제안 제도, 인사상담에 이르기까지 매우 광범하다. 또한 그 내용은 개인적 고민에서 조직의 발전을 위한 제안까지 매우 다양하다. 상향적 커뮤니케이션은 조직에서 상·하급자 간에 쌍방적 커뮤니케이션을 가능하게 하고 상의하달의 오류를 시정하는 장점이 있는 반면 여과 효과에 의하여 그 정확성이 훼손될 가능성이 있다.

③ 수평적 커뮤니케이션

수평적 커뮤니케이션이란 조직에서 위계 수준이 같은 구성원이나 부서 간의 커뮤니케이션을 의미하는 것으로 상호 작용적 커뮤니케이션이라고도 한다. 하향적인 메시지의 흐름이 대개 권위적인 데 비하여 수평 흐름에 의한 메시지의 내용은 주로 협력적인 성격을 띠며 그 왜곡의 정도도 덜하다. 즉 대부분의 사람들은 자신의 상사보다는 동료들과 커뮤니케이션을 할 때 좀 더 개방적이고 자유롭게 의사를 전달하는 경향이 있으므로 수평적 커뮤니케이션은 구성원과 부서 간의 기능을 조정하는 역할을 한다. 구체적인 방법으로는 사전협의 제도, 사후통지 제도, 회의 또는 위원회 제도 등이 포함된다.

(2) 비공식적 커뮤니케이션(그레이프바인)

조직구성원들은 직종과 계급을 넘어서 인간적 유대, 예컨대 감정적인 친지 관계, 학연, 지연, 입사 동기 등의 유대를 기반으로 자생적 커뮤니케이션을 유지하게 되는데 이러한 비공식적 커뮤니케이션 체계 혹은 경로를 흔히 '그레이프바인'이라고 부른다. 그레이프바인은 이를 통하여 흐르는 정보의 내용이 풍문의 형태인데다가 커뮤니케이션 과정에서 왜곡의 소지가 많아 관리자들에게는 경원시되어 왔다.

비공식 커뮤니케이션의 장단점

	내 용
장 점	– 신속 – 융통성 – 일선 구성원의 동태 파악 – 정서적 긴장의 해소 – 딱딱한 명령이나 지시를 인간적이고 부드러운 것으로 변화 – 공식적 커뮤니케이션망의 보안
단 점	– 풍문 유포시킬 가능성 – 책임 소재 불분명 – 진상에 대한 정보의 결여

2) 커뮤니케이션이 조직에 미치는 영향

이상적인 커뮤니케이션이 이루어지면 서로의 뜻을 정확하게 이해하게 되므로 상호 신뢰적 분위기가 조성된다. 일반적으로 커뮤니케이션은 조직에서 다음과 같은 영향을 미친다. 첫째, 조정의 효율화로 커뮤니케이션은 전체 조직구성원의 노력이 조직의 목적달성에 공헌될 수 있도록 활동을 통합하고 조화시키기 위한 수단이 된다. 둘째, 의사결정이 합리적으로 이루어지고 또한 그 결정이 효율적으로 집행되게 한다. 셋째, 리더십의 발휘와 통솔과 사기앙양을 위한 수단으로 커뮤니케이션은 조직구성원을 통솔하고 사기를 앙양하며 그들에게 자발적인 근무에 대한 동기부여를 가능케 한다. 넷째, 구성원들이 감정과 정서를 표출할 수 있다. 즉 커뮤니케이션을 통하여 자신의 감정을 표출하고 다른 사람들과의 교류를 넓혀 나가게 된다. 감정이입적, 역지사지적으로 청취하며 적절한 거리를 유지한다면 효과가 더욱 높을 것이다.

3) 커뮤니케이션이 조직에 미친 사례

(1) 기업이 소비자의 요구를 잘 파악한 경우와 그렇지 않은 경우 사례

기업이 소비자의 요구를 잘 파악한 경우는 블리자드나 한국 기업으로는 엔씨 소프트 등을 들 수 있다. **블리자드사**는 스타크래프트를 제작한 회사이다. 고객의 요구를 잘 반영하여 블리자드 사는 디아블로, 워크래프트 및 스타크래프트 등을 제작하였다. 이는 고객의 요구 — 뛰어난 그래픽과 게임의 구성 등을 만족시켰기 때문이다. 엔씨 소프트는 리니지 1, 2를 상용화하였다. 이는 말할 것도 없이 고객의 요구를 충족하기 때문에 상품성이 있다.

반면 **뱅소프트**라는 흔히 말하는 신생 벤처기업이 있는데 실질적으로 우리나라에 온라인 게임을 중심으로 많은 회사가 문을 열고 닫았다. 뱅소프트사는 게임은 괜찮았지만 유저들, 즉 게임을 이용하는 사람들의 요구를 게임에 잘 반영하지 못하고 상용화를 하는 바람에 문을 닫게 되었다. 첫 번째는 완성되지 못한 제품을 상용화하였고 두 번째는 제품 자체의 하자, 즉 렉이나 에러 등이 자주 발생하였다. 세 번째는 평준화를 못 했다. 즉 불법소프트를 사용하여 게임에 침입하여 유저들의 레벨이나 시스템적으로 차이가 많이 발생하였다. 네 번째는 역시 유저들이 요구하는 몇몇 사항들을 게임상에 반영하지 않고 제작자 임의로 게임을 구성하여 구성상의 문제 및 운용상의 문제가 많이 발생하였고 다섯 번째가 홍보의 부족으로 게임을 하는 사람만 하고 전혀 신규 유저들이 유입되지 않았다. 역시나 가장 큰 것은 무료로 우용하다 무리한 유료 운영으로 전환이 가장 큰 것이다. 문제는 제품이 제대로 만들어지지도 않았는데 사업 확장과 유료를 선언한 것이다.

(2) 문화적 차이로 인해 해외마케팅이 실패한 사례

① 아메리카 에어라인의 브랜드슬로건이었던 'fly in feather'가 남미에선 '다 벗고 날아라'란 뜻이어서 마케팅에 실패했다.

② JAL의 슬로건인 'Now fly JAL'은 인도에서 '덫을 타세요'란 의미여서 실패했다.

③ 국내 굴지의 기업 현다이. 'hyun' 'dai' MOTORS 그냥 죽는다는 뜻이다.

④ 코카콜라는 외국에서 2리터짜리가 있다. 그런데 스페인에서는 2리터짜리를 넣을 정도의 냉장고가 별로 없다고 한다. 그래서 2리터 큰 페트병을 철회했다.

⑤ 영국의 경우는 단 음식을 별로 안 좋아해서 켈러그가 그냥 미국식 맛을 가지고 들어갔다가 실패했다.

우리 주위에는 자신의 생각을 명확히 표현하지 못해서 곤란한 상황을 초래하는 경우가 비일비재하다. 회사에서 업무나 판단력에서는 뒤지지 않는데도 브리핑이나 대인관계에서 신뢰받지 못해 낙오하는 경우도 있으며, 가정에서는 어설프게 내뱉은 한마디가 부부간의 불화를 일으키기도 한다. 이와 같은 현실은 현대 사회에서 자신의 생각을 언어로 표현해 낼 수 있는 커뮤니케이션 능력이 얼마나 중요한 것인지 역설해 준다. 위의 성공사례에서도 살펴보았듯이 결국 커뮤니케이션은 인간관계임을 알 수 있다. 내가 속해 있는 조직에서 긍정적인 힘을 줄 수 있는 내가 되도록 내 자신의 마인드를 키워 나가야겠다. 먼저 훌륭한 조직은 지속적으로 좋은 인재들이 모이며, 이직률이 낮고 높은 경제적 성과를 보이고 있다. 이러한 특징 외에도 조직 내 커뮤니케이션의 질에서 차이가 난다는 중요한 사실임을 인식한다. 조직이 전문화되고 세분화될수록 구성원 간에 커뮤니케이션의 폐쇄적 현상이 심하게 나타나고 있으며, 구성원들 사이에 신뢰수준이 낮으며, 조직과 구성원 간 불완전한 커뮤니케이션으로 인해 변화 추진의도가 상호간 전달, 공유되지 못하게 되어 구성원들의 높아지게 된다. 이번 계기를 통해 조직 내에서 커뮤니케이션의 중요성과 조직에 미치는 영향에 대해 알아보게 되었다.

의사전달은 조직의 한 구성원으로부터 다른 구성원에게로 상호 이해될 수 있는 언어, 기호, 동작 등을 통하여 사실이나 생각 또는 감정 등을 전달함으로써 상대방의 생각이나 행동 또는 태도에 영향을 미치는 쌍방의 과정이라 할 수 있다.

커뮤니케이션은 인체에 있어서 신경계통이나 혈액과 같이 조직에 필요한 기능을 보면 첫째, 조직구성원의 행동 통제, 둘째, 의사결정의 합리화와 집행의 효율화, 셋째, 리더십의 발휘와 통솔과 사기양양을 위한 수단, 넷째, 개인과 집단에 정보전달, 끝으로 구성원의 감정과 정서 표출로 볼 수 있다.

4) 커뮤니케이션의 과정 모형

(1) 커뮤니케이션 구성

먼저, 의미나 의도 전달하는 전달자, 의미나 의도를 받아들이는 수신자 그리고 이들 사이에 발신자 및 수신자 사이의 소통 매개하는 기호로 구성된다.

(2) 커뮤니케이션의 과정

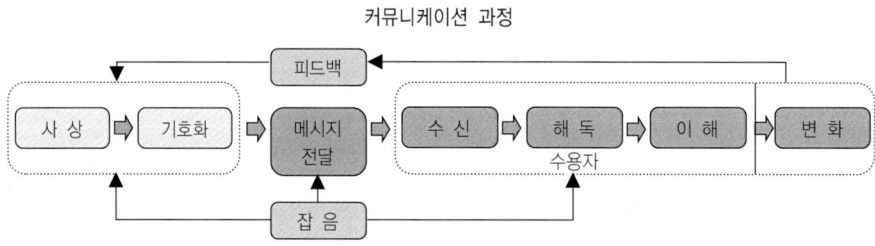

커뮤니케이션 과정

(3) 커뮤니케이션의 분류 체계

① 전달 주체의 내외에 의한 분류

대내적 커뮤니케이션은 조직 내부에서 행하여지는 각종의 커뮤니케이션을 말하며, 대외적 커뮤니케이션은 한 조직체가 그와 관계를 맺고 있는 다른 조직·집단·국민 및 지역사회에 대하여 행하는 커뮤니케이션을 말한다.

② 커뮤니케이션의 종류

커뮤니케이션 채널의 종류로는 대내·대외적을 포함한, 기안(문서), 지시(문서, 유선, 구두, e-mail), 합의, 협의, 기록, 회의, 미팅, 통보, 보고, 자료전달(메신저, e-mail, 팩스), 게시(온라인), 프레젠테이션, 질의, 응답을 말할 수 있다.

커뮤니케이션 유형

공식적 커뮤니케이션	하향적 커뮤니케이션 [상의하달]	상사로부터 부하에게 전달되는 명령, 지시, 정보제공 등을 포함한 커뮤니케이션
	상향적 커뮤니케이션 [하의상달]	부하의 성과보고로부터 의견이나 제안, 고충 등의 상향적 의사전달
	수평적 커뮤니케이션 [정보공유/협업]	업무상 협조를 필요로 하는 동료 및 부서 간에 이루어지는 커뮤니케이션
	개방성 커뮤니케이션 [이상적]	조직구성원들이 자유롭게 상사에게 의견, 불만, 건의를 하고, 상사들이 이를 적극적으로 수용하는 커뮤니케이션
비공식적 커뮤니케이션	자생적 커뮤니케이션 (그레이프바인)	인간적 유대관계를 통해 형성된 친지관계, 학연, 지연, 입사동기 등과의 커뮤니케이션
외적 커뮤니케이션	행정조직의 커뮤니케이션	시민, 이익집단, 정당 및 국회 등과의 커뮤니케이션

5) 커뮤니케이션의 중요성 및 조직 내 영향

(1) 커뮤니케이션의 중요성

① 효과성 측면
사회조직에서 이루어지는 커뮤니케이션을 효과적으로 하기 위해서는 구성원들이 서로 간에 의사전달을 원활히 할 수 있어야 한다.

② 효율성 측면
효율성은 구성원 상호간에 공개적으로 의사전달을 함으로써 높아진다.

③ 사기 측면
사기는 조직운영에 있어 매우 중요한 요소이며, 서비스 전달에서 상호간 의사전달을 하고 도움을 주는 타 구성원과의 이해를 바탕으로 이루어지는 것이다.

(2) 커뮤니케이션의 조직 내 영향 및 문제점

① 커뮤니케이션의 조직 내 영향
가. 계획의 부족
　　지시에 대한 이유를 알려 주고 적절한 경로를 선택하면 알맞은 시기를 선택함으로써 이해력을 향상시킬 수 있고 변화에 대한 저항도 줄일 수 있다.
나. 언어의 왜곡
　　효과적인 커뮤니케이션에 장애가 되는 것 중에 하나는 고의적이든 우발적이든 간에 언어의 왜곡이다.
다. 부실하게 표현된 메시지
　　커뮤니케이션 송신자의 심중에 있는 생각이 명백하더라도 표현에 있어서 잘못된 단어의 선택, 누락, 일관성의 결여, 부실한 아이디어의 조직화, 문장구조의 어색함, 진부한 표현, 불필요한 전문 용어의 사용 및 메시지가 함축하고 있는 의미에 대한 이해부족 등이 분명한 전달을 방해할 수 있다.

라. 전달 및 나쁜 기억력에 의한 손실

한 사람에게서 타인으로의 일련의 전달과정을 거치는 동안 메시지는 점차 덜 정확해지기 때문이다. 정보에 대한 기억이 불량한 것 또한 심각한 문제이다. 따라서 회사는 대개 같은 메시지를 두 개 이상의 경로를 통해서 전달하게 된다.

마. 부주의한 청취 및 조급한 평가

진지한 마음에서의 경청은 조직생활에서 일상적으로 생길 수 있는 차질을 어느 정도 줄여 주며, 따라서 보다 원활한 커뮤니케이션을 가능케 해 준다.

바. 불신, 위험 및 두려움

불신 및 두려움은 커뮤니케이션을 손상시킨나. 이러한 힘이 작용되는 풍토에서는 어떠한 메시지도 회의적으로 보이게 될 것이다. 불신은 상사의 행위가 일관성이 없을 때 또는 사실이지만 상위자가 달갑지 않게 생각하는 정보를 보고했다가 처벌을 받은 하위자의 과거경험에서 야기될 수 있다. 이때 필요한 것은 신뢰의 분위기로, 이는 허심탄회하고 정직한 커뮤니케이션을 가능케 해 준다.

사. 불충분한 변화 조정기간

커뮤니케이션의 목적은 구성원들에게 중요하게 관련될 수도 있는 문제들을 효과적으로 변화시키는 데 있다. 사람들이 변화에 적응할 수 있기 이전에 변화를 강요하지 않는 것이 변화의 효율성을 위해 중요하다.

② 불통(不通)의 문제점

첫째, 우군(友軍)만 주로 만난다(편한 사람만). 비판적인 사람들에겐 무심하거나, 안 만나거나 하는 사례로 상대방과 적극적으로 소통하는 모습이 잘 보이지 않는다는 내용이며, 둘째로 잘 듣지 않는다(닫힌 귀). 스스로 다 알고 있다는 자신감 때문에 청취자(Listener)로서의 입장보다는 자기 하고 싶은 얘기에 치중한다는 내용, 셋째, 말할 때 선택과 집중이 취약하다(쏟아내는 말). 다양한 주제에 대해 얘기하는 경우가 많다 보니 메시지 전달에 혼선 및 농담조로 던진 얘기가 오해를 사는 경우도 왕왕 있다는 내용이며 끝으로, 소통(疏通) 시스템이 부족하다. 이는 지도자는 혼자서 무슨 과제를 이끌어가는 기능을 하는 것이 아니라 조정자의 역할을 해야 한다는 내용으로 정부의 홍보 담당기구와 인력 부족보다는 거버넌스(Governance) 시대에서 시스템 소통의 부족이 문제라는 내용.[1]

(3) 커뮤니케이션의 개선방향

① 커뮤니케이션 감사

조직 내 커뮤니케이션을 향상시키기 위한 방법의 하나가 커뮤니케이션 감사이다. 감사대상이 되어야 할 4개의 주요 커뮤니케이션 네트워크는 다음과 같다. **첫째**, 방침, 절차, 규칙 및 상·하위자의 관계 등에 속하는 네트워크의 규칙성과 임무지향성, **둘째**, 문제해결, 회합, 변화의 요소 등이 포함된 네트워크의 혁신성, **셋째**, 칭찬, 보상, 승진 등 개인적인 욕구를 조직의 목표에 연결시키는 네트워크의 통합성, **넷째**, 회사간행물, 게시판, 비밀전달 등을 망라하는 정보의 공유.

② 커뮤니케이션 효과의 향상을 위한 지침 수립

첫째, 메시지 송신자는 필히 그가 전달하려는 것을 분명히 염두에 두고 있어야 한다. **둘째**, 커뮤니케이션의 계획은 다른 사람들이 참여할 수 있도록 협의해야 한다. **셋째**, 정보 수신자의 욕구를 고려해야 한다. **넷째**, 커뮤니케이션에서 음조, 언어의 선택, 전달내용과 전달방법의 변화가 메시지 수신자의 행동에 영향을 미친다. **끝으로**, 커뮤니케이션의 기능은 정보를 전달하는 이상의 것이다. 목표에 의한 관리 철학은 성과측정에 대한 이해와 함께 명확한 커뮤니케이션을 요구하는 자기통제를 강조한다.

---

1) 조선일보, 2008년 5월 16일자.

③ 원활한 커뮤니케이션 추진

첫째, 커뮤니케이션 담당자 및 조직의 장이 커뮤니케이션 스킬을 적극적으로 교육하는 것이 필요, **둘째**, 성공적 커뮤니케이션 활동을 위해 정보 기술의 활용, 성과주의/참여주의 문화 구축, **셋째**, 상의하달, 수평적 커뮤니케이션으로 부서 간의 정보교류 및 협조, 조직과 구성원 간의 신뢰를 바탕으로 정책수립 및 시행 간 교감을 통해 통(通)하는 조직 창달.

효율적 커뮤니케이션의 방법

효과적 대화법	효과적 경청법
자신의 생각을 솔직하고 분명하게 말하라.	호의적인 태도로 들어라.
많은 분야에 관심을 가지고 지식과 정보를 넓혀라.	상대방에게 시선을 주어라.
열의와 적극성으로 대화에 임한다.	공감적으로 이해하라.
자신의 이야기만 하지 말고 상대의 이야기를 경청하라.	이야기 도중에 끼어들지 말라.
질문을 하여 대화의 집중도를 높여라.	들은 내용을 통합하라.
상대방의 입장을 이해한다.	지나치게 말을 많이 하지 마라.
대화를 재미있고 유머 있게 한다.	맞장구를 쳐라.

조직 및 가정에서의 대화는 사람들 간의 매우 중요한 매개체인 것을 알게 되었으며, 이로 인해 조직 내에서 발생할 수 있는 상하 및 수평적 관계에서 빗나간 의사소통은 조직 내 정보, 업무의 동기유발 등 생산성에 막대한 영향력을 미치는 것임을 매우 심각하게 인식하게 되었다. 조직 내 의사소통은 눈으로는 볼 수 없는 필수 전술임을 인식하고 정부조직 내에서의 의사소통이 정확한 메시지 전달 및 수신을 통한 민주주의적 방식의 정부참여가 이룩되는 거버넌스가 이룩되며, 불통(不通) 아닌 통(通)하는 사회가 될 수 있도록 노력 및 학습이 필요할 것이다.

〈참고문헌〉

공군본부, 통하는 공군문화 창달, 대전 공군본부 정책홍보실, 2008.
박수영 등, 현대 사회와 행정, 서울 대영문화사, 2008.

신문기사, 정치면, 2008.6.4.

이상엽, 조직론, 상영사, 2005.

조직의 관심은 어떻게 하면 조직의 성과를 극대화할 것인가에 있다. 그러나 그 속에서 일하는 개인의 생각은 어떻게 하면 좀 더 편하고 자연스럽게 자기 자신의 만족을 극대화할 것인가에 있다. 이렇듯, 두 목적이 다르며 어떨 때에는 서로 상충관계에 놓이기도 한다. 따라서 바람직한 관리는 어떻게 하면 이들 양자의 목적을 모두 극대화할 수 있을 것인가에 있게 된다. 이들 양자의 목적이 극대화되기 위해서는 커뮤니케이션이 무엇보다도 중요하다. 조직 내에서 커뮤니케이션이 잘 이루어지면 조직의 뜻과 개인의 생각이 어느 정도 조화롭게 이루어진다. 조직의 정의를 두 사람 이상이 모여 공동의 목적을 달성하기 위해 상호작용하는 유기체라고 할 때 이러한 상호작용은 커뮤니케이션이라는 수단을 통해서만 가능하며 이러한 커뮤니케이션 없이는 경영기능도, 대인관계도 유지될 수 없다. 인간을 인간답게 하고, 다른 사람과 더불어 살아가는 데 있어 필수적인 것이 바로 커뮤니케이션이다. 현대인은 자기 시간의 70% 정도를 커뮤니케이션 활동에 쏟는다. 가용시간의 30%는 말하고, 40%는 듣는다. 20%는 읽고, 10%는 쓴다고 한다. 이는 "인간은 커뮤니케이션 한다. 고로 인간은 존재한다."라고 할 수 있는 대목이다. 미국의 한 심리학자는 「이혼에도 증후가 있다」라는 책에서 부부간 흑백논리식 언어와 대화할 때 고개를 돌릴 경우 4년 이내에 이혼할 가능성이 높다고 경고하고 있다. 부부간에 커뮤니케이션이 자연스럽게 이루어지지 못한 결과이다. 커뮤니케이션이 없다면 어떻게 될까? 아마도 인간은 곧 혼돈의 세계로 빠지고 말 것이다. 이처럼 개인과 조직에 있어 매우 중요한 커뮤니케이션의 과정에는 많은 장애요인이 있을 수 있다. 커뮤니케이션 과정을 구성하는 여러 요소, 즉 전달자, 부호화, 해독, 메시지, 채널, 피드백, 수신자 중 하나 이상의 요소가 어떤 형태로든 잘못되는 것이다. 이러한 장애가 있고서는 커뮤니케이션 효과를 높일 수 없다. 이러한 커뮤니케이션 장애는 혹자에 따르면 130개나 된다고 한다.

때문에 필자는 효과적인 커뮤니케이션을 위해 커뮤니케이션의 과정을 이해하고, 장애요인을 분석하여 커뮤니케이션의 개선방안을 제시하는 데 그 목적이 있다.

인간은 삶의 대부분을 다른 사람들과 접촉하면서 보낸다. 이러한 상호작용의 가장 근본적인 수단이 바로 커뮤니케이션이다. 인간이 조직을 형성하고 그 목적을 달성하기 위해서는 커뮤니케이션이 원활하게 이루어져야 한다. 커뮤니케이션은 집단행동에 있어서 구성원 사이를 연결해 주고 상호작용을 원활하게 하는 데 가장 중추적인 역할을 한다. 커뮤니케이션(communication)이란 말은 본래 공동 또는 공통성을 의미하는 라틴어 Communis에서 유래한다. 커뮤니케이션은 둘 또는 그 이상의 사람들 사이에 사실·생각·의견 또는 감정의 교환를 통하여 공통적 이해를 이룩하고, 수용자 측의 의식이나 태도 또는 행동에 변화를 일으키는 일련의 행동이다. 커뮤니케이션은 일반적으로 의사전달 또는 의사소통이라고 불리기도 한다. 이처럼 커뮤니케이션에 있어서는 상호간의 공통적 이해가 중심이 되는 것이므로, 의사의 단순한 일방적 전달만으로 커뮤니케이션이 끝나는 것이 아니라, 수용자 또는 상대방이 커뮤니케이션을 행한 사람의 메시지를 이해했을 때에 비로소 커뮤니케이션이 이루어졌다고 말할 수 있다.

(1) 전달자

커뮤니케이션은 어떤 사상 또는 아이디어를 가지고 있는 발신자(sender)에 의해서 비롯되며, 그가 보내는 메시지는 수용자가 이해할 수 있도록 해석하게 된다.

(2) 부호화

메시지 원천인 전달자, 예를 들어 정당후보자, 대학교수, 목사와 같은 사람이 수신자(투표권자, 대학생, 신도)에게 어떤 주장이나 생각을 전한다고 하자. 그러나 수신자는 전달자의 마음을 정확히 읽을 수 없다. 전달자는 이러한 생각을 어떤 단어로 전환시켜야 한다. 이를 부호화(encoding)라 한다. 부호화된 메시지는 전달자가 전달하고자 하는 내용을 정확하게 담고 있어야 한다. 이러한 정확성은 전달자가 가지고 있는 기술 정도, 태도 그리고 사회문화체계의 의해 영향받는다.

(3) 메시지

메시지(message)는 전달자의 전달하려는 내용의 부호화로부터 생겨난 것이다. 우리가 말로 커뮤니케이션했다면 말이 메시지요, 글을 썼다면 글이 메시지가 되고 그림을 그렸다면 그림, 몸짓할 때의 팔의 움직임, 얼굴표정 등이 메시지가 된다. 메시지는 의미를 전달하는 데 사용되는 상징이나 코드, 메시지 자체의 내용에 의해 영향받는다. 결국, 메시지는 코드나 내용을 어떻게 배열하고 선택하느냐에 따라 달라지는 것이다.

(4) 해독

전달자의 메시지는 편지 혹은 제안서와 같이 글로 된 형식, 전화나 대면접촉에 의해서 음성으로 수신자에게 전달된다. 그러고 나면 수신자는 전달자의 의도를 이해하여 메시지를 해독해야 한다. 즉 해독(decoding)은 받아들인 메시지의 의미를 해석하는 것이다. 그런데 이러한 해독 또한 수신자의 능력이나 태도, 지식 그리고 사회문화체계에 의해 영향받는다. 따라서 전달자는 쓰기 혹은 말하기에 능숙해야 하고 수신자는 읽기와 듣기에 능숙해야 한다.

(5) 수신자

수신자(receiver)는 메시지를 수용할 수 있도록 사전에 준비 자세를 갖추고 있어야 한다. 다른 데에 생각이 가 있는 사람은 전달되고 있는 메시지에 충분한 주의를 기울이지 못할 것이며, 이 경우의 커뮤니케이션은 실패할 가능성이 크다.

(6) 채널

채널(channel)은 메시지가 전달되는 수단으로 매체(medium)를 말한다. 채널은 전달자에 의해 선택되는데 이에는 언어적인 것뿐 아니라 비언어적인 것도 포함된다. 뿐만 아니라 전자우편, 컴퓨터네트워크 등 전자매체도 포함된다. 전달자는 공식적 채널을 사용할까 비공식적 채널을 사용할까를 결정해야 한다.

(7) 피드백

커뮤니케이션은 자연발생적인 것이 아니라 의도된 것이어서 전달자의 의도를 체크하는 과정이 바로 피드백 과정이다. 이를 통해 이해가 됐는지 안 됐는지를 전달자와 수신자가 서로 입장을 바꾸어 쌍방적으로 점검하는 것이다.

(8) 소음

소음(noise)은 커뮤니케이션 과정에서 메시지가 의도하는 바를 왜곡시킬 수 있는 모든 요인을 지칭한다. 이러한 소음은 커뮤니케이션 과정 전체에 걸쳐서 발생할 수 있다.

1) 커뮤니케이션 장애요인

(1) 준거틀의 차이

조직에서 일어나는 여러 가지 문제, 즉 임금, 승진, 경영전략, 제품의 생산성 향상 등의 문제에 있어서 전달자와 수신자의 입장은 서로 다를 때가 많다. 결국, 각자 마음속에서 이러한 문제들에 대하여 어떻게 생각하고 있는

가에 따라 양자 간의 공통점과 상이점이 나타나게 된다. 이를 준거틀의 차이라 하며, 결국 커뮤니케이션상의 왜곡은 상당수가 이 준거틀의 차이에서 비롯된다. 회사의 전 직원 회의에서도, 청와대 대통령 지시 사항도 수신자들의 준거틀에 따라 차이가 나는 것을 이해와 해석을 한다.

(2) 선택적 청취

선택적 청취는 선택적 지각의 한 형태인데, 사람들은 누구나 선택적 지각의 성향을 가지고 있기 때문에 상사의 지시를 받았을 때 자신의 신념에 합치되는 것을 더 크게 지각하게 된다. 즉 기존의 신념과 모순되는 대상에 대해서는 별다른 주의를 기울이지 않거나 또는 현재의 신념과 일치되도록 왜곡하여 받아들이게 되는 것이다.

(3) 가치판단

어떤 커뮤니케이션 상황에서든 수신자들은 자기 나름대로의 가치판단을 하게 된다. 가치판단이란 전체적인 커뮤니케이션을 수신하기 전에 메시지의 전반적인 가치를 평가하는 것을 가리킨다. 가치판단은 수신자가 가지고 있는 전달자에 대한 평가나 전달자에 대한 사전의 경험 또는 그 메시지가 기대하고 있는 의미 등에 근거를 두고 있다. 또한, 일반적으로 응집력이 강한 작업자 집단의 구성원들은 경영자들의 모든 활동에 대하여 부정적인 가치판단을 갖게 되는 것으로 알려져 있다.

(4) 정보원의 신뢰도

정보원의 신뢰도란 전달자의 말이나 행동에 대해서 수신자가 가지고 있는 믿음, 확신 및 신의 등을 말한다. 수신자가 전달자에게 부여하는 신뢰도의 수준에 따라 수신자가 전달자의 말이나 생각 및 행동을 보는 방식이나 그것들에 반응하는 방식에 영향을 미치게 된다. 상사가 보낸 커뮤니케이션을 부하들이 어떻게 받아들이게 될 것인가는 상사에 대한 부하들의 평상시 신뢰 정도에 의해 영향을 받게 된다. 상사에 대한 부하들의 평가가 상사에 대한 이전의 경험에 의해 강한 영향을 받게 됨은 물론이다. 여기에서 경영자가 행하는 평소 행동들이 부하들에게 전달된다는 사실을 알 수 있다.

(5) 어의상 문제

커뮤니케이션에서 사용하는 단어는 서로 다른 사람에게 서로 다른 의미로 작용할 수 있기 때문에 전달자가 수신자와 동일한 언어를 사용하여 커뮤니 케이션을 시도할지라도 동일한 이해에 도달할 수 없는 경우가 있다. 어의상 의 해석 차이가 혼선을 가져온다. 영어의 round라는 말은 어의상 차이에 따 라 그 뜻이 무려 110개나 된다. 만일 배라고만 표현한다면 과일인지 신체의 일부분인지 아니면 함정(선박)인지의 의미를 파악할 수 없게 되어 혼란을 일으키게 되는 것이다. 결국, 배라는 단어는 문맥이나 상황 속에서만이 정확 하게 파악되는 것이다.

(6) 여과

여과란 전달된 정보가 한번 걸러지는 것을 말한다. 전달자의 정보가 수신 자에게 긍정적으로 지각될 수 있도록 정보를 조작하는 것을 말하는데, 조직 내 상향적 커뮤니케이션에서 일반적으로 나타나는 현상이다. 한 예로 자유 당 시절 경무대에 보고되는 사안 중 이승만 대통령의 노여움을 살 만한 내 용은 모두 비서진에 의해 제거되었던 적이 있었다. 부하들은 직속 상사에게 보내는 메시지에서 불리한 정보를 은폐시키려 한다. 이러한 여과현상은 경 영자들이 수신한 정보를 토대로 개인의 성과를 평가하고 보수, 승진 등을 결정하기 때문에 회사 내의 모든 위계에서 여과의 시도가 나타난다고 볼 수 있다.

(7) 집단 내 언어

전문적, 직업적 집단들 속에서는 종종 자기 잡단의 소속 구성원들만 의미를 파악하는 독특한 단어나 문구를 가지고 있다. 이러한 특수 언어는 구성원에게 소속감이나 응집력 및 자부심을 제공하며, 집단 내의 효과적인 커뮤니케이션을 용이하게 해 주는 측면을 가진다. 의사들의 차트를 환자나 환자 가족들이 보면 도무지 알 수 없다. 그러나 간호사는 척척 읽어 낸다. 따라서 집단 외 사람들은 집단 내에서 사용되는 언어에 의해 심각한 손상을 받을 수도 있다. 특히, 집단은 조직 내에서 정보나 이해를 전달하려는 목적보다는 자기 집단이나 수행하는 기능에 대해 신비감을 전달하려는 목적에서 이러한 언어들을 커뮤니케이션에 사용하는 경향이 짙다.

(8) 지위상의 차이

조직에서는 종종 서열을 표시하기 위한 직함, 개인 사무실, 사무실에 카펫이 깔려 있나 없나, 개인비서 등 다양한 상징이 사용된다. 이러한 요소들이 신분 지위가 낮은 사람에겐 어느 정도의 위압감을 주게 되어 커뮤니케이션을 방해하거나 왜곡시킨다. 엘리베이터를 타고 대기업 총수가 일과를 보내는 층에 내리면 레드카펫이 깔려 있고, 사무실로 들어가는 문이 다른 층과는 사뭇 다르다. 조명이 다름은 당연하다. 지위는 권력을 상징하기 때문에 "돗자리 펴 놓으면 안 한다." "말 안 하면 중간이라도 간다." 혹은 "모난 돌이 정 맞는다."는 식으로 상사 앞에서 입을 다무는 경향이 있게 된다.

(9) 시간의 압박

시간의 압박, 또한 커뮤니케이션의 주요 장애요인의 하나이다. 경영자들은 모든 부하들과 자주 커뮤니케이션을 할 수 있는 시간적 여유가 없다. 더구나 전달할 정보는 많고 시간이 촉박할 때에는 훨씬 심각한 문제가 야기된다. 당연히 공식적 커뮤니케이션 경로에 포함되어야 할 사람들 중의 일부가

시간이 부족하다는 이유로 커뮤니케이션 과정에서 배제되는 경우가 종종 있다. 공식적 커뮤니케이션 시스템이 실패하는 주원인이 바로 시간적 압박인 것이다.

(10) 커뮤니케이션의 과중

조직의 경영자가 수행해야 할 필수적 기능 중의 하나가 의사결정인데, 효과적인 의사결정에 필수불가결한 전제요소가 바로 정보이다. 1980년대 이후를 정보의 시대라고 일컫듯이, 이 기간 동안 커뮤니케이션 기술이 급격하게 발전함으로써 정보의 창출에 따르는 어려움은 크게 줄어들었으나, 그 대신 경영자들은 정보와 자료의 홍수 속에 파묻히게 되었다. 경영자 책상 위에 놓인 바구니 속에는 촉각을 다투는 사안에서부터 시시콜콜한 정보에 이르기까지 수많은 자료가 놓이게 된다. 이렇게 커뮤니케이션 과중이 발생하면 사람들은 주어지는 모든 메시지를 완전히 소화하거나 적절한 반응을 보일 수 없게 된다. 그래서 신문은 헤드라인만을 훑어보면서 나름대로 상황을 파악해 버린다. 즉 대부분의 메시지를 해독과정에서 배제하게 되는 것이다. 그러므로 조직 내의 커뮤니케이션은 항상 다다익선인 것만은 아니다.

(11) 감정상태

사람이 무엇을 말하고, 듣고, 판단하고 할 때는 합리적이고 이성적이려고 애쓴다. 그러나 그 이성은 제한되어 있어서 어느 정도는 감정적으로 행동하게 된다. 화가 나 있거나, 놀랐거나, 무척 흥분되어 있다면 커뮤니케이션 활동에 지장을 초래하게 된다.

(12) 개인의 특성

개인의 특성이라 함은 개개인의 각기 다른 경험, 성격, 기대, 태도 및 가치관을 포함한다. 이러한 개개인의 특징은 사회현상과 전해 주는 메시지를 받아들이고, 해석하고, 또한 상대방에 대해 평가하는 데 있어 영향을 미친다. 그러므로 개인이 가지고 있는 기대감은 메시지 해석에 영향을 미친다.

인간은 과거에 습득한 경험으로, 메시지의 진실성보다 한발 앞서 결정을 내리는 경우가 허다하다. 개인이 가지고 있는 자기 방어적 태도에 따라 메시지의 이해와 해석이 영향을 받는 것이다. 자기 방어적 태도란 질문을 비난으로 왜곡하며, 변명조 응답으로 반응하는 개인의 심리적 불안정 상태를 말한다.

라피에르(R. Lapière)라는 심리학자가 중국인 부부를 대동하고 자동차 여행을 다니면서 251개 식당과 여관, 호텔 등을 거쳤는데 중국인이라는 이유 때문에 단 한 군데에서만 서비스를 거절당했다. 여행에서 돌아온 후, 그 심리학자는 251개 모든 숙박지에 설문지를 보내 "중국인이 오면 숙박을 허용해 주겠느냐?"고 물었다. 그 결과 응답자의 95%가 "않겠다."고 회답했다. 이 이야기에서 사람들은 반드시 자기가 말한 대로 행동하지 않는다는 것을 알 수 있다. 즉 태도와 행동이 반드시 일치하는 것은 아니다.

개인이 가지고 있는 가치관은 이미 우리 마음속에 자리 잡은 생각이다. 따라서 정보의 정확한 의미보다는 그 생각으로 정보를 파악하려 한다.

(13) 청취습관

청취습관이 나쁘거나 매우 좁은 견해를 가지고 있으면 커뮤니케이션 활동에 문제가 발생한다. 청취란 적극적으로 들어야 하는 것인데 이러한 태도가 나쁘다거나 좁은 견해를 가진다면 상대방을 이해할 수 없게 된다. 청취라는 것은 listening이다. 사람들은 hearing과 listening을 혼동한다. hearing은 단지 들리는 소리를 듣는 것이고, listening은 듣는 것에 주의를 기울이는 것을 말한다. Listening은 주의를 기울임, 해석, 기억을 요한다. 또한 효과적인 listening은 수동적이라기보다는 능동적이어야 한다. 수동적 listening의 경우라면 그것은 녹음기와 같다. 수동적 청취는 주어진 정보에만 몰두하려는 것이다. 그러나 능동적 listening은 화자의 마음속으로 들어가 그의 관점을 이해하는 것을 말한다. 따라서 능동적 듣기는 매우 힘든 일이다. 말하는 이의 내용에 집중하고 완벽하게 이해하도록 노력해야 한다. 능동적 듣기에는 네 가지 필수요소가 있다. 수신자가 전달자의 내용을 정확하게 듣기 위해서는 ① 주의를 기울여 ② 진지한 마음으로 ③ 받아들이면서 ④ 자진해서(기꺼이 하려는 자세로) 들을 필요가 있다. 능동적인 청취자는 전달자의 이야기에 긴장해서 집중하고 잡생각을 창조적인 정신 상태로 바꾸는 것이다.

(14) 위신관계

위신이란 용어는 권위라는 용어와 관계가 깊다. 위신관계는 바로 권력, 계급, 직급 등을 배경으로 한다. 예를 들어, 직급 승진에 따라 갑자기 달라진 사무실의 면적, 책상의 크기, 카펫, 사무집기 등의 변화는 바로 효율적 커뮤니케이션을 가로막는다.

어떤 사람들은 조직 내에서 직급이 올라갈수록 자기의 언행에 주의를 기울이고 아울러 자기가 접하는 사안마다 세심한 주의를 기울이기도 한다. 체면, 가식, 잠재의식과 함께 조직 내 위신관계가 자유로운 커뮤니케이션을 막는다. 위신감이 "모든 것을 다 안다."는 식의 태도를 야기하고, 결국 커뮤니케이션에 부정적 영향을 미친다.

(15) 사회화와 공간적 거리

조직 내 각 집단 간의 공간적 거리가 효과적인 커뮤니케이션을 방해하는 원인이 된다. 커뮤니케이션 채널에 연결된 인원이 많으면 많을수록(즉 전달자와 수신자를 매개하는 사람의 수가 많을수록) 또한, 전달자와 수신자가 조직 내 멀리 떨어져 있으면 있을수록 성공적 커뮤니케이션을 기대하기는 더어렵다. 즉 전달자와 수신자 간의 근접성은 커뮤니케이션 효율성을 증대시킨다. 또한, 빈번한 직무순환, 인사이동을 실시하면 그만큼 그 개인이 조직에 대해 철저히 공부할 기회가 상실된다. 따라서 숲을 보지 못하고 나무만보게 될지도 모른다. 따라서 지속적인 사회화 과정이 있는 것과 없는 것은 커뮤니케이션 효율성에 영향을 준다.

(16) 정보소유성

일반적으로 조직 내에는 정보나 지식을 소유하고 있는 자가 권력도 함께 쥔다. 출장을 떠나는 부장은 자기 캐비닛 열쇠를 가지고 출장을 떠난다. 정보를 자기만 가지고 있어야 자기 지위나 권위가 돋보인다고 믿는다. 자기가 잠깐 자리를 비운 자기 책상 주위에 자기 부하들이 모여 "역시 부장님이 계셔야 돼."라고 하는 소리를 듣고 싶어 한다. 따라서 정보를 자기만 소유하려는 태도를 갖게 된다. 따라서 고려청자 만들기 비법은 기록되지 못한 채, 한 도공의 머릿속에만 머물다가 사라진 것이다. 이로 인해 조직 내 정보 분포의 적절성이 효율적 커뮤니케이션에 영향을 미치는 또 하나의 요인이 된다.

(17) 전문화로 인한 결함

조직의 각 부서들은 전문화로 인하여 경쟁관계에 놓이게 되고, 결국 정보가 왜곡되거나 단절되게 된다. 전문가는 자기 부서 내에서 때로는 의사전달을 잘 하지만, 일반적으로 전문지식에 기초한 선입견이 강해 상관이나 경쟁 부서에 대해서는 정보를 왜곡시키고 단절시키는 일이 많다.

(18) 표현상의 문제

전달자가 가지고 있는 마음속의 생각을 표현할 때 부적절한 용어의 사용, 생략, 통일성의 부족, 생각의 부적합한 구성, 어색한 문장구조, 진부성, 불필요한 전문용서 등에 의해서 오해를 불러일으키는 경우가 있다. 예를 들어 개와 고양이는 원래 원수지간인가? 아니다. 사용하는 언어가 달라 오해가 빚어지기 때문이다. 한쪽 앞발을 드는 것은 개에게는 '같이 놀자'라는 뜻이고 고양이에게는 '저리 가'라는 뜻이다. 개는 기분이 좋을 때 꼬리를 치켜드는 반면 고양이는 정반대이다. 그렇지만 말을 트게 되면 둘은 충분히 친구가 된다.

애매모호한 어구도 커뮤니케이션을 방해하는 요인이 된다. 이것은 고의적일 수도 있고 자연적일 수도 있다. 예를 들어 '물가를 안정시킨다.'는 말은 어떤 수준에서 물가를 안정시키며, 언제까지 얼마만큼이나 억제할 것인가에 대한 구체적 언급이 없기 때문에 그 해석이 분분할 것이다.

(19) 전달상의 정확성 감소와 기억력의 한계

메시지는 한 사람으로부터 다음 사람에게로 계속 전달하는 과정에서 점차적으로 그 정확성이 감소되는 경우가 있다. 동일한 메시지를 전달하기 위하여 복수의 매체를 사용하는 것은 이러한 장애요인을 극복하기 위한 것이라 하겠다. 예를 들어 연예 TV프로그램에서 일단의 연예인들이 귀를 막고 일정 내용을 전달하는 게임은 커뮤니케이션 전달상의 정확성 감소와 관련된 것이다. 인간의 기억력에 한계가 있다는 것은 메시지에 대한 반복과 보다 명백한 복수의 매체 사용이 필요하다는 것을 입증한다.

(20) 세대 차이

고대 벽화에도 보면 "요즘 아이들은 건방지다."라는 이야기가 나온다고 한다. 이러한 세대 차이는 고금을 막론하고 세대 간에 발생하고 있으며 산업화 및 정보화시대에 들어서면서 그 세대 차이의 간격은 더 좁아지고 있으며 요즘에는 쌍둥이 간에도 세대 차이가 난다는 농담이 나올 정도이다. 이러한 세대 차이는 세대 간의 대화에 있어서 커다란 장애를 낳고 있으며 세대 간의 차이를 해소하기 위한 많은 노력들이 병행되지 않는 한 세대 간의 갈등은 쉽게 극복되지 않을 것이다.

(21) 지적 수준 차이

우리나라 흔히 훌륭한 교수나 선생님은 학생의 수준을 고려하여, 학생이 이해할 수 있는 용어를 사용하는 교육자를 훌륭한 교육자라 한다. 아무리 훌륭하고, 박식한 박사라고 한들 그가 말하는 내용을 다른 사람이 알아들을 수 없다면 박사로서는 인정을 받을 수 있으나 교육자로서는 적합하지 못하다 할 수 있다. 때문에 남을 교육하거나 대화를 할 때에는 상대방의 지적 수준을 잘 이해하고, 이해할 수 있는 언어를 사용하여 대화를 해야만 그 커뮤니케이션의 효과는 배가 될 수 있다.

(22) 성(性) 차이

남녀 간의 느끼는 감정과 이성의 차이 또한 송·수신함에 있어 장애요인이 될 수 있다. 예를 들어 남자들은 여자들에 비해 섬세함이 부족하며, 지협적인 것보다는 포괄적인 것을 보기 때문에 하나의 메시지를 해석함에 있어서도 차이가 발생할 수 있다. 때문에 수신자가 남자냐 여자냐에 따라서도 메시지의 부호화나 매체의 선택 등에 있어 고려해야 할 요소이다.

(23) 계획의 부족

훌륭한 커뮤니케이션은 우연히 이루어지는 것이 아니다. 사람들은 왕왕 전달하려는 메시지의 목적에 대해 생각이나 계획, 결정 등을 하지 않은 채 이야기를 시작하거나 글을 쓰는 경우가 허다하다. 그러나 지시에 대한 이유를 알려 주고, 적절한 경로를 선택하며, 알맞은 시기를 선택함으로써 이해력을 향상시킬 수 있고, 변화에 대한 저항도 줄일 수 있다.

(24) 분명하지 못한 가정

때때로 간과되고 있지만 대단히 중요한 것은 메시지를 뒷받침하고 있는 전달되지 않은 가정이다. 한 여성고객이 자신이 쓰는 상품을 만들어 내는 회사를 방문하겠다는 의사를 전했을 때의 예를 들어보자. 그녀는 아마도 그 회사에서 공항에 영접을 나오고, 호텔을 예약해 주며, 수송편의를 제공하고 공장계획에 대해 전반적으로 설명을 해 주리라 가정할 것이다. 그러나 상품 공급회사 측에선 그녀가 결혼식에 참석차 그 지방에 왔다가 일상적으로 공장을 방문하려는 것쯤으로 생각할지도 모른다. 이 경우 양쪽의 명백지 못한 가정은 혼란을 야기하고 서로 간에 유지해 온 좋은 관계에 손실을 가져올 수 있다.

(25) 타인에 대한 민감성 부족

일부 사람들은 커뮤니케이션에 필요한 언어적 능력을 지니고 있으면서도 다른 사람들에 대한 민감성이 부족하여 상대방을 건드리는 말을 함부로 하거나 상대방의 욕구나 기분을 고려하지 못함으로써 효과적인 의사전달에 실패하는 경우가 많다.

(26) 현혹효과

현혹효과란 한 사람의 좋거나 또는 나쁜 자질의 행동을 보고 그 사람을 그런 사람으로 보는 경향을 말한다. 말하자면 관찰한 지각내용(자질과 행동)이 관찰하지 않은 것들에게까지 지각적 영향을 미치는 과정을 현혹효과라 한다. 이러한 현혹효과는 한 사람의 한 단면만을 보고 그 사람을 모두 판단하기 때문에 커뮤니케이션에 있어 커다란 오류가 발생할 수 있다. 예를 들어 말은 아주 잘하는데 글을 잘 못 쓰는 사람이 있을 수 있고, 운동을 잘하는 병사는 군 생활을 모두 잘 한다고 판단한다는 등 이러한 현혹효과 때문에 커뮤니케이션의 단절이 발생하지 않기 위해서는 그 사람의 한 단면만을 보고 모든 것을 판단하지 말아야 한다.

(27) 후광효과

후광효과란 그 사람이 갖고 있는 직업이나 배경 등으로 인해 그 사람이 본연의 모습보다 더 낮게 보인다든가 왜곡되어 해석되는 효과를 의미하는데 이러한 후광효과 또한 그 사람을 판단함에 있어 커다란 오류가 발생할 수 있다. 예를 들어 교육자의 자식들은 공부를 잘할 것이라든가, 경찰의 자녀들은 모두 다 올바르게 살 것이라든가 이러한 후광효과에 의해 잘못 판단된 수신자는 커뮤니케이션의 장애요인이 될 수 있다.

(28) 메시지 해독력 부족

송신자의 메시지를 해독하는 수진자의 능력이 부족하다면 송신자가 아무리 훌륭한 메시지를 만들어 보낸다 한들 송·수신자 간의 원활한 커뮤니케이션은 이루어질 수 없다. 이러한 수신자의 능력은 이해력, 판단력, 암기력, 기억력 등이 있을 수 있다.

(29) 고정관념 및 선입견

수신자가 어떠한 개념이나 생각에 대해서 갖고 있는 고정관념 및 선입견은 메시지의 해석, 해독과정에 영향을 미치며 수신자가 가지고 있는 고정관념 및 선입견은 준거의 틀을 형성하여 송신자의 입장은 거의 고려되지 않고 수신자의 입장만이 고려되므로 메시지가 의도한 바는 완전히 상실될 가능성이 있다.

(30) 매체의 부적절한 선택

전달하려는 메시지의 형태에 따른 적절한 매체의 선택은 커뮤니케이션의 효과성을 증진하는 요인 중의 하나이다. 예를 들어 메시지의 내용이 많은데도 불구하고 전화로 장시간 이야기하려 한다면 전화비용도 많이 들 뿐만 아니라 시간도 많이 걸릴 것이다. 이때는 전화보다는 이메일이나 편지 또는 문서를 통해 전달한다면 보다 효과적일 것이다. 이렇듯 매체란 메시지의 형태나, 양, 중요성, 시간적인 여유 등을 고려하여 적절히 선택하여야 한다.

수신자에게도 적절한 매체의 선정은 중요하다. 송신자가 쉽게 사용할 수 있는 매체라 하더라도 수신자는 쉽게 사용할 수 없는 매체가 있을 수 있다. 수신자 또한 매체를 쉽게 접할 수 있고 사용할 수 있는 능력이 있는 적절한 매체의 선정은 효과성 증진에 꼭 필요한 요소이다. 예를 들어 청력이 안 좋은 노인들에게 메시지를 전화로 전달하려 한다든가, 장님에게 문서를 보낸다든가 등의 부적합한 매체 선정은 커뮤니케이션의 장애를 가져온다. 그러므로 수신자의 특성을 고려한 매체의 선정은 매우 중요하다.

(31) 부적절한 조직구조

조직구조는 분권화, 공식화, 통제범위, 복잡성 정도가 어느 정도냐에 따라 커뮤니케이션의 효과는 달라질 수 있는데, 조직이 너무 중앙집권화되어 있어 권한이 분권화되어 있지 않은 조직은 커뮤니케이션의 통로가 최상급자에게 집중되어 있어 수평, 수직, 대각적인 커뮤니케이션은 원활하지 못하다는 단점을 갖고 있다.

조직이 너무 공식화되어 있어도 비공식적인 커뮤니케이션이 원활하지 못하다. 예를 들어 법규나 규정에 모든 것이 명시되어 있기 때문에 규정대로 해라든가 융통성이 없이 획일적인 지시나 통제만 한다면 구성원 간의 대화가 적어지며, 서로 간에는 벽이 생길 수밖에 없다.

조직 내 관리자의 통제범위가 너무 넓고, 통제해야 할 인원이 너무 많다면 말단에 있는 구성원의 의견은 잘 반영되지 않을 수 있으며, 조직구조가 너무 복잡하여 결재를 함에 있어서도 5~6명 라인을 거치고 최종 결재까지 2~3일의 시간이 필요하다면 하나의 의사를 결정함에 있어서도 많은 왜곡과 적시성이 결여될 수 있다.

수행하는 임무의 성격과 형태에 따라 적절한 조직구조를 갖추고 있어야 하며, 공식 및 비공식 커뮤니케이션 루트도 적절히 발달되어 있어야만 조직 내 필요한 정보가 원활히 유통될 수 있는 것이다.

오늘날 기업 구조개혁 중 가장 두드러진 것이 결재 시스템의 단순화 및 팀제의 도입이다. 이러한 구조의 장점은 의사결정권자와 거리가 가까워, 여러 단계를 거치는 동안 적시성을 잃거나 내용의 왜곡을 최소화할 수 있어 정보화 및 스피드 시대에 적합했기 때문에 자연스러운 시대의 요구였던 것이다.

(32) 적절치 못한 타이밍

커뮤니케이션의 생명은 타이밍이다. 정보가 아무리 중요하다고 하더라도 수신자가 필요로 하는 때에 전달되어야 의미가 있다. 특히 오늘날과 같이 제품수명이 짧아지고 경쟁이 점점 치열해지는 상황하에서는 누가 먼저 좀 더 정확한 정보를 얻는가가 사업의 성패를 좌우할 만큼 중요한 과제로 부상하고 있다.

(33) 국제적 환경에서의 커뮤니케이션

국제적 환경에서의 커뮤니케이션은 훨씬 더 어렵게 되는데 그 이유는 상이한 언어, 문화 및 예절 때문이다. 국제환경에서의 커뮤니케이션 장애를 극복하기 위해, 대기업은 다양한 조치를 취한다. 예컨대, 폭스바겐사는 광범위한 언어교육을 실시한다. 여기에 덧붙여, 이 회사는 대규모 번역 진을 참모 조직에 두고 있다. 때로는 언어와 문화를 잘 아는 현지 국민을 최고직위에 임명하기도 한다. 해외 기업들은 미국에 유학 중인 자기 나라 유학생들을 고용하는 것이 유리하다는 것을 알고 있다.

(34) 설득에 대한 저항

본성적으로 인간은 현재에 만족하지 않고 진보 · 혁신을 추구한다. 이러한 본성이 커뮤니케이션 분야에 있어서도 새로운 사태, 새로운 발견, 새로운 필요에 상응한 다종 다량의 정보를 생산 · 이용 · 처리하는 행위를 진행시키고 있는 것이다. 그런데 커뮤니케이션이 다루는 정보 · 의사가 전혀 새로운 것이거나 예기치 못한 것일 때 이것을 통해 자기가 가지고 있는 상식이 파괴된다고 느낀다. 나아가서 자기가 쌓아 올린 신념이나 가치의 체계가 붕괴되지 않을까 하는 두려움을 가지게 되는데 이것이 커뮤니케이션의 장애가 된다.

정보·의사의 내용이 전혀 새롭고 설득적인 것이건, 그것을 다루는 사람의 태도가 적의적·결례적인 것이건, 또 각각 그 반대의 것이건 우리는 그것을 피하는 태도를 취해서는 안 된다. 우선 그것을 긍정적으로 받아들이고 서로 진의를 추구하는 태도를 가질 필요가 있다. 그것이 자기의 신념이나 가치관을 흩뜨리는 것이 아니라 자기의 신념이나 가치관을 더 크고 고차원적으로 하는 것이라는 것을 이해해야 한다.

인간은 되도록 자신의 인식체계의 부조화를 초래할 듯한 정보는 회피하는 경향이 있다. 특히 어떤 확고한 신념을 가지고 있는 개인은, 자기의 신념·가치관에 영향을 미치는 정보·의사가 주어질 때 자신의 신념·가치관을 영구히 바꾸면 안 된다는 생각이 스스로를 작게 만드는 것이라는 것을 알아야 한다.

(35) 일방적 커뮤니케이션 흐름

일방적 커뮤니케이션이란 연단위에서 청중을 상대로 강연, 연설, 강의, 설교, 발표, 보고하는 식의 일방적인 이야기를 진행하는 것을 말한다. 어찌 보면 서로의 피드백 없이 준비된 전달, 계획된 전달인 것이다.

(36) 잡음

예컨대 통화 시 전화기에서 울리는 윙 거리는 기계적 소음이나 지나가는 자동차의 경적음과 같이 커뮤니케이션 채널에서 야기되는 잡음과 메시지의 전달자, 수신자가 지니고 있는 편견이나 선입관에서 오는 심리적 요인, 그리고 희미한 타이핑과 인쇄용지가 구겨져 있거나 흐릿해서 야기된 메시지의 모호성 때문에 유발되는 메시지 접수 장애요인 등이 잡음에 해당한다.

(37) 불편한 환경

사람들은 신체적으로 편안한 상태에서 커뮤니케이트해야 올바르게 커뮤니케이션이 이루어진다. 만약 상대방과 함께 있는 방이 너무 덥거나 혹은 너무 춥다면 커뮤니케이션을 멈추고 창문을 열거나 닫음으로써 방온도를 조절하거나 다른 방으로 옮긴 후 커뮤니케이션을 이어 나가는 것이 좋다. 전달할 내용보다는 방온도에 관한 얘기로 빠질지도 모르기 때문이다.

(38) 무드

가끔은 무드(mood)에 신경을 써야 한다. 왠지 음산한 분위기를 수신자가 느끼면 전달자의 전달내용은 제대로 커뮤니케이트되지 못한다. OHP로 강의를 하려 할 때 강의실 불을 끄고 커튼으로 빛을 가리면 수업 분위기는 한층 좋아지게 되는 것이다.

(39) 피로감

효과적 커뮤니케이션이 이루어지기 위해서는 많은 양의 정신적 노력이 요구된다. 사람이 몹시 피곤해 있으면 상대방의 메시지에 정확하게 반응할 수 없을 것이다. 따라서 홀가분한 상태에서 의견교환 및 의사소통이 이루어져야 집중력, 몰입도 등이 높아지게 된다.

(40) 커뮤니케이션 걱정

커뮤니케이트하는 데 방해가 되는 또 다른 중요한 요소는 보통 5~20% 가량의 사람들이 겪고 있는 대인공포증이다. 많은 사람들이 대중 앞에서 이야기하는 데 두려움을 가지고 있다는 보고가 있다. 커뮤니케이션 걱정은 커뮤니케이션 전체에 영향을 미친다는 점에서 더욱 심각하다. 커뮤니케이션 걱정에 사로잡힌 사람들은 언어적 커뮤니케이션이나 비언어적 커뮤니케이션 시 과도한 긴장과 걱정을 갖는다. 예를 들어 말하는 것에 대한 두려움은 다른 사람과 마주 보고 대화할 때 더욱 심한 부담을 느끼게 만들고, 결국 말을 더듬거나 제대로 표현하지 못하게 만든다. 만약 지위가 더 높은 사람과 전화로 대화하게 될 처지에 놓이게 되면 전화기를 손으로 가린 채 심호흡을 크게 하고 목청을 가다듬으면서 매우 걱정하는 모습을 종종 보인다. 따라서 이런 사람들은 커뮤니케이트하는 데 전화보다는 메모나 편지를 더 선호하게 된다.

2) 커뮤니케이션의 개선방안

(1) 추적조사

메시지의 의미는 수신자에 의해 결정되기 때문에, 수신자의 입장에서 전달자가 의도했던 의미를 정확히 이해하기 위해 커뮤니케이션 과정을 추적해 보는 것이다. 즉 진상규명하기, 소문의 근원지 찾기, 역추적하기라고 할 수 있다. 물론, 전달자도 자기의 메시지가 제대로 반영, 실천되는지 확인하려 할 때도 가능하다.

- 상대방이 전달자의 뜻을 잘못 이해했다고 생각한다.
- 수신자에게 메시지가 전달된 뒤 반응을 살펴야 한다.
- 묻지도 않은 것에 대해 이야기할 필요는 없지만, 재차 물어본다.
- 전달한 메시지가 제대로 흘러가는지 언로를 살펴봐야 한다.

(2) 정보충족의 원칙

정보와 자료의 홍수는 비능률을 가져온다. "데이터베이스가 구축되었다." 라고 하는 것은 불필요한 정보와 중복되는 정보를 제거한 뒤 망라된 모든 자료를 말한다. 이렇듯, 정보흐름의 규제는 경영자에게 전달되는 정보의 양과 질을 적정수준으로 조절함으로써 커뮤니케이션 정보의 과중을 막아 보려는 것이다. 의사결정에 있어서도 정보는 필요하지만 무조건 많은 정보를 껴안고 있으면 오히려 혼란이 가중된다.

- 어중간한 정보는 차라리 제시하지 않는 것만 못하다.
- 전달해서 좋은 정보, 좋지 않은 정보를 선별한다.
- 추가로 수집한 정보와 들은 정보를 구별한다.
- 시간은 돈, 돈은 시간이다. 따라서 효율적인 데이터베이스를 구축한다.

(3) 감정이입

진정한 커뮤니케이션을 주고받으려면 감정이입이 필요하다. 감정이입은 동정과는 별개의 의미이다. 동정을 받고 있다고 느끼게 되면 아무리 상대방이 나를 위해서 그런다고 해도 자존심이 상하게 되고 그렇게 마음에 내키지 않는다. 감정이입은 수신자가 메시지를 어떻게 해독할 것인지를 파악하기 위해서 전달자 자신이 수신자의 입장에 서 보는 것으로 입장을 바꿔서 생각해 보는 것이다. 해독은 지각을 포함하며 따라서 메시지는 수신자의 여과과정을 거치게 된다. 결국, 감정이입이란 자신을 타인의 역할과 관련지어서 그 사람의 관점이나 감정을 파악해 내는 능력이 된다.

본래 조직이론에서는 경영자의 감정이입 능력을 증진시키는 방법에 대한 논의가 있어 왔는데 이것이 바로 감수성 훈련이다. 적절한 감정의 억제 및 사용이 효과적이라는 것이다. 실직한 사람의 입장에 서 보는 것, 실패를 경험한 부하의 편에서 생각하는 것 등이 진정한 감정을 통한 이성적 관리인 것이다.

- 우선 상대를 동화시킨다.
- 신뢰와 권위는 상대에게 '정말 그렇다.'라고 느끼게 만든다.
- 평소의 심정과 어떤 일이 발생된 날의 심정은 다르다.
- 표면에 나타나지 않는 상대방의 본심을 읽어야 한다.

(4) 반복

반복은 지금까지 우리가 학습원칙으로 삼아 온 것이다. 반복은 습관화로 이어지기도 하고 반복학습이 되면 시간이 많이 흐르더라도 그 내용을 쉽게 버릴 수 없게 된다는 특징을 지닌다. 따라서 기술적으로 커뮤니케이션 과정에 반복을 통하여 설령 메시지의 일부를 이해하지 못했다 하더라도 다른 부분을 통해 이해가 가능해질 수 있다. 신입사원이 조직에 들어가면 기초적이고 동일한 커뮤니케이션 정보를 반복적으로 받게 된다. 군인정신을 반복적으로 암기한 이등병은, 훗날 저절로 군인이 되어 가고 상급자가 군인정신에 대해 물어 올 때 자연스럽게 그 정보를 꺼내서 전달하게 되는 것이다.

- 칭찬을 계속한다.
- 기본기(기본정보)를 충실하게 거듭 말해 준다.
- 중요한 메시지는 톤을 조절하며 반복한다.
- 지나침은 좋지 않다. 그러나 과도학습법도 효과를 볼 수 있다.

(5) 상호신뢰의 조성

보통 개인은 남을 지배하려는 욕구가 강한 반면, 수동적으로 당하고 있는 피지배상태는 싫어한다. 그러므로 서로 간에 공감할 수 있는 동등한 입장이 필요하다. 레볼디(G. Z. Laborde)는 상호간에 공감적인 관계 형성 없이는 실질적인 의미의 커뮤니케이션이 제대로 이루어지지 못한다고 잘라 말한다. 레볼디는 상대와 조화를 이루려는 반사적 작업을 권하고 있다. 이는 상대방이 의자에 기대어 앉아 있으면 그 사람 앞에 꼿꼿이 서 있지 말고 상대방과 조화를 이루도록 자신도 의자에 비슷한 자세로 기대라고 권고한다. 내 모습을 거울에 비쳐 보면 반대모습으로 투영되듯 상대방에게 그렇게 하라는 것이다. 구체적 실시법은 다음과 같다.

- 상대방과 말하는 톤이나 속도를 같도록 조절하자.

- 숨 쉬는 속도를 조절하자. 호흡속도는 서로 간의 감정교감에 좋다.
- 상대방 움직임의 리듬을 잘 관찰해서 자신도 그 리듬에 맞추어 움직여 준다.
- 자세의 하모니를 이루자. 상대편이 다리를 꼬아 오른쪽 다리를 앞으로 내놓고 있으면 자신은 반대편 다리를 앞으로 내놓음으로써 조화를 맞추어 준다.

(6) 효과적인 시기선정

사람들은 일상생활을 하면서 매일 수천 가지의 메시지에 노출된다. 메시지 모두를 수용하는 것은 필요하지도 않고 불가능하다. 사람들이 가지고 있는 정보처리의 한계로 많은 것들이 해독되거나 심지어 접수되지 못한다. 다른 메시지와 동시에 전달된 메시지는 더더욱 이해가 어렵다. 따라서 적절한 시기를 택해서 커뮤니케이션하는 것이 중요하다.

- 바쁜 시간을 피한다.
- 장시간 동안 이루어지는 커뮤니케이션 활동을 피한다.
- 타이밍과 함께 무드 및 분위기를 파악한다.
- 우선순위를 정한다.

(7) 언어의 단순화

인간은 수만 년 전부터 언어를 사용한 것으로 추측된다. 인류의 시작과 함께한 언어는 여러 가지로 발전되어 왔다. 복잡한 언어는 효과적 커뮤니케이션을 방해하는 주요 요인의 하나이다. 특히, 전문가 집단(의사, 교수)들은 자기 집단의 언어를 사용하여 커뮤니케이션하려 한다. 아무리 필요하고 좋은 내용도 상대방이 이해하지 못하면 효과를 보지 못한다. 이렇듯, 언어를 단순화하여 상대방이 청취하도록 해야 한다. 구체적 방법은 다음과 같다.

- 상대방의 수준, 기호에 알맞은 언어를 선택하여 사용한다.
- 상대방의 비언어적 보충수단에 주의를 기울인다.
- ○○的이라는 표현은 되도록 피한다.
- 말의 톤, 띄어 말하기, 볼륨 등을 동원해서 말한다.

(8) 피드백의 활용

피드백은 수신자가 메시지를 전달받아 의도한 반응을 나타내었는지의 여부를 전달자가 파악할 수 있도록 수신자의 반응을 전달자에게 전달하는 통로·고리를 말한다. 효과적인 피드백을 위해 로빈슨(S. Robbins)은 다음과 같이 여섯 가지를 제시하고 있다.

- 특정행동을 지목하자. 피드백은 막연한 것보다는 정확히 지목해 주어야 한다. 절대로 "당신은 태도가 나빠!", "당신이 한 일에 정말로 감명받았습니다."와 같은 말은 피하는 것이 좋다. 이러한 말은 피드백이 전달되어도 상대방을 어리둥절케 만든다. 예를 들어 다음과 같이 하는 것이 좋다. 말썽을 일으키는 부하에게 "당신의 태도가 마음에 안 듭니다. 당신은 회의시간에 30분이나 늦었고, 우리가 토론할 사항을 미리 읽어 오라는 것도 지키지 않았습니다." 또는 "당신은 홍氏 건을 잘 처리했어, 아침에 보험회사로부터 요구사항을 신속히 처리해 주어 고맙다는 인사가 왔고 매출액도 당신이 처리한 건은 유난히 올랐어." 등 칭찬 혹은 꾸짖을 때에는 왜 그러한지를 상대방이 인식도록 구체화해서 이야기한다.
- 피드백을 업무에 한정시켜라. 피드백에 개인감정이 들어가면 안 된다. 예를 들면 상대방이 무례하고 멍청하다고 하는 것은 업무와 관계가 없는 개인적인 것이다. 이는 오히려 상대방의 감정만을 건드려 반발만을 유발시키게 되고, 결국 본래의 취지인 업무의 개선은 이루어지지 않는다. 피드백은 그 사람이 잘못했으면 그 사람이 저지른 잘못의 상

황을 묘사해 주어 스스로 잘못을 깨닫게 해 주어야 한다.

- 피드백은 목표에 관한 것이어야 한다. 부하에게 어떤 피드백을 할 때 그것이 누구에게 가장 이로운가를 생각해 보아야 한다. 만약 그것이 부하가 아닌 자신의 이익에 부합하는 사항이라면 그것은 오히려 그 상사의 위신과 신용도를 떨어뜨려, 장래에까지 지시에 대한 설득력을 떨어뜨린다. 피드백은 상대방의 목표에 가장 부합되는 것이어야 한다.
- 피트백은 적절한 시기에 해야 한다. 부하가 저지른 잘못된 사항을 지적해 줄 때 적절한 시기가 중요하다. 일반적으로 잘못을 한 후 가능한 한 빠른 시간 안에 피드백을 해 주었을 때 전보다 나은 개선의 효과를 기대할 수 있다. 하지만 관리자가 감정적으로 흥분해 있거나 화난 상태 혹은 사건의 정황에 대해서 잘 알지 못할 때에는 사건의 윤곽을 알고 마음이 가라앉은 후 피드백을 해야 한다.
- 확실히 이해시켜라. 피드백이 효과적으로 되기 위해서는 부하나 상사가 의도한 사항을 완전히 이해하도록 해야 한다. 예를 들면 피드백 후 전달자가 전달한 사항의 내용을 대화가 끝나기 전에 상대방으로부터 들어보고 전달하고자 하는 사항을 알고 있는지를 확인해 볼 필요가 있다.
- 부정적인 피드백은 부하가 개선할 수 있는 행동에 대한 것이어야 한다. 부하가 어떻게 조치할 수 없는 부가항력적인 사항에 대한 피드백은 그 효과가 없다. 상사가 부하에게 스스로의 힘으로 개선할 수 있는 사항에 대한 피드백을 할 때에는 단순히 무엇이 잘못인가만을 이해시키는 것이 아닌 개선방향을 구체적으로 지시해 주는 것이 더욱 효과적이다.

(9) 적극적인 청취

커뮤니케이션 장애를 개선하는 방법 중 청취기능에 관한 방법은 상당히 중요하다. 사람들은 대개 말하기는 좋아하지만 듣는 것은 대강 듣고 만다.

사람은 아는 것이 많을수록, 자기중심적이 되어 갈수록, 자기 말만 더 많이 하려 하고 상대방 말에 귀를 기울이지 않는 것 같다. 대부분의 사람들은 10분간의 연설을 듣고 나면 연설이 끝난 후 연설내용의 50% 정도밖에는 기억하지 못하고 48시간이 지나면 25% 정도만을 기억하게 된다고 한다. 따라서 적극적 청취가 매우 필요하다.

1분에 생각할 수 있는 단어는 500단어 정도지만 입으로 말할 수 있는 단어는 1분에 약 125~150단어이고, 아무리 말을 빨리 하는 사람이라도 200단어 이상은 못 한다. "입은 작게 귀는 크게"라는 옛 속담은 오늘날 카운슬링의 주요원칙이 되었다. 따라서 적극적이고 효과적인 청취기법이 많이 논의되었는데, 로빈슨(S. Robinson)은 여덟 가지를 들고 있다.

- 눈을 마주친다. 만약 당신이 다른 사람과의 대화 시 상대의 눈이 나를 응시하지 않는다면 당신은 상대가 나의 이야기에 무관심하거나 흥미를 못 느낀다고 생각할 것이다. "눈으로 들어라." 이것은 사람들이 경청을 하는지 안 하는지를 당신의 눈을 보고 판단하기 때문이다.
- 고개를 끄덕여 긍정적 표현을 하고 표정을 짓는다. 발언에 대해 흥미를 보이는 효과적인 방법은 비언어적인 신호를 통해 표현하는 것이다.
- 딴전을 피우지 않는다. 흥미를 보이는 다른 방법은 당신의 마음이 딴 데 가 있지 않다는 것을 보이는 것이다. 당신이 청취하면서 시계를 보거나, 종이를 만지거나, 연필을 가지고 장난을 하거나, 그와 비슷한 행동을 하지 말라는 것이다.
- 질문을 한다. 경청자는 그가 들은 내용을 분석하고 질문을 한다. 이러한 행동이 보다 이해를 분명히 할 것이고, 말하는 사람은 당신이 경청하고 있다고 믿을 것이다.
- 바꿔 설명한다. 발언자의 말을 다시 당신의 말로 바꾸어 말해 주는 것이다. 예를 들면 "당신이 말한 것은-.", "당신의 뜻은 -입니까?" 등으로 다시 말해 준다. 그 이유는 이것은 당신이 주의 깊게 듣고 있는지를 체크해 주는 뛰어난 통제도구가 되고 당신이 정확히 이해했는지

확인할 수 있게 해 주기 때문이다.

- 발언자를 방해하지 말아야 한다. 발언자가 모두 말할 때까지 응답하지 않는다. 또한, 발언자가 말하는 동안 넘겨짚지 않는다.
- 너무 많은 말은 하지 않는다. 사람들은 보통 대화 시 상대방의 의견을 경청하기보다는 자신의 의견을 내세우기 쉽다.
- 발언자와 경청자의 역할을 자연스럽게 전환한다. 이는 대화 시 일방적으로 듣거나 말하지 말고 스스로 경청자와 발언자의 입장으로 자연스럽게 전환하라는 것이다.

데이비스(K. Davis)는 훌륭한 청취를 위한 십계명을 제시하였는데 이 십계명의 첫째 계명과 열 번째 계명에서 말하지 말 것을 두 번이나 제시함으로써 강조를 하였다. 열 가지 권고사항은 다음과 같다.

- 말하지 말 것(말하려고 하면 들리지 않고 말하는 동안 듣지 못한다).
- 말하는 사람을 편하게 해 줄 것.
- 말하는 사람에게 당신이 그의 말을 듣고 싶어 한다는 것을 보여 줄 것.
- 산만해질 수 있는 요소를 없앨 것.
- 말하는 사람과 감정이입을 할 것.
- 인내심을 가질 것.
- 자신의 감정을 억제할 것.
- 주장과 비판을 차분히 할 것.
- 질문을 할 것.
- 말을 멈출 것.

(10) 그레이프 바인의 활용

그레이프 바인은 비공식적 커뮤니케이션 채널로 조직 내에 존재하는 중요한 커뮤니케이션 채널이다. 사실은 공식적 커뮤니케이션보다 훨씬 신속하거나 정확할 수도 있다. 잘만 이용한다면 순기능 측면이 많다. 회사 중역의 사퇴되는 공식적 발표가 있기 전 조직 내에 쫙 퍼진다. 어떤 연구는 그레이프 바인을 통해 전달된 정보의 75%가 정확하다고 하였다.

그러나 25%가 왜곡되어 조직에 치명타를 줄 수 있게 한다. 이러한 점을 감안해서 비공식 커뮤니케이션 네트워크를 활용해야 한다. 데이비스(K. Davis)는 우회로 메커니즘(bypassing mechanism)이란 표현을 쓰면서 비공식적 커뮤니케이션을 "불난 기차가 전속력으로 문을 박차고 들어가 휴게실을 지나고 복도를 따라 경영자의 사무실을 통과하게 된다."라고 하셨다. 구체적으로 그레이프 바인을 사용해야만 하는 상황은 다음과 같다.

- 직접 전하기 곤란한 정보를 가지고 있을 때.
- 개방적인 커뮤니케이션 풍토가 아닐 때.
- 전달하고자 하는 내용에 명확한 목표가 설정되어 있지 않을 때.
- 전달자가 전달상태를 파악하고자 할 때.

지금까지 커뮤니케이션의 과정과 장애요인을 살펴보았고, 커뮤니케이션을 개선하기 위한 방안들에 대해서 알아보았다. 이와 같은 연구의 결과로 커뮤니케이션을 개선하기 위한 방법을 다음과 같이 설명할 수 있다. 첫째, 커뮤니케이션은 믿을 수 있는 분위기에서 시작되기 때문에, 수신자는 전달자를 신뢰하고 있어야 하며, 문제가 되는 사항에 대한 전달자의 의사를 정확히 숙지하여야 한다. 둘째, 환경적 현실과 일치되지 않는 커뮤니케이션은 제대로 이루어지지 못하므로, 커뮤니케이션 계획은 그 환경적 현실과 일치되어야 한다. 셋째, 메시지의 내용은 수신자에게 의미 있는 것이어야 한다. 따라서 그와 관련되는 특정성격을 지닌 것이어야 한다. 넷째, 메시지는 명료한 용어로 표현되어야 하며 용어는 전달자나 수신자에게 동일한 뜻을 갖는 것이어야 한다. 복잡한 문제들을 단순성과 명확성을 지니고 있는 주제들로 요약하여야 한다. 그리고 메시지가 먼 곳으로 보내져야 할 경우는 더욱더 단순화되어야 한다. 다섯째, 커뮤니케이션은 계속적·반복적인 과정이므로 그

것이 효과적으로 전달되기 위하여 계속 반복되어야 한다. 그리고 커뮤니케이션 전달은 전후가 모순 없이 일관되어야 한다. 여섯째, 커뮤니케이션은 수신자가 사용하고 있고 중요하게 생각하는 커뮤니케이션 채널을 이용하는 것이 좋다. 새로운 커뮤니케이션 채널을 만들어 낸다는 것은 많은 제약이 따르고 또 거기에 숙달하기가 어렵다. 각기 다른 커뮤니케이션 채널은 서로 다른 효과를 지니고 있는 것이다. 일곱째, 커뮤니케이션 과정에서는 수신자의 능력을 참작해야 한다. 커뮤니케이션은 수신자의 노력이 가장 적게 투입되었을 때 가장 효과적으로 수용된 것이다. 따라서 수신자의 능력, 관심, 습관, 지식 등 제 요소에 적합해야 하는 것이다. 여덟째, 커뮤니케이션은 너무 이르거나, 너무 늦게 해서는 안 되며 알맞은 시기를 택하여 행해야 한다. 아홉째, 커뮤니케이션은 적정량을 기하여야 하며, 너무 많은 경우나 너무 적은 경우에는 피전달자의 이해를 방해한다. 마지막으로, 피드백과 그레이프 바인의 활용이다.

수많은 커뮤니케이션의 장애요인을 위에서 언급한 10가지만으로 개선하기란 어려운 일이다. 그렇기에 무엇보다 앞서 커뮤니케이션에서 전달자와 수신자는 커뮤니케이션의 중요성을 인식하여 커뮤니케이션을 원활히 하려는 노력을 게을리 하지 말아야 하고, 전달자와 수신자의 차이를 극복하기 위하여 커뮤니케이션의 갭을 없애야 한다.

〈참고문헌〉

고바야시 스에오 / 이신복·강승구 옮김, 사내 커뮤니케이션, 미래사, 1993.
박수영 외, 현대 사회와 행정, 대영문화사, 2001.
이상엽, 조직론, 상영사, 2005.
홍순이·홍용기, 커뮤니케이션론, 한올출판사, 1996.
한운섭, 조직 내 커뮤니케이션의 효과성 증진방안 연구, 동국대학교 경영대학원 석사학위 논문, 2003.

2. 의사결정과 조직

◆ 의사결정의 본질

(1) 의사결정의 정의

의사결정이란 "바람직한 상태를 달성하기 위하여 하나 또는 그 이상의 대안 중에서 하나를 선택하는 의식적 과정"이라고 정의할 수 있다. 이 정의에 의하면 의사결정은 다음과 같은 세 가지 특징을 갖는다.

① 의사결정은 사려 깊은 의식적 행동이라는 점이다. 따라서 반사적인 반응이나 무의식적인 행동은 의사결정이라기보다는 습관 또는 반응 행동이라고 볼 수 있다.

② 의사결정은 여러 대안 중에서 하나를 의식적으로 선택한다는 것이다. 만약 어떤 문제에 대하여 해결할 수 있는 대안이 하나만 존재한다면, 의사결정은 필요하지 않을 것이다. 그러나 실제 상황에서 하나의 대안만 존재하는 경우는 거의 없다.

③ 의사결정은 의사결정자가 현실과 바람직한 상태 사이의 차이를 인식함으로써 시작된다는 점이다. 즉 의사결정에는 현실에 대한 문제의식을 바탕으로 현실을 개선하려는 목적의식이 포함되어 있다.

(2) 의사결정의 과정

의사결정의 과정이 합리적이 되려면 의사결정자가 문제를 인식하여 이를 체계화하고 문제해결에 필요한 정보를 수집·분석하며 최종안을 선택하는 단계를 거쳐야 한다.

① 문제의 파악

문제의 파악이란 환자에 대한 건강진단이다. 이때 중요한 것은 '조기진단'

과 '오류의 방지'이다. 조기진단을 위해서 최고책임자들은 수시로 문제파악에 힘써야 하며 현재의 상태와 목표하는 바와의 차이를 항상 검토해 보아야 한다. 그리고 문제파악에서 생길 수 있는 오류는 정보오류와 지각오류이다. 의사결정자에게 들어오는 현상정보들이 누락되거나 왜곡되는 것이 전자의 경우이고 제대로 들어온 정보를 잘못 판단하거나 왜곡하여 받아들이는 경우가 지각오류이다. 물론 이렇게 되면 의사(의사결정자)는 제대로 치료(결정)할 수 없다.

② 대안의 수집·개발·발견

환자가 가진 병의 상태와 원인을 분명히 파악한 후에 의사는 치료가능한 방법, 약의 종류 등 수단을 강구해야 하는데 이런 종류가 유일무이한 경우도 있지만 대개 여러 가지 해결방법이 있다(예: 수술, 약물치료, 자연치료, 약물치료에도 약의 여러 종류). 이때 각 대안들과 관련된 정보가 또 필요하게 되는데 예를 들면 각각의 치료방법에 드는 비용, 기간, 효과 등의 정보를 수집하고 찾아내야 한다. 새로운 곳에 가서 새 정보를 발견하는 것도 중요하지만 과거 환자들의 기록, 성공과 실패에 대한 기존 정보를 참조하여 방법을 개발해 내는 것도 필요하다.

③ 대안의 평가

각각의 대안에 드는 비용, 기간, 장단점 등을 분명히 해놓고 의사는 자신의 기술, 병원의 시설, 환자의 경제력 등 상황에 가장 알맞은 대안을 하나만 선택해야 한다. 물론 하나 이상을 선택하여 병행할 수 있지만 그 방법은 이미 대안에 있었다고 가정하면 하나의 대안(병행하는 안)이 될 수밖에 없다. 이때 중요한 것은 무엇을 기준으로 대안을 평가하느냐는 문제이다. 어떤 환자는 돈이 가장 중요한 것이 될 수 있으나 또 다른 환자에게는 비용이 문제가 아니고 어떻게 해서라도 낫게만 해 달라는 사람이 있을 것이다. 즉 평가요소의 가중치는 매우 '주관적'이어서 의사결정자마다 다르다.

④ 대안선택과 실천

대안선택과 관련하여 최적의 안을 선택하는 것이 당연하겠지만 인간의 한계로 인하여(제한된 합리성) 가장 적당한 것만을 골라야 한다는 법은 없다. 이론적으로는 가장 합리적인 것을 선택해야겠지만(최적화 모형) 실제적으로 가능한 범위 내에서 찾아보면 차선책이 선택되는 경우가 더 많다(만족화 모형). 일단 결정이 되면 수술이건 약물 치료건 빨리 실천으로 들어가야 한다. 결정만 해 놓고 쓰지 않는 의사결정(대안선택)은 아무 쓸모가 없다. 우리는 일상생활에서 며칠 고민하면서 최종적인 결정을 해 놓고도 정작 실천은 엉뚱하게 하는 경우가 종종 있는데 '실천'이 있을 때만 비로소 의사결정의 의미를 찾는 것이다.

⑤ 사후관리

수술 후 퇴원했다든가 완쾌되었을지라도 약했던 부분을 가끔 체크해 보는 것이 필요하다. 또한 사용한 대안들을 잘 정리해 놓음으로써 다음의 유사한 환자에게 다시 적용할 수가 있다. 의사결정자의 잠재의식이나 기억 속에 형성된 대안의 틀이 고정되면 이를 가리켜 '학습'되었다고 볼 수 있다. 이러한 일련의 의사결정과정을 조직생활을 하면서는 하루에도 수백 번, 한 시간에도 수없이 되풀이하고 있는 것이다.

의사결징 과징과 문제해결 과정의 범위

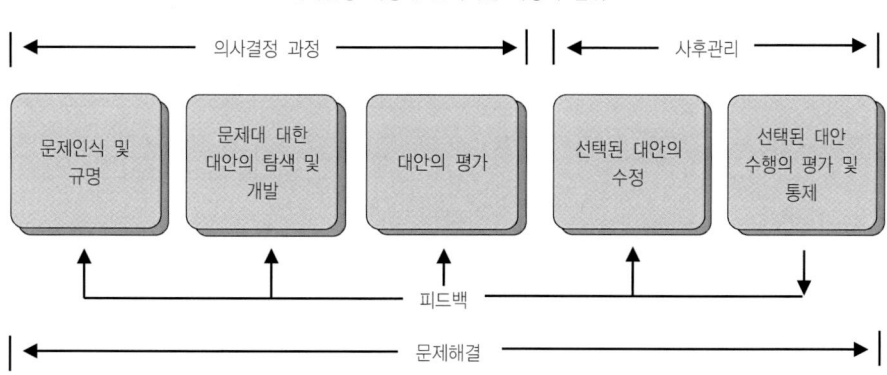

◈ 의사결정의 유형

의사결정을 할 때에는 여러 가지 상황에 놓이게 된다. 어떤 경우에는 광범위하게 영향력을 미치는 의사결정을 해야 하는 경우도 있고, 아주 단순하고 평범한 의사결정을 하는 경우도 있다. 한편 어떤 결과가 나타날 것인지를 잘 아는 상황하에서 의사결정을 행하는 경우가 있는 반면 어떤 결과가 나타날지 전혀 모르는 상황하에서 의사결정을 하는 때도 있다.

(1) 구조화된 의사결정과 비구조화된 의사결정

① 구조화된 의사결정
- 이미 설정된 대안을 기준으로 일상적이며 반복적으로 이루어지는 의사결정
예) - 서류작성 담당자가 워드프로세서로 작업한 서류를 백업 디스켓에 저장하는 것
    - 햄버거 가게 지배인이 햄버거 재고가 일정수준 이하로 내려가면 주문결정을 하는 것
② 비구조화된 의사결정
사전에 알려진 해결안이 없는 경우에 이루어지는 의사결정
예) - 희귀병의 치료법을 개발하고자 하는 한 과학자가 있다면 그는 재고가 일정수준 이하로 떨어지면 자동적으로 주문결정을 하는 재고담당 직원과는 달리 지금까지 알려지지 않은 창의적인 방법에 의존하는 것

구조적/비구조적 의사결정 비교

변 수	의사결정 유형	
	구조적 의사결정	비구조적 의사결정
과업 유형	단순, 일상적	복잡, 창의적
조직정책 의존	과거 의사결정으로부터 상당한 자극을 얻음	과거 의사결정에 의존하지 않음
정형적 의사결정	하위계층(보통 독자적)	최고경영층(보통 집단적)

(2) 의사결정의 확실성과 불확실성

모든 의사결정에는 어느 정도의 불확실성이 내포되어 있다. 이것은 잘못된 의사결정이 이루어질 위험의 정도를 나타낸다. 일반적으로 불확실성의 정도는 확률로 평가되고 있다.

- 사 례 -
① 재무분석가들이 금리가 떨어지는 시기에는 특정 증권이 상승할 가능성이 80%라고 예측
② 텔레비전 일기예보 아나운서가 과거 이러한 기상 조건하에서는 50% 정도 비가 내리므로 금일 비가 올 확률은 50%라고 예측하는 것

◆ 개인 의사결정

(1) 합리적 의사결정 모형(경제인 모형)

① 합리적인 의사결정자는 문제해결을 위한 최적의 해결안을 체계적으로 찾아내어 자신의 수익을 최대화한다.
② 합리적 의사결정이 이루어지기 위해서는 의사결정자가 완전한 정보를 가지고 있어야 하며, 모든 정보에 대하여 정확한 처리를 할 수 있어야 한다. 또한 의사결정자는 모든 행동대안들을 알고 있으며, 각 대안에 대하여 정확하고 완벽한 평가를 할 수 있다는 가정을 한다. 이에 따라 의사결정자는 최적의 결정을 한다는 것이다.

(2) 제한된 합리성 모델(관리인 모형) - H. A. Simon

① 의사결정자들은 합리성을 추구하지만, 실제로는 여러 제한 요소들 때문에 합리성은 제한될 수밖에 없다.

② 제한된 합리성의 직접적인 영향의 하나는 의사결정자가 문제에 대한 최적안을 찾는 것을 불가능하게 한다는 것이다. 개인이나 조직은 최적의 대안 선택에 관심을 갖고 있으나, 아주 예외적인 경우에만 최적의 대안을 탐색 및 개발하고 평가 및 선택하게 되는 것이 일반적이다. 최적안을 선택하는 의사결정은 만족하는 대안을 선택하는 의사결정보다 복잡한 과정을 필요로 한다. 이 때문에 의사결정자는 투입해야 하는 시간과 노력을 줄이기 위하여 최적안은 아니지만 만족스러운 대안을 선택하게 된다.

합리적 의사결정 모형과 제한된 합리성 모형 요약 비교

가　정	합리적 의사결정 모형	제한된 합리성 모형
의사결정자의 합리성	완전한 합리성	제한된 합리성
정보의 가용성	완전한 접근	제한된 접근
대안의 선택	최적안 선택	만족안 선택
모형의 유형	규범적	기술적

3) 집단의사결정

(1) 집단의사결정의 특성

① 집단의사결정의 특징

가. 집단의사결정은 문제해결에 이르는 시간은 길지만 정확도가 높다.

나. 어려운 문제해결 시 집단 내 구성원이 가지고 있는 모든 자원을 활용할 수 있다.

다. 집단 내 구성원의 능력이 상당히 우수한 경우에 이들은 서로 자원을 공유하려 하지 않는 경향이 있다.

라. 고능력을 가진 개인의 의사결정이 보통 능력집단의 집단적 의사결정보다 나은 결과를 가져온다.

② 집단의사결정의 장점

가. 더 많은 지식과 정보

- 한 사람이 얻을 수 있는 지식과 정보보다는 집단이 얻을 수 있는 지식과 정보가 더 많음은 당연하다. 그래서 집단은 보다 많은 지식과 정보에 근거하여 의사결정을 할 수 있다.

나. 문제에 대한 다양한 접근

- 집단구성원이 갖고 있는 능력은 각기 다르며 각자에게 다른 시각으로 문제를 연구하게 함으로써 다양한 견해를 제공받을 수 있다.

다. 결정을 더욱 잘 받아들임

- 많은 의사결정들은 최종적인 의사결정이 이루어졌음에도 불구하고 실패하는 경우가 있는데, 그 이유는 사람들이 그 해결책에 납득하지 못하고 수용하려 하지 않기 때문이다. 그러나 그 결정을 직접적으로 실행하는 사람들과 그 결정에 의해 영향을 받게 되는 사람들이 의사결정과정에 참여한다면 그 결정을 수용하는 것이 수월해진다.

라. 의사소통문제의 감소

- 집단의사결정에 참여하면 서로 간의 의사소통이 활발히 이루어져 의사소통의 부족으로 생기는 여러 문제들을 감소시킬 수 있다.

③ 집단의사결정의 단점

가. 동조의 압력

- 집단의사결정이 이루어지면 그 결정에 대해 의견의 불일치를 억누르고 결정에 동조하도록 압력이 가해지는 경우가 발생한다.

나. 시간의 소비

- 집단을 소집하는 데 시간이 많이 걸리고, 의사결정이 계속 이루어지지 못하면 개인의사결정보다 오히려 비능률적인 경우가 있다.

다. 특정 구성원에 의한 지배가능성

- 어떤 구성원이나 파벌이 집단을 지배하게 되면 구성원들의 자유로운 의사표현이 어렵다.

라. 의견불일치와 갈등의 문제

- 의사결정에 도달하는 과정에서 의견의 불일치가 심할 경우 구성원들 간에 갈등이 생기고 서로에 대해 악감을 가질 수도 있다.

마. 신속하고 결단력 있는 행동 방해

- 집단의사결정에 대한 의존이 지나치면 오히려 경영층의 신속한 행동을 방해할 소지가 있다.

(2) 집단의사결정의 병폐적 현상

① 집단 양극화 현상

집단으로 모여 문제해결을 위한 토의를 하면 집단구성원들은 그들의 태도를 어느 한쪽으로 편향시키는 경향이 있다. 집단은 종종 위험이 큰 쪽으로 의견을 모으는 경향을 보이는데, 이러한 경향을 '위험쏠림 현상(risky shift)'이라고 부른다. 다른 경우로 집단토의 전에는 개인의 의견이 그리 극단적이지 않았는데, 집단토의 후에는 양극단으로 쏠리는 쪽으로 태도를 취하는 현상을 '집단 양극화 현상(group polarization)'이라고 한다.

집단사고의 징후

▶ 지나친 자신감: 집단구성원들은 명백한 위험이 다가옴에도 불구하고 사태를 지나치게 낙관적으로 보고 별 어려움 없이 위험에 뛰어드는 경향이 있다.

▶ 도덕적 환상: 집단구성원들은 집단의 입장은 분명이 도덕적이라고 맹신하는 경향이 있다.

▶ 적에 대한 고정관념: 집단구성원들은 다른 집단과 견해 차이가 생길 경우 이를 타협할 생각조차 갖지 않으며 반대집단의 리더에 대해서 부정적인 견해를 갖는다.

▶ 동조의 압력: 집단사고에 빠진 집단구성원들은 집단합의에 대해 비판적인 견해를 가진 성원들에게 동조하도록 압력을 가한다.

▶ 자기 억압: 집단협의 과정에서 집단에 동요를 줄 견해를 가진 사람들은 침묵 등으로 자신에게 올지도 모를 불이익을 피하려 한다.

▶ 만장일치의 환상: 자기 억압에 의해 집단결정은 만장일치가 되기 십상이다.

▶ 집단 과보호: 집단사고에 깊이 빠진 구성원들은 반대의 정보는 집단의 화목을 깨뜨린다고 생각하여 지신이 마치 집단보호를 위한 친위대인 것처럼 행동하게 된다.

---

② 집단 양극화 현상의 발생이유

가. 여러 개인이 집단으로 모이게 되면 우선 책임이 분산되기 때문이다.

나. 자신과 동일한 견해를 가지고 있는 것이 집단토의에서 확인되면 개인들은 자신의 견해를 더욱 과신한다.

다. 일부 구성원들이 선호하는 대안을 강하게 설득하는 경향이 있고 다른 사람들이 특별히 준비한 대안이 없는 경우 강하게 설득된 대안이 쉽게 채택된다.

③ 집단사고(groupthink)

집단사고란 집단의사결정의 단점 중 하나로 응집력이 높은 집단에서 구성원들 간의 합의에 대한 요구가 지나치게 커서 이 요구가 다른 대안의 모색을 저해하는 경향을 의미한다.

(3) 집단 의사결정의 문제점

① 적정한 수준에서 타협이 나타날 가능성이 높다.
　－어떤 결론에 도달하거나 어떠한 결정을 내려야 할 필요가 있는 경우 그 구성원의 참여강도가 희석되거나 무의미하게 될 위험이 있다.

② 일반적으로 집단의 규모가 일정한 수준 이상으로 증가하면 갈등이 심

화되거나 집단구성원 상호간의 분열 등이 일어날 가능성이 높아 의사
결정의 속도가 지연된다.

③ 회의진행방법이 구조화되어 있지 못할 경우에 리더의 역할이 증대되
고 리더가 회의를 잘못 이끌어 갈 때 엉뚱한 아이디어가 나와 효율적
인 토의가 이루어지지 않는다.

④ 소수의 아이디어를 무시하는 경향이 나타난다.
    - 합의중시경향이 생겨 소수의 아이디어가 무시될 수 있다.

⑤ 자기포기현상이 일어날 수 있다. 집단 내에 지도자로 부각되는 사람이
있는 경우 여타의 사람들은 자신의 의견을 포기하고 추종하거나 조언
자로 변질해 버릴 가능성이 있다.

◈ 조직에 있어서 의사결정의 과정

우리는 단 하루도 크고 작은 선택의 갈림길에서 벗어날 수 없는 현대 사
회에 살고 있다. 작게는 점심식사 메뉴에서부터 크게는 자신의 운명을 바꿀
수 있는 중대한 선택에 이르기까지, 우리는 끊임없이 고민하고 선택을 한다.
효과적으로 의사결정을 내리는 사람들은 단순히 운이 좋았던 것이 아니라,
선택의 기로에서 결정하는 방법을 아는 사람들이다. 그들은 오랫동안 적절
한 선택을 할 수 있는 습관을 들이고 연습한 결과, 적은 노력을 들이고도
쉽게 그리고 올바른 결정을 내릴 수 있게 된 것이다. 또한 중요한 의사결정
을 하기에 앞서 자신에 대한 많은 것을 알수록 의사결정은 그만큼 쉬워진
다. 중요한 의사결정을 위해서는 자신에 대한 올바른 인식이 무엇보다 선행
되어야 한다.

(1) 의사결정의 과정

의사결정 과정이란 조직의 목표 달성을 위하여 모든 대안을 비교·검토

하여 최적의 대안을 선택하는 과정을 말한다.

① 사이먼은 의사결정 과정의 주된 단계들을 다음과 같이 개념화하였다.

가. 주의집중 활동: 군대에서 정보의 의미를 차용하여 사이먼은 의사결정이라 불리는 조건들을 위한 제반 여건 조사를 구성하는 것으로써 조사를 구성하는 것으로써 종합적 주의 집중 활동을 말한다.

나. 설계 활동: 가능한 대안을 창안, 개발, 분석하는 행동

다. 선택 활동: 가능한 대안들 중 한 가지 행동대안을 실제 선택

② 사이먼보다 경험적인 면을 강조한 민츠버그와 그 동료들의 의사결정 단계

가. 확인 단계: 문제 또는 기획의 인식이 발생하고 진단이 만들어지는 단계

나. 개발 단계: 기존의 절차나 해결책들에 대한 조사가 이루어지고 새롭고 정확한 해결책이 설계되는 시기

다. 선택 단계: 대안의 선택이 이루어지는 단계

=> 선택 활동을 유도하는 기본적인 단계와 환류 과정이 존재하며, 동태적인 과정이기 때문에 각 단계마다 환류 과정을 포함하고 있다.

③ 일반적인 의사결정 과정의 5단계

가. 문제의 인지

나. 대안의 탐색 및 평가

다. 대안의 선택

라. 실행

마. 평가 및 피드백

(2) 의사결정의 차원

① 개인적 의사결정

개인이 그에게 직면한 문제를 해결하기 위하여 행하는 의사결정으로, 판단의 합리성과 개인의 오류, 그리고 그 해결에 초점이 맞추어진다.

고전적 이론이 합리성과 확실성의 가정하에서 이루어진 데 반하여, 새로운 개인 의사결정이론은 불확실성을 강조한다. 조직과 현실세계의 복잡성으로 개인은 인식의 한계를 가지게 되고, 이로 인하여 불확실하고 불완전한 정보하에서 행동하게 된다.

② 집단적 의사결정

의사결정의 가장 일반적인 형태로 조직의 각 집단들에서 이루어진다. 문제 해결을 위한 다양한 대안 탐색이 가능하며, 구성원 간의 커뮤니케이션을 증가시키고, 구성원들의 참여로 결정에 대한 지지를 높일 수 있다는 장점이 있다. 하지만 시간이 오래 걸리고, 특정한 개인에 의하여 주도될 가능성이 높고, 타협에 의하여 두루뭉술한 결론을 내릴 수 있다는 단점도 있다. 또한 개인이나 소집단들은 그들이 당면하게 된 변화에 저항하고 기존의 목표나 계획을 고수하려는 경향을 가지고 있다.

③ 조직적 의사결정

집단적 의사결정 좀 더 상위의 개념으로 의사결정의 결과가 조직 전체에 영향을 미치는 의사결정을 말한다. 이러한 조직적 의사결정의 차이점은, 조직은 여러 가지 특성을 지닌 집단들의 유기적 결합체여서 각 집단의 이해관계나 목표를 조율하는 것이 중요하다는 것이다. 조직적 의사결정은 조직 내부에 규정한 절차나 방법에 의하여 수행되며, 조직의 상황에 따라 그 결정권의 집권, 분권 현상이 변화한다.

④ 의사결정과 합리성

의사결정에 있어 합리성이 가지는 의의는 합리성 자체가 결과에 이르는 수단을 끌어낸다는 점에 있다. 이러한 합리성을 제약하는 요인으로는

가. 인간적 요인: 의사결정자의 개성과 가치관, 과거의 경력, 자기 경험에의 지나친 의존, 선입관, 인지의 차이

나. 구조적 요인: 결정의 쇄신을 저해하는 이미 정하여진 업무 운영절차, 참여가 어려운 집권화된 의사결정 구조, 계층 간의 원활하지 못한 의

사소통, 협력 방해하는 지나친 분화나 전문화

다. 환경적 요인: 문제와 목표의 다양성, 문화적 생태와 사회 관습의 영향, 이미 투입된 경비, 노력, 시간을 의미하는 매몰비용, 의사결정자가 사회에서 일체의식을 느끼고 있는 외부 준거집단(혈연, 지연, 학연)의 영향 등을 들 수 있다.

→ 각종 요인은 혼재되어 의사결정자의 합리적 의사결정을 저해하게 된다.

(3) 의사결정의 모형

① 합리적 모형

가. 합리적 모형 이론

의사결정 행동의 고전적 접근방법으로 인간과 조직의 합리성, 합리적 경제인, 완전한 정보환경을 전제로 하여 합리적인 의사결정 행동을 모형화한 것이다.

즉 모든 조건의 충분한 제공하에서 합리적 인간이 최대의 효과를 얻을 수 있는 의사결정을 하는 것을 제시한다.

나. 합리적 의사결정 모형의 특징

㉠ 합리적 의사결정 모형에서는 문제의 발견과 진단, 대안의 탐색·평가, 대안선택 등 의사결정의 각 단계들이 독립적으로 순서 있게 진행된다.

㉡ 개인은 항상 추구하는 목적을 극내화할 수 있는 대안을 신택하게 된다.

㉢ 의사결정에 고려될 수 있는 대안은 모두 인지할 수 있으며 각 대안을 모두 탐색할 수 있고 그 대안이 가져올 결과를 포괄적으로 분석할 수 있다.

㉣ 대안 분석 시에 가중치나 확률 및 복잡한 계산이 가능하므로 어려운 의사결정 사항도 계산이 가능하다.

㉤ 대안 선택 시 영향을 줄 수 있는 비합리적 요인은 통제되고 일정한 기준에 따라 최적의 대안을 선택하게 된다.

다. 한계

이상과 같이 합리적 의사결정 모형은 너무 이상적이고 규범적이기 때문에 현실의 의사전달 상황을 제대로 설명하지 못하는 면이 많다. 즉 현실 상황에서 미래 상황에 대한 불확실성이나 정보의 결여 등이 발생하는 경우에는 이 모형은 그 효용에 큰 문제가 있는 것이다. 결국 합리적 모형은 예외적이고 비정형적 문제의 해결에는 적합하지 못한 모형이라고 할 수 있다.

② 만족 모형

가. 만족 모형의 이론

March와 Simon은 합리적 모형을 수정한 만족 모형을 제시하였는데, 이 모형을 '제한된 합리 모형'이라고도 한다.

이 의사결정 모형에서는 개인의 합리성이 가정되어 있지 않다. 조직 내에서의 의사결정자는 전체 문제에 대한 일부분의 정보만을 가지고 의사결정에 임하므로 합리적 의사결정을 저해하게 된다는 것으로, 최대의 가능한 만족을 어느 정도 희생하여 대충 만족할 수 있는 의사결정을 한다는 것이다.

나. 만족 모형의 기본적 가정

㉠ 사람은 자신의 제한된 능력과 환경의 제약으로 인해 완전한 합리성을 발휘할 수 없다. 따라서 인간은 합리적이 되고자 노력할 뿐이며, 대안의 분석에도 완벽을 기하려고 노력할 뿐이다.

㉡ 대안 선택 시에도 최소한의 만족을 유지하지 못하는 경우가 계속된다면 그에 맞추어 대안의 선택 기준을 낮추어 가게 된다.

㉢ 의사결정을 하는 사람의 가치관 등 심리적 성향에 의하여 형성되는 주관적 합리성이 의사결정의 기준이 된다.

다. 한계

모형의 질을 형성하는 변수들은 어떤 것이며 이들 변수들이 어느 정도까지 의식적으로 통제될 수 있는가, 개인마다 다른 만족을 어떻게 측정, 평가하느냐에 대한 해답을 제시하지 못한다.

③ 혼합탐사 모형(mixed scanning)

가. 의의

에치오니에 의해 제창된 것이며, 합리 모형과 점증 모형을 혼합·절충한 제3의 모형이다. 즉 합리 모형은 비현실적이라는 것인데 인간의 지적 능력의 한계로 인해 합리 모형대로 정책문제를 해결할 수 없다는 이유이다. 또한 점증 모형도 보수적인 관점에서 지배 계층의 이해관계를 중시하고 나머지 계층을 무시하는 것을 정당화시키는 이론이라고 했다. 그래서 이 양자를 변증법적으로 통합하려는 것이다.

에치오니는 합리 모형은 결정 권한이 집중되어 있고 통제·계획지향적인 속성을 지니는 전체주의 사회체제에 적합하며, 점증 모형은 다원적이고 합의 중심적인 민주사회에 적합한 모형이라 하고, 혼합탐사모형은 '행동적 사회'에 적합한 전략이라는 것이다. 그가 말하는 행동적 사회란 자신이 책임을 지는 사회를 의미한다.

나. 내용

혼합탐사 모형에서 정책결정은 근본적 결정과 세부적 결정의 지속적인 교호작용에 의해 이루어진다. 근본적 결정이란 세부적 결정이 이루어질 테두리를 결정하는 것으로, 세세한 내용이나 구체적인 것들은 의식적으로 제외함으로써 개괄적인 검토가 가능하게 한다. 이러한 개관은 전반적이고 근본적인 방향을 올바로 설정하려는 목적을 지닌 것이다. 세부적 결정은 근본적 결정이 설정한 맥락 안에서 점증적으로 결정되는데, 성질상으로 보면 근본적 결정의 구체화 내지 집행에 해당되는 것이다.

다. 평가

혼합탐사 모형은 모든 결정을 동일한 수준으로 보지 않고 근본적인 결정과 세부적인 결정 그리고 양극단 사이에 존재하는 많은 결정으로 구분한 것과 합리 모형의 지나친 엄밀성과 점증주의의 보수성을 극복할 수 있는 전략을 제시했다는 점에서 정책결정 이론의 발전에 커다란 기여를 한 것으로 평가할 수 있다. 그러나 이 모형은 새로운 것이 아니라 두 개의 대립되는 극단의 모형을 절충·혼합한 것에 불과하다는 비판도 받고 있는데, 그 이유는 현실적으로 이 이론을 적용할 때 어디에서 합리적인 접근 방법과 점증적인 방법을 사용해야 할 것인가에 관해서 애매모호한 입장을 취하고 있기 때문이다. 이 문제를 해결하기 위해서는 정책결정자가 기본 지식의 배양이나 상상력의 제고 같은 주관적인 요소뿐 아니라 실제적인 정책결정 경험의 연마라는 객관적인 조건을 구비해야 할 것이다.

④ 최적모형

가. 의의

드로어는 점증 모형을, 타성을 조장하고 쇄신을 저해하는 정책결정 방법이라고 비판한 바 있다. 그는 더 나은 정책결정을 위한 전략과 정책결정 체제의 개선이 중요하다는 문제의식에 입각해, 합리 모형의 비현실성과 점증 모형의 보수성에 비판을 가하고 현실주의와 이상주의를 통합한 최적모형을 제시하고 있다.

나. 내용

㉠ 합리성의 제고

합리성의 제고가 중요하긴 하지만 그것은 어디까지나 '경제성을 감안한 합리성'이어야 한다는 것이다. 즉 합리적 결정의 효과가 비용보다 클 경우에만 합리 모형을 적용해야 한다.

㉡ 정책 과정의 환류성

최적모형은 4단계 18개 국면으로 구성되어 있다. 이들 4단계는 메타정책 결정 단계, 정책결정 단계, 정책결정 이후 단계와 환류 등이다. 이들 4단계 중에서 드로어가 특히 강조하는 단계는 메타정책 결정 단계이다. 메타정책 결정은 "정책결정을 어떻게 해야 할 것인가에 대한 결정"을 말한다. 각 단계의 주요 내용을 보면 다음과 같다.

첫째, 메타정책 결정 단계는 정책결정 이전에 전반적인 정책결정의 구상에 관해 결정하는 단계로서 정책문제 및 관련된 가치의 확인, 이용 가능한 자원의 확보, 정책결정 체제의 분석 및 정책결정 전략의 수립들을 주요 내용으로 한다.

둘째, 정책결정 단계는 합리 모형을 기본으로 하고 있다. 이 단계에서는 목표의 명확화와 우선순위의 결정, 정책대안의 탐색 및 개발, 정책대안의 결과 예측, 정책대안의 비교 및 평가 그리고 최적의 대안 선택 등을 주요 내용으로 한다.

셋째, 정책결정 이후 단계와 환류는 앞의 두 단계에서 작성된 정책을 가시화시키는 단계로서 집행을 위한 동기부여, 정책의 집행, 정책평가, 의사전달과 환류의 과정으로 이루어진다.

다. 평가

최적모형은 초합리성을 강조해 합리 모형을 더욱 체계화시킨 점, 메타정책 결정을 정책결정의 선행 단계로 도입함으로써 정책결정의 새로운 이론 모형을 개척한 점 및 정책 집행 후의 평가와 피드백을 공식적 정책결정의 한 단계로 포함시킴으로써 정책결정 이론의 새로운 지평을 여는 데 큰 기여를 했다. 그러나 초합리성의 성격이 명확하지 않고 초합리성의 구체적 달성 방법이 명확지 않다는 점 그리고 초합리성이 지나치게 강조될 경우 신비주의에 빠질 위험성이 높고, 비합리적인 권위주의적 결정을 미화시켜 비민주의적인 정책결정이 이루어질 위험성이 내포되어 있다는 비판을 받고 있다.

(4) 의사결정의 기법

① 브레인스토밍: 여러 명이 한 가지 문제를 놓고 아이디어를 무작위로 개진하여 그중에서 최선책을 찾아내는 방법
② 스토리보딩: 벽에 문제를 제시하고 문제에 초점을 맞춘 뒤 브레인스토밍하도록 하는 방법

③ 시넥티스: 토론 주관자만 문제를 알고 있고 다양한 토론을 통하여 문제로의 접근 유도하는 방법

④ 델파이 기법: 각각의 구성원이 익명으로 의견 나타내는 집단 의사결정 기법

⑤ 명목집단 기법: 델파이 기법과 유사

⑥ 반론자 선택법: 집단을 둘로 나누어 한 집단에게는 문제 해결을 위한 의견을 제시하게 하고 다른 한 집단에게는 고의적으로 제시된 의견에 대하여 반론을 제시하게 한 후 토론을 통하여 최종적으로 대안 선택하게 하는 방법

의사결정의 연습은 완벽함이 아닌 탁월함을 만든다. 이 탁월함이라는 뜻은 어느 누구도 자신이 선택한 것을 후회하지 말아야 한다는 뜻이다. 지금까지 살아오면서 나의 결정에 대해 일이 뜻대로 되지 않으면, 그때 왜 이쪽을 선택했냐는 후회를 많이 했었다. 하지만 이제는 중요한 결정을 내려야 할 때 머리를 쥐어뜯으며 고민하는 대신 탁월한 선택을 하는 자신을 상상해 보면서 자신의 의사결정에 확신을 가져야 할 것 같다.[2] 인간은 살아가면서 수많은 결정을 한다. 그리고 모든 공식조직은 기본적으로 의사결정을 위한 구조이며 지위가 높을수록 의사결정의 업무가 많고 실제로 집행하는 일은 적어진다. 그러므로 교육행정가의 자질로서 필수적인 요건이 의사결정능력이고 의사결정이 교육행정가의 중요한 책임이 아닐 수 없다. 다음에서는 의사결정의 의의, 의사결정의 유형, 의사결정의 과정, 의사결정의 이론모형에 대해 알아보도록 한다.

의사결정은 인간의 모든 개인행동과 조직 활동과 관련하여 이루어지며, 특히 관리자는 목표를 설정하고, 이를 효율적으로 달성하기 위하여 계획·조직·지휘·통제의 관리기능을 수행하는 과정에서 반드시 필요한 행동이다.

의사결정이란 바람직한 결과를 가져오기 위하여 설정한 목표를 달성하는 데 이용가능한 여러 대안을 개발하고 그중에서 가장 적절한 대안을 선택하는 과정이다.

---

2) http://cafe.naver.com/scook10.cafe?iframe_url=/ArticleRead.nhn%3Farticleid=725

◆ 의사결정의 유형

(1) 가치결정과 사실결정

가치 중심적 판단은 주로 당위에 관한 것이고, 사실 중심적 판단은 주로
존재에 관한 것이다. 사이몬은 가치결정과 사실결정을 구별하고 행정관리에
있어서 과학 적용을 위해서 사실결정에 한정하여야 한다고 주장하였다.

(2) 개인적 의사결정과 집단적 의사결정

개인적 의사결정은 조직을 관리하는 개인의 판단에 의하여 선택행위를 행
하는 것을 말하고, 집단적 의사결정은 의사결정에 관련된 사람이나 전문가
들의 의견을 종합해서 대안의 선택행위를 행하는 것이다.

(3) 정형적 의사결정과 비정형적 의사결정

사이먼은 의사결정을 정형적 의사결정과 비정형적 의사결정으로 구분하고
있다.
정형적 의사결정이란 확립된 선례·계획·절차에 따라 결정하는 것을 말
하며, 비정형적 의사결정이란 확립된·선례·계획 및 절차가 없는 새로운
의사결정을 말한다.

(4) 전략적 의사결정, 관리적 의사결정 및 운영적 의사결정

엔소프는 의사결정의 수준과 범위에 따라 전략적 의사결정과 관리적 의사
결정, 운영적 의사결정으로 분류하고 있다.

(5) 단기적 의사결정과 장기적 의사결정

단기적 의사결정은 일반적으로 위험부담이나 불확실성이 별로 없는 결정

이고, 장기적 의사결정은 위험부담이 따르고 최고관리층에서 이루어지는 것이다.

(6) 확실성 · 위험성 · 불확실성하에서의 의사결정

구텐베르그는 의사결정상황의 조건에 따라 확실성하에서의 의사결정, 위험성하에서의 의사결정, 불확실성하에서의 의사결정 등으로 구분된다.

◈ 의사결정의 과정

의사결정과정을 일반적으로 통용되는 견해에 근거하여 다음과 같이 구분해 보기로 하자.

(1) 문제의 발견 및 인지

① 과거의 실적을 기준으로 하는 모형
② 계획기준에 의존하는 모형
③ 타인의 기준에 의존하는 모형
④ 외부기준에 의존하는 모형
⑤ 과학적 모형

(2) 자료의 수집 및 평가

정보의 수집방식에는 여과적 방식과 수용적 방식이 있다.

여과적 방식은 모든 유입정보를 일정한 조직 내부기준과 비교하여 그 기준에 적합한 정보는 받아들이지만 그렇지 않은 정보는 배제하는 것을 말하며, 수용적 방식은 조금이라도 의미가 있는 모든 정보와 새로운 지식에의 접근을 강조하는 것을 말한다. 수집된 정보를 분석 · 평가하는 방식에는 체계적 방식과 직관적 방식이 있다.

(3) 대안의 작성 및 평가

문제해결에 필요한 정보와 자료의 분석이 끝나면 그 분석자료에 의거하여 문제해결에 대한 대안이 작성되어야 하며, 작성된 대안들은 분석 또는 평가되어야 한다.

대안의 합리적 분석과정은 다단계적 과정으로서, 가능성분석, 효율성분석, 비용효과분석, 영향분석 등이 있다.

(4) 최적대안의 선택

여러 가지 대안에 대한 분석·평가가 끝나고 나면 이제 최적대안을 선택해야 한다.

(5) 집행 및 결과의 평가

결정이 제대로 집행되기 위해서는 필요한 자원이 조직화되고 합리적으로 할당되어야 한다. 의사결정자는 항상 새로운 정보를 고려하고 새로운 요구를 만족시킬 수 있는 계획을 재조정할 준비가 되어 있어야 한다.

◆ 의사결정의 이론모형

의사결정의 이론모형은 1940~1950년대를 기점으로 발전과정을 보면, 의사결정의 수준에서 개인적 차원의 분석으로부터 집단적 차원의 분석으로 변화되었고, 합리 모형으로부터 비합리 모형에 이르기까지 많은 모형이 나타났다. 여기에서 대표적인 이론모형을 간단히 살펴보기로 하자.

(1) 합리성 모형

의사결정 시 의사결정자가 제기된 문제의 성격을 완벽하게 파악할 수 있다.

(2) 만족 모형

인간의 합리적 판단에 한계가 있다는 전제하에 시몬 등이 제시한 모형이다.

(3) 점증주의 모형

린드블롬에 의해 제안된 이 모형은 정책결정에서 선택되는 대안들이 대체로 기존 정책들의 문제점을 개선해 나가는 수준에서 이루어진다고 전제한다.

(4) 혼합 모형

에치오니에 의해 제시된 것으로 합리성 모형의 이상주의와 점증주의 모형의 보수주의를 비판하고, 이 두 모형의 장점을 결합하고자 했다.

(5) 쓰레기통 모형

교육조직을 '조직화된 무질서 조직'으로 보는 Cohen과 Olsen 등이 주장한 모형이다.

(6) 최적 모형

드로어가 주장한 것으로 합리성 모형에 초합리적인 요소를 추가하고자 한다.

◆ 성공적인 의사결정을 위한 방안

성공적인 의사결정을 위한 포인트는 경영진의 잘못된 관점과 생각을 바로 잡고 합리적이고 올바른 의사결정을 하도록 도와주기 위한 몇 가지 방안에 대해 살펴보자.

(1) 서로 다른 유형의 사람을 옆에 두어라.

경영진이 다양한 관점에서 의사결정을 하도록 도와주기 위해서는 경영진 주위의 사람을 다양하게 구성할 필요가 있다. 경영 환경이 점점 더 복잡해지고 정보가 훨씬 다양화되면서, 특정한 사람이 모든 사업 사안에 대해 깊이 알고 결정을 내리기는 힘들게 되었다. 따라서 경영진에게 다양하고 신선한 정보를 제공하고 균형 잡힌 시각에서 의사결정을 할 수 있도록 다양한 배경과 지식을 가진 사람들을 주위에 포진시켜 두어야 한다.

(2) 현실을 냉철하게 직시하라.

냉엄한 현실을 직시하면서 철저히 현실에 기반을 두고 의사결정을 해야 한다.

(3) 가치 있는 실수는 과감히 포용하라.

의사결정의 질을 높이기 위해서 실수는 누구나 할 수 있다는 점을 인정하고 가치 있는 실수에 대해서는 충분히 배려하고 포용해야 한다.

(4) 현장에서 정보를 얻어라.

의사결정을 내릴 때 반드시 결정사안과 관련된 현장을 직접 방문하고, 사실에 기초한 의사결정을 내리도록 해야 한다.

(5) 자신에게 솔직해야 한다.

의사결정은 결국 자신에게 얼마나 정직하고 진솔하게 대하는가의 문제라고 볼 수 있다. 모르는 부분이 있으면, 솔직히 인정하고, 다른 사람에게 조언을 얻어서 더 나은 의사결정을 내리려는 자세를 지녀야 한다. 자신의 실수나 부족함을 인정하지 않는 사람은 결코 훌륭한 결정을 낼 수 없다.

〈참고문헌〉

http://blog.naver.com/neobrain2004/15338289

이상엽, 조직론, 상영사.

3. 개인과 국가 조직이 해야 할 일

때로는 핸드브레이크를 채우고 사는 기분이다. 운전을 하는데 왠지 차가 무겁게 느껴지면, 그제야 핸드브레이크를 풀지 않았다는 걸 깨닫게 된다.

A가 B를 바라보면 B는 A의 눈길에 담긴 생각에 영향을 받을 수밖에 없다. A가 B를 작고 사랑스럽고 피부가 보드라운 천사라고 생각하면, B는 작고 사랑스럽고 보드라운 천사가 된 기분을 느끼기 시작한다. A가 B를 2 더하기 2도 못 하는 천하의 멍청이로 생각하면, B는 그 생각에 맞게 자신의 능력이 쪼그라드는 느낌이 들어, 결국 2 더하기 2는 6쯤 된다고 답하게 될 것이다. 행복은 배타적이지만 불행은 끌어안는다. 그러므로 누군가에게 필요한 존재가 되기를 바라는 사람이라면 행복한 표정이 아니라 불행한 표정을 짓고, 명랑함에 수반되는 독립심, 고통에 대한 무감각을 피할 일이다. 불행을 추구하는 일은, 만족한 표정에 함유된 경쟁심을 피하려 하는 것인지도 모른다.

Think Small…… '작은 것'을 볼 줄 알아야 '큰 것'을 얻는다!

몇 개의 큰 힘이 세상 돌아가는 법을 결정하던 메가트렌드의 시대는 끝났다. 경제는 스타벅스 커피 종류만큼이나 맞춤화되고, 대중의 선택은 그 어느 때보다 개별적이다. 재택근무가 늘어나도 익스트림 통근족은 출퇴근 3시간쯤은 감수하고, 유튜브가 여론을 형성할 때 신종 러다이트족은 컴퓨터조차 거부한다. 다들 천연생수를 마시지만 동시에 카페인광은 늘어가고, 하버드생은 수학을 포기하는데 대중은 숫자광이 되어 간다.

이제는 개인의 작은 트렌드가, 틈새그룹의 열성적인 취향이 비즈니스와 경제, 사회를 변화시킨다. 어제의 낡은 기준으로는 더 이상 이 세상을 이해할 수도, 미래를 대비할 수도 없다. 국제테러를 빈곤 문제로만 접근한다면, 미국은 절대 고학력 테러리스트들을 잡을 수 없다. 또한 테크파탈족의 성향을 발견한 기업이라면 지금 당장 매장 매니저를 여성으로 바꾸는 결정을 내려야만 한다.

40대 늦깎이 게이족, 30대 비디오게임족, 10대 뜨개질족…… 개인들의 선택과 행동은 이제 직업과 나이, 세대와 성별의 기준을 뛰어넘어 변화하고 있다. 99%를 이끄는 1%의 트렌드셰터, 마이크로트렌드는 당신의 미래이다.
* 미국 싱글 4명 중 1명, 즉 1,600만 명이 1,000개 이상의 데이트 웹사이트 이용. 이들은 2001년 4,000만 달러에서 2004년 4억 7,000만 달러로 연 순수익을 증가시킨다.

국내에 결혼정보회사가 탄생했을 무렵, 코웃음 쳤지만, 그 시장은 엄청나게 성장했다. 내게 미래를 내다보는 눈이 없었던 게다. 아니, 시장을 바라보는 혜안이 없었다. 사람의 관계를 컴퓨터로 조건 맞춰 하는 게 마뜩찮고, 잡스러워 보였는데, 역시 지성인이랍시고 우아하게 보느라 그랬나 보다. 그야말로 실용주의적 만남. 그래서 이번에는 눈이 번쩍 뜨였다. 싱글 4명 중 1명이 데이트 웹사이트를 이용한다고? 3년 새 순수익이 10배로 뛰는 시장 본 적 있던가.

* 은퇴 후 노동족. 23~43세엔 자녀 뒷바라지하고…… 그 후 50년 일하는 건 어떨까.

'정년'이란 것도 시대착오적으로 받아들여질지 모른다. 대체 건강한 요즘

6~70대들, 은퇴가 웬 말이냐. 이런 식으로 언젠가 혹은 조만간…… 90까지 일하는 시대가 온다면. 정말 젊을 땐, 놀고…… 그 이후 팔팔한 중년부터 사회적 노동력으로 기여하면 어떨까. 힘쓸 일도 별로 없는 시대인데 나이 들어 삶의 경륜 쌓고 새 출발 해도 괜찮을 듯하다.

(1) 카페인 에너지 드링크 시장 1,000억 달러. 올빼미 국가 10개국 중 7개국이 아시아

대만(69%), 한국(68%), 홍콩(66%), 일본(60%)에서는 보통 자정 넘어 잠자리 드는 국민이 상당수. 물론 포르투갈(75%), 스페인(65%), 이탈리아(39%)도 높지만…… 이들 국가는 낮잠이 일상.

1,000억 달러면, 그러니까…… 100조 원이다. 지구인들이 다들 잠 줄이고 노동력 쥐어짜느라 고생하고 있다는 것? 그거 일자리 나누기로 좀 해결하고 잠 좀 더 자고 살면 안 될까. 게다가 불쌍한 아시아인들은 올빼미에다 종달새까지 되어 밤낮으로 뛰어야 하다니.

(2) 가장 피곤하게 사는 나라는 어딜까. 하루 수면 시간 6시간 미만이 10명 중 4명인 일본이 1등이다. 반면 뉴질랜드와 호주는 하루 9시간 이상 자는 국민이 10명 중 3명 정도

성인이 된 뒤…… 어쩌다 잠을 몰아 잘지언정, 8시간 이상 수면이면 푹 잔 수준이다. 오늘은 몇 시에 잘까. 지금 당장 자더라도 수면 시간에 깊이 잠을 못 든다. 이렇게 살아야 할까. 그런데 잠을 줄이지 않으면 책 볼 시간, 놀 시간이 없다. 뉴질랜드와 호주 사람들은 심신이 편안할까?

(3) 2004년 미국인들이 애완동물용 식품 구입에 140억 달러 지출. 2006년 일반의약품과 의료용품 90억 달러. 애완동물용 제품에는 치아미백제, 구취제거제, 모발광택제, 디자이너 스웨터, 강아지 보석, 고양이 여드름 치료제, 강아지용 자외선 차단제, 고양이 매니큐어. 애완동물용 노화방지크림. 애완동물용 콘택트렌즈 등

(4) 좋은 공립학교 없고 주택금융비용 치솟고 의료보험료 증가와 인플레이션 상승률을 추월한 대학학비 등 무일푼 중산층의 탄생. 빚더미 재무상태가 너무나 팽팽해 실직, 이혼, 질병 등 돌발 사태 발생할 경우 끊어진다. 파산이다.

미국도 교육비, 주택비, 의료비, 물가. 저런 일들 때문에 파산하는 중산층이 많다니. 미국을 늘 따라 하는 우리나라는 점점 더 걱정이다.

(5) 97년 이후 미용시술 횟수는 444% 증가. 2005년 미용시술에 124억 달러 지출.

아시아인들은 성형수술 반대(홍콩 94% 등) but 한국은 28%가 흥미. 한국 성형외과 의사 수는 1,200명. 캘리포니아 주는 900명.

번화가 성형외과 간판들 보면, 걱정됐다. 저렇게 우후죽순 생겨서야, 장사가 될까? 흥. 쓸데없는 걱정이다. 시장은 초고속성장 중이다. 똑똑한 선생님들, 어련히 알아서 그쪽으로 개업했을라고, 더구나 한국 봐라. 저자가 놀라면서 캘리포니아 숫자랑 비교했다. 아시아권 성형투어 유치하는 자랑스러운 수치인가.

(6) '예민하다'는 아이들 상대로 감각통합장애(Sensory Integration Dysfunction) 진단. 뇌가 감각을 지나치게 인식해 불빛을 너무 밝게, 쇠를 너무 시끄럽게 또는 옷을 간지럽게 느끼는 것.

'운동 체질이 아니다'라던 아이들은 '운동기획능력' 장애. 주로 아이들을 '진단'할 경제적 능력 있는 부유층들은 어떤 특혜를 누리는가 하면 2005년 기준 200만 SAT 응시자 중 4만 명. 학습장애 심리학자 증명 첨부해 추가 시간 배정받았다. 부가 넘치는 곳에 산업이 따라가는 법이다.

의학계는 없는 병도 만든다…… 이거 새삼스럽지 않은 얘기다. 외르크 블레흐의 '없는 병도 만든다'에 따르면, 콜레스테롤이나 고혈압은 의사들이 기준치를 조정할 때마다 수백만, 수천만 명이 단번에 환자가 된다. 정작 본인은 건강하다고 느껴도 할 수 없다. 수천 년 아무렇지도 않던 노화는 이미 심각한 질병이라 여긴다. 중년 여성은 누구나 호르몬제를 먹고, 남자들은

'남성 폐경기'를 걱정한다. 1초마다 세계 어디선가 4명의 남자가 비아그라를 삼킨다. 이 '기적의 약'이 나오면서 발기부진 환자가 몇 배로 늘었단다.

(7) 방과 후 학습은 연 15% 성장세(1990～2005). 연 40억 달러.

대한민국 만세. 세계적 트렌드를 주도하는 건 아닐까.

뜨개질 인구 2,000만 명. 가장 빠르게 증가하는 집단이 10～20대. 뜨개질 중고생 600만 명.

9·11 이후 가정적 트렌드. 마이스페이스에서 수천 명 뜨개질 클럽 가입. 뜨개질은 집중력 향상, 창의적 사고능력, 수학능력, 운동능력 향상, 주의력 결핍장애 완화.

2004～2005. 패션 털실 구매 56% 증가. 10 DIY 상품 증가 전망.

참하고 얌전한 여성상에는 뜨개질이 항상 따라붙는다.

(8) 10명 중 4명 흑인 고교생은 교인. 자원봉사활동 비율 흑인 청소년이 63%로 백인 57%나 히스패닉 48% 압도.

흑인들이 훨씬 건전하게 변화하고 있는 것인가! 미국은 이걸 진짜 언제쯤 받아들일까. 건강한 10대 흑인들은 그전 세대처럼 좌절할 일 없을까? 오바마가 많은 걸 바꿀까?

(9) 8～18세. 150만 명 채식주의자. 300만 엄마는 고기 먹지 않고 또 다른 300만은 치킨 먹지 않는다. 13～15세 여아 11% 채식주의자. 현재 미국에 약 1,100만 채식주의자. 버거킹도 야채파이 파는 지경.

우리가 '소수자'라고 생각하는 이들도 사실 세어 보면 이렇게 많다. 그래서 사업 기회를 노리며 트렌드를 읽는 거겠지. 육류 섭취를 줄이면, 세상이 정말 나아질까?

* 2007년 미국인 10명 중 6명이 날마다 커피 한 잔. 3년 전엔 그 반.

아예 곧바로 카페인 마시는 음료 레드불, 몬스터 같은 에너지드링크 등장. 콜라보다 카페인 함유량 2배 이상. 2006년 200종의 새로운 에너지드링크 인기. 50% 성장. 매출액 40억 달러.

1970년대 각성제보다 거의 3배 많은 카페인 드링크. 미국인은 100년 전보다 하루 25% 적게 잔다.

이렇게 피곤하게…… 70년대 각성제보다 3배 세다는 에너지드링크 마시면서, 버티고 사는 게 인류가 점점 더 발전하고 행복해진 결과인 것인가!

(10) 언어적으로 고립된 미국인 1,200만. 25개 가정 중 1곳. 전혀 못 하거나 제한적으로 하는 이 2,500만 명.

영어 못 하는 미국인이 저리 많다. 이민족 국가라 그런가!

* 듀크대 등 14개 대학은 학생 등록 때 '남성', '여성', '주관적 인식(self-identify)'. 74개 대학은 성적 정체성, 성향 차별 금지. 메릴린치 등 100여 개 대기업, 비차별정책에 성 정체성 포함.

성별 구별에 self-identify도 등장하는 마당이다. 대기업 비차별정책에 성 정체성이 포함되는구나. 차별하면 안 되지. 당연하다.

(11) 미국에서 900만 이상이 집 제외 100만 달러 자산 보유. 계급투쟁 논리 실패. 보통사람들도 부자가 될 수 있다는 믿음. 조용한 백만장자의 특징 1) 금융서비스 전문가 도움. 2) 백만장자 절반 이상은 자녀를 사립학교로. 자선활동 참가

(12) 종교 1만 개. 매일 2~3개 종교 탄생. 전통종교를 융합한 하이브리드. 브라질의 신노 2,000만 넹의 움반단＝아프리카 요루반＋남아메리카 토착 종교＋가톨릭 교리＋19세기 프랑스 심령술…… 전 세계 유대교 신자보다 1.5배 규모. 세계 전역에 수십억 미니 종교 교도.

들도 보도 못한, 저렇게 규모가 크고. 이래저래 종교가 1만 개라니. 이 나약한 인류라니.

(13) 결혼은 이미 유행이 지났다. 영국 결혼율 인구 1,000명당 1991년 12.1명에서 2005년 9.2명. 서유럽에선 LAT(Live Apart Together) 부부 급증. 영국에선 100만 쌍.

프랑스에선 결혼한 부부의 2~3%, 결혼 않은 부부 중 7~8%가 별도 주

거지. 20세 이상 캐나다인 중 10%가 LAT 관계……. 재결합 부부 등도 이 같은 형태.

(14) 맘모니스(mammonis. 마마보이). 이탈리아 18~30세 성인 남성 중 82% 가 부모 곁. 영국에서는 Kippers(Kid in Parents' Pockets Eroding Retirement Savings). 독일 네스트호커(nesthocker＝둥지에만 웅크리고 있는 사람). 미국 은 부메랑, 피터팬, 키덜트. 일본 파라사이토 싱구루 혹은 프리터. ……경제 적 곤란이 가족 유대를 더 튼튼하게 한 반면 경제적 성공은 가족 구조를 붕 괴시키는 높은 실업률, 높은 주택가격, 낮은 출산율. 직장도 아이도 없고 아 파트는 비싸다.

분명 전 세계적인 트렌드다. 결혼도 유행이 지났고, 가족 제도와 사는 방 식도 급격히 변한다. 경제적 어려움이 가족을 묶어 주고, 경제적 성공이 가 족을 해체한다니 아이러니다.

(15) 고딩 사업가. 2000년 10대 청소년 중 인터넷에서 돈 버는 아이가 8%. 즉 160만 명.

* 자본주의 국가가 되어야 할 것이다.

(16) 1960년대 초. 75kg/64kg이 남녀 평균. 이제 87kg/74kg이 평균.

병적 비만(정상보다 45kg 더 나가는)이 900만 명. 체중감량 수술도 보험 적용가능. 흑인여성 6명 중 1명 병적 비만. 연간 2만 5,000달러 이하 버는 여성이 대체로 뚱뚱한 가능성 많다고 한다.

Globesity. 글로비시티는 세계적 체중증가 현상. 영양실조 8억 명. 과체중 10억 명.

2010년 전 세계 당뇨 환자 반 이상이 아시아인이 될 것이다.

미국 여성 평균 몸무게가 60년대 64kg에서 74kg이 됐다는데 지구촌의 불 평등은 너무나 다양하고, 광범위하게 이뤄지는데다 고착화되어 무덤덤해진 다만. 그래도 저들의 영양과다는 슬프다. 우리도 그렇고.

* 프랑스. 1인당 음주, 1962년 425병 마시다가 2001년 235병으로 급감.

1978년 평균 식사시간 82분. But 최근엔 38분. 음주허용연령 16세. 음주운전 캠페인 등장.

이제는 식사 시간도 짧아지고 와인도 적게 마시고. 이게 세상이 더 좋아진 건가. 아닌가.

에 어떤 기회를 열어 줄 것인가.

지배적인 생각이나 마음가짐은 지식처럼 비슷한 것을 끌어당기는 법이므로, 마음가짐이 어떠하든 그에 어울리는 조건이 삶에 나타날 수밖에 없다.

문제는 이것이다. 사람들은 대부분 자기가 원하지 않는 것을 생각하면서 왜 그게 계속해서 나타나는지 의아해한다.

자신의 마음을 잘 다스릴 수 있는 사람이라면…… 멋진 사람이고 똑똑한 사람이다.

종종 내 화를 못 누르고 감정에 지배당하는 우를 범할 때가 있다. 심장이 뻥 뚫린 것처럼 마음이 미련할 때도 있다. 주위에선 나보고 넌 너무 잘 웃고, 잘 울고, 상상력이 뛰어난 특이한 여자 애라고 말한다. 감정표현을 잘해서일까? 표현의 자유를 억압당하고 싶진 않다.

단 좋은 쪽으로 표현하고 생각할 때 이득이고 좋은 일들이 일어난다고 생각한다. 책 속에 답이 있다고 했던가? 답보다는 생각이 더 많아지게 하는 게 책이 아닐까 싶다.

<결단을 내리지 못하는 리더 밑에서는 일하기가 어렵다>

누에는 뽕나무 잎을 먹고 사는 벌레로 앞에 가는 누에의 뒤를 따라 줄지어 기어가는 습성이 있다. 앞에 있는 누에게 리더십이 있기 때문이 아니라 어쩌다 보니 그렇게 되었을 뿐이다.

앞에 있는 누에를 제일 뒤에 있는 누에에 연결시켜 무리가 원형이 되게 만들면 선두가 없어진다. 리더도 부하도 없다는 거다.

'궁하면 통한다'라는 말이 있는데 정확이 이야기하면 '궁하면 바꾸고 바꾸면 통하고 통하면 영원하다'.

궁할 때 그곳에 머물면 아무런 성과도 얻을 수 없다.

변화는 도약의 기폭제다.

부가가치가 있는 경영이란 높은 가격을 매겨도 고객이 끊임없이 찾아오는 비즈니스를 말한다. 사람들이 금을 캐려고 금광으로 몰려들었다. 이제 와서 삽을 들고 뛰어가 봤자 원하는 것을 얻기 힘들다 그렇다면 곡괭이와 삽 등을 팔면 된다.

금광에서 하는 일은 거칠기 때문에 바지가 쉽게 찢어진다. 그래서 텐트 소재를 이용한 바지가 개발되었다. 이것이 리바이스라는 세계적인 브랜드의 탄생 배경이다.

일을 할 때는 세 가지가 중요하다.

첫째, 잘 보아야 하고

둘째, 잘 실행해야 하고

셋째, 딱 잘라 결정해야 한다.

'과결'이란 무엇인가?

쇼와시대 양명학자로 유명한 야스오카 마사히로는 이렇게 해석했다.

"과일 나무에 꽃 10송이가 피었다. 모두 수정이 되면 과일을 많이 수확할 수 있다. 그러나 크기는 전부 작다. 그러면 어떻게 하는 게 좋을까? 꽃 한 송이만 놔두고 나머지는 모두 솎아 낸다. 그 결과 영양분을 독점한 것이 훌륭한 과일로 성장한다. 도대체 무엇을 솎아 내고 무엇을 키워야 하는지 결정한다. 이것이 바로 과결이다."

항상 옳은 판단을 하기 위한 비결

1. 목표(Goal)

2. 옵션(option, 선택권)

3. 판단(Estimation)

4. 우선순위(priority)

5. 선택(choice)

옳은판단을 위해서는 옵션이 목표에 도달하도록 안내해주는 장치가 되기도 한다.

목표에 도달하는 방법은 밤하늘의 별처럼 많다.

후지 산에 오를 때도 여러 가지 공략법, 등반법이 있는 것과 마찬가지다.

'작은 것'을 볼 줄 알아야 '큰 것'을 얻는다!

재택근무 증가에도 익스트림 통근족은 출퇴근 세 시간을 불사하고 유튜브가 대통령도 쥐고 흔들 때, 신종러다이트족은 컴퓨터를 거부한다. 평면 TV 판매량에 따라 여성 매니저를 늘려야 하는 이유는 무엇이며 고학력 테러리스트와 상류층 문신족이 증가하는 이유는 무엇일까?

40대 늦깎이 게이족이 가정을 흔들 때, 연하남을 찾는 쿠거족도 증가하며 30대가 비디오게임에 열중할 때, 10대 뜨개질족이 탄생한다. 왜 소비자는 천연생수를 찾으면서도 카페인광이 되어 가고 하버드생마저 수학을 포기하는 마당에 대중은 숫자광이 되어 가는 걸까!

어제의 낡은 기준으로는 더 이상 이해되지 않는 세상

어떻게 개인들의 작은 힘이, 정치와 경제, 사회를 바꾸는 영향력을 얻는가!

어쩌면 정직이란 낯설거나 무겁고 견디기 힘든 존재일지 모른다. 하지만 모든 존재가 그렇듯, 서로 길들기 나름 아니던가? 쫓기듯 살아가다 어느 날 우연히 컴퓨터, 냉장고 같은 기계 소음조차 완전히 사라진 절대 정직의 공간에서 묵상을 해 본 이들은 알 것이다. 시간이 흐를수록 그 깊은 허공 속에서 자신의 삶을 비춰 볼 수 있는 내면의 영토를 얻어, 그 속에서 더 큰 기쁨을 누릴 수 있다는 사실을, 정직 속에서야 비로소 진정한 자기 자신과 마주할 수 있다는 것이다.

여성 리더, 성공을 위해 준비해야 할 때

첫째, 진실성(Acting Authentically)이다. 진실성이란 내적인 가치, 신념과 외적인 행동 간의 일관성을 이루려는 노력을 뜻한다. 특히, 여성들은 조직 내에서 성공하기 위해서는 '남성처럼' 행동해야 한다고 느낄 때가 많다고 한다. 성공하는 여성들은 이러한 상황에 직면하여 남성처럼 행동하기보다 여성 고유의 차별화된 역량을 발휘하여 업무를 완수해 낸다. 저자들은 이를 위해서는 무엇보다 '자신을 믿어야 한다'고 말한다. 자신의 판단을 스스로 신뢰하고 위험을 감수할 수 있을 때 진실한 행동이 가능해진다는 것이다.

둘째, 관계 형성(Making Connections)이다. 이는 삶에서 중요한 인간관계를 확립, 유지하고 더 풍부하게 하려는 노력을 말한다. 여성들은 남성들보다 더 관계지향적인 경우가 많다. 그런 만큼 여성들은 상호 수용적이고 신뢰하는 관계가 형성되었을 때 더 빨리 학습하고 성장한다고 한다. 실제로 성공하는 여성들은 조직 내에서 자신을 지원하고 도움을 줄 수 있는 네트워크를 구축하는 데 상당히 탁월하다고 한다. 저자들은 "특히 자신의 역할 모델이 될 만한 멘토를 찾고, 그로부터 조직을 배우고 후원을 얻음으로써 더 쉽게 조직에 적응하고 성공의 길을 발견해 나간다."고 지적한다.

셋째, 주체성(Controlling your destiny)이다. 자신의 운명, 삶을 스스로 관리하고 지배하려는 욕망, 자신의 뜻을 관찰해 나가려는 의지는 성공하는 여성들의 가장 큰 특성 중 하나다. 그러나 함께 일하는 남성들은 결과 / 행동지향적인 여성을 싫어하거나 불편해하는 경향이 있다고 한다. 여성학자인 모리슨은 이러한 현상에 대해 '좁은 띠(Narrow band)'라는 용어를 사용하며, "여성들은 강해도, 섬세해도 비난받는다."라고 지적한 바 있다. 성공하는 여성들은 이러한 모순적인 상황을 균형감 있게 해결해 낸다. 저자들은 "거만해지거나 통제하지 않으면서, 또 관계를 희생하지 않으면서 주체적인 태도를 취할 수 있어야 한다."라고 말한다.

넷째, 전체성(Achieving wholeness)이다. 여성들은 회사 일로 인해 가정에 소홀하게 되는 것이 가장 큰 스트레스 중 하나라고 지적한다. 이는 심리적 압박감으로 작용하여 업무에 대한 몰입도를 저하시키고, 성과를 창출하는 데 장애물이 되기도 한다. 성공하는 여성들은 회사에서의 관리자 역할뿐 아니라, 삶 속에서의 다양한 역할, 즉 배우자의 역할, 어머니의 역할 등을 조화롭게 소화해 낸다. 이들은 우선 자신의 기대 수준을 낮춘다. 즉 '완벽한 엄마, 완벽한 아내'가 되겠다는 이상적인 목표로 인해 죄책감을 느끼고 스트레스를 받느니, 처음부터 달성가능한 수준의 '현실적인 엄마, 현실적인 아내' 수준에서 타협하는 것이다. 이는 개인의 삶을 내팽개치는 것과는 다르다. 전업 주부만큼 신경은 쓰지 못하겠지만, 계속 관심을 쏟고 배려하겠다는 것이다. 저자들은 이러한 노력들이 처음부터 쉽지는 않겠지만, 지속적인 마인드 관리와 실행 노력을 통해 충분히 가능하다고 결론짓고 있다.

다섯째, 자아명료성(Gaining self - clarity)이다. 이는 자신의 강약점, 남들이 보는 자신의 모습 등 자기 자신에 대해 보다 명확히 알려는 노력을 뜻한다. 성공하는 여성들은 주변 사람으로부터 끊임없이 피드백을 받는 등 자신을 잘 알기 위해 노력한다. 이를 통해 자신이 더 잘 할 수 있는 일을 파악하고, 다른 사람들과 조화롭게 보조를 맞춰 나감으로써 효과적으로 업무를 수행해 내는 것이다. 반면 성공적이지 못한 여성들은 부정적인 피드백을 외면하고, '나는 내가 잘 알아. 저 사람은 나를 질투해서 이상한 피드백을 하는 거야.' 라고 인식함으로써 자신의 성장 기회를 놓쳐 버린다.

국가브랜드가 올라가기 위한 방안

1. 국가의 정치 청렴도를 높인다.
2. 국가의 인권에 대한 인식을 높인다.
3. 국가의 경제적인 불평등을 고친다.
4. 국가의 법의 공정함을 바로 세운다.
5. 국가의 언론에 대한 억압을 멈춘다.
6. 국가의 정책의 두명싱을 높인다.

* 작가 시오노나나미는 그의 저서 『로마인 이야기』에서 로마제국 당시 국가 혹은 황제가 자신의 책무라고 생각했던 대표적인 사안으로 크게 국가의 안전보장과 국민을 위한 식량의 확보를 얘기하고 있다. 대략 2000년 전에 존재했던 국가, 우리가 고대인이라고 부르는 당시의 국가에서 실제로 권력을 나눠 가진 인간들, 소위 지배층이 구체적으로 어떤 행동을 보였는가는 차치하고 그들은 외적으로부터 국민을 보호하는 것과 식량을 확보하여 국민을 굶주리지 않게 하는 것을 목표로 삼았다는 것이다.

국방을 위해서 방어하기에 적절한 지역을 국경으로 선택하고 로마전사들을 국경에 배치하고 군의 유지에 힘썼고, 자부심을 가질 수 있는 군대를 유지하려고 힘썼다. 로마의 몰락은 국방에서 이민족인 게르만이나 기타 그들이 야만족이라 불렀던 민족을 용병으로 광범위하게 활용하기 시작하여 근대의 자부심이 사라지면서 시작하였다. 농약의 과도한 사용, 유전자 조작, 식품에 대한 걱정, 광우병 등에 대한 걱정이 없던 그 시절에는 식량의 양적 확보가 식량 확보에서 가장 중요한 요소였을 것이고 이를 해결하기 위해 이탈리아 반도 밖의 지역, 예를 들면 시실리 섬이나 이집트 같은 곳을 식량의 공급처로 확보했다. 현대의 국가 혹은 정부가 해야만 하는 기본적인 일이 고대 로마시대의 그것과 크게 다른 것일까? 기본적인 책무, 국가를 구성하는 국민이 안정적인 삶을 살아갈 수 있도록 도모하는 일, 외적으로부터의 국민의 보호, 국내 치안의 확립, 재외국민의 보호 등 국민의 생명 및 재산을 보호하는 일과 충분한 양의 식량 공급 보장, 안전한 먹을거리 공급에 대한 보장. 고대와는 달리 소위 기술의 발전으로 대량의 식량 확보를 위해 사용하는 현대의 약품과 식품공급 방식이 오히려 생명을 위협하는 양날의 검이라는 점 때문에 안전한 식량의 공급은 충분한 식량의 공급 못지않게 중요한 요소가 된 것이 아닐까!

성공적인 미국 최대 규모의 한 식료품 가공회사는 파이 크러스트 반죽가루를 개발하는 과정에서 연거푸 실패했다. 여러 번 실시한 테스트마켓은 참담한 결과만 확인해 줄 뿐이었다. 연구실은 매번 성공을 장담하면서 새로운 제품을 내놓았지만 그때마다 가장 중요한 테스트마켓에서조차 실패만 거듭하였다. 지치고 화가 난 경영진들은 이 프로젝트가 마치 죽은 자를 여러 번 부활시키는 것 같다면서 '나사로 프로젝트'라고 부르기까지 했다. 하지만 그 프로젝트를 꾸준히 계속한 결과 최후의 승자가 되었고 파이 크러스트 반죽가루는 매출과 이익 모두에서 효자상품이 되었다.

신뢰는 조직을 움직이게 하는 윤활유다. 신뢰 없이 그럭저럭 대충 움직이는 조직은 상상하기 어렵다. 신뢰가 결여된 조직은 비정상적인 조직이며, 카프카의 상상 속에 존재하는 불명료한 성이다. 신뢰는 책임과 예측성, 신빙성을 포함한다. 상품을 팔고 조직이 계속 콧노래를 부를 수 있게 만들어 주는 것이 바로 신뢰다. 신뢰는 조직을 결집시키는 접착제다.

'포지셔닝을 통한 신뢰의 구축'을 강조하는 데에는 다음과 같은 두 가지 중요한 이유가 있다.

첫째는 '조직의 통합성'이다.

성공적인 조직구조는 건강한 사람에게서 관찰되는 것과 비슷하다. 실제로 그것은 건강한 정체성과 흡사하다. 좀 더 기술적으로 말해서 조직 내의 현재 상태와 조직이 해야 할 일에 대해 분명한 의식을 가지고 있을 때 조직은 건강한 구조를 가지고 있는 것이라고 볼 수 있다. 다시 말하면 '나아가야 할 방향을 선택하고 그 방향을 유지하는 것'이라고 할 수 있다. 이것은 조직의 통합성을 정의하는 방법이기도 하며, 리더가 조직의 문화를 좀 더 잘 이해하고 가꾸어 나가도록 하는 조종간이기도 하다.

그러나 조직의 통합성은 정의하는 것보다 달성하기가 더 어렵다. 문제는 크든 작든 간에 모든 조직이 가지고 있는 다양한 하부구조에 대한 이해의 부족이다. 이해를 가로막는 장애요인 중 하나는 매스컴과 단순화의 유혹이 부추기는 조직의 신화다. 신화는 전반적으로 부정확할 뿐만 아니라 위험하기까지 하다.

포지셔닝이 중요한 두 번째 이유는 '그 과정을 고수하는 것', 즉 일관성과 관련된다.

실제로 이것은 '꾸준히 일하는 것'을 의미한다. 처음에는 모든 새로운 아이디어가 바보스럽거나 실제적이지 못하거나 실행불가능한 것으로 보인다. 어떠한 조직이라도 혁신이 받아들여지고 내재화되기까지는 계속적인 시도와 끊임없는 설명, 단조로운 리허설의 반복이 필요하다. 그래서 바로 견디는 힘, '용기 있는 인내'가 요구되는 것이다.

4. 고전조직과 현대조직의 차이점

1) 고전이론의 생성배경

　고전적 조직이론의 성장은 그것을 촉진하였던 사회경제적 여건과 관련지어 생각하여야 한다. 조직이론 성장의 생산지라 할 수 있는 미국과 그리고 서구제국에서 산업혁명 이후 민간부문의 공업생산구조가 확대되고 대규모의 근대적 산업조직들이 급속히 팽창되어 가는 이른바 조직혁명이 출발된 것과 고전적 조직이론이 출발된 것은 그때를 같이한다. 산업혁명 이전까지만 하더라고 인간들은 중세 이래의 주먹구구의 조직과 조직운영방식에 의존해 왔다. 그러나 산업혁명 이후 산업조직들이 크게 성장하고 복잡해짐에 따라 질서 있는 조직구조를 입안하는 과제가 새삼스럽게 주의를 끌게 되었고 따라서 이것은 의식적인 연구의 필요를 낳았다. 이와 때를 같이하여 정부조직이나 군사조직도 크게 확대되고 복잡해져서 조직상의 여러 가지 어려운 문제가 제기되었다. 또한 이즈음에 박차를 가하고 있던 자연과학기술의 발전과 응용은 인간공학에 많은 영향을 주어 세상을 기계시하는 풍조를 낳았다. 이처럼 사기업체들에서 능률 제고를 위해 조직부문의 장치를 의식적으로 계획하여야 할 필요가 인식된 것과 세상을 기계시하던 사고방식은 고전적 조직이론의 발전을 촉진하고 또 그 성격을 구성하는 중요한 요소로서 작용하였다.

2) 고전이론의 제 유파

　조직이론을 연구하는 학자들 가운데는 과학적 관리운동으로 고전이론을 대표시키는 논자들도 있다. 그러나 F. W. Taylor가 중심인물이 되어 있는 과학적 관리운동이 고전이론의 전부인 것처럼 설명하는 것은 무리인 것이다. 고전이론에 속하는 유파는 대개 세 가지로 구분해 볼 수 있다. 그 첫째는 Taylor가 개척자로 되어 있는 과학적 관리이론을 들 수 있다. 과학적 관리론은 기술적 이론에 입각한 절차의 입안, 작업기준의 설정, 그리고 기준에 따르는 통제를 통하여 능률을 최대화하는 것에 주된 관심이 있었다. 즉 과학적 관리론은 최대의 생산효과를 확보할 수 있는 유일 최선의 방법(one best way)을 발견하고 기타 능률 제고의 기법을 개발하기 위해 생산공정을 최소단위로 분해하여 이를 능률적으로 배열하는 방법을 연구하는 것이다.

둘째는 J. M. March와 H. A. Simon이 행정관리론(administrative management theory)이라고 부르는 유파도 고전이론에 해당한다. 이러한 범주에 속하는 학자들도 경영학 분야에서는 H. Fayol, T. D. Mooney, W. N. Newamn 등이 있고, 행정학 분야에서는 L. Gulick, L. Urwick, M. E. Dimock, J. M. Piffner 등이 있다.

과학적 관리이론이 생산 및 운영적 수준에서의 최적관리를 위해 공학적·기법적·분석적 방법을 채택했다면, 행정관리론은 능률을 기본적 가치로 채택하고 조직단위들의 구조적 관계, 관리기능의 유형, 관리의 과정, 분업과 통제에 관련된 원리 등을 연구하였다. 전문화와 부서화, 그리고 계획에 따른 행동의 통제를 통하여 능률을 제고시킬 수 있다고 믿었기 때문에 분업의 원리, 명령통일의 원리, 통률범위의 원리, 조정의 원리, 계층화의 원리, 부성화의 기준 등을 발전시키는 데 열중하였다. Gulick이 POSDCORB라는 신조어로 제시한 최고관리층의 기능도 이러한 연구의 한 범주에 포함된다.

셋째로, M. Weber의 관료제이론도 고전이론의 한 유파로 볼 수 있다. Weber의 관료제이론은 Weber의 권한구조에 기초를 둔 것이다. Weber의 조직이론에 대한 기여는 합리적·법적 권한에 근거한 '합리적·합법적 관료제'의 이념형(ideal typus)을 제시한 데서 찾을 수 있다.

3) 고전이론의 일반적 특성과 한계

이러한 고전이론의 일반적 특성을 요약해 보면 다음과 같다.

(1) 단일가치기준으로서의 능률주의 고전이론은 능률(efficiency)이라는 단일가치기준(single standard of value)에 기초를 두는 것이었으며, 능률 제고를 유일한 가치기준으로 삼았기 때문에 고전이론은 조직의 생산 활동에 관련된 공식적 구조와 과정적 변수에 주의를 집중하였던 것이다.

(2) 공식적 구조의 중시하는 고전이론에서는 조직의 공식적인 구조와 기능을 관심의 초점으로 삼았으며 조직 활동의 합리적 계획을 강조하였다. 고전이론에서는 조직을 연구하는 데 있어서 공식적 배열을 수정하고 제약하는 '미리 계획되지 않은' 비공식적 또는 역기능적 변수를 간과하는 경향을 보였다.

(3) 폐쇄체제적 관점 고전이론에서는 연구대상인 조직을 폐쇄된 체제(closed – system)로 다루었다. 조직현상을 연구할 때 계획적으로 예정해 놓지 않은 조직 내외의 불확실성(uncertainty) 또는 비합리적 요인(irrational factors)은 고려 대상에서 제외하는 경향이 있었으며, 특히 환경적 영향의 존재를 간과하여 조직과 환경의 상호작용을 연구하는 데 소홀하였다. 즉 조직은 주어진 목표의 추구를 위한 도구이며 조직 내의 제 배열과 결정들은 주어진 목표 달성과 조직의 합리화에 지향된 것이라는 가정 속에 폐쇄체제적 가정이 내포되어 있는 것이다.

(4) 합리적·경제적 인간 모형에 입각한 연구에서 고전이론의 인간본질에 대한 근가정(root – assumption)은 인간이 합리적이고 경제적인 존재(rational economic man)로서 자기에게 이익이 가장 큰 행동방안을 타산적으로 선택할 수 있다고 보고 동기부여의 유인은 원칙적으로 경제적·물질적인 것이라고 가정하는 견해가 지배적이었다.

(5) 과학성추구의 형식성 고전이론은 조직현상에 내재하는 보편적 법칙성을 발견하는 데 주력하였다. 그리하여 관리과정이나 조직구조형성에 관한 소위 '원리(principle)'를 산출해 내는 일이 크게 유행하였고 과학적 관리운동은 작업의 능률 제고를 위한 과학적 기법을 많이 고찰해 내게 되었다. 그러나 고전이론의 법칙성 발견을 위한 노력은 대체로 미숙한 것이었으며 과학 활동은 형식화되는 경향을 보였다. 조직의 원

리라는 것들은 대부분 비조직적 과거의 경험과 직감에 의하여 발전시킨 것으로서 비경험적이었으며 과학적 법칙이라고 할 수 없는 것들이었다.

4) 현대조직이론의 생성배경

현대조직이론은 대체로 1950년대 전반기를 시발점으로 하여 전개된 조직이론들을 말한다. 1950년대에 접어들면서부터 다양한 학문분야에 몸담고 있던 사람들이 그전보다는 현격하게 많이 조직현상연구에 참여하게 되었고 조직연구에 종사하는 인구는 급속히 증가되어 왔다. 그리고 조직연구인들 사이의 정보교환도 풍부해진 각종 매체를 통해 활발해졌다. 그리하여 조직현상연구를 중심으로 한 학문 교호적 노력이 상당히 의식적인 수준에서 전개되었다. 연구인구의 증가와 함께 조직연구의 경향에도 현저한 분화가 계속적으로 진행되었다. 다양한 연구 모형들이 제시되는 것과 함께 연구대상인 조직의 종류도 다양해지게 되었으며, 조직의 국면별 또는 변수별 연구의 전문화도 대단한 속도로 촉진되었다. 여하간 다방면에 걸친 연구의 누증적 전문화는 결국 조직에 관한 인간의 지식을 전반적으로 향상시키는 데 크게 기여하였다. 그리고 이러한 분화의 경향은 지식연구에 관한 지혜를 종합하고 정리하려는 움직임, 즉 통합화의 경향을 유발하게 되었다. 1950년대부터 분화되어 온 연구경향의 통합(synthesis)을 위한 노력이 본격화되기 시작되었는데, 이것은 조직현상을 관찰하기 위한 일반 모형을 설명함에 있어서 고전이론의 관점과 신고전이론의 관점을 포용하는 균형 잡힌 관념적 윤곽을 발전시켜 보려는 노력이 성행하게 되었다는 데서 통합화추세의 징조를 뚜렷하게 간파할 수 있다. 현대조직이론이 목표로 삼는 지배적인 지향성은 고전이론이래의 지혜를 통합하려는 것이다.

5) 현대조직이론의 제 유파

현대적 조직이론은 고전이론과 신고전이론을 통합 또는 절충하려는 것이며, 이러한 통합적 모형들은 대개 개방체제관념을 근간으로 삼고 고전이론 이래로 개척해 온 변수들을 선택적으로, 그러나 균형 있게 포용하려는 성향을 전반적으로 지니고 있다. Etzioni는 이러한 경향의 접근법을 구조론적 접근법(structuralist approach)이라 하고, 구조론적 접근법은 합리성·공식성에 중점을 두는 전통적 조직이론과, 비합리성·비공식성에 중점을 두는 인간관계론적 조직이론을 종합하여 조직에 대한 하나의 포괄적인 준거기준을 제시하는 것이라고 주장한다.

현대조직이론의 조사연구 활동은 극도로 다기화되어 있기 때문에 어떤 한 사람의 연구로서 그 많은 것을 기술하거나 정리할 수 있는 형편이 못 된다. 그러나 1950년대 이후 조직이론분야의 지적 통합노력이 활발해지면서 다기화된 접근방법들을 학파로 묶어 단순화시켜 보려는 작업이 시도되었다. 현대조직이론을 조직이론의 관심대상과 분석방법을 기준으로 하여 2대별 또는 3대별로 분류하는 것은 이러한 시도의 결과인 것이다. 학파분류를 2대별로 하는 예로는 흔히 행태적 접근방법(behavioral approach)과 관리과학적 접근방법(management science approach)을 현대이론의 지배적인 유파라고 규정하는 견해이며, 여기에다가 체제론적 접근방법(systems approach)을 추가하는 경우가 학파를 3대별하는 예라고 할 수 있다.

(1) 행태론적 조직이론: 행태론적 연구방법은 C. I. Barnard의 「관리자의 기능」(The Functions of the Executive, 1938)에서 그 경향을 찾아볼 수가 있으나, 본격적인 연구는 Simon의 「행정행태론」(Administrative Behavior, 1947)에서 비롯된다.

행태적 접근방법은 인간이 현실적으로 여러 환경 속에서, 그리고 여러 영향 아래서 대내적·대외적으로 어떻게 행동하는가를 분석한다. 따라서 행태적 접근방법은 인간관계론에 뿌리를 두고 인간 중심적 편향을 지니는 연구경향이라 할 수 있으며, 전통적 조직론자들이 주로 구조와 직무에 역점을 두는 데 반하여, 행태론자들은 현실조직 내에서 움직이는 인간에 관심을 기울인다. 그러나 오늘날 행태적 접근방법은 인간관계론의 단순한 기법이나 조직관보다는 훨씬 다기화된 기법과 폭넓은 조직관에 바탕을 두는 것이다.

(2) 관리과학적 조직이론: 제2차 세계대전의 산물이라고 할 수 있는 관리과학(management science)은 계획적 도구(quantitative tool)를 이용하여 계획·통제·의사결정 등의 효율화를 기할 것을 강조한다.

계량적이고 물질주의적 성향을 지니는 관리과학적 접근방법은 과학적 관리운동으로부터 연원하는 것이지만 과학적 관리운동보다는 훨씬 폭넓은 안목에 바탕을 두고 있다. 즉 Taylor의 과학적 관리가 생산과업(production task) 및 인간과 기계의 능률에 주로 관심을 갖는다고 한다면 관리과학은 조직을 일차적으로 경제 기술적 체제(economic-technical system)로 간주하고 이의 분석을 위하여 경제학·공학·수학 및 통계학 등의 도움을 받는다. 관리과학은 OR(operations research), PERT(performance evaluation and review technique), EDPS(electronic data proecessing system) 등을 포함하며 이를 행정과학이라고도 한다.

(3) 체제론적 조직이론: 체제론(system theory)은 공식적이며 체계적으로 구성된 인간의 복합체인 조직을 하나의 물리적·생물학적 체제와 유사한 특성을 갖는 체제(system)로서 인식하는 접근방법이다. 체제란 가장 일반적인 의미로 표현하면 어느 정도의 독립성과 자기의 경계를 유지하면서 다른 대상이나 부분 및 요소들과 상호의존·상호관련·상호작용하는 전체(whole), 집합(set) 혹은 실체(entity)라고 할 수 있다.

체제이론이 대두되어 여러 학문분야에 수용·발전되고 있는 가장 큰 이유는 사실현상을 규명하기 위하여 복합 과학적 방법(interdisciplinary approach)이 이용된다는 점이다. 오늘날의 조직이론에서는 개방체제이론을 취하는데, 그것은 생물학자인 L. von Bertalanffy가 생체(living organism)를 개방체제로 파악한 것을 계기로 하여 자연과학에서 발달한

체제개념을 사회과학에 도입한 것이다. 즉 생물체가 ⅰ) 투입(input)작용으로서 환경으로부터 에너지를 흡수하여, ⅱ) 전환(convension)작용으로서 이 에너지를 체내에서 출력으로 전환시키고, ⅲ) 산출(output)작용으로서 이 출력을 환경에 내보내면, ⅳ) 환류(feed back)작용으로서 그 출력이 자기 생존 내지 성장목적에 합치되도록 그 목적에서 이탈되는 것을 방지하는 일련의 과정을 조직 활동과정에 적용하려는 것이다.

I. Scharkansky는 행정체제를 서로 관련된 환경(environment), 투입(input), 전환과정(converson process), 산출(outputs) 및 환류(feedback) 등의 상호작용을 반복하는 개방체제(open system)로서 파악하고 그림과 같이 도식화하고 있다.

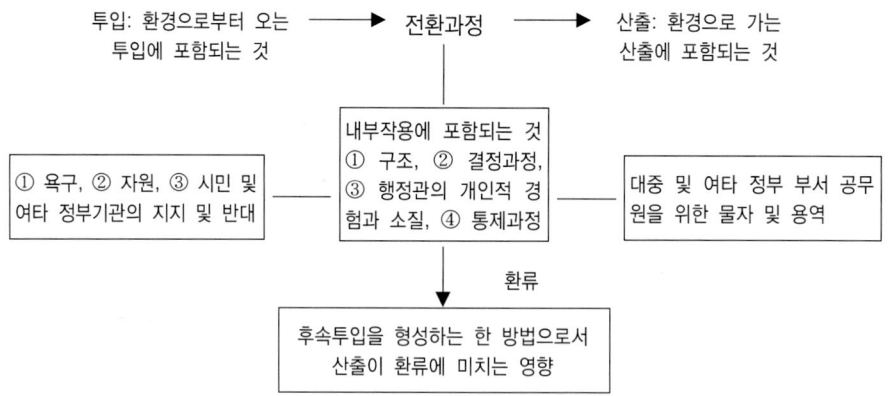

환경: ① 고객, ② 물자 및 용역의 가격, ③ 정부기관이나 행정관 또는 정부사업을 지지 혹은 반대하고 있는 대중 및 타 정부기관의 공무원이 포함된다.

6) 현대조직이론의 일반적 특징

현대조직이론은 한마디로 말하여 지금까지 쌓여 온 조직현상연구의 경험과 지식 위에 성립하고 이 모든 것을 종합 또는 포용하는 경향성을 지니는 것으로 이해할 수 있다. 현대적 조직이론의 계보에 속하는 이론의 공통적 특징은 다음과 같다.

(1) 분화와 통합: 현대조직이론에서는 인간이 거의 무한한 잠재력과 가변성을 지닌 복잡한 존재(complex man)임을 인식하고 조직을 복잡한 체제(complex system)로 보기 때문에 무모한 획일화나 법칙화를 피한다. 그러나 현대이론은 다양성 속에서도 일관성을 찾아 보편적인 요인을 포착하려는 노력의 일환으로 통합적 모형의 정립에 나서고 있으며, 이러한 통합적 모형을 구성하는 사람들은 대체로 모든 것은 모든 것에 관련되어 있다는 체제관념에 입각하여 있다.

(2) 가치기준의 다원화와 문제선정의 다양화: 현대조직이론의 가치기준은 다원화되어 있으며 연구대상으로 선정되는 문제들은 크게 다양화되어 있다. 고전이론의 지배적인 가치기준이 능률이었으며 인간관계론의 등장은 사회적 능률을 새로운 가치기준으로 첨가하였고, 환경유관론적 입장에서는 대외적인 적응성을 가치기준으로 중시하였다. 그리고 조직변수를 크게 나누어 공식적 요인, 비공식적 요인, 그리고 환경적 요인으로 범주화할 수 있다면 오늘날의 조직이론은 이 세 가지에 모두 관심을 두고 있다.

(3) 복합과학성: 현대조직이론은 복합과학으로서, 즉 학문교호적 활동(interdisciplinary activities)에 의하여 형성되었고 또 발전되어 가고 있는 학문영역이다. 따라서 여러 학문분야의 지혜가 조직연구에 동원되고 있다.

(4) 경험과학의 제고: 학문교호적 활동의 확대와 국제적인 연구정보 교류의 증가, 그리고 조직의 비교연구를 포함한 조사활동의 증가는 조직이

론의 과학화수준을 크게 향상시켜 놓았으며, 행태주의 적용가능성을
크게 넓혀 놓았다.

물론 행태주의적 연구가 통할 수 있는 범위는 문제영역의 전체 규모에 비
추어 볼 때 매우 제한되어 있지만, 이러한 연구방법의 발전은 행태주의의
적용범위를 조금씩 넓혀 가고 있다.

5. 사조직(사기업 포함)의 문제점과 개선점

1) 사기업의 종류

사기업의 종류에는 몇 가지가 있다.

(1) 개인기업

개인이 혼자서 사업체를 만들어 운영하는 기업이다.

요자본의 전부 또는 대부분을 한 개인이 출자하고, 그 자본운영에 관한
책임을 그 출자자가 전적으로 지는 기업. 이때 생기는 이윤이나 손실은 출
자자인 동시에 경영책임자이기도 한 개인이 받아들이고 부담한다.

개인기업은 지휘하는 데 있어서 통일성·신축성·비밀유지 등의 좋은 일
면을 지니고 있으나 자본규모가 결과적으로 개인자본가의 축재에 묶이고,
다른 기업과의 경쟁에 필요한 자본금 지출이 불충분하다는 근본적인 약점이
있다.

여기에서 주목할 일은 개인기업의 기업성이다.

개인기업 가운데에는 자본과 임금노동의 분화가 명확하지 않은 전 자본주
의적 기업이 포함되어 있기 때문이다. 개인자본가가 직접 노동과정의 중요
부문을 담당한다든지, 임금을 지불하지 않아도 좋은 가족노동자가 노동자의

대부분을 차지할 경우에는 엄밀한 의미에서의 기업은 성립될 수 없다고 보아야 한다.

그렇다고 해서 역사적 과도기나 현대 자본주의하에서 존재하는 가내공업이나 영세공업의 중요성을 부정하는 것은 아니다.

(2) 공동기업

두 사람 이상이 투자하여 사업체를 조직한 기업으로 소수의 사람이 출자하여 만든 소수 공동기업(합명회사, 합자회사, 유한회사), 다수의 사람이 출자하여 만든 다수 공동기업(주식회사)이 있다.

기업의 주체가 1개인이 아닌 집단인 기업, 개인기업에 대응하는 말이다.

공동기업은 그 구성요소인 인적 요소와 자본적 요소 가운데서 그 어느 것에 더 중점을 두는가에 따라 인적 공동기업 · 혼합적 공동기업 · 자본적 공동기업 세 가지로 분류된다.

① 인적 공동기업: 소수 인이 협동하여 금액을 출자하고 동시에 협동하여 경영하는 것이며, 그 법률적 형태는 대개가 합명회사이다.

대체로 개인기업과 같은 장단점을 가지나 개인기업에 비하여 보다 다액의 자본을 모을 수 있고, 경영 기능을 분담할 수 있는 장점이 있는 반면에, 여러 사람이 경영하는 까닭에 상호간에 제약을 받게 되어 협동이 곤란해지는 단점이 있다.

② 혼합적 공동기업: 보통 합자회사 · 익명회사 · 유한회사 등의 법률적 형태를 채용하는 것으로서 대체로 인적 공동기업과 같이 중소기업에 적당한 기업형태이다.

③ 자본적 공동기업: 주식회사를 그 법률적 형태로 채용한다. 오늘날의 가장 중요하고 지배적인 기업형태가 이것이다. 그 장점으로는

가. 자본의 증권제도 및 유한책임제도이며, 다액의 자본을 규합할 수 있는 점

나. 출자와 경영의 분리로서, 중역제도에 의하여 통일적 · 능률적 경영을

할 수 있는 점

다. 경영의 항구성 등을 들 수 있다.

2) 사기업의 의미

공기업과 대립되는 개념으로, 자본주의사회에서 가장 전형적인 기업형태이다. 출자자가 단일한 경우를 단독기업, 복수인 경우를 집단기업이라고 한다.

단독기업은 개인기업이라고도 하는데, 이는 자연인이 자본의 형성과 운영을 담당하고 있으므로 기업의 성쇠가 출자자 개인의 역량에 의해 좌우된다.

집단기업은 다시 조합기업과 회사기업으로 나누어지는데, 조합기업의 대표적인 것으로는 익명조합을 들 수 있다.

이것은 사기업의 유능한 경영자와 자본가가 합작하여 경영하는 기업형태이지만 법률적으로는 영업자의 개인기업으로 나타난다.

사기업을 예로 말하면 개인주의적인 조직인 것 같다. 목적이 공공의 이익이 아닌 개인의 이익을 위해 일처리를 하는 것이다.

3) 공기업과 사기업의 차이점

공기업과 사기업의 차이점이 어떠한 것이냐고 묻는다면 그 누구도 그 답변을 생각하기가 힘들 것이다. 우선 나부터 한국의 공기업과 사기업의 차이점을 구분하기가 힘들다.

그런데 요사이 국민들이 데모와 집회를 하는 것을 보면 공기업을 민영화시키는 데 이유가 있다고 한다. 가끔 보면 보통 국민들이 기업들의 서비스에 불만을 가지는 것이 민영기업이 아니라 공기업인 것으로 알고 있다.

또한 그 불만은 일반 사기업보다도 더 거세다.

그런데 왜? 그것이 데모와 집회의 주제가 되고 있는 것일까?

그것은 정부와 나라를 믿지 못하기 때문이다.

언제 나라의 경제 문제로 문을 닫을 줄 모르는 민영기업에 대한 불안감이다.

이미, IMF 때에 겪었던 일들이고 또한 지금도 IMF를 한국이 졸업했다고 생각하는 국민이 없기 때문이다.

결국 예전 김영삼 전 대통령 정권 때 방송국들이 나라와 경제에 아무런 문제가 없다는 거짓말에 국민들이 IMF를 겪으며 직접 피해를 입었기 때문 이며 IMF가 무엇인지 뼈저리게 알 수 있었기 때문이다.

그러므로 정부에 대한 불신은 더욱더 심할 수밖에 없는 것이다.

그리고 방송 TV나 라디오에서 언제나 보도하고 있는 정치인들과 기업인 들 그리고 벤처기업들까지도 비리와 부정부패를 저지르고 있는 것을 직접 확인하고 있는 국민들은 정부는 물론이고 그 누구도 믿을 수가 없는 것이다.

그러므로 공기업을 민영화시키면 언제 퇴직금도 받지 못하고 쫓겨날지 모 른다는 생각들을 하고 있다는 말이 된다.

그것은 이제까지 공기업에 공무원들이나 직원들은 얼마나 편안하게 직장 생활을 했는지도 말해 주는 것이 되기도 한다.

일반 사기업보다는 공기업의 직장 생활이 편안한 이유가 여러 가지가 있다.

또한 IMF 때, 사기업보다는 공기업 쪽에 일했던 사람들은 어려움 없이 회식하고 어려움 없이 영업비 받고 그리고 퇴직금도 듬뿍듬뿍 받았던 일들 이 TV와 라디오 뉴스에서 나왔었다.

(1) 위에 간부가 자주 바뀌며 또한 선거 때가 되면 밑에 직원들을 상전 받들듯이 하고 잘못을 눈감아 주는 전통 아닌 전통에 인자한 상관이 공기업 에는 존재한다.

(2) 나라가 망해도 공기업은 충분한 퇴직금과 안전성을 보장하고 있다. 그 리고 전쟁이나 위급 상황에는 국민 모두가 이득을 볼 수가 없으니, 억울할 것이 없다.

또한 상황 파악을 누구보다 더 잘하니까 나와 나의 식구들은 더 빠른 정 보로 안전하게 도망갈 수가 있다.

또한 주식이나 증권에도 정부와 정치에 관련된 사람들로부터 정보를 가까

이하니까, 커다란 도움을 받는다.

이러한 사실은 누구나 알고 있는 우리의 실상이다.

어떻게 정부만 잘못했다고 할 수가 있는가? 공기업에 정직한 직원 세 명만 있더라도 정치인들이 비리와 부패를 그렇게 쉽게 저지르겠는가? 언제나 누구나 상황에 따라서 듣기 좋으라고 말하는 '나라의 주인은 국민이다.'는 어디에 있는가? 나의 이웃이 힘들 때에는 그것이 옳은 것이건 옳지 않은 것이건 입을 다물며 눈을 감고 그곳에서 나오는 이득이나 생각하는 사람들이 이제는 나에게 칼이 들어왔다고 국민들과 함께 나라의 주인은 국민이라는 것을 외치고 또 외친다는 말인가? 같이 부패하고 같이 나만 먹고살겠다고 하면 그 나라가 어디로 가며 어디에 있겠는가? 그 나라와 사회가 미쳐 가며 이제는 완전히 미쳐서 혼잡함 속에서 미래도 없이 뒤엉키고 있는 것을 모르기라도 한다는 말인가? 정부나 여당 그리고 야당 또한 모든 정치인들은 국민에게 할 말을 잊은 지가 오래되었다.

그들 스스로가 자신들의 말이 어떠한지를 이제는 알고 있기 때문이다.

쉽게 이야기해서 이제는 거짓말이 통하지 않는다는 말이다.

더 구체적으로 이야기해서 이제는 국민들이 어려운 상황과 억울한 상황에서 어떻게 움직여야 하는지 방법이나 서류 절차까지도 알고 있다는 것이다.

우선 나의 게시판에 있는 많은 글들은 좋은 예가 될 것이며 많은 이웃이나 사람들이 방법을 알고 억울한 일들이 있을 때, 그것을 그대로 흉내 내고 공식적인 절차를 밟은 것으로 알고 있다.

지금 떠들고 있는 정치인들은 예전 정치인들이 써먹었던 방식을 그대로 유지하며 그것이 아니고는 정치를 할 수가 없다고 믿고 있는 정치인들이다.

누구나 알고 있는 몇 가지를 말해 보면 이러한 것이 있다.

– "정치를 하려면 개똥철학이라도 가져야 한다."

– "정치는 돈 없으면 못 한다."

– "정치는 적이나 원수를 두어서는 안 된다."

– "일을 하다가 좋지 않은 일들은 밑에 직원들에게 시키고 무조건 인자한 척하라."

- "인정이 많고 인자하다는 이미지를 잃어서는 안 된다."
- "전 박정희 대통령의 카리스마를 생각해야 한다."
- "기타 등등"

그러다가 IMF가 왔다. 그리고 아직도 국민들은 안정을 찾지 못하고 있다. 현재, 한국 곧 한국의 현실을 바로 볼 줄 아는 사람들이 대통령에 출마하고 싶을까? 내가 생각하기로는 대통령이 되겠다고 나서는 사람들은 세계의 경제가 무엇인지? 또한 정치가 무엇인지? 현재 한국 사회가 어떠한지도 전혀 모른다고 보아야만 할 것이다.

그러한 정치인들이 어떻게 혼란스럽고 힘든 나라의 문제점을 파악할 수가 있으며 또한 해결할 수가 있겠는가? 국민 누가 믿겠는가? 그러한 정치인들이 어떻게 정상적이지도 못한 나라와 나라의 경제를 바로 세울 수가 있겠는가? 그것은 불가능하다고 보아야 할 것이다.

지금은 IMF를 졸업했다고 하며 고통 속에서 그리고 두려움 속에서 허덕거리고 있는 2009년도이다. 예전에 정치가 통하지 않는다는 말이다. 국민들 모두가 너도나도 자신들의 이득에 희망을 걸고 정치판과 정치인들에 패를 갈라놓고 선거 운동을 하고 있으니, 과연 희망이 어디에 있는가? 정치인과 국민이 어떻게 갈라질 수가 있으며 구분이 될 수가 있는가? 그것은 민주주의뿐 아니라 그 어떠한 정치에서도 어긋나고 잘못된 망상의 정치가 되는 것이다. 과연 정치인이 먼저 개혁이 되어야 하는지 아니면 사업가들이 먼저 개혁이 되어야 하는지 또는 국민들이 먼저 개혁이 되어야 하는지, 의문이 아닐 수가 없다. 어느 것 하나도 독립적인 조직이 될 수가 없기 때문이다.

모든 사회의 조직들은 독립될 수가 없는 것이며 혼자 잘해서 될 수도 없는 것이며 모든 조직의 고리는 연결되어 있는 것이다. 한 가지 더, 한국에서 국민의 여론과 당파 싸움이 거칠어지자 미국의 정치를 흉내 내고 있는 것 같은데, 이왕이면 제대로 된 것을 본받아서 국민과 나라에 도움이 되게 하는 것이 올바른 것이며 당연한 것이다. 미국의 경선은 대통령 후보가 가능한 경제나 교육 기타의 정책안을 가지고 출마하는 것이 기본이다. 올바르고 국민을 설득할 수가 있는 대통령 후보의 제안은 얼마나 정확하게 현시점의 문제점을 파악하고 있느냐에 달려 있다.

문제점을 정확하게 파악하고 있지 못하면 그 문제점에 대한 대책이나 방안은 나오지 않기 때문이다. 민주당이나 공화당의 지지자들은 바로 그 정책에 대한 현실성과 진실성을 파헤치기 위해서 존재하게 되는 것이다. 한국과는 너무나도 거리가 있는 내용이 아닌가?! 한국 대통령 후보들이 내걸고 있는 정책이라고 하는 것이 어떠한 것인지 들어 본 사람은 손들어 보아라.

어떻게 대통령 후보가 인물이 먼저가 되는가? 인물이 먼저가 아니다. 나라가 먼저고 국민이 먼저가 되어야만 한다.

4) 사조직의 문제점

목적이 공공의 이익을 위한 목표가 아니고 사적인 목표이다. 사조직이 늘어나면 늘어날수록 실업자는 증가한다. 사조직은 결국 개인조직이다. 조직의 최고자의 이익을 위해서 평범한 인원을 많이 뽑아서 일처리를 시키는 것보단 최고능력자를 소수로 뽑아서 신속한 일처리를 시키는 것이 비용을 절감시키고 효과적인 일처리를 완수해 낼 수 있다. 이로 인해서 실업자가 증가하고 사회경제상황은 나빠질 수밖에 없다. 또한 자기 조직에 속해 있는 조직원이 일처리를 효과적이게 하지 못한다면 바로 퇴출해 버리고 더 효과적이게 일처리를 하는 조직원을 뽑을 것이다. 그리고 사조직은 공익이 아닌 사익을 목표로 일처리를 한다. 우리 사회의 상황이 나쁘다고 해서 공공을 위해 투자하기보다는 개인을 위해 투자한다. 돈이 없어서 학교를 못 다니는 학생들에게 투자하기보다는 학교를 만들어서 학교에 입학하는 학생들에게 입학금을 받는 게 사조직이다. 그리고 공조직보다는 사조직에서 비리가 많이 일어난다. 공공의 이익을 위해서 일하는 공조직이 비리를 일으킨다는 확률은 그리 높지 않고 비리를 일으킬 만한 자금도 공조직은 적을 것이다. 그러나 사조직은 개인의 이익만을 위해서 만들어진 조직이기 때문에 사회적 비리를 일으키는 확률이 높고 지금까지도 그래 왔다. 그리고 지금 사회에서 사조직은 큰 조직이 아니라면 모두 무너지고 있다. 이미 자리를 잡고 있던 사조직의 규모가 너무 거대해서 경쟁이 되지 않는다.

그래서 사조직 간의 경쟁이 많지 않고 사조직의 발전이 점차 느려지고 있다.

(1) 실업자 증가 요인

(2) 사회 경제 상황 위축

(3) 부정, 부패

(4) 조직발전 위축

5) 사조직 문제에 대한 대안점

(1) 실업자 증가 요인

먼저 실업자 증가 요인에 대한 해결책은 조직원의 효과적인 일처리 능력도 향상 시켜야 하고 조직의 리더도 조직원이 효과적인 일처리를 못 한다고 해서 퇴출하기보다는 응원과 격려로써 조직원에게 자신감을 키워 주어야 한다.

조직의 리더에게 격려를 받은 조직원은 더욱더 효과적인 일처리를 해낼 수 있을 것이다. 그리고 새로운 조직원을 뽑을 때에도 능력 위주로 뽑는 것보다 사람의 됨됨이를 보고 뽑는 것이 좋다.

(2) 사회 경제 상황 위축

사조직이라고 해서 사익만을 추구할 것이 아니라 우리 사회의 이익도 생각해 봐야 할 것이다. 왜냐하면 예를 들자면 휴대폰 대기업이 이익만 보고 핸드폰만 마구 만들어 냈다. 그러나 사회 경제 상황은 위축되어 가서 새로 나온 휴대폰을 사기보다는 쓰고 있는 휴대폰을 장기간 사용할 것이고 휴대폰 대기업이 만들어 낸 휴대폰의 매출은 떨어질 것이다. 이런 상황이 발생하지 않으려면 사기업이라고 해도 공익을 위해 투자를 해야 한다.

(3) 부정, 부패

사조직에서 가장 흔하고 가장 문제가 되는 점이다. 사익을 위해서라면 보이지 않게 부정, 부패를 쉽게 저지르기 때문이다. 이 문제를 어떠한 방법으로 해결해야 하는지에 대해서 많은 생각을 해 보았다.

정부개입이 어느 정도 들어가는 게 좋다는 생각이 들었다.

사조직이 다른 조직과 거래를 하게 될 때 그 거래 조회기록을 정부가 볼 수 있도록 해 놓든가 아니면 정부에서 조직원들과 조직의 리더를 감시해야 하는 게 좋다고 본다.

(4) 조직 발전 위축

우리 사회에서는 이미 거대한 사조직들이 자리를 잡고 있기 때문에 새로운 사조직이 생겨나서 경쟁하기가 어렵다. 이미 있던 사조직들이 거대 사조직으로 발전했기 때문에 새로운 사조직이 경쟁을 해 온다고 해도 잠시뿐 점점 하나 둘씩 사라져 간다.

이를 해결하기 위해서는 정부의 개입이 중요하다. 새로운 사조직이 생겨났을 때 그 조직을 위해 어시스트를 해 주는 것이 제일 중요하다고 생각한다.

사조직에 대해서 알아보면서 사조직의 장점과 단점을 어느 정도 이해하게 되었다. 사조직과 공조직의 차이점을 알아보았을 때 공조직은 공공의 이익을 위해 일하기 때문에 공조직이 우리 사회에 꼭 필요한 조직으로 생각하게 되었다 하지만 사조직도 우리 사회에 필요한 조직이다. 그렇지만 사조직은 우리 사회에서 문제점이 많은 걸 알게 되었다. 사조직은 사익만을 위해서 일하기 때문에 우리 사회에서 꼭 필요한 조직이라고 생각은 할 수가 없다.

지금 사회가 어렵기 때문에 취업이 되지 않는다면 일상생활을 하기 힘들어진다. 사조직의 조직원이 되려면 조직의 리더가 원하는 능력을 갖추어야 한다. 어떻게 보면 쉽게 보이지만 조직의 리더가 원하는 능력을 가진 사람은 많다. 그렇지만 조직의 리더가 원하는 인원은 많은 것이 절대 아니다.

고작해야 손에 꼽을 정도만 뽑기 때문에 다 같은 능력을 갖추었다고 해도 누구보다도 더 뛰어나야 하는데 그게 하늘의 별따기이다.

그래서 정부에서의 지원이 필요하다고 생각해서 대안점에 이런 생각을 적는다. 그리고 중요한 문제점이 사회 경제 위축이다. 사조직은 항상 사익만을 위해 일처리를 하기 때문에 경제 상황보다는 자기의 이익이다. 다른 사람들이 자금이 부족해서 사조직이 생산해 내는 물품을 살 수 없는 상황임에도 불구하고 사조직은 자기의 일처리만을 위해 일한다.

6. 조직과 환경의 관계성

1) 조직환경 연구의 기초개념

(1) 조직의 경계와 환경

① 조직의 경계
가. 조직의 경계(boundaries)는 조직과 환경을 구분해 주는 사회현상을 확인하고 분석하기 위한 개념 ⇒ 행정조직을 포함한 모든 조직에는 경계가 있음
나. 경계는 사람들의 행위에 의해 만들어지는 사회적 현상
다. 조직구성원들의 경계적 작용은 조직과 환경을 구별해 주고 양자의 연계관계를 설정
라. 사람들의 행위가 경계를 설정하는 것이므로 경계의 위치는 시간적·공간적으로 유동적

※ 경계적 작용
① 생산 활동을 위한 투입의 획득 그리고 생산된 산출의 처분
② 투입과 산출의 선별
③ 장·단기의 적응을 위한 정보의 획득

④ 조직의 대외적인 대표

⑤ 외적 압력과 위협에 대한 조직의 보호 등이 포함됨

※ 경계현상을 포착하려 할 때에 쓸 수 있는 직접·간접 지표

① 교호작용률을 지표로 하여 교호작용이 현저히 줄어드는 곳을 조직의 경계로 규정해야 한다는 제안

② 조직구성원이 하는 활동의 내용과 성격, 영향력의 차등점, 정보유통의 차등점, 구성원의 자격에 관한 규범적 기준, 근무시간과 같은 조직 활동의 시간적 한계 등을 경계확인의 지표로 삼자는 제안

③ 담장·대문 등 물적 시설도 경계를 밝히는 데 간접적인 지표

② 조직환경의 의의

가. 환경에 대한 여러 정의들의 공통된 주장은 '조직 경계 밖에 존재하는 모든 것

나. 조직환경(organizational environment)은 조직을 둘러싸고 있는 자원들의 집합으로 정의 ⇒ 자원에는 제품과 서비스를 생산하는 데 필요한 원자재와 숙련된 노동자, 기술을 개선시키거나 전략을 수립하는 데 필요한 정보, 외부 이해 관계자들로부터의 지원 제품과 서비스를 소비하는 소비자, 자금을 조달해 주는 은행 및 금융기관 등이 포함

다. 조직은 환경으로부터 필요한 자원을 획득하기 위해서 환경과 상호작용을 함

③ 조직환경의 성격

가. 조직환경은 끊임없이 변동한다.

나. 동일한 환경이라도 조직의 특성에 따라서 다르게 작용할 수 있다.

다. 조직 자체가 환경을 변화시킬 수도 있다.

라. 조직환경은 일정 부분 통제불가능한 측면이 존재한다.

마. 조직환경은 조직에 영향을 미치기도 하며 조직으로부터 영향을 받기도 한다.

④ 조직과 환경의 교호작용

가. 조직과 환경의 관계는 교호작용적이다.

나. 전혀 일방적인 관계는 실제로 찾아보기 어렵다.

　　㉠ 전략적 선택론: 조직의 적응이 조직의 자율적 결정으로 이루어진다
　　　 는 견해

　　㉡ 환경적 결정론: 환경적 영향이 조직의 적응과 변동을 결정한다고
　　　 보는 견해

다. 현대행정학은 이 두 가지 견해를 절충

(2) 환경관의 변천(환경관의 3단계 변천과정)

① 폐쇄적 환경관

가. 조직의 내부문제만을 연구의 대상으로 하며 환경문제는 고려하지 않
　　 는 단계

나. 과학적 관리론, 행정관리론 등 고전적 이론

다. 미국의 행정이나 한국의 행정 실질이 동일하다는 행정의 보편성을 전제

② 종속적 환경관

가. 조직의 환경을 연구의 대상으로 인식하였으나 환경이 조직에 절대적
　　 인 영향을 미친다는 측면을 강조

나. 제1단계에서와 같이 조직을 진공 속에 있는 것으로 보는 것이 아니라
　　 조직은 어떤 환경(environment) 속에 있는 것이며, 행정은 환경의 변수
　　 에 따라 그 실질을 달리한다고 보는 견해

다. 행정생태론을 포함한 사회적 행정이론들

라. 조직을 환경의 종속변수로서 파악하고 조직에 대한 환경의 영향, 투입
　　 작용만을 특히 강조

③ 개방적 환경관

가. 조직은 환경으로부터 영향을 받을 뿐만 아니라 능동적으로 환경에 영

향을 주는 상호작용 관계에 있는 것으로 보는 견해

나. 조직과 환경 상호간의 투입작용과 산출작용을 동시에 인정하며, 조직은 환경에 대한 종속변수뿐만 아니라 적극적으로 환경을 통제하는 독립변수로서의 기능을 한다고 보는 견해

다. 행정의 환경 또는 사회에 대한 적극적인 개조·창조·개척의 측면을 강조하는 발전론적 행정이론

2) 조직환경의 유형과 특성

① D. Katz와 R. L. Kahn – 조직의 일반적 환경

가. 문화적 환경

나. 정치적 환경

다. 경제적 환경

라. 기술적 환경

마. 물리적 환경

② A. G. Athos – 조직의 환경

가. 내적 환경

나. 외적 환경

③ G. Homans – 조직의 환경

가. 문화적 환경

나. 기술적 환경

다. 물리적 환경

④ R. H. Hall – 조직의 일반적 환경

가. 기술적 조건

나. 법적 조건

다. 정치적 조건

라. 경제적 조건

마. 인구학적 조건

바. 생태학적 조건

사. 문화적 조건

(1) 일반적 환경

대체로 조직의 일반적 환경(general societal environment)은 조직에 실제적·잠재적으로 영향을 미치는 조직 외적 현상이라고 규정

⇒ 지금까지 나온 환경유형론 가운데 우리에게 가장 유용한 아이디어를 제공하는 것은 F. E. Emery와 E. L. Trist의 환경유형 분류

■ Emery와 Trist 환경유형 분류

(매우 단순한 것 → 복잡성과 불확실성이 높아져 가는 단계)

① 제1유형: 평온 – 무작위적 환경

가. 네 가지 환경유형 중 가장 단순한 환경으로 조직에 미치는 영향력이 간접적이고 환경의 변화가 상당히 느리게 진행되기 때문에 조직의 활동에 그나지 위협적인 요소가 되지 않음

나. 평온 – 무작위적 환경은 경제학에서 말하는 완전경쟁 상태와 유사

다. 이러한 환경 아래서 활동하는 조직은 환경에 크게 구애받지 않고 조직에 유리한 환경 요소를 선택하여 조직의 계획을 수행해 나갈 수 있음

라. 이 환경은 불확실성이 낮기 때문에 소규모 조직이 기능을 발휘하기에 적합

마. 예: 태아가 처해 있는 환경, 유목민들이 처해 있는 환경 등

② 제2유형: 평온 – 집합적 환경

가. 점진적 환경이라고도 불리는 평온 – 집합적 환경은 변화의 속도는 느리지만 조직에게 유리한 요소와 위협적인 요소들이 무리를 지어 집합적으로 존재하는 환경

나. 원자재 공급업체와 제품 거래업체들이 힘을 합하여 강력한 연합을 구성하고 있는(조직화되어 있는) 경우가 해당

다. 따라서 조직은 좀 더 장기적인 안목으로 전략을 수립하여 환경에 대응해 나가야 함

라. 예: 계절의 지배를 받는 식물의 환경, 유아의 환경, 그리고 농업, 광업 등 1차 산업의 환경

③ 제3유형: 교란 – 반응적 환경

가. 교란 – 반응적 환경은 비슷한 목표를 추구하는 경쟁조직들이 많이 존재하는 환경

나. 이 환경에서는 그들의 환경은 물론 다른 조직에도 영향력을 행사할 수 있는 대규모 조직이 있을 수 있으며, 몇 개의 대규모 조직이 산업을 지배할 수도 있음

다. 자동차, 철강, 청량음료 산업의 몇몇 조직들이 제품의 가격을 선도하는 경우가 해당

라. 이러한 환경에서 활동을 하는 조직들은 다른 조직들의 반응을 예측하고 조직이 속해 있는 산업을 선도할 수 있는 일련의 전술을 계속 개발시켜야 함

마. 이러한 산업 내의 경쟁은 조직의 생존을 위한 신축적인 조직 활동과 유연한 조직구조를 요구하기 때문에 교란 – 반응적 환경하에 있는 조직들은 분권화되는 경향

④ 제4유형: 격변적 환경(turbulent – field environment)

가. 격동의 장, 소용돌이의 장이라고도 하는 격변적 환경은 매우 복잡하고 격변하는 환경

나. 네 가지 환경유형 중 가장 동태적이고 가장 불확실성이 높은 환경

다. 이러한 환경에서는 변화는 항상 일어나는 현상이고, 환경의 구성요소
  들의 상호 관련성이 매우 높음

라. 변화가 매우 빠르게 이루어지기 때문에 예측하기가 어려워 경영자들
  의 계획적인 예측의 노력이 별로 효과를 거두지 못함

마. 격변적 환경하에 있는 조직들은 생존을 위해서 계속적으로 신제품을
  개발해야 하며 환경요소들과의 관계를 계속해서 재평가해야 함

(2) 구체적 환경

가. 행정조직의 구체적 환경은 주로 조직 간의 관계에 관한 것

나. 구체적 환경은 대상조직과 구체적으로 교호작용하는 조직이나 개인이
  라고 정의될 때가 흔히 있음

다. 구체적 환경의 개인들은 대개 어떤 조직과 연관을 맺고 있으며, 환경
  을 구성하는 조직들은 개인들보다 현저히 중요한 영향을 대상조직에
  미침

라. 환경의 집약화 추세가 강해지고 조직사회의 밀도가 높아짐에 따라 환
  경적 조직들이 전체 환경에서 차지하는 비중은 날로 커지고 있음

마. 조직의 구체적 환경을 분석하는 사람들의 주요 관심사는 조직 간 관
  계의 분석수준과 조직 간 교호작용의 양태

3) 환경적응전략과 기관형성

(1) 환경과 조직의 불확실성

㉠ 조직에서 환경이 중요시되는 이유는 조직마다 직면하는 환경이 다
  르기 때문

㉡ 효과적인 조직이 되기 위해서는 환경의 불확실성을 잘 관리하고,

대처해 나가야 함

ⓒ 환경의 불확실성(environmental uncertainty)이란 의사결정자가 환경의 구성요소에 대해서 충분한 정보가 없고, 외부환경의 변화를 예측하기가 어려운 상황을 의미

ⓔ 환경의 불확실성은 복잡성, 동태성, 자원의 풍부성이라는 세 가지 요인에 의해 결정

■ 불확실성의 세 가지 원천

가. 복잡성(complexity)

㉠ 환경의 복잡성이란 조직이 의사결정을 할 때 고려해야 할 환경요소의 수 또는 환경요소들 간의 이질성에 관련된 개념

㉡ '환경이 복잡하다'라는 것은 조직이 의사결정 시 고려해야 할 환경요소의 수가 많으며 환경요소들 간의 가치·선호도 등이 상이하다는 것을 의미

나. 동태성(dynamics)

㉠ 환경의 동태성이란 조직이 의사결정을 할 때 고려해야 할 환경요소들이 얼마나 동태적인가에 관련된 개념

㉡ '환경이 동태적이다'라는 것은 소비자의 잦은 욕구 변화, 경쟁자의 빈번한 전략 변화 정부의 규제 변화, 신제품의 잦은 출현 등과 같이 환경요소들이 자주 변화하는 것을 의미

다. 풍부성(richness)

㉠ 환경의 풍부성이란 조직의 활동영역을 지원해 줄 수 있는 이용가능한 자원의 양에 관련된 개념

㉡ 자원이란 원자재는 물론 인적 자원, 자본, 정보 등을 모두 포함

㉢ '환경이 풍부하다'라는 것은 자원획득을 위해 경쟁할 필요가 없기 때문에 이용가능한 자원이 풍부하다는 것을 의미

㉣ '환경이 부족하다'라는 것은 이용가능한 자원이 부족하다는 것을

의미

⇒ 환경의 부족성은 동일한 자원을 필요로 하는 경쟁자가 많아 경쟁이 심한 경우에 발생 ⇒ 자원 획득을 위한 서로 간의 경쟁은 환경의 불확실성을 증가시키는 결과를 초래

※ 환경으로 인한 조직의 불확실성이 높을수록 조직의 신축성이 높아지며 분권화와 비공식적 구조가 증대된다고 하는 것이 일반적 주장

■ 조직의 불확실성에 영향을 미치는 환경적 요인

가. 환경이 이질적일수록 조직의 불확실성은 높아진다.

나. 환경의 안정성 여부가 조직의 불확실성에 영향을 미친다.

다. 특정한 조직이 환경의 위협에 얼마나 노출되어 있느냐는 것이다.

⇒ 조직의 비능률이나 과오가 조직의 존립에 어느 정도 영향을 주느냐 하는 것

라. 특정한 조직이 주변 다수의 조직과 상호작용을 하는 경우에는 소수의 조직과 관련을 맺는 경우보다 불확실성이 높아진다.

마. 특정한 조직이 관련을 맺고 있는 환경 내의 여러 조직들이 서로 조정이 잘 될수록 조직의 불확실성이 높아진다.

⇒ 예를 들면 어떤 식품업체가 독립적인 여러 식품점을 상대로 하는 경우보다 슈퍼마켓의 체인을 상대로 하는 경우에 불확실성이 높아진다.

(2) 조직의 환경적응전략

① 환경적응(adaptation)

  ㉠ 환경변화에 대한 적응이란 급변하는 환경에 조직을 적응시켜 조직의 존속·안정성·유동성을 확보하여 안정과 발전을 유지해 가는 창조적 활동을 의미

  ㉡ Edgar H. Schein은 조직이 환경변화에 적응해 가면서 문제해결능력을 향상시켜 가는 과정을 적응·대응 활동으로 파악

■ Edgar H. Schein – 조직이 환경변화에 적응해 가는 과정단계

가. 환경변화의 인지단계

나. 정보의 수집과 처리단계

다. 조직 내의 구조과정 변동의 실현단계

라. 조직변동의 정착단계

마. 조직변동결과를 환경에 전달하는 단계

바. 환류단계

■ 조직이 환경적 변화에 성공적으로 적응하기 위한 전제조건

가. 환경적 변화에 대한 정보를 신뢰성 있고 타당성 있게 획득하고 전달할 수 있는 능력이 있어야 한다.

나. 필요한 변화를 실현할 수 있는 내적 신축성과 창의성을 갖추고 있어야 한다.

다. 조직은 자유스럽고 지원적인 분위기를 조성하여 창의적 적응을 조성할 수 있어야 한다.

라. 적응 활동이 건설적인 것으로 되는 것을 보장하기 위하여 그것을 조직의 목적에 따라 통합시킬 수 있는 능력을 가지고 있어야 한다.

② 적응적 흡수(cooptation)

가. 적응적 흡수

조직이 안정과 존속을 유지하고, 안정과 존속에 대한 위협을 회피하고, 조직의 발전을 도모하기 위하여 조직의 정책이나 리더십 및 의사결정기구에 환경의 새로운 요소를 흡수하여 적응하는 과정

나. 적응적 흡수는 조직의 목표를 달성하기 위한 하나의 전략

다. 회사가 그의 생존에 결정적인 영향을 미치는 정부의 고위직에 있는 공무원을 그 회사의 이사(理事)로 임명하는 경우

㉠ 공식적응적 흡수

조직의 지도층에 지역사회의 유력한 인사를 참여시켜 조직의 권위
를 정당화시키는 경우
ⓛ 비공식적응적 흡수
의사결정에의 의사 반영이나 타협을 하는 경우

(3) 조직이 환경에 미치는 영향

① 조직과 사회변동

가. 조직은 개방체제로서 환경과 교호작용을 함으로써 환경에 영향을 미
치며, 조직도 환경의 한 구성요소가 됨

나. 조직이 환경에 미치는 영향은 복잡하지만 사회변동을 유도할 수 있을
뿐만 아니라, 환경에 직접 개입하여 사회변동을 촉진시킬 수도 있음

다. 간접적 유도는 조직의 내부변화를 통하여 부수적·결과적으로 환경
변화를 초래하는 것

라. 조직은 변동의 주역으로서만 활동하는 것이 아니라 사회변동에 직
접·간접으로 저항하는 세력으로서도 기능

⇒ 조직은 일단 구성되어 시간이 경과함에 따라 보수적 경향이 일어나며
조직의 생존과 이익에 배치되는 환경의 변화에 적극적으로 반발하는
것이 보통

② 기관형성(institution building)

가. 기관형성이란 국가발전목표를 달성하기 위하여 새로운 조직을 창설하
거나 기존조직을 개편함으로써 새로운 가치관, 규범, 역할, 기술을 정
립하거나 확산시켜 사회환경에 영향을 미치고 사회변동을 유도하는
것

나. 기관형성은 1960년대 중반에 미국의 발전행정연구자들이 후진국에 대
한 기술원조사업의 지침을 제시하려는 실용적 가치를 추구하여 개발
하고 보급시킨 접근방법

다. M. J. Esman과 H. C. Blaise에 의해서 제시된 개념

라. 기관형성 접근방법은 발전의 모체가 될 수 있는 새로운 조직을 만들고 강화하는 것이 국가발전을 촉진하는 수단으로서 가장 효과적일 것이라는 전제하에 새로운 기관을 창설하거나 개선을 도모하기 위해 조사·연구하고 실천방안을 제시하려는 입장

마. 기관형성에서 검토되어야 할 주요 국면을 기관형성변수라 함

⇒ 그에 관한 개념 체계가 기관형성 모형

바. 기관형성변수

  ㉠ 기관변수: 기관 자체의 속성에 관한 변수

    리더십, 기본목표, 사업, 자원 및 내부구조가 포함

  ㉡ 연계변수: 기관과 환경의 연계에 관한 변수

    수권적 연계, 기능적 연계, 규범적 연계, 확산적 연계가 포함

※ 기관성(institutionality)

기관이 기관형성이라는 노력을 어느 정도 성공적으로 이룩했는가를 평가하는 기준

■ 기관성을 판단하는 평가변수(기관형성의 평가기준) 네 가지

가. 생존능력(ability to survive): 조직이 사멸되지 않고 살아남는 능력

나. 자율성(autonomy): 쇄신적 조직이 가지는 본래적인 가치가 그 환경에서 어느 정도나 인정되고 있느냐에 관한 것

다. 영향력(influence): 기관이 관련된 사회영역 내에서 누리는 힘과 조직 내외에 걸쳐 활동의 범위를 조절할 수 있는 능력

라. 파급효과(spread effect): 조직의 활동을 다른 사회적 단위들이 어느 정도나 받아들이고 있는가에 관한 것

4) 조직의 구체적 환경(조직 간 관계) 분석

(1) 조직과 조직 간 관계의 분석수준(Richard Hall)

① 개별 조직 간의 관계

가. 조직 간의 관계를 개별 조직 간의 관계로 파악하는 가장 단순한 분석
　　수준

나. 조직 간의 관계를 개별 조직 간의 관계로 구성하고 그것을 분석수준
　　으로 삼는다는 것은 하나의 조직이 다른 하나의 조직과 교호작용하는
　　관계에 한정한다는 뜻

② 조직집합

가. 조직 간의 관계를 조직집합으로 파악하고 그것을 분석수준으로 삼는
　　접근방법

나. 조직집합을 분석수준으로 삼는 접근방법에서는 특정한 대상조직의 입
　　장에서 환경적 조직과의 관계를 이해하려 함

다. 대상조직과 환경적 조직들 하나하나와의 관계에 초점

라. 조직집합에 포함되는 환경적 조직들 사이의 관계가 대상조직에 영향
　　을 미치는 것이 아니면 관심을 갖지 않음

③ 조직망

가. 조직 간의 관계를 조직망으로 파악하고 그것을 분석수준으로 삼는 접
　　근방법

나. 조직망은 구체적으로 연계되어 있는 모든 조직들 사이의 관계유형으
　　로 구성

다. 조직망을 분석수준으로 삼는 접근방법은 조직망에 포함되는 조직들을
　　연결하는 관계의 유형 또는 망(network)에 초점

라. 특정한 대상조직과의 관계만을 보는 것이 아니라 어떤 관계유형을 빚
　　어내는 조직들 사이의 다방향적(多方向的) 관계를 모두 분석

④ 유사조직군

가. 조직 간의 관계를 유사조직군에 국한하여 고찰하는 접근방법

나. 유사조직군은 유사한 조직들의 모임

다. 유사한 조직의 선별에는 구조의 유사성, 기능의 유사성 등 여러 가지
　　기준이 쓰일 수 있음

라. 유사조직군은 조직집합의 수준에서 또는 조직망의 수준에서 분석

(2) 조직과 조직 간 교호작용의 양태

■ James D. Thompson과 William McEwen

가. 협력적인 것 – 협상, 포용(포섭·흡수), 연합으로 구분

나. 경쟁적인 것

■ Stuart Schmidt와 Thomas Kochan

가. 교환관계

나. 의존관계

■ Roland L. Warren – 조직들이 망(網)으로 연계되는 양태

가. 일원적 관계(unitary context)

나. 연방적 관계(federative context)

다. 연합적 관계(coalitional context)

라. 자율선택의 관계(social choice context)

■ Richard Hall – 교호작용의 빈도, 공식화수준, 협조성, 발생원인 등을
기준으로 한 복합적 분류

[교호작용의 빈도를 기준]

가. 일상적 접촉(regular contact)

나. 간헐적 접촉(occasional contact)

다. 빈도가 매우 낮은 접촉(infrequent contact)

[공식화 수준을 기준]

가. 고도로 공식화된 관계

나. 중간 정도로 공식화된 관계

다. 공식화의 수준이 낮은 관계

[협조성을 기준]

가. 협력적 관계

나. 중립적 관계

다. 갈등관계

[조직 간 관계의 발생이유 또는 기초를 기준]

가. 조직들이 자기 이익의 확대를 위해 맺는 조직 간의 교환적 관계

나. 법령의 규정에 따라 설정된 조직 간의 관계

다. 공동적인 사업의 조정을 위한 조직 간의 관계

라. 조직 간의 경쟁 또는 갈등으로 말미암아 형성되는 조직 간의 관계

5) 조직과 환경에 관한 최근의 주요이론

① 구조적 상황이론

가. 조직환경론의 기초가 되어 준 개방시스템으로서의 조직특성과 함께
   환경과 구조의 적합성 관계 등에 대하여 설명

나. 구조적 상황이론은 개별조직을 중심으로 하여 환경을 바라보는 입장

다. 주요한 연구성과를 제공해 준 학문분야로는 사회학·경영학 등

② 전략적 경영이론

가. 환경과 조직(전략)의 적합관계, 조직전략의 내적 일관성, 환경에 대응하는 조직행위에 따른 성과 등을 연구

나. 전략적 경영이론 역시 개별조직을 중심으로 하여 환경을 바라보고 있으며, 행위의 결정에 있어서는 경영자의 전향적 역할을 강조하는 입장

다. 주요한 연구성과들과 관련을 가져온 학문분야는 경영학·경제학 등

③ 조직경제학(대리이론·거래비용) 이론

가. 거래비용으로 인한 시장실패로 인하여 기업이 등장하게 되었음을 논의하면서, 이러한 거래비용을 줄이거나 통제하려는 기업들의 활동에 대하여 연구

나. 이 이론 역시 개별조직의 입장에서 환경을 바라본다는 점은 앞의 이론들과 동일하며 분석단위에 있어서는 개별기업뿐만 아니라 거래를 중심으로 한 조직 간 관계에 대해서도 관심

다. 시장의 불확실성과 인간의 제한된 합리성에 의해 발생하는 거래비용을 줄이고자 함

라. 이 이론은 완전경쟁시장을 가정하였던 고전경제학에 대해 문제제기를 하면서 등장한 제도주의 경제학에 기초

④ 자원의존이론

가. 자원을 획득하고 유지할 수 있는 능력을 조직생존의 관건으로 보기 때문에 조직을 둘러싼 맥락 속에서 조직의 행위를 설명

나. 조직은 조직 외부의 다양한 조직들과 관계를 맺게 되며 이에 따라 의존성이 나타나게 된다는 것

다. 이 이론 역시 개별조직을 중심으로 하여 환경을 바라보는 입장

라. 조직 간 네트워크의 분석단위에 관심

마. 자원의존이론은 외부적 제약으로부터 효과적으로 자원을 획득하고자 하는 입장

바. 이 이론의 발전에 기여한 주요 학문분야로는 사회학·정치학 등

⑤ 조직군생태학이론

가. 기존의 조직이론이 개별조직의 환경적응을 강조한 반면, 조직생태학은 조직의 구조적 관성과 외부환경에 의하여 환경에의 적응이 제약을 받으며, 조직군의 변화는 환경의 선택과정에 의해 야기된다고 보는 견해

나. 조직의 창설·사멸 등으로 인한 조직군의 분포형태 및 진화과정에 관심을 기울이고 있음

다. 환경은 자신과 경쟁 또는 협력하는 조직들에 의하여 이루어진다는 입장에 따라, 개별 조직 자체보다는 환경의 구조와 구성을 살펴보는 것에 분석수준을 맞추고 있어서 주요 분석단위는 조직군

라. 이 이론은 조직의 목표달성보다는 생존을 중시하고, 시스템에 있어서 합리성보다는 생성적 특성을 중시

마. 조직생태학은 생물학과 사회학 분야에서 이루어진 연구들에 바탕

⑥ 사회문화이론

가. 국가나 민족 등을 경계로 한 각 문화가 각기 독특한 가치와 사회원리를 가지고 있으며 조직은 이러한 사회문화로부터 자유롭지 못함을 주장

나. 조직에 대한 거시적 사회문화의 영향을 연구

다. 조직문화이론과 구분되는 사회문화이론에서는 비교경영연구의 이론적 성과를 접목

라. 거시적 사회문화의 영향력에 주안점을 두고 있는 연구들을 포괄

마. 관련 학문분야 중에서는 인류학·사회학 등의 연구성과들에 기초

⑦ 제도화이론

가. 조직이 사회구조에 배태되어 있음을 중시하고, 조직을 둘러싼 제도적 환경이 그 자체의 생성·변화과정을 통하여 진화하고 있을 뿐만 아니

라 조직의 내부구조에도 영향을 미치고 있음을 밝히고자 함

나. 조직은 자신이 처해 있는 조직의 장(organizational field)과의 구조동일
성(isomorphism)을 통하여 정당성을 획득하고 생존을 유지한다는 점을
강조

다. 제도화이론 역시 조직이 뿌리박고 있는 환경의 구조와 구성 그 자체
에 관심

라. 관련 학문분야 중에서는 사회학에서 이와 관련된 연구성과들

6) 조직환경론의 공헌과 비판

① 조직환경론의 공헌

가. 조직의 운영 및 성과와 밀접한 관련성을 지닌 환경의 중요성을 학술
적인 수준으로 끌어올려 인식시켜 주었고, 경영자가 조직과 환경의
적합관계를 유지하는 데에 관심을 가지게 함

나. 전통적인 조직론은 주로 개인 또는 집단의 행위나 동기 등에 초점을
맞추었으나, 조직환경론은 그 분석단위를 조직, 조직쌍, 조직의 개체군,
더 나아가 공동체수준으로 끌어올려 중범위이론(middle − range theory)
에의 지향이 가능하도록 함

다. 복잡한 조직현상에 대한 이론구축을 위해 멀티패러다임(multiparadigm)
에 입각한 연구가 필요하다는 점을 확인시켜 줌

라. 조직환경론은 전통적으로 학계를 지배해 왔던 학문적인 분업체계에
한계가 있음을 보여 주었고, 이것을 극복하기 위해 기업조직에 초점
을 두는 경영학 이외에 사회학, 경제학, 정치학, 심리학, 인류학, 생물
학 등 여러 학문분야를 동원하여 조직과 환경 간의 관계를 분석함으
로써 학제적 내지 종합과학적(interdisciplinary) 연구의 촉진계기를 제공

② 조직환경론에 대한 비판

가. 서로 상이한 학문적 전통하에서 조직과 환경 관계라는 사회현상을 보게 됨에 따라 합의가 이루어지지 못함은 물론 이론의 칸막이화 현상을 가져오게 됨

나. 하나의 이론은 물론 여러 이론을 통합적 관점에서 보더라도, 연구되어야 할 변인들이 너무나 많고 또 경우에 따라 각 변인들이 여러 개의 차원을 가지고 있는 등 너무나 복잡하여 환경개념의 측정을 위한 체계화가 이루어져 있지 못하기 때문에 실제적인 유용성이 의문시됨

다. 여러 이론의 노력이 있기는 하였으나, 어떻게 하여 조직들이 최초에 지각 혹은 창조하고 선택하며 또 실행에 옮기고 보존하는가 하는 문제와 조직의 지각 및 학습과정에 있어서 조직 간의 차이에 대한 연구 등이 충분하게 이루어지지 못하고 있음

라. 조직환경론의 발전과 더불어 연구대상에 포함시켜야 할 요인은 매우 복잡해지고, 또 그 수도 늘어났으나, 신뢰성과 타당성 및 일반화의 가능성을 갖추고 있으면서 경험적 연구의 수행에 도움이 될 수 있는 과학적이고 체계적인 연구방법이 다소 미흡

[조직과 개인(인간관과 관리전략)]

1) 퍼스낼리티(personality)의 본질

■ G. W. Allport의 정의

환경에 대한 그 사람의 독특한 적응방식을 결정지어 주는 정신물리상(psychological)의 동태적 체계(dynamic system)라 하여 퍼스낼리티란 상황에 따라서 그 작용도 달라질 수 있는 개인의 독특한 정신과 신체가 일체되어 균형이 잡힌 특성이라고 규정

■ F. E. Kast와 J. E. Rosenzweig의 정의

환경에 적응할 수 있는 총체적이고 복합적인 개인적 체계라고 규정
⇒ 개인에 있어서 학습·지각·기억·동기·감정, 기타 여러 요인들이
   포함되는 전인격적 개념(the whole person concept)을 나타내는 것으로
   이해

※ 심리학자들 간에 일반적으로 널리 인정되고 있는 퍼스낼리티의 특성
① 퍼스낼리티는 개인의 독특한 개성을 나타내는 조직화된 총합
② 퍼스낼리티는 개인마다 어느 정도 관찰과 측정이 가능한 일정한 유형
③ 퍼스낼리티는 생리적 특성에 기초한 특정사회·문화적 환경의 산물
④ 퍼스낼리티는 권위와 같은 개인의 심리에 깊이 내재되어 있는 핵심적
   측면과 팀의 리더가 되고자 하는 것과 같은 개인의 일반적인 태도에
   서 나타나는 표면적인 측면으로 구성
⑤ 퍼스낼리티는 일정한 사회환경 범위 내에서 보편적으로 공통적인 특
   성과 개인마다 서로 다른 고유한 특성을 모두 포함

2) 조직과 개인의 관계

(1) 조직과 개인의 상호작용

① 사회화과정(socializing process)
구성원이 조직목표에 기여하는 활동과정을 말하는바, 조직은 구성원에게
조직목표에의 기여를 요구하고 합리화(rationalizing)를 추구

② 인간화과정(personalizing process)
개인의 자아실현에 기여하는 활동과정을 말하는바, 개인은 자아실현 위주
로 활동하고 만족화(satisfying)를 추구

③ 융합과정(fusion process)

성공적인 조직은 인간화와 사회화의 동시적인 추구를 토대로 한다. 사회화과정과 인간화 과정이 모순됨이 없이 조화를 이룬 가운데 조직이 운영됨으로써 조직의 요구와 개인의 역할(role)이 융합되어 공식적·비공식적으로 개인은 조직의 목표를 달성케 하는 행위자가 되고 또한 자신의 욕구를 충족시키게 되는 것

(2) 조직과 개인의 통합방안

① 조직구성원의 사회화 방안

* 적극적 사회화

조직구성원의 사회화에는 조직목표를 개인목표화하도록 유도

* 소극적 사회화

조직목표의 성취에 방해가 되는 개인목표를 완화

가. 조직목표의 내면화

나. 개별적 책임제의 채택

다. 교육 및 홍보의 강화

라. 가족적 분위기의 조성

② 조직의 인간화 방안

가. 자유재량(discretion) 범위의 확대

나. 직무확충(job – enlargement and job – enrichment)

다. 평면적인 조직구조(flat organization)의 설계

라. 참여적 관리(participative management)방식의 도입

마. 새로운 평가제도의 도입

바. 권한과 책임의 다원화

사. 상담 위주의 통제제도 확립

3) 조직과 인간관의 변천

① 고전적 인간관(classical model of man)
- 고전적 인간관의 가정

가. 인간은 경제적 욕구를 지닌 타산적 존재이며 경제적 유인에 의해서만 동기를 유발
⇒ 자기에게 최대의 경제적 이익을 가져올 수 있는 일만 하게 됨
나. 조직 내의 인간은 피동적이고 따라서 외재적(外在的)으로 동기가 부여되지 않으면 조직에 기여하는 행동을 하지 않음
다. 인간은 본래적으로 게으르고 직무수행을 고통스럽게 생각하기 때문에 권위적이며 강압적인 감독과 세밀한 통제를 받아야 함
라. 조직 속의 인간은 원자적 개인으로서 행동하며 조직구성원들은 서로 심리적으로 분리되어 있음
마. 인간의 감정이라는 것은 불합리한 것이며, 합리적으로 자기이익을 계산하는 과정에서 이를 배제하여야 함
바. 인간은 기계의 부속품처럼 외적 조건설정(특히 보상에 의한 행동보강의 체계)에 의하여 순치(馴致)될 수 있음
※ 고전적 인간관의 일반적 특성
인간의 경제성, 피동성, 동기부여의 외재성(外在性), 인간욕구의 획일성 등으로 요약
⇒ 고전적 인간관은 강제적 모형, 경제적 모형, 기계적 모형 등으로 표현
⇒ 이들 모형 가운데서 경제적 모형이 가장 중심적인 위치를 차지
⇒ F. W. Taylor의 과학적 관리론, M. Weber의 조직연구, D. M. McGregor의 X이론 등

② 인간관계론적 인간관(human relations model of man)
가. 신고전적 조직이론에 있어서의 인간에 대한 가정을 기초

나. 인간의 경제성보다 오히려 인간의 사회성 내지 집단성을 강조

⇒ 인간은 애정·우정·집단에의 귀속감·다른 사람들로부터의 인정과 존경 등을 원하는 이른바 사회적 욕구(social needs)를 지닌 존재로서 이러한 욕구를 충족시켜 주는 유인이 제공될 때 비로소 동기가 유발 된다고 주장

다. 인간관계론적 인간관은 사회적 인간(social man)으로 대표됨

⇒ D. M. McGregor의 Y이론에 해당

■ 인간관계론적 인간관인 사회적 인간에 대한 가설

가. 인간은 본질적으로 사회적 욕구에 따라 행동하며 동료관계를 통하여 일체감을 얻는다.

나. 인간은 업무합리화의 결과로 업무 그 자체에서보다는 직무상의 사회 적 관계에서 의미를 추구하고자 한다.

다. 인간은 관리층에 의한 유인이나 통제보다도 동료집단의 사회적 영향 에 더 예민하다.

라. 인간은 감독자가 부하의 사회적 욕구와 인정욕구를 받아 줄 때에만 비로소 관리층에 대한 호감을 갖게 된다.

※ 인간관계론적 인간관에 대한 관리전략은 교호작용, 개인의 감정과 정 서적인 욕구 참여, 동료 간의 사회적 통제 등에 역점을 두어야 한다.

■ 고전적 인간관과 인간관계론적 인간관의 공통점

가. 인간의 피동성, 동기부여의 외재성, 욕구체계의 획일성 등을 원칙적으 로 전제

나. 인간의 욕구충족이 바로 직무수행의 동기가 된다고 보는 점

③ 성장이론(growth model)

가. 성장이론은 고전적 인간관이나 인간관계론적 인간관에서보다도 훨씬

다양한 욕구체계를 확인하고 보다 세련된 인간본질의 규명을 시도하는 이론

⇒ 인간의 성장적 측면을 가장 중요시하기 때문에 성장이론

나. 성장이론은 저차원의 동물적 욕구보다는 고차원의 인간적 욕구에 주의를 환기시키면서 고차원의 욕구를 충족시키는 관리체제가 바람직한 것이라는 점을 강조

※ 고차원의 욕구: 자기실현, 책임이 있는 일을 통한 성장, 독자성 확보, 자기만족 등에 관한 욕구를 의미

다. 성장이론은 자기실현욕구를 포함한 고급욕구를 중요시하고, 동기부여의 외재성이 아니라 내재성(內在性)을 중요시하고, 인간본질의 심리학적 연구를 다원화·본격화했다는 점에서 동기부여의 외재성과 욕구체계의 획일성을 강조한 고전적 및 인간관계론적 인간관과 구별됨

라. 성장이론이라고 일컫는 일련의 인간관을 욕구·만족모형 또는 욕구이론이라고 부르기도 함

4) 인간의 유형

① 과학적 관리론(scientific management)의 인간형

가. 인간은 원래부터 나태한 존재이기 때문에 일을 제대로 수행하도록 하기 위해서 관리자는 감독과 통제를 엄격히 하여야 하며, 본질적으로 돈을 벌려는 욕망이 있는 합리적인 기계와 같은 존재이기 때문에 작업계획에 따라 일을 시키고 경제적 보상만 제대로 해 주면 능률적으로 관리할 수 있다고 가정

나. F. W. Taylor에 의해서 주창된 과학적 관리론은 Theory X형의 인간형과 유사한 강압적이면서 경제적 목적인 인간형

② 인간관계론(human relations)의 인간형

※ Elton Mayo - 인간의 기초적 특성

가. 사회적인 욕구(social needs)는 인간행동의 가장 기본적인 동기요인이
며, 대인관계는 자아상(自我像)에 의미를 부여하는 주요 요인이다.

나. 조직성원은 관리자에 의한 유인장치나 통제보다는 동료집단의 사회적
인 영향력에 더 민감하다.

다. 조직성원들은 관리자가 소속감·일체감 등의 욕구를 충족시켜 주는
범위 내에서 반응하게 된다.

⇒ 인간관계론이 전제하고 있는 인간형은 집단 내에서 감정, 분위기, 본
능의 집합체로서 무의식적인 요구에 의해 인도되는 유형의 인간을 제
시하는 사회적 인간(social man)

③ D. McGregor의 X·Y 인간형

(ⅰ) X이론(Theory X)의 가정과 인간형

가. 인간은 일반적으로 본래 태만하다. 따라서 그는 가능한 한 적게 일하
려 한다.

나. 인간은 보통 대망이 없고, 책임을 싫어하며, 지도받기를 원한다.

다. 인간은 선천적으로 이기적이며, 조직의 필요에는 무관심하다.

라. 인간은 본래 변화에 대해서 저항적으로 대응한다.

마. 인간은 속기 쉬우며 현명치 못하다. 또한 다인의 허풍이라든가 선동에
속기 쉬운 존재이다.

바. 대부분의 인간은 조직문제 해결에 창의력을 발휘하지 못한다.

사. 동기부여는 생리적 욕구나 안전욕구의 계층에서만 가능하다. 따라서
조직의 목표를 달성하기 위해서는 강제·통제·명령·처벌 등에 의
해야 한다.

(ⅱ) Y이론(Theory Y)의 가정과 인간형

가. 작업조건이 잘 정비되었을 경우, 인간이 업무를 수행한다는 것은 놀거
나 술에 취하는 것과 마찬가지로 극히 자연스러운 것이므로, 그들은

책임지고 업무를 수행하려고 한다.

나. 인간은 자기감독(self-direction)이나 자기통제(self-control)의 능력이
있다.

다. 인간은 조직문제를 해결하기 위한 창의력을 지니고 있다.

라. 동기부여에는 생리적 욕구나 안전욕구는 물론 사회적 욕구·존경욕
구·자아실현욕구도 크게 작용한다.

마. 인간은 적절한 동기부여가 되면 맡은 일에 자율적이고 창의적이 된다.

④ Lundstedt의 Z이론

가. X이론, Y이론에 추가하여 Lewin, Lippit, White 등이 행한 실험의 자
유방임형 리더십으로부터 Z이론의 가능성을 모색

나. Z이론이란 여러 가지 비조직적인 사회 활동도 때로는 순기능을 수행
한다고 봄

다. 레크리에이션 활동은 비체계적인 조직 활동 같지만 개인의 욕구를 잘
충족시켜 주고 있으며, 또 어떤 집단 활동은 비조직적으로 형성된 상
황 속에서 오히려 좋은 결과를 낳을 수 있다고 주장

라. 예: 대학과 연구소, 실험실

마. Z이론은 자유방임형적·비조직형적 관리체제에 관한 것으로 X이론과
Y이론이라는 양대 모형으로의 과다단순화(oversimplication)에 대한 비
판으로부터 제기된 이론

바. X·Y이론이 인간관과 관련된 관리모형인 데 비하여 Lundstedt의 Z이
론은 일반적 조직형태를 묘사한 것

⑤ G. Argyris의 미성숙·성숙적 인간형

가. Argyris는 대부분의 사람들이 미성숙한 인간으로 취급되고 있는 이유
를 분석하기 위하여 X이론적 가정에 대응하는 관료적·피라미드 모
형의 가치체계와 Y이론적 가정에 대응하는 인간적·민주적 가치체계
를 설정

나. 인간의 퍼스낼리티는 미성숙에서 성숙으로 발달해 감

⇒ 인간은 미성숙에서 성숙에 이르는 과정의 어느 지점 수준에 있게 되며, 성숙의 정도에 따라 관리방식에 차이가 생긴다고 주장

【 미성숙 −→ 성숙의 연속성 】

(미성숙) −→ (성숙)

　　㉠ 수동적 −→ 능동적

　　㉡ 의존적 −→ 독립적

　　㉢ 단순한 행동양식 −→ 다양한 행동양식

　　㉣ 변덕스럽고 얕은 관심 −→ 깊고 강한 관심

　　㉤ 단기적 전망 −→ 장기적 전망

　　㉥ 종속적 지위 −→ 평등하거나 우월한 지위

　　㉦ 자아의식의 결여 −→ 자아의식 및 자기통제

다. 자아의 성숙을 돕는 효과적인 관리방법(현실적 방안)

　　㉠ 직무의 확대(job enlargement)

　　㉡ 참여적 또는 근로자 중심의 리더십

⑥ E. H. Shein의 인간형(조직이론의 발달순서에 따른 유형)

(ⅰ) 합리적·경제적 인간

가. 인간은 경제적 유인에 의하여 동기부여되며, 최대의 경제적 이익을 얻을 수 있도록 행동할 것이다.

나. 조직의 통제하에 경제적 유인이 이루어지기 때문에 인간은 조직에 의해서 동기부여되고 통제되는 수동적인 존재이다.

다. 인간의 감정은 비합리적이다. 따라서 이러한 감정은 자기 이익의 합리적인 이해관계가 방해받지 않도록 통제되어야만 한다.

라. 조직은 인간의 감정과 같은 예측할 수 없는 것을 중화시키고 통제할 수 있도록 설계될 수 있고 또 설계되어야만 한다.

마. 인간은 원래 게으르다. 따라서 외적인 유인에 의해서만 동기부여될 수 있다.

바. 인간의 자연적인 목적과 조직적인 목적은 대립된다. 그러므로 조직목

표의 달성을 위해서 외적인 힘에 의한 통제가 필요하다.

사. 비합리적 감정 때문에 인간은 자아통제나 자기 훈련의 능력이 없다.

(ii) 사회적 인간

가. 인간은 기본적으로 사회적인 욕구에 의하여 동기부여되며, 또 타인과의 일체감을 통해서 동기부여된다.

나. 산업혁명과 작업 합리화의 결과로서 생긴 작업 자체(work itself)의 의미는 사라졌다. 따라서 직무와 관련된 사회적인 관계에서 의미를 찾아야 한다.

다. 인간은 관리통제나 유인체제보다는 집단의 사회적인 힘에 민감하게 반응한다.

라. 인간은 사회적 욕구의 충족 정도에 따라서 관리층의 요구에 반응하게 된다.

■ 인간성에 대한 사회적 가정에 입각한 관리전략

가. 관리자는 수행되는 과업에만 관심을 가질 것이 아니라, 과업을 수행하는 사람의 욕구에 더 많은 관심을 가져야 한다.

나. 부하에 대한 통제나 유인보다 소속감·일체감과 같은 감정에 특별히 관심을 두어야 한다.

다. 개인적인 유인에 의한 것보다 집단적인 유인의 방법을 활용하여 집단의 존재를 현실로 받아들여야 한다.

라. 관리자는 기획하고 조정하며 동기를 부여하고 통제하는 것으로부터 부하의 감정이나 욕구를 이해하는 방향으로 그 자세를 전환해야 한다.

(iii) 자아(자기)실현적 인간

가. 인간의 동기(motive)는 계층을 이루고 있으며 하위의 동기가 충족되면 다음 단계의 동기를 추구하고 최종적인 자아실현적 욕구에 이르게 된다.

나. 인간은 직무의 숙달을 위해 노력하며, 또한 그러한 능력을 갖고 있다. 이러한 과정을 통하여 자율성(autonomy)과 독립성이 증대되고, 장기적인 면에서는 환경에의 적응능력, 전문적인 능력의 기술과 발전을 가져올 수 있다.

다. 인간은 스스로에게 동기를 부여할 수 있고 자기통제를 할 수 있다. 외적인 유인과 통제는 오히려 동기부여를 방해하기 쉽다.

라. 자아실현과 효과적인 조직 활동은 상호 모순되지 아니한다.

(iv) 복잡한 존재로서의 인간

가. 인간은 복합적이고 다양한 속성을 가진 존재다. 인간의 동기는 계층성을 이루고 있으나 이러한 계층은 상황에 따라 달라진다.

나. 인간은 조직의 경험을 통하여 새로운 동기를 습득할 수 있다. 그러므로 동기부여의 패턴이나 심리적인 갈등의 패턴은 인간의 내적인 욕구와 조직의 경험 등 양자의 복합적인 상호작용의 결과이다.

다. 서로 다른 조직 또는 동일한 조직 내의 서로 다른 하위조직단위에 있는 인간의 동기는 달라질 수 있다.

라. 인간은 상이한 동기에 의해서 조직의 생산성을 높일 수 있다. 조직 내의 인간 성향 직무를 수행하는 사람의 경험과 능력, 수행되는 과업의 성질 등에 따라서 일의 형태나 인간의 감정은 달라진다.

마. 인간은 상이한 관리전략에 반응하고, 자신의 동기나 능력 및 과업의 성질에 의존한다. 따라서 언제나 인간이 일을 하게 할 수 있는 정확하고 유일한 전략은 존재하지 않으며 관리자는 상황에 따라 적절한 동기부여를 하고 관리하는 다양한 전략을 사용하여야 한다.

⑦ R. Presthus와 A. G. Ramos의 인간형

[R. Presthus의 인간형]

(i) 상승형

가. 이들은 대체로 실패를 인정하지 않는 낙관형이며, 조직 내 생활에 대

하여 매우 만족하기 때문에 매우 사기가 높다.

나. 조직의 목표를 지향하여 행동함으로써 조직이 제공하는 정당성과 합리성을 잘 수용하며 조직으로부터 생기는 보상의 분배에 있어서도 제일 많은 분량을 차지한다.

다. 권력욕과 지배욕이 높아 이를 얻기 위해서라면 어떠한 희생도 감수한다. 따라서 자신의 출세를 위한 승진의 방안에 대해서는 지극히 큰 관심을 보이며, 항상 지위불안(status anxiety)을 느끼고 있다. 이러한 가운데 자신의 직무는 출세를 위한 도구로 간주되는 경향이 있다.

라. 모든 일에 자신감을 보임으로써 스스로를 과시하는 반면, 대인관계에서는 긴장과 부적응을 초래하므로 조직 내의 갈등을 유발할 수 있다.

(ii) 무관심형

가. 이들은 직업에 있어서의 안정을 가장 중시하는 가운데 무사 안일한 태도로써 조직생활을 영위한다. 따라서 이들은 변화와 도전을 배타시하며 최소한의 욕구충족이 보장되는 범위 안에서 조직의 규범이나 환경에 적당히 적응해 나간다.

나. 업무의 수행과정에서 내재적 보상(intrinsic rewards: 예컨대 업무의 만족, 보람 등)은 그렇게 중요한 것이 되지 못한다. 왜냐하면 일하기 위해서 근무하기보다는 오히려 근무를 통해서 생활에 필요한 재원을 획득하고 이것을 조직 외부에서 소비하면서 개인적인 생활에서 만족을 구하기 때문이다.

다. 권위의 수용에 있어서는 상관을 우호적인 존재로도 보지 않으며, 그렇다고 위협적인 존재로 보는 것도 아니기 때문에 상관이 요구하는 규율에 대하여 그다지 많은 관심을 보이지 않는다.

라. 이들은 상위직책에 부수되는 더 큰 책임을 지기 싫어하기 때문에 승진에는 관심이 없다. 또한 이들은 조직 내에서 비교적 인간관계가 원만한데, 그 이유는 이들은 아무에게도 잠재적으로 위협적인 존재가 되지 않기 때문이다.

(iii) 모순형

가. 이들은 높은 지적 관심과 제한된 대인관계를 유지하는 전형적인 내성적 인간이다. 행동 객관성, 그리고 적극적인 대인관계를 강조하는 상승 형자와는 달리 모순형자는 주관적이며 대인관계의 폭이 좁다.

나. 이들은 대개 한 방면의 전문가들로 조직 내에서 매우 중요한 기능을 담당하고 있다. 이들은 조직의 쇄신을 위한 지식·기법 등을 제공하며, 그런 의미에서 가장 창의적인 인간들이라 할 수 있다.

다. 이들은 조직의 문제해결에 있어 최선의 유일한 방법(one best way)을 모색하는 경향을 싫어한다. 대신 의사결정의 대안은 항상 복수이며 잠정적이라고 생각한다.

라. 이들은 권위를 왜곡시키기도 하고 또 한편으로 두려워하는데 그 결과로 생기는 불안감 때문에 상관과의 관계에 있어 항상 지장을 받는다 또한 의문을 많이 제기하는 유형이기 때문에 조직의 규율에 잘 따르지 않으며 충성심도 적다. 요컨대 모순형자는 조직의 권위체계를 거부한다.

[A. G. Ramos의 괄호인 – 제4유형]

가. A. G. Ramos는 Presthus의 인간형에 첨가하여 소위 '괄호인'이라는 제4의 유형을 주장

나. 이와 같은 인간형의 소유자는 성공을 위해 무리한 노력을 하지 않으며 자아의식이 매우 강함

다. 이들은 나름대로의 업무성취기준을 설정하며, 비판적 성향을 가지면서도 새로운 상황에서는 창의성이 돋보임

라. 환경에 적극적이고 유연하게 대처하여 만족을 얻고자 노력

마. 괄호인은 소극적 태도와 무관심에서 탈피하여 적당한 절제 속에서 자기존중과 자율성을 바탕으로 자신의 이상을 실현하려 하는 인간유형

7. 조직혁신과 조직관리

조직혁신이란 일반적으로 경영학에서 기업을 진단하기 위해 등장했으나 행정학에서 그 개념을 차용해 사용하는 게 일반적이다. 행정학 자체가 우드로우 윌슨 이후로 등장한, 역사가 100여 년에 불과한 학문인지라 여러 개념을 차용해서 형성되고 있다.

1) 조직혁신의 등장배경

복잡화, 융복합화, 통합화 등의 패러다임이 대두되면서 오늘날의 사회는 매우 빠른 속도로 변화하고 있다. 이러한 급격한 변화는 우리에게 새로운 기회를 제공해 주기도 하지만, 한편으로는 그것이 갖는 불확실성으로 인해 위협 요인으로 다가오기도 한다.

피터 드러커(Peter Druker)는 그의 저서에서 조직 최고의 목적은 "인간의 장점을 강화하고 그들의 약점을 무력하게 만드는 것"이라고 언급한 바 있다. 다시 말해 조직의 목적은 조직원들의 장점을 강화하고, 핵심역량을 길러 경쟁에서 승리하고 발전하는 것에 있다는 것이다. 결국, 조직이 그들의 목적을 달성하기 위해서는 현재와 같은 매우 불확실하고 빠른 변화의 시대에 적절히 대응하고, 나아가 변화를 주도할 수 있어야 한다. 끊임없는 조직혁신이 필요한 이유도 이와 같은 맥락에 있다.

조직혁신이란 개념은 1980년대 미국에서 처음으로 사용하기 시작했다. 미국에서 조직혁신의 개념이 태동하게 된 배경은 시장 및 경쟁 환경의 변화와 이로 인해 기존 조직 패러다임의 위기에 직면한 것에 있다. 시시각각 변화하는 시장과 점점 더 격화되는 경쟁 상황 속에서 기존의 생산체제로는 더 이상 경쟁력을 유지할 수 없게 되었고, 이에 따라 기존의 조직 패러다임 자체를 뒤엎는 새로운 조직을 모색할 것이 요구되었다. 이것이 미국 기업들이

혁신을 꾀할 수밖에 없었던 근본 이유였던 것이다.

조직혁신의 내용은 경쟁력 없는 사업부의 매각, 기업 매수 및 합병, 비효율적인 공장의 폐쇄와 함께, 대대적인 고용조정 등으로 시작되었으며 이는 '다운사이징', '사업 재구축(corporate reengineering)', '린 생산방식(lean production)', '총체적 품질 경영(Total Quality Management)' 등의 개념으로 우리에게 소개되었다. 이러한 미국 기업들의 조직혁신 과정은 이전에 비해 전례 없는 규모로 진행되었으며 과거의 생산체제를 넘어 새로운 형태의 생산체제를 지향하는 경우가 많았다. 이러한 변화의 움직임은 미국기업의 생산체제를 새로운 산업생산체제로 이동시켜 왔다.

국내에서 조직혁신이 본격적으로 실행된 계기는 1998년의 IMF와 그에 따른 경영환경의 변화에 있다. IMF라는 특수 상황은 경영환경 및 인사 패러다임에 큰 변화를 가져왔으며, 기업은 더 이상 기존의 비정상적인 구조와 Business process를 고집할 수 없게 했다. 이러한 불가피한 상황하에서 구조조정의 노력이 시작되었으며, 이후 더욱 능동적이고 적극적인 조직혁신의 노력이 발생하게 되었다.

2) 조직혁신의 목적

결국 조직혁신은 상황의 변화에 대한 적절하고도 신속한 대응에 그 목적이 있다고 할 수 있다. 다시 말해, 동태성과 불확실성의 증가, 복잡화, 변화의 가속화라는 경영 환경의 변화에 적응하고 이러한 변화를 주도하는 데 조직 혁신의 목적과 당위성이 있다. 이러한 조직혁신은 변화하는 시대에 진정한 경쟁우위를 창출할 수 있도록 도와주고, 지속적인 조직의 발전을 도모할 수 있도록 할 것이다. 조직혁신의 주요 원인인 경영환경과 인사 패러다임의 변화를 살펴보면 다음과 같다.

※ 경영환경 트렌드의 변화
- 매출, 단기적 성과 중시
- 외형 위주의 성장
- 선단식 경영
- 집단성과 중심
- 안정추구형 경영
- 과정, 명분, 형식 중시
- 현금흐름(cash flow), 이익 중심
- 내실 위주의 부가가치 창출
- 핵심사업 위주의 경영
- 개인성과 중심
- 변화 적응형(스피드) 경영
- 결과, 실리, 내용 중시

※ 인사 패러다임의 변화
- 수직적 계층조직(hierarchy)
- 연공서열, 직능자격급
- 평생직장의 개념
- 능력 중심의 평가
- 회사 주도의 인재 양성
- 수평적 분권조직(flat, slim화)
- 업무(task) 중심, 성과급
- 평생직업의 개념
- 성과 중심의 평가
- 장기적 생존능력의 자율배양

3) 조직혁신(Reengineering)과 조직개편(Restructuring)

자료 「The Hotel Management」 1994년 5월호(pp.94～96)

앞서 살펴보았듯이 조직혁신은 변화하는 사회 환경에 기업이 발 빠르게 적응하거나 기업이 변화를 주도하여 경쟁력을 유지 혹은 창출할 수 있도록 하기 위한 목적에서 등장하게 된 개념이다. 그런데 종종 조직혁신과 조직개편의 개념이 혼동되어 사용될 때가 있다. 따라서 조직혁신(Reengineering)과 조직개편(Restructuring)의 개념을 명확히 이해하고 접근할 필요가 있다.

리스트럭처링이라고 하면 사업을 축소하거나 인원을 정리하는 등의 방법으로 불황에 대응하기 위한 방책의 대명사처럼 불리고 있으나 본래는 불황기만을 위하는 것이 아니다. 인수합병이나 사업다각화, 분권화 등 호황기에 행하는 것들 또한 리스트럭처링에 속한다. 리스트럭처링의 본질은 "시대변화나 기업 환경 변화에 적응하기 위하여 사업형태나 사업문화의 방법을 조직적, 구조적으로 수정을 가하는 것"이라고 정의할 수 있다. 그리고 어떤 일의 현상 분석으로부터의 개선과 아울러 과감한 대처를 하는 것을 말한다.

한편, 이에 대하여 리엔지니어링은 이상(理想)을 비전(Vision)으로 하여 출발한다. 현상은 무시하고 '이렇게 했으면 좋겠다.'라고 생각되는 부분을 설정하고 거기에 접근해 가기 위하여 백지상태에서 재설계한다는 것이다. 이러한 접근방법의 차이가 바로 리스트럭처링과 리엔지니어링의 차이이다. 리스트럭처링을 보다 깊숙이 추진시키면 점차 리엔지니어링적 요소가 강화되나 절대로 리엔지니어링의 기본 특징이라 할 수 있는 백지로부터의 재설계는 기대할 수가 없다.

리엔지니어링이란 비즈니스 프로세스(Business Process)를 근본으로 하며 밑바탕에서부터 재설계하여 혁신적인 성과를 거두기 위해 최신 정보기술을 사용하는 것이다. 여기서 비즈니스 프로세스를 업무라고 번역하여서 리엔지니어링을 업무개선의 뜻으로 해석하는 사람도 있지만 비즈니스 프로세스는 단순히 업무가 아닌 '일을 처리하는 기법'이라고 파악해야 옳다. 업무개선도 리엔지니어링의 대상이기는 하지만, 그것 자체는 아니기 때문에 좁은 의미가 되고 말기 때문이다. 또한 리엔지니어링이란 수단이 아니라 기업 그 자체를 혁신하는 것을 목적으로 하기 때문에 수단, 방법으로 잘못 생각하면 큰 착오를 초래할 수 있다. 따라서 개념정의를 확실히 해둘 필요가 있는 것이다.

리스트럭처링은 불황 대책의 일환으로 실시할 수 있지만, 리엔지니어링은 불황을 타개하기 위한 대책과는 맞지 않으며 어디까지나 새로운 시대를 맞이하여 그 시대에 걸맞은 기업이 되기 위하여 변혁을 꾀하기 위해 실행하는 것이다.

리엔지니어링을 단행하면 기업이 근본적으로 변신하는 것은 사실이다. 하지만 모든 기업이 리엔지니어링을 단행해야 하는 것은 아니다. 리엔지니어링은 회사가 설립된 지 30년 이상 된 경우 필요한 것이라 하겠다. 즉 새로운 회사에는 필요하지 않다. 리엔지니어링은 기업에 있어서 회춘법(回春法) 같은 것이기에 30년 이상 경과된 기업이 취하여야 할 방책이다.

개인에게 명분을 제공하고, 조직에 힘을 부여할 수 있는 공공조직의 활성화 방안에 대해 짧은 지식이지만 일선에서 직접 강의를 하고 있는 사람 입장에서 몇 줄 정리해 보겠다.

일반적으로 대부분의 조직이 활성화되지 못하는 이유로는 크게 다음과 같은 세 가지 원인을 들 수 있다.

첫째는 조직문화 자체가 조직이 활성화될 수 있게끔 설정되어 있지 않은 경우이고, 둘째는 조직 시스템이 잘못 설정되어 조직이 활성화될 수 없는 경우이며, 셋째는 조직원 역량이 부족하여 조직이 활성화되지 않는 경우이다. 그런데 흥미로운 것은 활성화되지 않는 조직은 대부분 이 세 가지를 모두 다 가지고 있다는 것이다.

이 세 가지 영역에 대해서는 천천히 설명하기로 하고, 우선 공공조직이 활성화되지 않는 이유부터 살펴보기로 한다. 지금은 그래도 많이 좋아졌다고 하는데, 공공조직이 활성화되지 않는 이유는 결론부터 얘기하면 '혁신'에 대한 근본적인 거부감 때문이다. 원래 '혁신'이란 세상을 바꾸는 거창한 변화를 의미하는 것이 아니라, 경쟁력 향상을 통한 성과의 제고를 목표로 하는 일련의 변화를 향한 도전이라 할 수 있다. 이러한 변화와 도전을 통한 조직의 활성화를 꾀하기 위해서는 크게 두 가지가 전제되어야 하는데, 그 하나가 기존에 보유한 기득권을 스스로 포기하는 것이고, 나머지 하나가 부단한 자기계발을 통한 조직과 동료에 대한 애정을 형성하는 것이다.

일반적으로 공공조직이 총론에서는 모두 혁신에 찬성하면서도 각론에 들어가서는 발뺌하는 이유가 바로 '기득권'을 포기하기 싫어서이다. 옛말에 '얻으려면 버려라'라고 했듯이 새로운 진일보를 위해서는 현재의 모습에서 벗어나야 하는데, 여기서 두려움과 갈등이 생성되는 것이다. 그러니까 조직 활성화를 위한 혁신의 취지나 목적은 이해하지만 그 실행과정에서 벌어지는 일련의 부작용과 피곤함은 회피하고 싶다는 것이다. 다시 말해 원칙적으로는 찬성하지만 어떻게 해서든 나까지는 그냥 기존의 방식대로 묻어가고, 내 후임자나 뒤 세대부터 맑고 투명하고 활기찬 조직으로 나아가길 바라는 심리이다.

그리고 두 번째가 바로 '자기계발을 통한 동료애의 형성'인데, 이것은 말처럼 그렇게 쉽지가 않은 대목이다. 조직원들은 누구나 자기계발을 통한 역량 향상을 원하지만, 현실적인 어려움과 나태함으로 인해 이것을 실제로 행동에 옮기는 사람은 극소수이다. 이처럼 행동이 뒤따르지 않는 사람은 자신이 살아남기 위해 나름대로의 생존본능을 발휘하는데, 이것이 바로 동료와 조직을 헐뜯고 음해하는 것이다. 이렇게 주변을 흠집 냄으로써 자신을 정당화하고, 능력 있는 조직원을 축출하는 것이다. 따라서 이런 현상이 발생하는 조직은 예외 없이 능력 있고 꼭 필요한 조직원은 퇴사하고, 조직의 발전을 위해 퇴사해야 할 직원들만 끝까지 자리를 지키게 되는 것이다. 이것이 바로 성공하는 조직과 실패하는 조직의 가장 큰 차이점이다.

다시 말해, 성공하는 조직은 '남아야 될 사람은 남고, 나가야 될 사람은 나가는 조직'이고 실패하는 조직은 '남아야 될 사람은 나가고, 나가야 될 사람은 남는 조직'인 것이다.

이상 두 가지와 더불어 공공조직이 활성화되지 않는 이유의 첫 번째, 조직문화를 설명하겠다.

현장에서 접해 보면 참으로 웃지 못할 해프닝을 자주 보게 되는데, 그중 가장 대표적인 것이 바로 고위층 간부들이 자신들이 주도하는 조직문화는 경직되어 있으면서도 조직 활성화가 이루어지지 않는다고 조직원들의 경직성을 탓하며, 이것을 2~3일의 외부교육으로 해결하려고 하는 발상을 버리지 못한다는 것이다. 사실 교육은 위 직급에서부터 받아야 하는 것임에도 불구하고 대부분이 이것을 무시하고 전 직원 활성화 교육이나 한마음 교육을 통해 애사심을 주입하고 주인의식을 강화시키려 한다. 사실 이것은 외부 교육으로 풀 수 없는 문제이다. 제아무리 리더십 교육을 많이 받아 스킬이 출중한 리더라 할지라도 부하와 동료에 대한 믿음과 사랑이 없으면 훌륭한 리더가 될 수 없듯이, 조직 활성화라는 것도 결국 상하, 동료 간의 믿음을 통한 원활한 인터액션의 절대경지에서 시작되는 것이다. 그런데도 불구하고 일부 교육단체에서는 근본적 요인은 무시한 채 대인 기법만을 강조해 활성화를 꾀하려 하다 보니 궁극적인 진전이 없는 것이다.

조직의 의사결정과 커뮤니케이션 체계를 비롯한 문화 자체가 폐쇄적인데, 그리고 이러한 폐쇄적인 문화의 그늘에서 기득원을 키워 온 상급자들이 자신들은 변화를 거부한 채, 정신교육을 통한 부하들과 주변의 활성화를 꾀하려 하니 답은 보이지 않는 것이다. 그리고 아울러 조직문화와 더불어 조직 활성화에 발목을 잡는 또 다른 요인이 바로 잘못된 조직 시스템이다. 조직 시스템이란 모든 조직원들이 공감하고, 한 방향으로 정렬할 수 있는 보편적이고 체계화된 구조성이라 할 수 있는데, 상벌 평가 체계를 비롯한 제반 운영 시스템이 객관적이고 투명하지 않으면 조직원들은 움직이려 하지 않는다. 이것은 마치 영업용 택시 기사들에게 아무리 택시의 청결상태를 깨끗이하고, 손님을 친절히 모시라고 교육이 시켜도 근본적으로 사납금 시스템이 개선되지 않는 한 주인의식을 기본으로 한 활성화는 기대할 수 없는 것과 같은 것이다. 그럼에도 불구하고 일부 교육 담당자들은 윗분들의 일방적인 지시라는 전제하에, 조직 활성화를 위한 해결책을 직원들을 대상으로 한 1박2일의 이벤트성 외부 교육으로만 풀려고 하는 경향을 나타내고 있다.

그리고 마지막으로 조직이 활성화되지 못하는 또 하나의 이유로는 조직원들의 역량부족을 들 수 있다. 여기서의 역량은 곧 경쟁력을 뜻하는 것이기도 한데, 이것은 위에서 언급했던 자기계발과도 직결되는 내용이다. 조직원 개개인의 역량이 없으면 그 조직은 망할 수밖에 없다. 어떤 조직의 조직원들이 역량이 없다는 얘기는 곧 그 조직에서는 역량 있는 조직원들은 살아남기 힘들다는 얘기이다.

악화가 양화를 구축하듯이 역량이 없는 사람은 그래도 자신이 살아남기 위해 온갖 은폐술과 위장술을 동원할 수밖에 없는데, 이로 인한 피해자가 바로 역량 있는 조직원이 된다는 것이다. 역사적으로 보더라도 조선시대에서 조직이 가장 활성화되었던 때는 세종대왕 때이며, 반면에 조직이 가장 경직화되고 부패했던 때는 연산군 때이다. 그 이유는 세종대왕이 특별히 조직 활성화 교육이나 캠페인을 실시해서 그런 것이 아니라, 스스로가 자기혁신을 통해 수기치인의 정신으로 역량을 키우고, 아울러 대소신료들의 청렴성을 기본으로 한 경쟁력을 높임으로 인해 역량을 갖춘 인재들이 군왕의 곁으로 모이게 된 것이고, 연산군은 그 반대의 언행을 일삼으니 뜻 있는 인재들이 초야에 묻히고 소인배들만 득실대는 조직을 형성했던 것과 같은 이치라고 볼 수 있다.

결론적으로 말하자면, 조직, 특히 공공조직이 활성화되려면 어떤 1~2개의 조직 활성화 프로그램으로는 절대 해결될 수 없고, 윗선에서부터 조직문화와 시스템을 재정비하여 역량을 베이스로 한 공정하고 투명한 문화와 시스템 구축이 가장 빠른 길이라고 생각한다.

이것은 마치 조직에 대한 애사심과 직원 스스로의 만족(ES)이 되어 있지 않은 직원들을 모아놓고 고객만족 실현을 위해 예절교육을 강요하는 것과 같은 이치이다.

혹시 주변에서 조직 활성화 프로그램을 도입하여 성과를 본 조직이 있다면, 그 조직은 근본적으로 이러한 제반 요소가 구비된 체제 위에 교육이라는 조미료가 더해져 훌륭한 맛을 냈다고 봐야 하는 것이다.

조직의 활성화도 그를 정확히 이해하고 방안을 구상하는 것이 바람직한 것이다.

무엇보다 조직을 이루는 구성원의 인식이 조직을 활성화하는 열쇠라 생각한다. 21세기 지식 정보화 사회에서 조직을 이루는 구성원 자체가 조직의 재산이 될 것이고 구성원의 질에 따라 조직의 가치가 달라질 것이다. 조직을 이루는 구성원이 중요한 이유 중 하나라 할 수 있다. 구성원이 조직의 일에 애정을 가지고 자발적으로 참여하기 위해서는 사고의 전환이 필요하다. 더불어 조직은 구성원이 스스로 참여할 수 있는 환경을 만들어야 한다. 이를 위해서 구성원 측면에서는 다음과 같은 변화가 있어야 할 것이다. 첫째로, 조직의 일에 참여하는 것이 자신과 타인의 삶에 멋진 일이라는 사실을 인지하는 것이고, 둘째로, 각 구성원은 자신만의 목표를 설정할 필요가 있다. 목표가 없이는 조직에 참여하고도 성취감을 얻기가 어렵기 때문이다. 조직에서는 다음과 같은 활동이 필요하다고 생각한다. 첫째로, 차별이 없는 공평한 대우를 해 주어야 한다. 경쟁사회에서 차별 없이 대우한다는 것이 어쩌면 이상하게 들릴지 모르지만, 궁극적으로 모든 인간이 동일한 존엄성을 가지며, 잘난 사람이든 못난 사람이든 동일한 대우를 받을 필요가 있다는 것을 구성원에게 확신시켜야 한다. 서로를 향한 존중을 통해 비정규직이나 정규직의 차별 등과 같은 일들을 해결할 수 있다. 그러면 여기서 문제는 경쟁 없이 어떻게 생산적인 활동을 펼치느냐이다. 공산주의의 실패에서 보듯이 일하기 싫어하는 사람의 특성 때문에 망할 것이라 생각할 수 있다. 하지만 일본의 미라이 공업의 예를 통해 이 문제를 해결할 수 있을 것이라 생각한다. 조직은 구성원에게 평생의 일자리를 주고, 일은 적게 시킨다. 일하지 말고 노는 것을 적극 권장한다. 그럼에도 조직에 자발적으로 참여할 수 있도록 할 수 있는 것은 이런 좋은 조건의 조직을 더 좋게 만들고자 하는 구성원의 마음을 불러일으키는 조직의 환경 때문이라 할 수 있다. 이 환경이란 지도자의 솔선수범과 구성원 누구나 동일한 가치를 가진다는 확실한 생각 그리고 동일한 대우를 통해 인사시스템의 혁신(승진은 뽑기에 의해 이루어진다. 왜냐하면 모든 구성원이 동일하기 때문에 우열이 없고, 따라서 뽑기로 정한다.) 욕심을 부리지 않는 리더를 통해 기업의 영업이익이나 절약으로 얻어진 이익의 많은 부분을 구성원에게 지급하는 환경 등등을 통해 스스로 참여하는 환경을 만들 수 있고 조직은 활성화될 수 있을 것이다. 무엇보다 정직하고, 이익보다는 조직의 구성원을 먼저 생각하고 솔선수범하는 지도자가 제일 필요하다. 그리고 조직을 구성하는 구성원의 마음가짐을 스스로 참여하도록 하는 환경을 구성하는 것이다. 동경오케스트라의 경우 2001년 누적적자가 4억 엔을 넘어섰고 2002년도에만 1억 1,500만 엔의 손실을 기록하였다. 존폐의 위기에 다다른 오케스트라단들이 처음 깨달은 것은 고객을 어떻게 다시 돌아오게 만드느냐의 문제였다. 주변 지역에 살고 있는 사람들에게 어떻게 하면 '우리들의 오케스트라'라는 생각을 다시 불어넣게 하느냐였다. 고민 끝에 삿포로 오케스트라단은 자원 봉사 그룹 '피리키'를 우선 발족했다. 여기에서 기념품을 판매해서 수익을 얻게 되면, 지역 초등학생들에게 무료로 콘서트를 개최해 주는 아이디어를 만들었다. 좋은 음악을 들려주는 것도 중요하지만 사회 소외 계층에게 음악을 선사하는 지역사회의 일원으로서, 주민들의 마음을 파고드는 전략을 내세운 것이다. 그 결과는 놀라웠다. 단 1년 만에, 천 명을 못 넘기던 정기 회원 숫자가 2,000명 규모로 배로 증가했다. 결과적으로 주 1회 공연에 그치던 것을 2회로 연장하는 성과도 얻었다. 한편, 동경 오케스트라단은 우선 내부혁신에 착수했다. 그간 연공서열 중심의 인건비 책정과 단원 고령화에 따른 퇴직금 부담으로 시·도가 조성한 공적 자금의 70%가 단원의 급여로 지급되는 비효율적인 재무구조를 개선해야 했기 때문이다. 물론 노조를 내세운 단원들의 반발도 있었지만, 위기의식을 공유하고 합의를 성공적으로 이끌어 내기 위해 모두가 노력했다. 그 결과, 너무나 당연하게 생각되었던 종신고용제도 및 연공서열제를 폐지하고 3년 계약 기간을 두어 엄격한 평가제도를 실시하여 계약을 연장하는 파격적인 방식을 도입할 수가 있었다. 이로써 동경 오케스트라단은 재정의 대부분을 차지하던 급여비용을 파격적으로 절감하고 더 좋은 서비스를 제공하기 위한 활동에 자원을 효과적으로 배분할 수 있게 되었다. 내부혁신을 이룬 동경오케스트라단은 다음은 마케팅과 홍보 재정비에 들어갔다.

클래식의 한계를 극복하려면 무겁고 딱딱하고 엄격하다는 이미지를 벗어나야 가능하다는 생각을 실천한 것이다. 동경 오케스트라단은 친밀함으로 관객을 유도하려는 방안을 시도했다. 그 일환으로, 음악 감독 제임스 데프리스트가 인기 만화 시리즈 노다메 칸타빌레의 캐릭터로 등장해서 실제 그 만화에서 사용된 라흐마니노프 피아노 협주곡 2번을 연주하는 식의 이벤트를 마련했다. 이 연주회는 모두 매진될 정도로 인기를 끌었다.

또 '열광의 날, 일본, 즉 라 폴르 주르네 오 자퐁(La Folle Journe'e au Japon)'이란 음악축제를 기획해 3일 동안 30만 명의 인파를 모으기도 했다. 1회당 연주시간을 45분으로 대폭 줄여 관객들의 지루함을 덜고, 티켓값을 영화값 수준으로 맞춘데다 '베토벤'을 주제로 세계적인 명연주자들의 음악을 한자리에서 감상할 수 있도록 한 것이 포인트였다고 한다.

자, 이러한 전 방위적 혁신의 결과, 한때 존폐의 위기에 섰던 이들은 곧 'V자 회복'을 달성할 수 있었다. 혁신과 구조조정은 더 이상 기업이나 정부에만 한정되어 있는 개념이 아니다. 어떤 분야라도 필요하다면 혁신적인 발상의 전환이 이루어져야 한다. 또 혁신의 근본은 단순한 비용절감이 아니라 서비스 품질을 개선하고 신규 고객층을 확보하여 새로운 서비스를 끊임없이 개발해 나가는 노력이라는 교훈 역시 잊지 말아야겠다. 그러고 보면 혁신의 기본 틀은 기업에서나 기업 밖에서도 같은 것 같다.

혁신과 구조조정은 더 이상 기업이나 정부에만 한정되어 있는 개념이 아니다. 어떤 분야라도 필요하다면 혁신적인 발상의 전환이 이루어져야 한다.

개개인의 삶에 대한 자기반성과 상사, 동료, 가족들과의 인간관계를 조명하고, 바람직한 조직생활을 위한 협동의 자세를 만들어 가는 그런 짜임새 있는 교육프로그램을 통해 무미건조한 조직에 활력을 불어넣는 계기가 필요하다고 본다.

8. 조직에 있어서 리더십의 역할

현재 우리는 인류 역사상 가장 빠른 진보와 변화를 직접 피부로 느끼며 살아가고 있다. 짧은 기간 동안 눈부시게 발전한 정보, 통신 분야로 인해 삶의 양식과 체계가 변해 가고 있다. 우리나라에 널리 보급되어 있어 일반 사람들이 너무나 쉽게 클릭 한 번으로 정보를 얻을 수 있는 인터넷을 정보 통신의 발달의 예로 볼 수 있다. 이렇게 세계는 예전에는 상상조차 불가능했던 형태로 점점 발전에 발전을 거듭하고 있다. 이런 것은 21세기가 되면서 더욱 심화되었다. 이렇듯 정신없는 21세기에 조직의 경영에는 어떤 일이 일어나고 있을까? 대기업보다는 벤처기업이 많이 생겨났고, 대학 특강 등에서도 자주 등장하는 단어인 CEO의 역할이 증대되고 있다. 즉 지도자의 역할이 중요시되고 있는 것이다. 우리는 일상생활에서 리더십이란 용어를 자주 쓴다. 예를 들면, 우리 과대표는 리더십이 부족하다든가 아니면 어느 정당의 어떤 의원은 리더십이 뛰어나다 등 리더십은 구성원들에게 미치는 영향력이라고 이해되어 일상적으로 사용되는 것이다. 이렇게 따져 본다면 경영자가 발휘해야 하는 경영활동상의 리더십이란 기업의 목표를 달성하기 위해 종업원들에게 영향을 미치는 능력이라고 할 수 있다. 이러한 이론적인 리더십에 대한 정의는 종업원들에게 영향을 끼치는 능력으로만 설명하고 있지만, 경영자의 리더십은 조직문화, 조직구조, 조직변화 등 실로 그 영향력은 한 기업 내에서 지대한 것이다. 이렇게 점점 중요시되어 가는 리더십에 대한 이론들이 마구 쏟아져 나오고 있다. 또, 지도자의 역할이 중시되다 보니 여러 이론들과 그 이론에서 파생되어 나온 구체적인 예를 든 책들도 많이 편찬되고 있고, 리더십을 교육하는 기관들도 생겨나고 있다.

1) 리더십의 정의

리더십이란 용어는 사람마다 사용하는 의미에 있어서 심한 차이가 있다. 많은 이들이 리더십을 연구하고 수많은 용어들을 개발해 왔으나 아직도 그 개념은 충분히 정의되어 있는 것 같지 않다. 이러한 개념의 복잡성과 모호성이 우리가 리더십을 이해하는 것을 어렵게 또는 그르치게 하는 것 같다. 현대 사회에서 리더십은 몇몇 사람들만 지니는 것이 아닌, 모든 구성원에게 필요한 능력으로 자리 잡고 있다. 단순히 조직이나 공동체를 운영하는 데에서만 발휘하는 것을 넘어서서, 개인의 삶을 성공적으로 이끌기 위해서도 중요하기 때문이다. 그래서 모든 개인은 리더로서의 자질을 갖추기 위해 노력해야 하며, 그러기 위해서는 리더십이란 무엇인가에 대한 성찰을 하는 자세가 필요하다. 리더십에 관한 정의는 조직체의 관리 및 목표 달성과 관련되어 오래전부터 연구되어 왔으며 학자에 따라 다양하게 정의하고 있고, 최근에는 더 다양한 범주에서 이 용어를 사용함에 따라 더욱더 설명하기 힘든 개념이다. 한 교육자료에서는 리더십은 일정한 상황에서 목표달성을 위하여 개인이나 집단의 행위에 영향력을 행사하는 과정이라고 정의하고 있다. 리더십은 흔히 직권(headship)과 혼동하여 사용되고 있는 경우가 많은데 직권은 리더가 위치한 지위로부터 나오는 힘을 통해 영향력을 행사하는 경우인데 반하여 리더십은 더 다양한 힘을 사용하여 영향력을 행사한다. 그리고 또 다른 문헌에 나타난 리더십에 대한 정의를 찾아보면 리더십은 다른 개인이나 집단의 행동에 영향을 주기 위한 시도이며, 조직의 목적을 달성하기 위해서 구성원들에게 영향력을 행사하는 과정이다. 또는 리더십이란 요구되는 목표를 달성하기 위하여 개인 및 집단을 조정하며 연동케 하는 기술로서 집단구성원으로 하여금 규정된 목적을 열성적으로 수행할 수 있도록 설득하는 능력 내지 영향력이다 등으로 정의하고 있다. 리더십은 개인적 특성, 행동, 타인에 대한 영향력, 상호작용 형태, 역할관계, 한 관리 직책의 점유 및 영향력의 합법성에 관한 타인들의 지각 등에 의해서 정의되어 왔는데 대표적 정의를 간추리면 다음과 같다.

ⓐ 집단의 활동을 공동의 목표로 지향케 하는 한 개인의 활동
ⓑ 한 상황 속에서 행사되며, 의사소통 과정을 통하여 명시된 목표의 달성을 지향하게 하는 대인 간의 영향력
ⓒ 기대와 상호작용 속에서 조직을 주도하고 유지하는 것
ⓓ 한 사람이 어떤 종류의 정보를 제공하고, 다른 사람이 그에 따라 행동하면 그 결과(이익 대 비용의 비율)가 개선될 것이라는 확신을 갖게 하는 사람들 간의 상호작용

ⓜ 집단의 한 구성원이 다른 집단의 구성원으로서의 활동에 관한 행동양
　식을 규정할 권리를 갖는다고 지각하는 것으로 특정 지어지는 특수한
　유형의 권력관계
ⓗ 리더의 행위가 조직의 행동을 변화시키고 조직원 자신의 목표와 일치
　하는 것으로 보는 한 영향력의 과정
ⓢ 조직의 일상적 지시에 기계적으로 순종하는 것 이상의 영향력 증대

　대부분 리더십의 정의들은 리더가 부하들에게 의도적으로 행사하는 영향
력 과정이 있다는 가정을 내포하고 있다. 지금까지 제안되어 온 많은 정의
들은 '영향력 행사의 주체가 누구이며, 영향력 행사의 목적은 무엇이고, 영
향력 행사 방법은 어떤 것인가?' 등의 면에서 여러 가지 중요한 차이를 보
이고 있다.

2) 조직이란

　'특정한 목표를 달성하기 위한 2인 이상의 협동체'로서 사회적 단위를 이
루는 것을 말한다. 조직의 정의는 조직이 다음 두 가지 특성을 지니고 있음
을 말해 준다.
　첫째, 조직은 목표를 달성하기 위해 만들어진 것이다. 조직은 조직구성원
다수 공동의 목표를 성취하기 위한 수단으로서 인위적으로 만들어 낸 것이
다. 또한 '목표'는 조직이 그 존재의 의의를 실현하기 위한 기본 요소이다.
　둘째, 조직은 2인 이상의 협동체이다. 조직은 한 사람이 아닌 여러 사람
으로 만들어진 체계로서 그 목적을 달성하고 기능을 수행하기 위해서 상호
협동한다.
　데이비스(Davis)는 조직이 일종의 사회체계이며 상호적인 이해관계를 기초
로 형성되어 있다고 말했다. 한편 조직은 2인 이상으로 만들어지는 집합체
이지만 구성원 개개의 단순합계가 아닌 사회적 단위로서 기능한다.

3) 조직의 구조란

조직구성원들이 조직의 목표를 달성하기 위하여 서로 협동하면서 끊임없이 상호작용을 계속하는 교호작용 속에서의 행위의 유형을 말한다. 조직구조는 조직 내의 수평적 분화 및 수직적 계층에 따라 다양한 형태를 띠고 있다. 대표적인 조직구조는 M. Weber가 제시한 관료제조직으로 분업화와 집권화 및 공식화 정도가 높은 조직형태이다. 그 밖에 애드호크라시(adhocracy), 사업부제조직, 직능조직, 행렬조직 등이 있으며, 단순조직과 복잡조직도 있고, 기계적 조직과 유기체적 조직도 있다.

4) 리더십과 조직문화

리더십에 대한 정의는 위에서 살펴보았고, 조직문화에 대한 정의를 살펴보도록 하자. 경영문화, 기업문화라고도 불리는 조직문화는 기업의 종업원들이 지배적으로 공유하고 있는 가치관, 이념 또는 의식이나 신념체계, 행동양식, 작업행위 등을 말한다. 그러므로 조직문화는 기업의 종업원들이 집단적으로 공유하고 있는 특성이라고 할 수 있다. 이러한 조직문화의 특성은 우연히 형성되는 것이 아니다. 기업이 속한 사회문화의 영향권 내에서 최고경영자의 경영철학과 비전에 따라 형성된다. 종업원은 기업의 그러한 문화를 습득함으로써 그 기업 내에서 생존, 발전하게 된다. 따라서 조직문화는 학습되고, 공유되며, 다른 종업원들에게 전달되는 특성을 갖고 있다.

현대 사회에서 조직문화는 기업의 경쟁력을 좌우하는 중요한 요소로서 인간, 자본, 물자, 정보에 이은 '제5의 관리가능한 경영자원'이라고 할 만큼 크게 자리매김을 했다. 이러한 기업문화는 창업자나 현재의 최고경영자에 의해 크게 영향을 받는다. 우리나라 재벌 기업들의 문화가 창업자들의 개성을 반영하고 있는 것을 보면 알 수 있다. 현대와 삼성의 재미있는 조직문화의 예를 들어 보도록 하겠다. 우리나라의 대표적인 기업인 현대와 삼성의 기업문화는 많은 차이를 보인다. 예를 들어 음주문화를 보면 현대는 멜론의 3분의 1을 잘라 속을 파낸 뒤 맥주와 양주를 같이 부어 혼합시켜 가장 강력한 폭탄주를 만들어 한잔 그득하게 따라 돌아가며 마신다. 철과 흙을 다루는 거친 손길과 숨결에 익숙한 현대의 전통과 현대맨의 기질 때문이다. 반면에 삼성의 회식자리에는 정종이 등장한다고 한다. 분위기도 거칠지 않고 차분한 편이다. 이것은 기술제일주의로 표현되는 삼성 특유의 섬세함 때문이다. 한편 종업원들의 성격특성도 회사 간에 상당한 차이를 보여 삼성은 상대적으로 지적이고 치밀하며 도덕심이 강하고 당당하게 모험을 추구하는 형인데 비하여, 현대는 감정적이고 단순하며 대범하고 임기응변에 강한 형이다. 얼마 전 속해 있는 동아리에서 현대자동차를 방문했던 일이 있었다. 그날은 2002 월드컵 개막식 날이었는데, 대기업이다 보니 상대적으로 직원이 많아서 북적거릴 것이란 예상과는 달리 우리를 맞이할 몇 분만을 제외하고는 회사 내가 썰렁한 분위기였다. 예상하지 못했던 분위기인지라 직원에게 물어보니 현대가 월드컵 공식 스폰서라서 개막식표가 있었는데 모두 개막식을 관람하러 갔다고 했다. 비교적 이른 4시쯤이었음에도 각 팀별 사원들의 자리가 텅텅 비어 있었으니 현대의 단결심과 약간의 감성적인 면을 볼 수 있는 좋은 계기였다. 그에 비해서 삼성이 보이고 있는 문화적 특성은 질서와 의식, 제도를 중시하는 아폴로적 문화에 가깝고 현대의 문화는 개인적인 감정의 초월을 추구하는 디오니소스적 문화에 가깝다고 볼 수 있다. 어떤 이들은 이들 기업의 조직문화의 차이를 '삼성은 제임스본드, 현대는 람보'로 비유하기도 한다. 위에서 예를 들어 본 사기업 말고도 공기업에도 조직문화는 존재한다. 하지만 우리가 일반적으로 공기업의 조직문화를 떠올려 보면 권위적이고 관료적이라는 단어가 생각난다. 특히 우리나라 공기업은 전통적인 유교적 의식에서 나오는 위계질서와 자발적이고 참여적이지 않은 조직문화가 팽배해 있다. 이러한 권위적인 조직문화에서는 사고도 많이 발생한다. 미국의 월 스트리트 저널지는 한국 대한항공의 잦은 항공사고 원인과 관련, 한국인의 권위적인 문화가 주요인이라 지적한 적이 있다. 즉 한국의 조종사들은 군 출신들이 대부분이라, 조종실 내에서의 기장·부기장 간에 엄격한 상하계급으로 인해 원활한 커뮤니케이션이 이루어지기 어려운 분위기와 무리를 강행하는 군 출신 기장의 성향이 사고를 일으키기 쉬운 잠재요인이 되고 있다는 것이다. 아시아나항공은 이미 오래전부터 이러한 지적들에 대해 적극적인 대응을 함으로써 CRM 등 상하조직 간의 수평적 커뮤니케이션 활성화를 위한 기업문화의 창조를 위해 모든 노력을 기울이고 있으며 많은 성과를 얻고 있다.

하지만 대한항공은 잇따른 항공기 사고로 한국의 세계적 항공기 안전도 평가를 떨어뜨리기까지 하면서 안전에 대한 신뢰성을 잃을 대로 잃고 나서야 1999년 5월에 조중훈 사장과 조양호 사장이 물러났다. 기존의 권위적 조직문화와 성장을 위주로 경영을 한 조중훈 회장과 조양호 사장의 경직되고 독선적이고 권위주의적인 소유경영자 체제가 근본 원인이었던 것으로 분석되었다. 즉 대한항공은 권위주의적 소유경영자 체제로 종업원의 정당한 의견이 반영되지 않아 사기가 떨어지고 분위기도 침체되어 사고가 빈번해졌다. 또한 우수한 정비요원과 조종사를 확보하지 않고 노선확대와 돈 버는 일에만 열중한 것이 항공기 사고의 근본적인 원인이라는 것이다. 소유경영자 2명이 물러나고 나서 전문경영자로 채택된 심이택 사장이 취임한 이후, 아직까지 대한항공은 별 탈 없이 경영되고 있다. 전문경영자 체제로 바뀌고 나서 위축된 분위기를 살리기 위해 상여금을 늘려 지급하고, 자녀들에 대한 학자금 지원도, 대상자 자녀 전원으로 확대하는 등 변화를 시도하고 있다. 권위적 조직문화야말로 비단 항공사고뿐 아니라 모든 사고의 잠재적 원인이 될 수 있는 요소인 것이다. 조직이 아무리 뛰어난 경영전략을 가지고 있다 하더라도 조직 내 커뮤니케이션이 뒷받침되지 않고서는 사원들은 움직이지 않을 것이고, 그 경영전략은 성공할 수 없기 때문에, 따라서 경영자의 리더십 발휘를 위한 가장 실천적인 방법은 조직 커뮤니케이션, 조직문화에 대한 정확한 이해와 활용일 것이다.

5) 리더십과 조직구조

조직구조란 조직구성원의 '유형화된 교환 작용(patterned interaction)'이다. 조직구성원들이 조직 속에서 조직목표를 달성하기 위하여 서로 협동하면서 끊임없이 상호작용을 계속하다 보면 조직구성원들의 행위의 정형이나 유형이 형성되기 마련이다. 조직구조의 형태는 조직의 틀을 나타내는 기본적인 형틀이다. 조직구조의 유형으로는 라인조직, 라인-스태프 조직, 기능별 조직이 기본적인 형태이다. 그런데 최근에는 환경변화에 적응하기 위한 탄력적인 조직구조를 띤 변형된 조직구조가 여러 가지로 개발되고 있다. 역할과 지위, 그리고 권력과 권한이 갖고 있는 특성이나 정도를 나타낸 것인 조직구조의 기본변수로는 복잡성(complexity), 공식성(formalization), 집권성(centralization)이 있다. 간단하게 설명하자면 복잡성은 수평적, 수직적 분화와 장소적 분산세 가지 요소로 구성되는데 수평적 분화는 조직이 수행하는 업무를 조직구성원들이 나누어 수행하는 부문화와 직무의 전문화 등으로 나타나고, 수직적 분화는 조직 내의 책임과 권한이 여러 계층으로 나누어져 있는 형태이고 특정 조직의 하위단위나 자원이 지역적, 지리적, 장소적으로 분산되어 있는 것을 장소적 분산이라고 한다. 공식화는 조직 내에서 누가, 어떤 일을, 어떻게, 언제 수행할 것인가를 규정한 정도, 즉 조직 내의 직무가 표준화되어 있는 정도를 말한다. 집권화는 조직 내의 권력배분의 양태에 대한 것으로 주로 의사결정의 권한이 어느 개인, 계층, 집단에 집중되거나 위임되는 정도를 나타낸다. 이것이 리더십의 영향이 뚜렷하게 나타나는 측면이다. 상급 관리층이 강력한 리더십을 갖고 있거나 하위층의 능력이나 자질이 부족하면 분권화보다는 집권화가 바람직하다. 하지만 이런 집권화가 장점만을 가지고 있는 것은 아니다. 조직구조 내에서 경영자의 말 한마디에 모든 것이 좌지우지되고 모든 것이 상명하달 식으로만 이루어지기 때문에 일선에 있는 경영자들이나 종업원들의 의견은 좀처럼 전달되지 못하는 것이 대부분이다. 이러한 점을 보완하기 위해 여러 조직구조들이 나타나고 있지만 근본적인 해결은 아직 어렵다고 볼 수 있다. 그러므로 리더십은 하급자, 상급자, 동료 그리고 직무와 일의 관계 속에서 새롭게 이해되어야 한다. 상급자는 지시하고 보고만 받는 존재가 아니라 함께 일을 해 나아가는 파트너이며, 동료도 경쟁과 견제의 대상이 아니라 내 일에 대한 협조자요 후원자로 간주되어야 한다. 상급자 인식이 없어져야 하듯이 하급자 인식도 소멸되어야 한다. 팀장이나 사장의 역할은 구성원들이 스스로 일을 찾아 하도록 돕는 데 있다 (Zenger et al.,1994). 중요한 것은 일의 성과다. 일의 성과를 위해서 필요하다면 과장이 사장을 리드해 나아갈 수도 있어야 한다. 이처럼 리더와 조직 구성원과의 관계를 단식적이 아니라 입체적으로 이해하려는 움직임은 최근 하나의 작은 흐름을 형성하기 시작하고 있다. 예를 들어, 미국의 경영학계에서 연구되기 시작하고 있는 '상향적 영향력 행사에 관한 연구'(Tepper, 1995; Krone, 1992)나 '최고경영자에게 이슈를 판매하는 문제(issue‐selling)에 대한 연구'(Thomas, Shamkster & Mathieu, 1994; Dutton & Ashford, 1993) 등은 탈계층적 주제를 연구한 논문들이다. 또한 백기복(1995, 1996) 교수는 일련의 논문에서 전(全) 방향 관점의 내용과 필요성을 설명하였다. 리더십에 있어 전(全) 방향성의 전제는 조직의 구조(structure)적 특성과 밀접한 관계를 갖는다. 조직구조가 관료적이고 기계적이면 구성원들은 상, 하의 관계를 중시하는 경향이 있다. 반면에 유기적이고 자율적인 조직구조하에서는 리더가 보다 폭넓은 전 방향 행동을 보여 줄 수 있게 된다. 따라서 앞서 나가는 리더가 되는 길은 단순히 훈련의 문제만은 아니다. 조직과 시스템이 함께 리더를 만들어 가는 것이며 또 그러한 인식을 갖는 리더가 있어야 조직과 시스템도 전 방향을 중시하는 방향으로 변화되어 나아갈 수 있게 된다. 요즈음 세계적으로 유행하고 있는 팀 중심 조직은 전 방향의 영향력 행사를 가장 중요로 하는 조직유형이다. 팀장은 과거의 부서장과 달라야 하며 팀원들도 전통적인 하급자 인식에서 벗어나야 한다(Zenger, et al.1994). 위를 쳐다보기에 앞서 핵심적인 이슈를 찾는 데 전력해야 하며 윗사람의 의중을 적중시키려 하기보다는 조직을 위해서 바람직한 것이 무엇인가를 우선 생각해야 한다. 팀이란 자율과 창의의 못자리이어야 하며 그 안에서 진정한 리더가 자라날 수 있는 것이다. 요즈음 팀제는 각 행정부서들에서도 기용하고 있는 일명 '뜬' 조직구조이다. 하지만 팀제를 도입한 기업에게 왜 팀제를 도입했는지, 팀제로 바뀐 뒤 조직 내 효율성이 높아지는지 등에 대해 물어보면 지극히 이론적인 대답만을 들을 수가 있다. 팀제를 도입한 회사에서도 상사에 대한 호칭을 부장, 과장을 함께 쓰는 경우도 많다. 『성공한 사람의 7가지 습관』이란 책으로 유명한 스티븐 코비는 "왜 팀제인가?"란 질문에 리더십과 비교하여 재미있게 설명한다. 그는 '리더십 양성'을 위한 교육과정에서 부, 과제는 조정경기와, 팀제는 래프팅 경기와 각각 비슷하다고 설명한다. 우선 조정경기를 보자. 리더는 맨 뒤에 앉아서 노를 젓지 않고 지시만 한다. 경기장은 잔잔한 호수이며 우승의 조건은 '얼마나 빠르냐'이다. 조원의 시선은 리더에게 고정돼 지시만 기다린다. 따라서 조정경기에서의 리더는 관리자에 가깝다.반면에 래프팅은 항상 변화하는 급류 속에서 경기한다. 리더의 위치는 정해져 있지 않고 상황에 따라 달라진다. 리더는 같이 노를 저으며 역할을 나눠 가진다. 언제 배가 뒤집힐지 모르는 급박한 환경이다. 따라서 우승 조건에서도 속도보다는 '살아남느냐'가 더 중요하다. 조원의 시선은 리더에게만 고정된 것이 아니라 각자 처한 환경을 동시에 보면서 닥쳐오는 여건 변화에 스스로 판단해 대응한다.

리더의 역할은 단지 조원들의 판단을 도와 배의 전복을 막으면서 빨리 목적지까지 가도록 유도하는 것이다.

조정경기	항목	래프팅
잔잔한 물	경기장 환경	급류
리더에 고정	구성원 시선	전방 및 주위환경
일사분란하게 노만 저음	구성원 역할	수시로 변하는 상황에 대해 스스로 판단, 역할 수행
모두 똑같음	노 방향, 타이밍	제각기 모두 다름
정지	노를 안 저으면	전복
속도	우승의 조건	생존+속도

6) 리더십과 조직변화

조직변화는 부분적이고 일시적 변화보다는 전 부문과 전 계층이 바람직한 하나의 방향으로 변화했을 때 시너지 효과가 배가 될 수 있다. 그렇다고 일거에 동시다발적으로 어떤 표준화된 획일적인 방법에 의해 조직이 변화될 수 있는 왕도가 존재하는 것은 아니다. 그렇다면 어떻게 하는 것이 조직의 변화를 쉽게 그리고 지속적으로 가져올 수 있는 것인가? 우선 상부에서 하부(Top down)로 변화를 시도하는 것이 전체적인 변화를 선도하는 데 효과적일 것이다. 다만, 이것이 전 조직으로 확대되고 지속화되어 진정한 변화가 이루어지기 위해서는 하부에서 상부로(Bottom up)의 형태가 뒷받침되어야 하는데 이는 그 변화가 지속적인 과정을 거쳐 조직 내에 하나의 일상적인 프로세스로 정착되어야 하기 때문이다. 이렇게 되기 위해서는 최고 경영자가 조직 내부에 변화의 동인을 어떻게 지속적이고 체계적으로 만들어 갈 수 있느냐가 관건이 되며 이때 중간 관리층의 새로운 역할과 적극적 참여가 필수적 요건이 된다. 달리 말하면 위로부터의 변화에 대한 의지와 솔선수범을 기초로 하부로부터의 구체적 실천력을 이끌어 내기 위한 중간 관리층 위주의 변화방법론이 필요한데 이것이 다름 아닌 중간에서 상하부로(Middle up down) 방식의 핵심이다. 결론부터 말하면 Middle up down의 방식은 조직의 변화와 활성화를 위해 기존의 관점과는 달리 중간 관리층의 역할 강화론에 입각한 새로운 접근방법을 제공하고 있다. 한동안 국내에서도 조직 운영에 있어 중간 관리층의 무용론과 샌드위치론이 대두된 바 있다. 이는 지금까지 대표적인 경영관리 방식으로서 인식되어 왔던 Top down과 Bottom up 그 어느 방식도 중간 관리층 역할의 중요성을 부각시키지는 못하였다. 환경의 변화는 곧 전략의 수정으로 이어지고 이는 결국 각 기능부서에 새로 요구되는 역할, 곧 관리자의 역할이 달라져야 함을 의미한다. Middle up down의 방식은 이처럼 변화하는 환경으로 인해 조직의 역할과 기능이 달라져 새로운 업무가 생겨나고 기존의 방식이 사라지는 구조적 변화 속에서 그에 따른 자원 배분 등 신속하게 최적의 의사결정이 이뤄져야 하는 지금과 같은 상황에서 대단히 효과적인 경영방식인 것이다. 이는 일본의 지식경영의 대가인 노나카 이쿠지로 교수가 제창한 이론으로 변화하는 환경에서의 효과적인 조직관리 및 변화의 방식이면서 중간 관리층의 역할과 그 중요성을 새로이 인식시키는 계기가 되고 있다. 이를 의미에 충실하게 설명하면 환경 변화에 따른 전략변화의 방향을 위에서부터 지시와 전달에 의해 하부로 전개시키기보다는 중간 관리층이 조직 차원에서 이를 이해하고 그들에게 새로이 요구되는 역할과 기능을 재정립한 다음 이 기획안을 경영층에 제안, 승인을 득한 후(up) 하부 직원들에게 구체적인 역할과 업무로 분해하여(down) 철저하게 실행토록 함으로써 성과를 창출하는 방식을 말한다. 이는 결국 조직의 성과는 강한 중간 관리층(허리)의 존재 유무와 그들의 의지에 달려 있음을 강조한 방식인 것이다. 이를 위해 관리자는 조직의 구성원들로 하여금 조직이 요구하는 역할을 충분히 이해, 공감시키고 이를 실천에 옮길 수 있는 능력을 배양시켜야 할 것이며 조직의 경영자들은 조직 전체의 미래를 예측하고 그 전략적 방향을 제시하되 21세기가 요구하는 리더십하에 조직원들이 창의적으로 그들의 임무를 수행하는 데 필요한 환경과 인프라 조성에 힘을 기울여야 할 것이다. 노나카 이쿠지로 교수가 주장한 이것은 모든 경영자들 중에서도 지금까지 일선 경영자와 최고 경영자의 가교 역할을 한다는 중간 경영자의 중요성을 부각시키는 이론이다. 하지만 일선 경영자와 최고 경영자 없이는 불가능한 것이다. 따라서 리더십은 어느 한 계층의 경영자에게만 해당하는 것이 아니라 전 경영자의 능력에 가장 중요한 요소인 것이다. 지금까지 리더십이 조직의 문화, 구조, 변화에 미치는 영향에 대하여 알아보았다. 너무나도 많은 리더십에 대한 이론이 그대로 적용된 것도 있지만 실제로 변화된 형태로 존재하고 있었다. 이것은 각 기업의 환경에 맞춰, 경영자의 신념과 전략에 맞춰 적절하게 선택되어 운영되고 있었다. 결론적으로 앞으로 미래에는 사회변화가 지금보다 더 빨라지면서 급속한 환경 변화에 맞춰 더욱 능동적으로 적극적인 리더십이 요구될 것이다. 그러한 환경에서의 리더십은 조직의 전 분야에 영향을 미치게 되고, 지금처럼 그 영향력은 엄청날 것이다. 리더십은 일방적인 전달식이 아니라 상하간 또는 평등한 조직 구조, 문화 사이에서 쌍방향을 통해 발전해 나아가야 한다.

9. 공식조직과 비공식조직의 차이점

1) 조직의 기초이론

(1) 조직의 개념과 특성

① 조직의 개념

조직(Organization)이란 인간의 집합체로서 일정한 환경하에서 특정목표를 추구하기 위하여 일정한 구조를 가진 사회적 실체(social entity)를 의미한다. 조직은 인간의 모든 사회목적을 달성하기 위한 수단으로서의 성격을 띠고 있으나 그 개념에 내포되어 있는 고도의 추상성으로 말미암아 정확한 개념을 밝히기란 어려운 일이다.

조직의 개념 정의는 상당히 다양한데, 그들의 공통점을 정리해 보면 다음과 같다.

가. 조직은 어떤 특정한 목적 또는 목표를 가지고 있다.

나. 조직은 여러 부분 요소들로 구성되어 있다.

다. 조직은 그의 목적 또는 목표를 달성하기 위해 그 부분 요소들은 하나의 전체 단위 개념에 입각하여 상호의존적으로 관련시켜 상호작용을 하게 하고 그 환경에 적응함으로써 조직의 안정과 성장을 유지한다.

또한, 조직을 구성하는 데는 몇 가지 기준이 있다. 즉 기능에 의한 구성에서부터 과정이나 절차, 고객, 지역이나 장소 등에 의한 구성에 이르기까지 다양하다. 현재적인 조직은 그 성격에 따라서 여러 가지로 구분할 수 있으나, 행정조직에 관해서는 다음과 같은 구분이 중한 의의를 갖는다. 즉 공식조직과 비공식조직, 계선조직과 참모조직, 관료제와 특별임시위원회의 구분이 그것이다. 지금부터 이러한 행정조직 중 공식조직과 비공식조직의 차이에 대하여 알아보고 비공식조직의 순기능과 역기능에 대해서 알아보도록 하겠다.

② 조직의 일반적 특성

조직은 ㉠ 목표지향적이고 인간의 복잡한 집합체이며, ㉡ 합리성을 의도하며, ㉢ 한정된 특정목표를 가지며, ㉣ 경계(boundary)를 가지며, ㉤ 규모가 커서 대면적 리더십을 허용하지 않으며, ㉥ 체제로서 파악되고 환경과 끊임없이 상호작용을 하며, ㉦ 보편성을 가지며, ㉧ 보다 큰 사회체제 속에 통합되어 있으며, ㉨ 각 구성원의 존재와는 별개의 실체라는 특성을 가진다.

(2) 조직의 유사개념

조직에 유사한 다음과 같은 개념이 파악되어야 한다.

① 기구

행정조직이란 말과 행정기구란 말이 함께 쓰이고 있다. 기구는 정태적 측면에 치중하고 인간적 요인을 내포하지 않는 말이다. 조직은 동태적 측면에 치중하고 인간적 요인을 고려하는 말이라고 할 수 있으나 엄격히 구별하기는 어렵다.

② 관료제(bureaucracy)

공사의 대규모조직을 의미하지만 조직에는 비관료의 역할도 있다. 관료제는 그 역기능에 치중해서 쓰이기도 한다.

③ 제도(institution)

결혼과 같은 확립된 관습·전통을 의미하기도 하고 또한 사회에서 중요한 역할을 하거나 장기간 존속되어 왔던 조직을 가리키기도 한다. 기관으로 번역되기도 한다.

④ 공식조직(formal organization)

조직이란 말은 일반적으로 공식조직의 뜻으로 사용되고 있으나 조직에는 공식적·합리적 측면과 비공식적·비합리적 측면이 있다는 점을 인식해야 한다.

⑤ 집단(group)

구성원 간에 상호작용이 있고 집단의식을 가진 인간의 집합체를 말하며 주로 소집단(small group)의 뜻으로 쓰이고 있다.

(3) 구조의 정의

조직의 구조(Structure)는 조직구성원들의 '유형화된 교호작용(patterned interaction)'을 말한다. 구조를 '교호작용의 유형'이라고도 설명한다. 사람들의 행동 또는 교호작용이 되풀이되어 일정한 양태 또는 유형이 형성되면 그것이 조직의 구조가 된다.

조직의 구조에는 공식적인 측면과 비공식적인 측면이 있다. 구조는 조직 내 교호작용을 안정시키며 그 예측가능성을 높이고 공동목표 추구를 위한 질서를 형성한다.

2) 공식적 조직과 비공식적 조직의 개념

(1) 공식적 조직의 개념

공식적 조직이란 계층제와 권한관계를 내용으로 인위적으로 만들어지고 법률, 법규나 직제에 의하여 명문화된 제도상의 조직을 말한다. 정부조직법에 의해서 만들어지는 행정기관이나 회사법에 의해서 창설되는 기업 등이 그것이다. 즉 공식적 조직은 인간의 인격과는 독립된 별도의 비인간적 요소, 각 부서의 업무내용, 일의 분담, 명령계통, 각 직위의 권한, 책임, 일의 순서 등을 명백히 한 것이다. 사이먼은 공식적 조직이란 조직의 구성원을 위하여 신중하고 합법적으로 계획된 행동형 및 구성원 간의 관계라고 정의를 내리고 있으며 바나드는 의식적으로 조정된 2인 이상의 사람들의 활동이나 기능의 체계라고 정의하고 있다.

(2) 비공식적 조직의 개념

비공식적 조직이란 현실적인 인간관계를 토대로 자연발생적으로 형성되는 조직을 말한다. 비공식적 조직은 1930년대 이후의 인간관계론 내지 신고전 이론에서 리더십, 사기, 의사소통의 문제와 더불어 가장 중시되어 온 분야가 되었다. F. J. Roethlisburger는 비공식적 조직이란 조직의 구성원 간에 존재하는 실제의 개인적인 관계이며 제도상의 조직에는 전혀 표현되지 않거나 불충분하게 표현된 상호관계라 정의하였고, 사이먼은 공식적 계획과 부합하지 않는 실제적 행동의 제 유형, 즉 조직구성원이 실제로 행동하는 양식이라고 정의하였다. 비공식적 조직의 실례로서는 ㉠ 조직의 책임자가 조직구성원 중에서 일부의 사람만을 특히 신임하여 이들과 더불어 중요한 문제를 의논하고 이들이 제공하는 정보에 의존하고 지원해 주는 사적조직과 ㉡ 중요한 문제를 정식 내각에 제출하기 전에 미리 상의하여 은밀히 결정하는 내부 내각 및 ㉢ 조직책임자의 개인비서가 가지고 있는 정부 때문에 개인비서를 중심으로 조직구성원이 집중된 개인비서조직, ㉣ 클럽과 파벌이 있다.

3) 공식조직과 비공식조직의 상호관계

조직은 공식적 측면과 비공식적 측면을 아울러 가지고 있으므로 공식적 조직과 비공식적 조직을 독립된 별개의 존재처럼 착각해서는 안 된다. 사실 조직이 실제로 움직일 수 있는 것은 공식적인 행동유형과 비공식적인 행동유형이 상호작용하고 있기 때문이다. 따라서 조직의 공식적·비공식적인 구조, 기능, 역할관계를 이분론적 도식만으로서는 적절히 파악할 수 없다. 현실의 조직에 있어서 어느 것이 공식적 조직이고 어느 것이 비공식적 조직인가를 구별하기란 곤란하다. 공식적 조직과 비공식적 조직은 서로 공존하면서 협동적 관계에 있는 경우도 있고 반대로 적대적 관계에 있는 경우도 있다.

공식조직은 의도적으로 조정된 사람의 활동으로 구성되고 비공식조직은 무의식적 집단 감정 그리고 동일한 개인의 활동으로 구성된다. 후자는 불명확하고 비구조적이고 명백한 하위 구분이 잘 되어 있다. 이는 다양한 밀도의 형체 없는 질량으로 간주될 수도 있다. 그 반면에 공식조직은 의도적인 조정을 중요한 특징으로 하며 목적에 의해 특징지어진다. 즉 목적 달성을 위한 협동이다.

비공식적인 것이 공식적인 것에 선행되나 공식조직이 없이는 오래 지속되지 못한다. 인간이 보통 활동적이라는 것은 관찰가능한 사실이며 또한 인간은 활동 대상을 추구한다는 것도 관찰가능한 사실이다. 활동 대상으로 인해 공식조직이 나타나나 비공식조직이 사라진다는 것은 결코 아니다. 공식화된 구조와 관계가 유지되기 위해서는 비공식적인 것이 필수적이다.

(1) 차이점

공식조직(formal organization)이란 공식적 조직표(organization chart)에 나타난 조직으로서 명문화된 구조표에 따른 조직이다. 그것은 공식화된 분업의 계통과 인원의 배치를 표시하는 것이다. 또한 그것은 공식적인 의사소통의 경로와 권한의 배분을 나타내는 것이다. 일반적으로 행정조직은 능률의 논리(logic of efficiency)에 따라서 구성되며 계층화·분업화의 원리에 따른 공식조직을 통해 과업을 수행한다. 조직의 구성원들은 그 직위에 따라서 소정의 업무와 기능의 수행이 기대되고 있으며 공식화된 목표달성을 위하여 명확한 역할이 부여되고 있다. 성문화된 제도적·가시적이다.

반면에 비공식조직(informal organization)은 공식조직의 내부에 자연발생적으로 생기는 조직으로서 일명 '자생조직'이라고도 한다. 비공식조직은 주로 감정의 논리(logic of sentiments)에 의거하여 인간관계를 규율하고 감정, 태도, 가치관 등 정의적 측면의 기능을 수행한다. 따라서 비공식조직은 공식조직에 의하여 충족되지 못하는 여러 가지 심리적 기능을 수행하며, 공식조직의 기능에 대해서도 중요한 영향을 미친다. 성문화되지 않은 비제도적·비가시적이다.

   ㉠ 공식적 조직은 인위적인 데 비하여 비공식적 조직은 자연발생적으로 생기는 조직으로서 일명 '자생조직'이라고도 한다.

   ㉡ 공식적 조직은 외면적 또는 외재적인 데 비하여 비공식적 조직은 내면적 또는 내재적이다.

   ㉢ 공식적 조직은 성문화된 제도적·가시적인 데 비하여 비공식적 조직은 성문화되지 않은 비제도적·비가시적이다.

   ㉣ 공식적 조직은 보통 능률의 논리에 따라 구성되는 데 비하여 비공식적 조직은 감정의 논리에 따라 구성되는 것이다.

   ㉤ 공식적 조직은 전체적인 질서인 데 반하여 비공식적 조직은 그 전체적인 조직 속의 각 계층, 각 단위에서 자연발생적인 소집단으로 성립하는 부분적 질서이다.

즉 공식조직은 행정목적의 능률적 수행을 위해 합리적, 관료제적, 인위적 측면에 중점을 둔 법에 근거한 조직이며 비공식조직은 혈연, 지연, 학연 등 인간관계를 기초로 비합리적, 감정적, 대면적 측면에 중점을 둔 자생적 조직이라 간략하게 요약할 수 있겠다.

(2) 상호작용

조직은 공식적 측면과 비공식적 측면을 아울러 가지고 있으므로 공식적 조직과 비공식적 조직을 독립된 별개의 존재처럼 착각해서는 안 된다. 사실 조직이 실제로 움직일 수 있는 것은 공식적인 행동유형과 비공식적인 행동유형이 상호작용하고 있기 때문이다. 따라서 조직의 공식적·비공식적인 구조, 기능, 역할관계를 이분론적 도식만으로서는 적절히 파악할 수 없다. 현실의 조직에 있어서 어느 것이 공식적 조직이고 어느 것이 비공식적 조직인가를 구별하기란 곤란하다. 공식적 조직과 비공식적 조직은 서로 공존하면서 협동적 관계에 있는 경우도 있고 반대로 적대적 관계에 있는 경우도 있다.

4) 비공식조직의 유형

(1) 공식조직을 기준

㉠ 평균적 단위 내 집단

동일한 공식조직 내에서 계급이 같은 사람들로서 이루어지는 비공식조직을 말한다.

㉡ 평균적 단위 간 집단

서로 다른 수평적 조직에 속하면서 계급이 같은 사람들로서 구성된 비공식조직을 말한다.

㉢ 수직적 단위 내 집단

동일한 공식조직 내에 속하는 사람들 중에서 계급이 다른 사람들로 구성되는 비공식조직을 말한다.

㉣ 수직적 단위 간 집단

다른 공식조직의 다른 계급에 속하는 사람들로서 이루어진 비공식조직을 말한다.

(2) 욕구충족의 기능을 기준

㉠ 사적인 취미의 동일성에 의한 비공식집단
㉡ 공리적인 욕구충족을 위한 비공식집단
㉢ 이념과 사고방식의 일치에 의한 비공식집단

5) 비공식조직의 기능

(1) 순기능

비공식조직은 공식조직의 목표달성을 위하여 다음과 같은 유익한 기능을 수행하기 도 한다.

- ㉠ 비공식조직은 조직의 구성원에게 귀속감과 안정감을 줌으로써 작업진단을 안 정화시킨다.
- ㉡ 비공식조직은 공식조직의 경직성을 완화시키며 비공식조직은 공식지도자의 능력을 보완해 준다.
- ㉢ 비공식조직은 구성원 간의 유대와 협조를 통하여 업무의 능률성을 향상시켜 준다.
- ㉣ 비공식조직은 각 조직구성원을 위해 행동기준을 확립한다.
- ㉤ 비공식조직은 풍문을 통한 의사전달의 통로로서의 기능을 하기도 한다.
- ㉥ 비공식조직은 직무를 수행하는 데 있어서 각 개인의 창의력과 쇄신적 활동을 고취시킬 수 있는 분위기를 조장한다.

(2) 역기능

비공식조직은 공식조직의 목표달성을 위해 유익한 기능을 하는 반면 다음과 같은 역기능을 보이기도 한다.

- ㉠ 비공식조직은 공식조직에 대하여 적대감을 가지게 되거나 구성원들에게 심리적인 불안감을 조성하기도 한다.
- ㉡ 비공식조직은 공식발표에 앞서 중요계획을 사전에 누설하거나 잘못된 풍문을 퍼트림으로써 구성원의 사기를 저하시키거나 불안감을 조성하기도 한다.
- ㉢ 비공식조직의 대면적이고 비공식적 인간관계는 정실주의를 조장할 우려가 있다. 그리고 비공식조직은 개인적인 불만을 전체의 불만인 것처

럼 유포시킬 우려가 있다.

6) 비공식조직의 통제

비공식조직은 위에서 본 바와 같이 공식조직의 기능을 보완하는 순기능과 그것을 저해하는 역기능을 동시에 가진다. 그러나 그러한 역기능 때문에 비공식조직을 없앤다는 것은 불가능하므로 그의 존재를 인정하고 그것이 공식조직의 목적을 수행하는 데 기여하도록 효과적인 통제 및 활용을 하도록 하여야 한다.

비공식조직의 통제방법으로는 다음과 같은 것이 있다.

(1) 통제 방법

㉠ 관리자는 불만의 원인을 분석하여 이해와 설득으로 불만을 제거하고 관리자와 비공식적 조직의 구성원과의 대립과 알력을 해소하도록 노력함으로써 불안감, 긴장감을 제거시킨다.

㉡ 비공식적 조직의 목적과 이익이 공식적 조직의 이익과는 양립하는 것이 아니라는 인식을 갖도록 지도한다.

㉢ 비공식조직의 유형, 목표, 기능, 인적 사항 등과 같은 실태를 파악해야 한다.

㉣ 비공식조직의 지도자를 파악하여 조직목표에 협조하도록 설득한다.

㉤ 위의 기술한 수단으로 통제가 불가능한 경우에는 집무절차 및 집무내용을 변경시켜 비공식적 조직의 관례를 약화시키거나 비공식적 조직의 지도자의 수출, 구성원의 전직 격리분산에 의하여 상호 접촉을 제한시킴으로써 비공식적 조직을 와해시킨다.

그러나 비공식적 조직에 대한 통제의 의의는 음성적 집단(조직의 활동을 저해하는 집단)을 양성적 집단(조직의 목표달성에 기여하는 집단)으로 전환시키는 데 있다. 따라서 가장 이상적인 방법은 관리자가 훌륭한 인간관계적 관리기술을 발휘함으로써 공식적 면이나 비공식적 면에 있어서 명실 공히 지도자로서 존경을 받도록 노력하는 것이다.

(2) 한계

비공식조직 통제의 한계로는 다음의 2가지로 요약된다. 하나는 비공식조직은 불가 시적 조직이므로 통제가 불완전할 수밖에 없다는 것이며 다른 하나는 비공식조직은 부분적 질서이므로 통제도 부차적이 될 수밖에 없다는 것이다.

7) 비공식조직이론의 문제점

관리층에 대한 인간관계분석 부족, 즉 종래의 인간관계론이나 소집단이론에서는 일반업무계층이나 일선직원을 그 연구대상으로 하여 왔으나 실제에 있어서는 기계적·반복적 업무를 담당하고 있는 일선직원들보다 오히려 비공식적 인간관계나 역할의 비중이 높은 관리층에 비공식조직이 많은 것으로 밝혀졌다. 그럼에도 불구하고 관리층에 대한 연구는 별로 없었다.

또한 전통적 조직이론과 마찬가지로 비공식조직이론이나 소집단이론은 조직의 문화적 배경이나 환경과의 관계를 고려하지 않은 폐쇄체제로서 파악하였다.

공식 및 비공식 간의 구분은 이제는 흔한 일이 되었다. 그러나 나의 개인적인 입장에서 본다면 뭐라고 끄집어내어 이것은 공식조직이고 저것은 비공식조직이라고 명확하게 개념을 정의할 단계는 아닌 것 같다. 따라서 나의 개인적인 입장은 조직 가운데 문서화, 체계화된 것 이외의 모든 집단은 비공식적인 조직이라고 부를 수 있다고 본다. 한 예로 이 세상에서 나만이 홀로 존재할 경우에는 규범이나 규칙이 필요하지 않을 것이다. 단지 모든 의사결정은 내가 하고 내 말이 곧 법이고, 내 말이 진리가 될 것이다. 그러던 중 어느 날 한 여인이 나타나게 되면 나와 그녀는 아마도 종족본능의 욕구로 인해 결혼이라는 계약을 하게 될 것이다. 또한 생계를 위해 그녀와의 협동 및 분업도 필요하게 될 것이다. 그리하여 한 100여 년이 지나 자손이 번성하게 되면 그 자손들을 통제할 수 있는 무언가가 필요하게 될 것이다. 따라서 나는 나의 자손들을 어느 정도 규제하고 통제하기 위해서는 규칙을 정하고 그 규칙을 자손들이 잘 지킬 수 있도록 그런 규칙을 관리하는 사람들을 선발하여 내 측근에 두고 이런 기능이 계속 순환하게 되면서 하나의 제도, 즉 성문화된 법률과 규칙 등을 만들어 그들을 통제할 것이다. 그리하여 시간이 더 흐르면 아마도 나는 이러한 공식화된 제도로써 '태양'이라는 국가를 만들 것이다. 그러나 모든 법규나 법률이 성문화되고 제도화된다고 하더라도 내 국민들의 개인적인 생각, 창의성, 국가에의 봉사성 등을 통제하거나 제약하면 안 될 것이다. 이는 결과적으로 공식화된 나의 국가와 비공식적인 국민들과의 사이에 분열을 초래하게 될 것이며 이로 인해 공식화된 나의 국가는 와해될 수도 있기 때문일 것이다. 위에 기술한 바와 같이 나의 국가는 처음에는 개인적, 자연적, 자발적 상태(비공식조직)에서 그 규모가 점차 커지게 됨에 따라 차츰 집단적, 법치적, 공식적(공식조직)으로 변화되어 온 것이다. 즉 공식조직은 조직원들의 형태의 전부를 규제할 수 없으며 비융통적인 데 비하여 비공식조직은 이를 보완하여 주고 따라서 조직의 원활한 운영을 기할 수 있게 하여 준다. 그것은 조직의 공식적인 정책, 규제, 절차 등의 엄격한 집행으로부터 오는 자폭을 미연에 방지함으로써 조직을 보존하는 기능을 하고 일을 성공시키는 지표이며 능률 향상을 위해서 불가피적으로 필요로 하는 것이다. 비공식적인 것이 공식적인 것에 선행되나 공식조직 없이는 오래 지속되지 못한다. 인간이 보통 활동적이라는 것은 관찰가능한 사실이며 또한 인간은 활동대상을 추구한다는 것도 관찰가능한 사실이다. 활동대상으로 인해 공식조직이 사라진다는 것은 결코 아니다. 공식화된 구조와 관계가 유지되기 위해서는 비공식조직의 것이 필수적이다. 따라서 공식조직 내에서의 합리적이고 바람직한 비공식조직의 운영방안을 다음과 같이 서술할 수 있겠다. 첫째, 비공식조직에서 의사소통은 말없이 단지 상황뿐만 아니라 의도를 이해하는 능력이기 때문에 의사소통이 분산되어 있으므로 의사소통의 유지 및 조장이 필요하다. 내가 공식화된 한 국가의 왕일지라도 그들과의 의사소통이 없이는 결코 태양이라는 한 공식조직을 움직이거나 운영 또는 정책결정을 함에 있어서 많은 어려움이 생길 것이며 나의 독선으로 비공식적인 국민의 의견을 수렴하지 않는다면 그건 독재에 지나지 않을 것이다. 태양이라는 국가의 목표는 아마도 국가의 존속일 것이다. 즉 태양이라는 국가를 오래 지속하게 하려면 국민들과의 많은 의사소통이 필요하며 국민 개개인의 분산된 의사소통을 유지 및 조장하는 것이 절대적으로 필요하다고 하겠다. 둘째, 조직을 위해 봉사하려는 의도 및 객관적 권한의 안정성을 규제함으로써 응집성을 유지하는 것이다. 즉 공식적 조직인 태양이라는 국가를 위해 어느 한 개인이건 집단이건 그들의 의도를 규제하면 안 될 것이다. 일례로 대한민국처럼 개인 또는 집단에게 많은 간섭 및 그들의 행동, 의도 등을 규제함으로써 빚어지는 역기능이 많듯이 공식조직 내 비공식조직의 행동, 의도, 객관적 권한 등을 규제해서는 안 될 것이다. 셋째, 비공식조직 내의 행동이 공식조직의 특징인 비인격성에 의해 지배되지 않기 때문에 비공식조직을 통해 개인의 태도가 강화되고 향상되어 가므로 개인적 위신, 자기존중, 그리고 독립적 선택의 감정을 유지해야 한다. 또한 비공식조직의 구성원들이 갖고 있는 불만 등을 찾아내어 그것을 분석하고 그에 따른 관리자와 비공식조직 구성원 간의 마찰이 없도록 하여야 한다. 넷째, 공식조직은 조직의 목표달성을 위해서 조직 내 비공식조직을 인정하고 그들과 타협, 의사교환 및 인간관계를 합리적으로 조화시켜 비공식조직의 목표를 공식조직의 목표와 일치하도록 하는 것이 필요하다. 이렇듯 공식조직과 비공식조직은 별개의 것이 아니라 비공식조직을 시작으로 그 규모가 커져 감에 따라 그것을 통제하면서 그 조직을 계속적으로 유지시켜 나가기 위해 공식조직화되어 감을 알 수 있다. 즉 공식조직과 비공식조직은 서로 간에 협조와 협력을 필요로 하며 두 조직 간의 협조와 협력이 얼마만큼 제대로 이루어지는가에 따라서 그 조직의 존속에 직접적으로 영향을 미친다고 볼 수 있다. 따라서 악어와 악어새처럼 공식조직과 비공식조직은 공생공사를 하며 그 조직을 위해 서로 간의 협력과 우대가 기본적으로 밑바탕에 깔려 있어야 위에 제시한 방안이 도움이 되리라 짐작한다.

〈참고문헌〉

박연호, 행정학신론, 박영사.
최창현, 행정조직이론, 대영문화사.
조석준, 조직론, 법문사.
유영옥, 행정학신론, 학문사.
박종호 외, 행정학, 박영사.
김흥수 외, 행정학개론, 한국고시연구학회.
한영춘·권기성, 행정학개론, 법문사.
오석홍, 행정학, 나남출판.
윤우곤, 조직관리학, 다산출판사.
정세욱, 현대조직관리학, 법문사.
김규정, 행정학원론, 법문사.
박용치, 현대행정학원론, 경제원.

10. 집단의 형성과 발전

조직은 다른 말로 표현하면 집단이라는 말로도 표현할 수 있다. 집단적인 개념에서 집단의 형성과 발전을 알아보도록 하겠다. 사람들이 집단을 필요로 하는 이유가 있다. 첫째, 집단생활이 생존욕구를 충족시켜 주기 때문이다. 둘째, 심리적 욕구 때문이다. 사람들은 집단을 통해서 다른 사람들과 같이 있고 싶어 하는 소속감 및 유친 동기와 다른 사람들에게 영향력을 행사하고 통제하고 싶은 욕구인 권력 욕구를 충족시킬 수 있다. 셋째, 집단을 통해서 정보욕구를 충족시킬 수 있다. 다른 사람들로부터 정보를 얻고 또한 다른 사람들과의 비교를 통해서 어떻게 판단하고 행동해야 할지를 보다 잘 이해할 수 있다. 넷째, 사회적 지지(Social Support)를 제공해 주기 때문이다. 연구에 의하면 사람들이 타인들로부터 지지를 받을 수 있을 때가 그렇지 못할 때에 비해 스트레스를 덜 경험하였으며 고독으로부터 초래되는 슬픔이나 지루함을 덜 느낀다. 마지막으로 사람들은 혼자 일할 때보다 여러 사람들이 함께 일하면 원하는 목표를 성공적으로, 더욱 효율적으로 또는 보다 즐겁게 성취할 수 있기 때문에 집단을 형성한다. 이처럼 사람은 혼자서는 살아갈 수 없기에 무리 지어 생활하게 되고 사람들은 집단을 통하여 여러 가지 이득을 얻어 왔으며 주어진 삶에 필요한 다양한 편의를 제공하고 제공받아 왔고 타인과의 친근감, 소속감, 일체감 등을 얻었고 이런 것들은 개인의 심리적 건강과 생존에 중요한 역할을 하였다고 생각된다. 따라서 집단의 발전단계, 구조, 규모, 역할 등에 대해서 자세히 살펴보겠다.

1) 집단의 형성과 발전

(1) 집단의 개념

집단이란 어떤 목적을 달성하기 위하여 두 명 이상의 개인들로 구성된 모임을 말한다. 개인은 자기가 소속된 집단 내에서 다른 구성원들과 상호작용을 하고 상호의존적 관계를 가지면서 여러 가지 활동을 하기 때문에 개인에게 있어서 집단은 매우 중요한 환경요인이라 할 수 있다. 집단은 개인과 조직체를 연결시켜 주는 위치에 있으면서 개인행동과 조직체에 모두 영향을 주고 있기 때문에, 개인행동 연구와 조직행동 연구에 매우 중요한 연구대상이 된다.

집단의 개념 속에는 다음과 같은 여러 가지 의미들이 포함되어 있다.

첫째, 집단은 둘 이상의 사람으로 구성된다.

둘째, 집단은 어떤 공통된 목적을 달성하기 위한 사람들의 모임을 말한다. 집단의 목표는 조직의 목표보다도 더욱 구체적이고 실질적이며 명확해야 한다는 점에 그 특징이 있다.

셋째, 집단이란 어떤 공통된 목적을 중심으로 상호의존관계에서 구두나 서신 또는 직접적인 접촉을 통하여 상호작용을 하는 사람들을 의미한다. 이처럼 집단은 목적, 동기와 욕구만족, 상호작용과 상호의존성 등의 개념을 포함하는 의미로 설명될 수 있다.

(2) 집단형성의 이유

사람들이 왜 집단을 형성하는 것일까? 이러한 집단형성의 이유는 여러 가지가 있을 수 있다. 태어나면서부터 정해지는 경우도 있고, 특정지역 출신이라는 사실 때문에 특정집단에 소속되는 경우도 있고, 본인이 원해서 어떤 특정집단에 소속되는 경우도 있다. 자의든 타의든 우리는 다양한 이유 때문에 집단에 참여하고 소속되는 것이다.

사람들이 집단을 형성하게 되는 이유는 다양하지만 이는 크게 개인의 욕구충족, 집단이 갖는 매력, 경제적인 이유 등으로 요약될 수 있다.

① 개인의 욕구충족

개인이 집단을 형성하는 가장 근본적인 이유는 특정한 집단에 소속하게 되었을 때, 그 집단이 자신의 욕구를 충족시켜 줄 수 있으리라는 기대감 때문이다. 개인이 집단에 소속함으로써 충족시킬 수 있는 대표적인 욕구들은 매슬로의 욕구체계상에 나타나는 심리적 안전욕구, 사회적 소속욕구, 그리고 존경욕구 등을 들 수 있다. 인간은 혼자 있으면 외로움을 느끼며 이러한 외로움은 심리적으로 불안감을 주게 된다. 그러므로 사람들은 심리적 불안감을 줄이기 위하여 집단에 참여하게 된다. 즉 집단은 각 구성원들을 묶어 하나의 공동체를 이루게 하고 그 안에서 상호작용이 가능할 수 있게 해 준다.

인간은 집단을 이룸으로써 소속감을 얻게 되고 구성원들과 상호작용이 가능해지게 되는 것이다. 또한 집단과 관련된 개인의 욕구 중 다른 하나는 존경 욕구이다. 즉 인간은 집단에서 다른 사람들로부터 자신의 존재를 인정받고 싶어 하는데 집단은 개인의 그러한 욕구를 충족시키기에 적절한 수단이 될 수 있다.

② 집단이 갖는 매력

개인이 집단에 참여하는 이유로 집단이 갖는 매력을 들 수 있는데 이에는 네 가지 경우가 있을 수 있다. 첫째, 집단구성원들에게 매력을 느껴 집단에 참여하게 되는 경우와 관련된 연구들은 주로 기존 구성원들과 참여하려는 개인 간의 관계나 특성, 그리고 상황변수들을 중심으로 집단참여의 조건들을 밝혀내려 했다. 지금까지 밝혀진 바로는 지리적인 근접성, 접촉의 기회, 교류, 신체적 매력, 성격이나 태도의 유사성, 구성원들의 능력 정도 등에 따라 개인이 어느 집단을 선택하는가가 결정된다는 결과가 밝혀졌다. 둘째, 집단의 활동에 매력을 느끼게 되어 그 집단에 참여하게 되는 경우에 대한 연구는 그리 많지 않다. 그러나 어떤 연구결과에 따르면 집단 활동의 내용 자체가 개인으로 하여금 그 집단에 참여하게 되는 중요한 동기가 되는 것으로 나타나고 있다. 바둑동아리나 각종 동호인 집단의 경우가 대표적인 예라 할 수 있다.

셋째, 집단이 추구하는 목적에 대한 매력 때문에 집단에 참여하게 되는 경우이다. 그러나 개인이 집단에 참여하는 것이 집단의 활동 때문인지 목적 때문인지를 구분하기 힘든 경우가 많다. 집단의 활동에 이끌리기도 하고 마음에 들지 않으나 목적이 좋아서 참여하는 경우도 있을 수 있다. 그러나 목적은 나쁜데 활동만 좋다고 해서 집단에 참여하는 경우는 드물다. 넷째, 특정 집단의 구성원 자격을 획득한다는 사실 자체가 커다란 의미를 주게 되는 경우이다. 특정집단에의 참여가 많은 사람들에게 명예로운 것으로 알려져 있고 구성원의 자격획득이 어려울수록 그 집단의 구성원이 된다는 사실 자체가 하나의 보상이 될 수 있다.

③ 경제적인 이유

개인이 집단에 참여하게 되는 또 다른 이유는 경제적인 이유라고 볼 수 있다. 근본적으로 개인이 혼자 일을 할 때보다 타인과 집단을 형성하여 일을 할 때 더 많은 이익을 가져올 수 있다. 혼자서 작업을 하는 것보다 타인과의 협조를 통하여 작업을 함으로써 보다 높은 성과를 얻을 수 있다. 기업의 생산라인에서 여러 구성원들이 분업을 함으로써 한 사람이 전체의 공정을 모두 담당할 때보다 더 많은 성과를 가져올 수 있는 것이다.

2) 집단의 유형

집단에는 1명의 관리자와 적게는 4~5명의 하급자로 구성되는 경우가 일반적 형태이고, 조직에 의해 공식적으로 만들어진 공식집단과 성격이나 취미 등 상호우호적인 개인들로 구성된 비공식집단이 있다. 그리고 몇 가지 기준에 따라서 1차집단과 2차집단, 소속집단과 준거집단으로 구분하기도 한다.

(1) 공식집단

공식집단(formal group)이란 조직 내에서 공식적인 지위나 계층 등을 가지고 형성된 집단으로 조직의 특정한 과업을 수행하기 위하여 이루어지는 집단이다. 여기에는 '명령집단'과 '과업집단'이 있다.

① 명령집단

명령집단은 조직 내 '지휘집단' 또는 '기능집단'이라고 하는데 공식적인 지위나 계층에 따라 명령이 하달되는 부(部), 과(課), 계(係) 등 하급자와 감독자로 구성되는 형태의 집단으로 우리가 흔히 볼 수 있는 기업조직 내의 집단이 대부분 여기에 속한다. 또한 조직의 공식적인 목표를 달성하기 위하여 구성된 집단이므로 다른 명령집단과의 상호작용이 활발하게 일어난다. 예를 들어, 어떤 기업체에서 어느 한 부서의 관리자가 명령을 내리면 그 명령을 받은 하부근로자들은 명령에 따라 과업을 수행하고 그들이 수행한 내용을 상급관리자에게 보고하게 된다. 그리고 전체 조직의 목표를 달성하기 위하여 다른 부서와 서로 정보를 주고받으면서 목표를 수행해 나가게 된다.

② 과업집단

과업집단(task group)은 특정한 과업이나 프로젝트를 수행하기 위하여 조직 내에 새로 구성되는 집단으로 이러한 집단을 흔히 '프로젝트팀' 또는 '과업팀'이라고 한다. 과업집단의 구성원들은 일반적으로 원래 자신들이 소속해 있던 집단에서 벗어나 조직의 공동목표를 달성하기 위하여 새로운 집단에 소속하게 된다. 비록 다른 집단에서 모여든 구성원들이지만 구성원들 간의 상호교류는 다른 형태의 집단보다 활발히 이루어진다. 이 집단은 전체 조직의 목표를 달성하기 위하여 특정과업을 수행하는 집단이므로 공식집단의 범주에 포함시킬 수 있다. 이들은 각각의 집단에서 특정과업을 수행하기 위하여 모이지만 그 과업이 마무리되면 다시 그들이 소속했던 원래의 집단으로 복귀하는 것이 원칙으로 되어 있다.

(2) 비공식 집단

비공식집단(informal group)은 조직 내에서 공식목표나 과업에 관계없이 형성되는 집단으로 조직 전체의 성과보다는 구성원 개개인의 만족을 위하여 구성된다. 이러한 집단의 형태로는 이익집단과 우호집단이 있다.

① 이익집단

이익집단(interest group)은 조직 내에서 구성원들이 자신의 개인적인 목표나 이익을 얻기 위하여 참여하게 되는 집단의 형태로서 각종 압력단체, 노동조합 등이 여기에 해당되며, 전체 조직의 목표보다는 자신 또는 자신이 속한 이익집단의 목표를 우선하여 행동하게 된다. 조직에 있어서 이익집단이 존재한다는 것은 전체 조직성과에 부정적인 영향을 미칠 수 있다. 그러나 이익집단의 목표를 조직의 목표와 조화시킬 수 있다면 조직성과에 긍정적인 효과를 가져올 수 있다. 예를 들어, 조직 내에서 구성원들이 좀 더 나은 대우를 받기 위하여 압력단체를 구성한다면 그것은 전체 조직에 악영향을 미칠 수 있으나 이 집단을 조직의 목표와 적절히 조화시키고 구성원들과 잘 화합한다면 좋은 성과를 가져올 수 있게 될 것이다.

② 우호집단

우호집단(friendship group)은 조직의 구성원들 사이에서 공통된 특성, 예를 들어 학연, 지연, 종교, 연령, 취미, 정치적 성향 등이 비슷한 사람들끼리 모여 구성하는 집단으로 동문회, 취미모임, 종교모임 등이 여기에 해당되며 조직 내의 목표보다는 개인적인 관심사에 따라 행동하게 되는 집단이다. 우호집단 역시 이익집단과 마찬가지로 전체 조직의 목표와 상반되는 경향을 가지고 있을 수 있으나 전체 조직의 목표와 잘 조화시킨다면 공식적인 집단 활동에 윤활유 역할을 할 수 있다. 그러므로 최근에는 기업체에서 이러한 집단의 활동을 적극적으로 권장하기도 한다.

(3) 1차집단과 2차집단

① 1차집단

사람은 누구나 1차집단(primary group)에 속하기 마련인데 이 속에서의 인간관계는 직접 대면적이고 접촉이 빈번하며 애정이 있는 것이 특징이다. 여기에는 가족, 부족, 마을, 친구, 이웃 등과 같은 자연적 1차집단과 취미모임, 작업조, 연수팀, 휴가집단 등 우연적 내지 인위적 1차집단이 있다.

② 2차집단

인간관계가 매우 공식적이고 간접적이며 계약적인 집단으로서 직접대화보다는 문서에 의존하고 감정과 정서가 배제된 집단이다. 병원, 학교, 정치단체, 협회 등 우리가 흔히 '조직'이라고 하는 것은 대부분 2차집단(secondary group)이다.

그동안 1차집단은 어느 조직에서나 존재했기 때문에 비교적 연구가 많이 되어 왔다. 그러나 2차집단은 비교적 최근에 와서 부각되기 시작했다고 볼 수 있다. 왜냐하면 과거에는 1차집단이 개인에게 더 중요했지만 산업의 발전으로 고향을 떠나서 가족이 이사를 한다든가 가족끼리도 서로 떨어져서 생활을 하는 등 규범행동이나 동기행동으로 보아 2차집단이 개인에게 더욱 중요해졌기 때문이다.

(4) 소속집단과 준거집단

우리는 자신의 의지와 무관하게 어떤 집단에 소속되어 있을 수 있는데 이 경우를 소속집단(member group) 혹은 동료집단이라고 한다. 또한 실제로 어떤 집단에 소속되어 있지 않지만 타인과의 관계에서 자신의 잠재력, 운명, 위치 등 모든 것을 파악 할 수 있는 평가기준이 되는 집단을 준거집단(reference group)이라 한다. 준거집단은 구체적으로 어디에 존재하는 것이 아니라 일종의 상상적인 집단이기에 사람에 따라 다르게 구상할 수 있다. 준거집단은 개인의 가치판단과 행동의 기준을 제공하고 개인은 항상 이를 모델로 삼는다.

3) 집단의 발전단계

개인이 학습하여 성장하는 것처럼 집단도 배우며 발전하는데, 집단의 발전은 다음과 같은 단계를 통해서 이루어진다.

(1) 상호수용

상호수용단계는 집단형성의 초기단계로서 구성원들은 일반적으로 상호간에 의사소통하기를 꺼려하여 자신의 의견·태도·신념들을 밝히려고 하지 않는 단계이다.

(2) 의사소통과 의사결정

상호수용의 단계가 지나고 나면 구성원들은 서로 부담 없이 의사소통을 하며 그 결과 상호간 신뢰감이 높아지고 상호작용이 더욱 증가된다. 의사소통과 의사결정단계에서는 직면하는 문제의 해결을 위해서 여러 대체 안을 개발하고 평가하는 논의가 보다 구체적으로 진행된다.

(3) 동기부여와 생산성

동기부여와 생산성단계는 집단의 목표를 달성하기 위해 여러 가지 노력이 증가되는 단계로서 집단은 경쟁단위가 아닌 상호협력적 단위로서 노력하게 된다.

(4) 통제와 조직

통제와 조직단계에서 구성원들은 자신이 집단에 가입한 것이 유익했는지에 관하여 평가해 보며 구성원들의 행동이 집단규범에 의해 규제받게 되는 단계이다. 집단목표가 개인의 목표보다 중요시되고 규범에 순응하지 않을 때는 집단에서 배척당하는 제재까지도 행사된다. 그 외의 통제형태로는 일시적인 고립이나 괴롭힘 등이 있다.

4) 집단의 구조

(1) 집단규모

집단규모(group size)는 집단의 외면적인 특성을 보여 주는 것으로서 집단구성원들의 행위와 집단의 여러 결과에 영향을 미치게 된다.

집단의 규모와 관련된 연구결과를 살펴보면, 먼저 집단의 규모가 증대함에 따라 집단구성원들의 긴장은 감소되고, 다양한 의견 제시로 인한 합의 정도는 낮아지며, 직무만족도는 낮아진다고 한다. 집단규모와 생산성 사이의 관계는 명확하지 않으며, 수행해야 할 업무의 유형에 따라 이 관계는 달라질 수 있다. 이직률은 집단의 규모가 증대될수록 높아진다고 한다.

5) 집단규범

보통 젊은 남녀가 손을 잡고 길을 걸으면 당연시하지만 젊은 남자끼리 손을 잡고 걸으면 이상한 느낌을 받는다. 그 이유는 그 사회의 규범 때문이다. 집단규범(group norm)이란 집단의 구성원들에 의해 공유된 받아들여질 수 있는 행동의 기준을 말한다(Robbins, 1983: 211). 어느 집단이 자기들의 규범을 인정할 때 그 규범은 최소한의 외적 통제력을 갖고 구성원의 개인행동에 영향을 미치게 된다. 가령 도서관에서 너무 큰소리로 이야기하지 않는 것이 여기에 해당한다. 따라서 규범은 집단의 목적을 달성하고 집단구성원 간의 동일성을 유지하는 데 중요한 역할을 한다. 규범은 집단이 생존하고 목표를 달성하는 데 필요한 행동을 표준화시켜 준다. 규범은 모든 구성원들이 일사분란하게 움직이게 함으로써 집단의 결속력을 높여 준다. 또한 규범은 집단구성원에게 복잡한 업무세계를 이해하는 간단한 준거틀 역할을 한다. 일단 규범이 정립되면 집단구성원들은 그 규범에 동조할 것을 요구받게 된다. 구성원이 집단의 규범에 동조할 때 집단의 보호를 받고 심리적 안정을 얻을 수 있다. 반면에 동조하지 않는 경우에는 고립되거나 주변인물 취급을 받게 되어 심리적 충격을 받을 수 있다. 관리자는 공식조직의 보완적 역할을 해 주는 규범의 기능적 측면을 강화하고 역기능적 측면을 제거하여 개인의 성장 및 집단의 성과를 높이도록 노력해야 할 것이다.

6) 역할

집단 내 개인들은 집단의 목적을 달성하는 데 도움이 되는 한 부분, 즉 역할(role)을 담당한다. 앞서 살펴본 '규범'은 집단의 모든 구성원들에게 기대되는 일반적인 일련의 행동을 의미하는 것인 데 반해, 역할은 집단 내 특정직위(위치)에 있는 사람에게 기대되는 특정한 일련의 행동이다. 남자교수는 가정에서는 남편으로서의 역할을, 대학에서는 교수로서의 역할을, 그리고 취미활동에 있어서는 등산모임의 회원으로서의 역할을, 교회에서는 신자로서의 역할을 동시에 수행한다. 대학생도 마찬가지로 가정에서는 아들로서의 역할을, 대학에서는 학생으로서의 역할을, 교회에서는 청년회 부회장으로서의 역할을 수행한다. 이처럼 우리는 조직의 구성원으로 살아가면서 많은 역할을 맡게 된다. 그러나 우리가 여기서 다루려는 역할은 기업조직에 있어서 집단 내의 직무행위에 영향을 미치는 역할에 초점을 두어 생각하기로 한다.

(1) 역할(role)

어떤 직위를 가진 사람들이 해야 할 것으로 기대되는 행위라고 정의할 수 있는데 여기서 이러한 기대는 직위(position)에 대한 것이지 개인적 특성에 대한 것은 아니다. 역할은 집단이 개인에게 기대하는 것이고, 개인입장에서는 외적으로 부과되는 것이기 때문에 개인의 욕구와 집단의 요구 사이에 갈등과 마찰이 발생한다. 역할과 관련된 이러한 문제들에는 역할갈등, 역할모호성 등이 있다.

(2) 역할갈등과 역할모호성

역할갈등이란 서로 상충되는 두 가지 이상의 기대가 개인에게 동시에 주어질 때 발생하는 현상이고, 역할모호성은 개인의 역할과 관련해서 충분한 정보를 가지지 못할 때 발생한다. 역할갈등과 역할모호성을 비교해 볼 때 역할갈등은 조직의 하위계층에서 심각한 문제로 대두되는 반면, 역할모호성은 조직의 상위계층에서 많이 문제로 나타난다. 왜냐하면 조직의 상위계층에서는 상당한 권한과 영향력을 행사함으로써 집단의 규칙·규율·구조·책임 등을 조절·변화시킬 수 있기 때문에, 역할에 있어서의 갈등요인은 제거할 수 있으나, 역할이 모호해지고 명확히 규정하기 어렵게 될 가능성이 많기 때문이다. 그러나 조직의 하위계층에서는 정해진 규칙 등에 의해서 역할이 명확히 규정됨으로써 역할모호성은 큰 문제가 되지 않으나, 갈등의 요인을 제거할 수 있는 권한이 부여되어 있지 못하기 때문에 역할갈등이 중요한 문제로 남게 된다. 이와 같이 역할갈등이나 역할모호성은 개인이나 집단에 다 같이 부정적인 영향을 미치게 된다.

7) 지위

(1) 지위의 개념과 종류

집단에서 역할을 수행하는 데 있어서는 어떤 특정 지위(status)가 부여된다. 지위는 역할을 수행하는 데 있어서 자기 스스로 가지는 어느 정도 올라가기도 하고 내려가기도 한다. 지위는 집단이나 조직 또는 사회에 있어서 어느 개인의 상대적인 위치와 서열을 나타내거나 사회적인 평가를 나타내기도 한다. 지위에는 연령이나 재산·가문·지식·업적 등과 같은 것들에 의해 결정되는 사회적 지위(social status)가 있고, 사회가 통념적으로 인정하는 직업의 귀천에 따른 직업적 지위(occupational status), 그리고 조직에서의 지위(organizational status)가 있을 수 있다. 여기서 우리가 관심을 두는 것은 집단에 있어서 개인에 대한 서열을 규정한다는 의미에서의 조직에서의 지위이다. 조직에서의 지위는 조직의 계층구조 내에서 상이한 수준의 구성원들 간의 적절한 행위경향을 설명해 준다. 역할이 직무의 수평적 분화를 나타내는 것과 같이 지위는 계층 간의 수직적 분화를 나타낸다. 지위는 역할의 모호성을 감소시키고 기대되는 행위를 명확하게 하는 한 방법이 되기도 하고, 집단에서의 대인관계를 구조화시키는 데 도움을 준다. 특히 공식적 집단에서 역할에 대하여 지위가 부여될 때 이것을 '직위(job position)'라고 부른다. 지위는 보통 그것을 나타내는 상징(symbol)을 갖고 있다. 의사의 흰 복장이나 경찰관·군인들의 제복과 계급장은 그들의 지위를 나타내 준다. 사무실에서 책상의 위치나 개인집무실의 사용, 비서의 유무 등은 그 사람의 지위를 나타내는 상징이 된다. 경우에 따라서는 지위 그 자체보다는 지위의 상징이 보다 큰 욕구의 대상이 될 수도 있다. 지위상징과 밀접히 관련되어 있는 것이 지위에 따른 특권이다. 지위가 높으면 자유로운 행위의 범위가 넓어진다. 또한 지위가 높은 사람은 자동적으로 정보의 양도 많아지고 필요에 따라 어떤 정보를 요구할 수도 있다.

(2) 지위 불일치

지위와 관련하여 집단성과에 직접적인 영향을 미치는 하나의 흥미 있는 측면은 지위불일치(status incongruence)라고 하는 것이다. 지위불일치란 한 사람의 지위는 여러 요소가 복합되어 결정되는데 그 사람이 어떤 관점에서 보면 지위가 높은데 다른 관점에서는 낮을 때 발생하는 현상이다. 예를 들어 연령이 많고 높은 지위에 있는 상사가 학력은 낮은데, 그 밑에 있는 하급자는 젊지만 학력이 높은 경우는 바로 이 지위의 불일치가 존재한다고 볼 수 있다. 기업에서는 근속연수와 나이가 많은 부장 위로 미국유학을 마친 젊은 이사가 취임할 때 이런 상황이 흔히 발생한다. 이런 지위의 불일치는 집단성과에 부정적인 영향을 미친다. 집단의 에너지가 목표 달성을 위해 투입되지 못하고 이로 인한 갈등을 해결하는 데 소모되게 된다. 개인의 입장에서 공식지위가 떨어졌다고 느끼는 사람은 적대의식과 질투감이 발동할 때가 많다. 이러한 현상에 대한 해결책으로는 조직이 일에 걸맞은 특성을 지닌 사람을 선발·승진시켜야 한다는 안과 조직이 집단의 가치를 변경시켜야 한다는 등의 방안이 제시되고 있다. 그러나 현실적으로 이는 효과적인 해결안은 되지 못한다. 결국 연공 대신 업적이나 성과를 지향하는 조직에서는 지위불일치로부터 야기되는 갈등은 어느 정도 감수해야 할 것이다.

8) 응집성

(1) 응집성의 개념

어떤 집단은 분위기가 좋고, 서로 협력하며, 단결력이 있어서 목표를 효율적으로 달성하는가 하면, 또 어떤 집단은 구성원끼리 서로 동조하지 못하고 불화가 잦아 효율적이지 못한 경우가 있다. 이런 분위기를 집단응집성 또는 집단결속력(group cohesiveness)이라고 한다. 집단응집성이란 구성원들이 서로에게 매력적으로 끌리어 그 집단목표를 공유하는 정도라고 할 수 있다. 응집성은 집단이 개인에게 주는 매력의 소산이며, 개인이 이러한 이유로 집단에 이끌리는 결과이기도 하다. 그러므로 집단응집성의 정도는 집단의 사기, 팀 정신, 구성원에게 주는 집단의 매력의 강도, 집단과업에 대한 구성원의 관심도를 나타내 주는 것이다. 이러한 집단응집성의 정도는 구성원 간의 상호작용의 수와 관계가 있기 때문에 상호작용의 횟수에 따라 집단의 사기를 나타내는 응집성 지수(cohesiveness index)라는 것을 계산할 수 있다. 이는 집단 내에서 실제 상호 선호관계 작용의 수를 가능한 상호 선호관계 작용의 수로 나누어 구한다.

(2) 응집성의 결정요인

① 함께 보내는 시간

사람들은 함께 보내는 시간을 많이 가질수록 더욱 친하게 되고, 상호간의 이해와 매력이 증가된다. 가까운 위치에서 근무하는 사람들끼리 보다 더 친해지고자 노력하며, 상호작용의 수도 많다.

② 집단 가입의 난이도

집단에 가입하기가 어려운 집단일수록 그 집단의 응집성은 커진다. 따라서 신청, 시험, 면접, 최종결과의 기다림 등 일반적인 가입절차는 그 집단의 응집성을 형성시키는 데 기여할 수 있다.

③ 집단의 규모

집단의 규모, 즉 구성원의 수가 많을수록 모든 구성원과 상호작용을 하기가 더욱 어렵기 때문에 응집성은 적어진다고 할 수 있다. 집단의 구성원이 남·여로 구성되어 있을 때는 그 양상이 달라질 수도 있다.

④ 외부위협

집단구성원들은 외부로부터 위협을 받는 경우에 자신들을 보호하고 집단의 안정을 위하여 협동목적을 찾고 서로 단결함으로써 집단의 응집성을 강화시키는 경향이 있다. 외부의 위협이 너무 강할 때에는 집단의 기존 응집력 여하에 따라서 구성원들 간의 단합이 분열될 수도 있으나, 경우에 따라서는 구성원 자신들의 근본 생존이 영향을 받게 될 때에는 응집력이 극도로 강화될 수 있다.

⑤ 과거의 경험과 집단의 지위

과거의 성공 또는 실패가 집단응집성에 주는 효과는 다르다. 경쟁에서 이긴 경험을 가진 집단은 자기 집단을 새롭게 인식하고 집단구성원들도 그 집단에 소속된 것을 자부할 것이며, 경쟁에서 실패한 경험을 가진 집단은 상당한 긴장과 분노를 집단 안에 대해서나 집단 밖에 대해서 느낄 것이다. 또한 집단의 지위가 높을수록 구성원들은 보다 더 일체감을 가질 수 있다.

⑥ 동질성

집단구성원 간의 배경, 흥미, 욕구, 동기, 가치관, 성격 등이 유사할수록 응집성이 높아진다.

⑦ 격리

다른 집단과 격리되어 있는 집단의 구성원들은 동지의식과 같은 일체감을 가짐으로써 응집성이 높아진다. 예를 들어 외부세계와는 격리된 외항선의 선원들이 더 높은 응집성을 가질 수 있다.

(3) 응집성과 집단의 성과

응집성이 강한 집단에서는 일반적으로 규범적인 동조행위가 강하고 구성원들의 욕구만족도 높지만, 이것이 반드시 조직의 목표달성에 기여한다고는 볼 수 없다. 응집성은 높다 하더라도 집단의 목적이 일치하지 않으면 오히려 생산성이 저하된다. 응집성이 낮다 하더라도 목표가 일치하면 생산성은 증가한다. 결국 집단의 목적이 조직의 목적과 일치할 때 집단응집성과 집단성과와의 사이에 긍정적인 관계가 성립된다고 할 수 있다(Kast & Rosenzweig, 1970: 284).

9) 집단역학

1930년대 심리학자인 레윈(K. Lewin)은 사회심리학의 한 영역으로서 집단역학(group dynamics)을 제시하였다. 개인은 소속된 집단으로부터의 영향을 어떻게 받는가, 그 영향력에 대한 저항을 집단은 어떻게 극복하는가라는 문제를 연구했다. 연구의 핵심은 구성원들의 상호의존관계로서 집단과 개인과의 관계, 개인 상호간의 관계 등을 파악하여 집단효율을 높이려는 데 있는 것이다. 집단구성원들은 역할 수행을 통하여 상호작용을 하게 되고 그 결과 상호간에 어떤 감정이 형성된다. 이렇게 형성되는 감정은 그들의 태도와 행동에 영향을 주어 상호관계에 다시 영향을 미친다. 이것이 구성원들 상호간에 형성되는 좋고, 싫어하는 관계구조인데 이것은 소시오메트리(sociometry) 기법으로 분석될 수 있다. 소시오메트리 기법은 구성원들의 심리적 관계를 측정하려는 수학적 기법이다. 구체적으로는 구성원들 개개인이 집단 속에서 누구와 어떤 관계(호의적, 비호의적)를 어느 정도(빈도, 농도) 유지하고 있는가를 분석해서 누가 인기가 좋고 누가 소외되어 있고 누구누구가 끼리끼리 연결되어 있는가를 파악하려는 것이다. 어떻게 보면 인간관계의 질적 측면을 양적으로 '가시화'해 보려는 시도라고 볼 수 있다. 서로 좋아하고 싫어하는 관계는 조사자가 구성원들을 혼자씩 비밀리에 면접하여 "누구하고 같은 작업조가 되고 싶은가", "같이 여행한다면 누구와 같이 할 것인가", "같이 일하고 싶지 않은 사람은 누구인가" 등을 조사하여 표 또는 그림을 만들 수 있다. 조직도가 조직의 공식적 구조를 보여 주는 그림이라면 소시오그램은 조직의 비공식적 구조를 보여 준다. 다만 조직도가 커뮤니케이션의 경로를 사전에 지시해 주는 것이라면 소시오그램은 이미 형성된 비공식적 관계를 사후적으로 파악한 것이라는 차이가 있다.

그림에서는 한 가상적인 집단의 소시오그램을 제시하였다.

소시오그램의 예

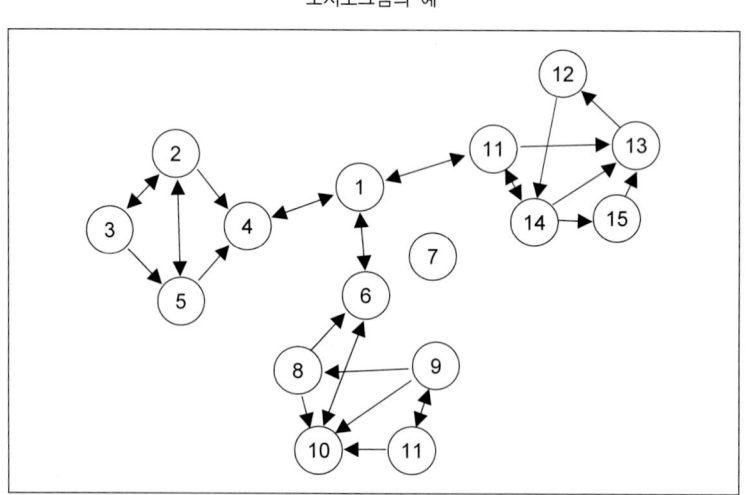

숫자가 적힌 원은 집단구성원을 표시하고 선 끝에 있는 화살표는 좋아하는 혹은 커뮤니케이션하는 방향표시이다. 화살표가 한쪽으로만 있는 것은 일방적인 관계를, 양쪽으로 있는 것은 쌍방적인 관계를 표시한다. 그림에 보면 세 부류의 밀접한 관계가 보인다. 이들을 '파당(cliques)'이라 한다. 이 파당에 속한 구성원들 간은 서로 정보를 나누어 갖고 한 개인처럼 행동한다. 때로는 같은 일을 하는 사람끼리 이런 파당을 형성하는 수도 있으나 앞에서 설명한 유대기반이 기초가 된다. 파당 중에서도 ⑩번이나 ⑬번처럼 많은 화살표를 받는 입장에 처한 사람을 '스타(star)'라 부른다.

반면에 타인과 아무런 커뮤니케이션도 없고 호·불호의 관계도 없는 ⑦ 번과 같은 사람은 '고립된 사람'이다. 그는 동료들보다 교육수준이나 나이 또는 계급이 떨어지는 사람이다. 이들은 작업성과도 신통치 않고 직무만족도 떨어져 선도대상이 되는 구성원이다. 또 ①번은 '연결역할(liaison role)'을 담당하는 사람이다. 그는 비공식적인 관계에서도 중요한 역할을 담당하지만 전략적으로 공식적인 조직구조에서도 이러한 역할이 설정되는 수가 많다. 지금까지 집단의 형성과 발전에 대하여 살펴보았다. 사람은 누구나 집단에 소속되고 싶은 욕구를 가지고 있으며, 또한 태어나면서부터 어느 집단에 소속되기도 한다. 가족에서부터 사회집단, 민족과 국가, 사람들은 집단을 형성함으로써 안전감을 느끼고 집단의 일부분이 됨으로써 재확신을 얻으며 집단에 참여함으로써 여러 가지 욕구를 충족시키고 특정목표를 달성할 수도 있다. 혼자서는 외롭고 쓸쓸하기도 하고 모든 것에 재미와 흥미를 잘 느끼지 못하지만 집단을 형성하고 다른 사람들과 모임과 만남을 통해 정보교류도 하며 경쟁도 하면서 개인 또는 집단을 향상시킬 수 있으며, 레포트를 하면서 그 집단이 발전하기 위해서는 혼자 잘한다고 되는 것이 아니고 이끌어 주는 리더도 있어야 하고 집단구성원들 사이의 상호협력도 잘 되어야 한다고 생각이 든다.

〈참고문헌〉

이상엽, 조직론, 상영사, 2005.
김범국·김희철 공저, 조직행위론, 제주대학교, 1998.

11. 자살이 조직에 미치는 영향

지난해에도 우리나라는 자살로 인해 1만 명 이상 소중한 생명을 잃었다. 한 사람의 자살은 무엇보다도 소중한 생명을 잃는 것이며, 자살로 인해 가족은 물론 주위 사람들에게 큰 충격과 고통을 남겨 준다. 자살이 많다는 것은 그만큼 우리 사회가 건강하지 못하고 살아가기가 힘들다는 징표라고 생각한다. 따라서 이제 사회와 우리 모두가 관심을 가지고 나아가야 한다. 본 연구목적은 이러한 생명경시사상과 어려움이 닥치면 바로 마음을 정리하려는 원인이 무엇이며, 안일주의, 무력주의, 그리고 정신적 나약함 속에 현대를 살아가고 있는 사람들의 마음가짐과 대책이 무엇인지를 알아보는 것이고 현재 국내의 자살하는 주원인이 무엇이며 자살률을 줄일 수 있는 방법을 찾아내는 것이다. 자살은 고의적으로 자신에게 부과한 죽음이다. 자살은 함부로 저지르거나 의미가 없는 행동이 아니라 오히려 개인에게 심한 고통을 주는 위기나 어려움을 탈출하려는 시도이다. 따라서 자살하는 사람은 자신의 어려움을 호소하고 도움을 요청하는 행위를 한 번쯤은 시도한다. 자살은 인간의 10대 사망원인이고 우리나라의 자살률은 10만 명당 8.5명으로 높은 편이다. 대인들의 생명존엄성 결여가 미치는 영향이 국가적으로, 사회적으로, 개인적으로 얼마나 많은 문제와 경제적 손실이 있는지를 알아보고 문제해결점이 무엇인지 점검하는 연구의 기회가 되었으면 한다.

1) 자살의 개념

자살의 정의를 하기에 앞서 사전적 의미를 살펴보자. '자살'이란 단어를 백과사전에서 찾아보면 자신에게 위해를 가하여 스스로 생명을 끊고자 하는 인간의 행동이라 말한다. 하지만 이런 사전적 의미와는 달리 자살에 대한 지금까지의 많은 연구들에서는 자살을 어떻게 정의할 것인가에 대해 의견의 일치를 보이고 있지 못한다. 정의에 대한 이러한 개념 불일치의 기본적인 원인은 일상생활에서 사용하는 용어와 학문적인 문헌에서 사용하는 용어의 의미가 같지 않기 때문이다. 자살이란 스스로 목숨을 끊는 것을 말한다. 자살이 다른 원인의 죽음들, 예를 들어 타살이나 사고에 의한 여러 죽음의 원인들과 가장 큰 차이점은 죽음에 대한 자기 자신의 의도 여부라 할 수 있다. 자살에 관한 사회학적 연구의 선구자로 일컬어지는 E. durkheim은 실증주의적 관점에서 접근하고 있다. 그는 심리적 상태에 관한 용어가 아닌 확인가능하고 측정가능한 실체적 행위로서 자살을 개념화하려 했다. 『자살론』에서 자살을 "피해자 자신이 일어날 결과를 알고서 행하는 적극적 또는 소극적 행동의 직접적 또는 간접적인 결과로 발생되는 모든 죽음의 사례들"이라고 정의하고 있다.

2) 자살의 현상과 실태

자살은 자기 파괴적 행위로서, 최근에는 국내외의 자살률이 점차 증가되는 추세이다. 우리나라 인구 10만 명당 자살로 인한 사망은 84명으로 사망 원인 중 제8위이고 우리나라 청소년들의 사망 원인 중 자살이 3위를 차지하고 있다. 종래의 자살에 관한 연구에서는 자살의 요인이 주로 우울증이나 절망감 같은 정신적 장애라고 하였다. 그러나 최근 서구에서는, 자아 존중감이나 사회적 지지가 우울이나 절망에 영향을 주며 이것이 이차적으로 자살에 영향을 준다는 연구들이 많다. 최근 공주대학 교육 연구소에서 공주시 고등학생 407명에 대해 조사 연구한 논문에 의하면 92.6%의 학생들이 죽음에 대해 생각해 본 적이 있으며 36.6%는 자살을 심각하게 생각해 본 적이 있다고 했다. 자살을 생각하게 된 이유로는 33.1%가 외로움과 좌절감 때문이라 했으며 38.3%는 자살은 어떤 경우에도 예방되어야 한다고 응답했다. 최근 신문지상에 보도되는 10대의 자살 사례들을 보면, 대부분의 경우 자살과 같은 극단적인 행동을 하게 할 만한 상황이 아닌 듯하기 때문에 더욱 충격적이다. 청소년 자살은 진정으로 삶에 대한 흥미와 의욕을 상실한 절망 상태에서 죽음을 선택한 것이라기보다는 극심한 정서적 혼란과 심리적 고통에서 일종의 도피 방법으로 자살을 기도하는 경우가 많다. 세계일보에 의하면 청소년 10명 중 4명가량이 부모와의 갈등 등으로 자살 충동을 느낀 경험이 있다는 조사결과가 나왔다. 서울 가정법원 소년자원보호자협의회가 지난 2001년 5월부터 두 달간 전국 초·중·고 재학생 1,431명을 대상으로 설문조사를 실시한 결과에 따르면 전체 조사대상 청소년의 36.6%가 '자살 충동을 느껴 봤다.'고 응답했다. 자살 충동을 느낀 이유로는 응답자의 34.5%가 부모와의 갈등을 꼽았고, 이 밖에 성적 부진(27.5%), 학교에서의 따돌림(9.2%), 학원폭력(4,8%) 순으로 응답한 것을 보아 보모-자녀 간 돈독한 유대가 절실한 것으로 분석됐다.

〈자살 유형별 현황〉

(1) 국가별

자살은 지역적·시대적으로 다양한 발생상황을 보여 주고 있다. 자살률이 항상 높은 나라는 덴마크·독일·스웨덴 등이며, 반대로 낮은 나라는 이탈리아·네덜란드·노르웨이 등이다. 영국·프랑스·미국·한국 등이 중간적 위치를 차지한다. 이것만으로는 나라별 자살경향을 판단하기는 어려우나, 서유럽의 경우 전반적으로 자살경향이 북부 여러 나라일수록 높고, 남부의 여러 나라로 올수록 낮아진다.

(2) 성별, 연령별

성별·연령별 자살경향을 보면, 성별로는 어느 나라에서나 여자의 자살률이 남자보다도 훨씬 낮다. 이것은 여러 이유를 생각할 수 있으나, 역경에 순응하고 곤경을 참아내는 능력이 남자보다도 뛰어나다는 것과, 여자는 남자에 비하여 사회적 활동의 범위가 좁아, 자살의 동인(動因)이 될 만한 사회적 곤경에 봉착하는 경우가 적다는 것 등이 주된 원인으로 지적된다. 연령별로는 어느 나라에서나 자살률은 연령이 높아짐에 따라 점차 높아지고 있다.

3) 자살의 원인과 문제점

(1) 뒤르켐의 자살론에 근거를 둔 자살원인

① 이기주의적 자살: 사회의 통합 정도가 낮고 개인이 속한 집단의 결속이 약하거나 깨져서 고립되어 있을 때 많이 나타난다.

② 아노미적 자살: 사회적 규제가 부족할 때 많이 나타난다. 아노미는 사람들이 급속한 변화와 사회의 불안정성으로 인해 기존의 규범을 따르지 않게 되는 사회 현상을 지칭하는 것이다.

③ 이타적 자살: 개인이 과도하게 사회에 통합되어 사회적 결속이 너무 강하고 사회의 가치가 개인의 가치보다 클 때 일어난다.

④ 숙명론적 자살: 개인이 사회에 의해 과도하게 규제될 때 이러한 자살이 많이 나타난다.

(2) 청소년과 아동의 자살

① 증가 추세: 5~14세에서는 7번째, 15~24세에서는 2번째 사망 원인이다. 사회 환경의 변화, 자살에 대한 관점 변화, 자살 도구 구입 용이성 증가에 의함.

② 원인

가. 가족 환경의 혼란(50%)

나. 정신질환(40%): 약물 남용/알코올중독 > 반사회성 인격장애 > 기분장애

다. 신체질환

라. 과거의 자살 기도

③ 유발인자

가. 또래에게 체면 상실

나. 부모와의 논쟁, 부모 사이의 논쟁

다. 실연

라. 학업 곤란 – 낙제

마. 사별 – 특히 부모의 사망

바. 별거 – 부모의 이혼

(3) 노인의 자살

① 노인 자살의 특징

노인들의 자살 기도율은 젊은이보다 낮다. 하지만 자살시도 대비 사망
비율은 훨씬 높다. 젊은이는 200 대 1 정도로 자살시도 후 실행으로
이어지는 예가 희박하나, 노인은 4 대 1 정도로 치명적 결과를 보여
준다. 자살시도에 대한 의지가 강하고, 자살의도 역시 능청스럽게 은
폐하기 때문이다.

또 청소년은 학업성취의 압박감이나 실연, 부모와의 불화 같은 단일
요인에 의해 자살을 결심하지만, 노인은 배우자나 친지와의 사별, 만
성적인 신체질환, 경제적 어려움 등 여러 가지 요인이 복합 작용해 자
살을 시도하는 게 특징이다.

우리나라에서는 여성노인보다 남성노인의 자살률이 높다. 하지만 일본
에선 여성노인의 자살률이 더 높다. 일본에선 여성 자살자의 45%가
65세 이상 여성노인이다.

② 노인 자살률 왜 높나

이동우 인제대 정신과 교수는 "남성노인 자살자 중에는 이혼 혹은 사

별 등으로 혼자 사는 노인이 많다."면서 "특히 사별 후 6개월 이내에 자살 위험도가 가장 높다."고 말했다. 퇴직이나 은퇴는 노인 자살의 중요한 위험요인은 아니지만, 성격이 소심하고 융통성이 부족한 경우에는 위험요인이 된다. 경제적 빈곤은 큰 영향을 미치지 않았다. 병원이나 양로원 같은 수용기관에 입원해 있는 노인들의 자살률은 일반 노인에 비해 높지 않았다. 사회적 요인보다 더 큰 위험인자는 정신심리적 요인이다. 한창수 고려대 정신과 교수는 "자살한 노인의 50~87%가 우울증을 앓고 있었던 것으로 보고된다."면서 "노년기 우울증은 노인에게 흔한 신체질환에 가려 가족들도 인지하지 못하며, 오진도 잦으며, 이 때문에 치료도 이루어지지 않아 노인 자살률을 높이고 있다."고 말했다. 인하대 정신과 배재남 교수에 따르면 암에 걸린 남자 노인의 경우 진단받은 지 2년 이내에 자살하는 비율이 높다. 치매환자의 자살률은 일반 노인보다는 낮은 편이다. 인지기능 저하가 오히려 자살을 막는 보호효과를 발휘하기 때문이다. 노화에 따른 생물학적 신체변화가 노인 자살률을 증가시킨다는 주장도 제기되고 있다. 노화하면 대뇌의 세로토닌, 도파민 분비가 감소하면서 우울증을 증가시켜 노인 자살에도 영향을 미친다는 것이다.

(4) 자살에 영향을 주는 것들

삶과 죽음이 사람들의 의지만으로 결정될 수 있을까? 아마도 그렇지는 않을 것이다. 많은 사례를 살펴보면 삶과 죽음에는 그 사람과는 무관한 요소들이 개인적인 결정을 내리는데, 특히 자살을 결정하는 데 확실한 영향을 미치고 있음을 알 수 있다. 이를테면 기후, 온도, 바람, 밤과 낮, 직업, 인종, 성별 등이 영향을 미친다. 어떤 연구자들은 이 밖에도 다른 많은 결정적인 요소들이 자살에 영향력을 미친다고 믿고 있다.

① 기후의 영향 - 사람의 행동에 가장 광범위하게 작용하는 요소가 바로 기후이다. 기후는 범죄와 정치적, 사회적, 경제적인 대사건에도 영향을

미친다. 유럽에서 전쟁은 대부분 '태양'이 있을 때 일어났다. 자살은 좋은 계절에 많이 일어난다. 8월에 특히 자살이 많다가 점차 감소해서 12월에는 가장 자살이 적게 일어난다. 이것은 일반적인 순리와는 반대로, 사람이 이 세상을 떠나는 것은 인간이 살아가는 데 있어 자연이 혜택을 가장 많이 주는 때, 즉 기후가 가장 온화한 때라는 사실을 증명하는 것이다.

② 낮과 밤의 영향 - 자살자 수와 밤낮은 밀접한 상관관계가 있다. 낮이 길면 자살도 증가한다. 한 연구자는 낮에 일어나는 자살은 전체 자살의 5분의 4로 밤에 일어나는 자살보다도 훨씬 많다는 사실을 밝힌 바 있다.

③ 바람과 달의 영향 - 바람의 힘이 큰 것으로는 아프리카 북부에서 지중해 연안으로 부는 열풍 '시로코'다. 나폴레옹군의 외과의사 대장인 라레는 바람이 군대에 미치는 피해에 대해 나폴레옹에게 주의를 촉구했었다고 한다. 스위스에서 실시한 연구결과, 건조한 열풍인 푄이 부는 날에는 자살이 많다는 것이 증명되기도 하였다. 툴루즈에서도 남서풍인 오탄이 불면 비슷한 현상이 나타난다. 20세기에 있었던 자살행위에 미치는 달의 영향에 관한 연구에 의하면 보름에 자살이 많이 일어난다고 한다.

④ 땅 기복의 영향 - 자살과 땅의 성질에 관련이 있을 것이라고 생각한 사람도 있다. 쁘띠 박사는 평야지대, 삼림지대, 해안지대, 제3기의 토양에서 자살이 가장 많이 일어나고 산악지대와 고생대의 토양에서는 자살이 적게 일어난다는 것을 증명하려고 했었다. 그러나 이와 비슷한 연구를 통해 다른 결론을 내린 사람도 있다.

⑤ 유전적인 자살 - 자살이 바로 유전되는 것은 아니지만 유전적 성격을 지닌 일종의 우울증이 같은 가계에 여러 세대에 걸쳐 계속 나타나는 수기 있다. 양쪽 부모가 보누 자신들의 정신적 특징을 자녀들에게 물려주는 경향이 있는데, 그 특징 중의 하나가 죽음의 성향으로서 한 세대에서 다음 세대로 이어질 가능성이 있는 것이다.

⑥ 결혼의 영향 - 결혼도 자살에 영향을 미친다. 배우자가 죽은 사람은 이

혼한 사람보다도 자살자가 많고, 이혼한 사람은 독신자보다도 자살자가 많은 점도 지적되고 있다. 즉 결혼은 자살행위에 대한 방어물이 되는 것 같다. 유럽에서는 이혼이나 별거가 늘거나 줄어감에 따라 자살도 늘어나거나 줄어드는 양상을 보이고 있다.

⑦ 직업의 영향 - 지적인 일, 과학적인 일에 종사하는 사람들이 자살을 가장 많이 한다. 일반적으로 자살을 많이 하는 것은 사회에서 교양이 높은 계층의 사람들인 것이다.(스타의 자살: 어떤 일에서는 남들보다 뛰어나지 못한 사람들에게는 실패와 실망이 따르게 마련이다. 특히 스타의 세계는 보다 찬란하게, 보다 높이 올라가는 것이 목표이므로 이것을 달성할 수 없을 때의 상처는 다른 일에서보다 더욱 가혹하다. 스타가 되는 일은 아주 특별해서 대개의 경우 한 번 인기가 떨어지면 인기를 만회하기가 어렵게 된다.! 배우들 중에는 마땅한 배역을 찾지 못해 불만족스런 상태로 몇 년을 지속하는 경우가 있다. 이런 경우 심하면 자살로까지 이어질 수가 있는 것이다.)

4) 개인의 자살이 사회에 미치는 영향

개인의 자살은 우리 사회에 여러 영향을 미칠 수 있다. 개인이 우리 사회에 미치는 영향 중 첫 번째는 가정 부분을 들 수 있을 것 이다. 흔히 개인이 만나는 첫 번째 사회인 가정은 사회 최소 구성단위이다. 과거부터 현대에 이르기까지 개인에게 가정은 사회생활을 통해 느낀 스트레스의 해소처이다. 개인이 가정에서 안락함과 편안함을 느끼고 연대감을 느끼기 때문이다. 그러한 상황에서 가족구성원 중 한 명의 자살은 한 가정의 파탄과 혼란을 가져올 수 있을 것이다. 가족구성원의 자살로 인해 느끼는 상실감은 곧바로 남은 가족들에게는 고통이 되고, 그 고통은 정상적인 사회생활의 불능으로 이어질 것이다. 자살인구의 증가는 한 가정의 붕괴로 이어지고, 가정의 붕괴는 가정이 사회에서 맡고 있는 1차 사회의 붕괴로 이어져 사회 전체적 붕괴로 이어질 수 있다. 자살이 사회에 미치는 두 번째 영향은 바로 사회 부분을 들 수 있을 것이다. 자살률이 높다는 것은 그만큼 그 사회가 안정적이지 않다는 것을 뜻할 수 있다. 개인의 자살 문제가 시대의 사회 가치관에도 영향을 미쳐 불안정한 사회분위기 조성에 한몫을 할 수 있고, 자살의 급증이 일부 사회구성원에게 충동성과 모방성을 조장할 수 있다. 특히, 최근 연예인 안재환과 최진실의 자살로 인해 사회적 이슈가 되었던, 자살은 모방성과 충동성을 띠어 비슷한 자살방법으로 자살한 사람들을 우리는 뉴스에서 보게 되었다. 바로 '베르테르 효과'가 나타난 것이다. 베르테르 효과란 동조자살(copycat suicide) 또는 모방자살이라고도 한다. 괴테의『젊은 베르테르의 슬픔(Die Leiden des jungen Werthers)』에서 유래하였다. 이 작품에서 남자 주인공 베르테르는 여자 주인공 로테를 열렬히 사랑하지만, 그녀에게 약혼자가 있다는 것을 알고 실의와 고독감에 빠져 끝내 권총 자살로 삶을 마감한다. 이 소설은 당시 문학계에 새로운 바람을 일으키면서 유럽 전역에서 베스트셀러로 자리 잡았다. 그러나 작품이 유명해지면서 시대와의 단절로 고민하는 베르테르의 모습에 공감한 젊은 세대의 자살이 급증하는 사태가 벌어졌다. 이 때문에 유럽 일부 지역에서는 발간이 중단되는 일까지 생겼다. 베르테르효과는 이처럼 자신이 모델로 삼거나 존경하던 인물 또는 사회적으로 영향력 있는 유명인이 자살할 경우, 그 사람과 자신을 동일시해서 자살을 시도하는 현상을 일컫는다. 1974년 미국의 사회학자 필립스(David Phillips)가 이름 붙였다. 그는 20년 동안 자살을 연구하면서 유명인의 자살이 언론에 보도된 뒤, 자살률이 급증한다는 사실을 토대로 이런 연구 결과를 이끌어 냈다. 이런 사회적 문제가 더 이상 글로만 보는 것이 아니라 실제 우리가 보고 느끼게 된 것이다. 이런 사회분위기는 성장하는 유소년층과 청년층에게 심리적인 충격과 영향을 미칠 수 있다. 늘어나는 자살인구만큼 청소년층의 자살이 늘어나는 상황에서 이 섬을 확인할 수 있다. 자살이 사회에 미치는 영향 중 세 번째는 경제 부분이다. OECD국가 중 자살률 1위인 우리나라의 자살문제는 경제 활동인구 수가 감소하여 국가 경쟁력 향상을 저해하는 요인으로 작용할 수 있다. 개인 자살문제는 개인문제로 그치는 것이 아니라 개인이 속한 조직(기업)의 혼란을 가할 수 있으며 이 점은 현대 아산 회장이었던 정몽헌 회장의 자살에서 볼 수 있다. 현대아산의 회장이었던 정몽헌 회장의 자살은 직접적으로 회사 주식의 가격이 떨어지는 상황을 일으키기도 했다. 직책을 맡고 있는 개인의 자살은 전체 기업의 기초가 흔들리게 하였다. 이러한 개인의 자살로 인한 경제적 손실은 넓게는 국민총생산을 비롯한 국가 경제에 영향을 미칠 수 있다. 이러한 개인의 자살은 우리 사회에 다양한 원인과 다양한 영향으로 다가온다. 결론적으로 개인의 자살은 이익이 되는 것 하나 없이 한 사회의 기초가 되는 가정에게 그리고 사회 전체에게 또, 경제적으로 악영향을 미친다. 하지만 무엇보다도 자살은 자살한 개인의 주변인에게 큰 상처와 충격으로 다가간다. 다른 그 어떤 상처보다 주변인의 안타까운 죽음은 치유되기 어렵고 큰 충격이라는 것은 다른 부연설명을 하지 않아도 모두가 이해할 수 있다. 우리 사회에서 자살률은 줄지 않고 점점 늘어가고 있다. OECD 가입 국가 중 자살률 1위라는 것은 우리가 부끄럽게 생각하는 것에서 끝날 것이 아니라 우리 하나하나의 잘못은 아닌가 생각해 봐야 하지 않을까 하는 생각이 든다. 우리 하나하나 개인이 모여 이룬 사회에서 일어나는 이 끔찍한 사회 문제는 자살한 개인의 잘못은 물론이거니와 그 개인의 주변 환경이 되는 우리들의 무관심과 냉대는 하나의 커다란 잘못이 되지 않을까 하는 생각이 든다. 자살은 개인에게도 고통이지만 주변인에게도 큰 고통이 된다. 자살을 시도한 개인은 다시 한 번 주변인을 떠올려 보고, 우리들은 자신의 주변에 소외된 이들이나 말없는 이들에게 손을 한번 내밀어서 밝은 사회분위기를 만들 수 있으면 좋겠다.

〈출처〉

자살의 사회적 의미(다음 www.daum.net 백과사전)
베르테르 효과(네이버 www.naver.com 백과사전)
자살관련 수치(통계청 www.nso.go.kr)

사례관련 검색(네이버 www.naver.com)

인물 검색(네이버 www.naver.com)

뉴스검색(다음 www.daum.net 뉴스검색)

12. 스트레스와 소외가 생기는 원인과 해결방안

1) 스트레스와 소외가 생기는 원인과 해결방안

현대 사회는 조직사회이다. 현대인은 조직을 중심으로 형성되는 인간관계 속에서 살아가고 있다. 조직은 현대 사회의 삶과 불가분의 관계에 있다. 인간은 요람에서 무덤에 이르기까지 조직생활에서 벗어날 수 없다. 결국 인간은 사회를 떠나서는 살 수 없을 정도로 다양한 조직에서 직접·간접적으로 구성원이 되어 개인에 상호작용을 하며 협동하고 있다. 그만큼 조직은 인간의지 실현의 주도구이며 인간생활 전반에 걸쳐 중대하고도 광범위한 영향을 미친다. 사회변동과 사회발전의 속도가 빠른 현대 사회에서 인간생활에서 조직이 차지하는 비중은 날로 높아 가고 있다. 조직성공을 좌우하는 요인, 조직발전을 위해 개인·국가가 해야 할 일 등 여러 조직론에 논제를 살펴보면 이들의 목표를 달성하기 위해서는 구성원 사이의 행정적 질서를 통하여 주어진 환경과 복합적인 상호작용을 하면서 각 기능을 수행해 나가야만 한다. 현대 사회의 추세 속에서 조직에 논제 중에 필요한 것은 스트레스와 소외 문제라고 생각한다. 스트레스와 소외 문제에 대해 규명해 보는 것은 직무만족도를 높이고 더 나아가 목표달성에 부응할 수 있는 일이라 할 수 있겠다. 그렇기 때문에 이 연구의 필요성을 느꼈다. 우선 스트레스에 대해서 연구를 해 보겠다. 스트레스는 우리의 조상들이 환경에서 오는 위험에 맞서 싸우거나 이를 회피함으로써 거친 환경을 극복하고 생존해 올 수 있도록 해 주었다. 그러나 그들에게 있어서는 스트레스가 단기적이었다. 반면 우리 현대인은 계속적으로 스트레스 발생상황에 대응하여야만 하는 환경 속에서 살아가고 있다. 스트레스는 점점 늘어나고, 지속됨에 따라 우리에게 다양하고 역기능적으로 작용하고 있다. 일반적으로 스트레스라고 지칭할 때는 유익스트레스와 유해스트레스가 있다. 유익스트레스는 즐거운 쪽의 스트레스이다. 예를 들어 학생이 우등생 명단에 들어 있는 것을 알게 될 때 이러한 스트레스는 창조적 행동과 문제해결을 가능하게 해 준다. 반면 유해스트레스는 좋지 않은 일로 인해서 생기는 부정적인 스트레스로서, 일반적으로 개인의 능력이나 그가 가진 자원을 초과하였을 때라든가 개인이 요구하는 것을 환경이 마련해 주지 못할 때 발생한다. 예를 들어 학생이 시험을 치를 때나 직장에서 상관으로부터 질책을 받을 때 생기는 스트레스이다. 스트레스라 할 때는 대부분 유해스트레스를 지칭한다. 스트레스란 본래 물리학에서 사용된 용어로서 어떤 물체에 외부압력이 가해질 때 그 물체의 내부에서 생기는 압박상태를 말한다. 이것이 현대의학에 도입되면서 견디기 어려운 정신적 자극을 스트레스라고 말하게 된 것이다. 또한 스트레스는 환경의 변화에 대한 반작용으로 발생하는 신진대사의 증대, 혈압, 심장 박동수, 근육에 공급되는 혈액량 등의 증대를 가져오는 생리적 변화와 긴장·걱정 등을 가져오는 심리적 변화를 가리킨다. 스트레스란 환경의 요구가 지나쳐서 개인의 능력이나 자원의 한계를 벗어날 때 발생하는 개인과 환경의 불균형·부적합 상태를 가리킨다. 스트레스란 개인의 필요충족이나 해소에 대한 수요·공급이 불충분하거나 지나치는 경우 이것이 본인에게 위협이 되고 그래서 개인을 당황하게 만드는 특성으로 설명된다. 스트레스의 원인을 살펴보면 스트레스를 야기하는 것을 스트레스의 영향요인 또는 스트레스源(원)이라고 한다. 보통 스트레스로 진전될 경우에는 다양한 방식으로 여러 스트레스원이 사람들에게 압력을 행사한다. 스트레스의 주요 원인은 다음과 같이 나눌 수 있다.

(1) 조직 외적 스트레스 요인

조직 외적 스트레스 요인에는 사회적·기술적 변화, 가족문제, 재배치문제, 경제·재정상태, 인종과 사회적 계층문제, 거주상태와 지역사회의 상태 등이 포함된다.

(2) 조직적 스트레스 요인

조직 자체와 관련된 것으로, 조직정책, 구조, 물리적 조건과 과정 등이 스트레스의 원인이 된다. 스트레스의 원인은 조직 수준에 따라 상이하게 나타난다. 관리자들은 주로 단기간에 재정적 수익을 얻어야 하거나 적개적인 경쟁에 대한 위협 등으로부터 스트레스를 받게 된다. 감독자들은 상품의 질, 고객에 대한 서비스, 잦은 회의와 감독책임 등에 대한 압력으로부터 스트레스를 받게 된다. 일반 구성원들은 낮은 지위, 자원 부족과 무과실에 대한 요구 등으로부터 스트레스가 나온다.

(3) 집단적 스트레스 요인

① 집단응집력의 결여

집단응집력의 결여는 호손실험 연구로부터 시작하여 조직성원 특히 하위계층의 조직성원들에게 매우 중요하다는 것이 잘 알려져 있다. 따라서 직무설계, 감독자의 제한이나 동료의 방해로 인하여 조직의 응집력이 떨어진다면, 이것은 구성원에게 스트레스를 유발하는 결과를 갖게 된다.

② 사회적 지원의 결여

사회적 지원이란 친구나 가족, 직장동료나 관리자가 보여 주는 진정한 걱정, 존경, 관심을 의미한다. 또한 사회적 지원의 초점이 업무일 수도 있고 게임이나 가벼운 농담과 같은 사회적 교환관계일 수도 있다. 사회적 지원은 개인이 심각한 스트레스에 직면할 경우에 자기가 혼자가 아니라는 감정을 갖게 함으로써 스트레스에 대처하는 데 큰 힘이 된다. 반대로 사회적 지원이 결여되면 사람은 소외감을 느끼게 된다.

③ 개인 및 개인 간·집단 간 갈등

갈등이란 개념적으로 스트레스와 매우 밀접하게 관련이 되어 있다. 갈등은 보통 개인적 목표나 동기부여적 요구 및 가치와 같은 개인 내적 차원과 집단 내의 개인 간 그리고 집단 간의 양립되지 않고 적대적인 행동과 관련된다. 그러한 갈등은 개인에게 상당한 스트레스를 가져올 수 있다.

(4) 개인적 스트레스 요인

① 역할 특성

개인이 조직에서 어떠한 직위에 있게 되면 그에게 어떠한 방식으로 행동해야 한다는 기대가 주어지는데 이러한 기대를 역할이라 한다. 이러한 역할과 관련된 스트레스 요인으로는 역할갈등, 역할모호성, 역할의 과부하와 과소부하 등이 있다. 여기서 첫째, 역할갈등은 개인이 조직 내에서 두 가지 이상의 요구로 인하여 갈등에 처했을 때 발생하는 것이다. 결과적으로 개인은 한 가지 역할을 수행하게 되면 또 다른 역할의 수행이 힘들게 되거나 반대가 되는 갈등 장면에 처하게 된다. 둘째, 역할모호성에 대하여 kahn은 주어진 직무에서 필요로 하는 유용한 지식의 결여 상태로 정의한다. 역할모호성의 원인은 조직구성원이 자신의 역할을 수행하는 데 필요하다고 느끼는 정보를 보유하지 못하거나 전달받지 못하는 경우 발생한다. 이와 같은 역할모호성을 경험하는 사람들은 그렇지 않은 사람에 비해 직무에 대한 불평이 많고 직무와 관련된 긴장이 높고 자기 확신이 대체로 낮은 사람들이다. 점차 우울증상이 심해져서 작업 동기 수준이 낮아지므로 이직하려는 의도가 강하게 나타나기 시작한다. 셋째, 역할의 과부하와 과소부하는 작업의 어려움이나 정해진 시간에 요구되는 직무를 완수하지 못하는 것을 의미한다. 이는 개인이 처리하기에는 너무 어려운 작업환경을 지칭하며 주어진 시간 안에 개인이 처리하기에는 너무 많은 과제로 인한 과부하 조건을 의미한다. 그러나 할 일이 너무 많아서 역할의 자극이 너무 많은 경우 자신의 자책으로 스트레스의 원인임을 암시하고 있다. 따라서 어느 정도 활력을 주는 자극제가 있어 활력을 줄 수 있는 정도의 역할은 매우 바람직하다. 이를 직무 스트레스와 연관하여 볼 수 있는데 직무스트레스는 자극, 반응, 환경, 개인과 환경적 특성 등으로 정의가 되며, 직무환경이 개인의 능력을 초월하거나 직무환경에 의해 개인의 욕구가 충족되지 않을 때 발생하는 갈등이다. 또한 환경적 요구와 개인의 반응 역량 사이에 실질적인 불균형을 지각하게 됨에 따라서 필연적으로 수반하게 되는 하나의 과정으로 존재한다. 개인에게는 도전으로 지각되는 과업 그 자체가 스트레스의 출처인 스트레스 유발 요인이 된다.

② 직무스트레스로 인한 돌연사, 자살 빈번

최 과장을 죽음으로 몰고 간 직무스트레스는 직무 요건이 근로자의 능력이나 바람과 일치되지 않을 때 발생하는 신체적 정신적 해로운 반응을 말한다.

97년 IMF 이후 구조조정, 고용불안, 성과급제, 비정규직 증가로 노동 강도가 강화되면서 그에 따른 직무스트레스도 높아지게 되었다. 직무스트레스로 인한 노동자의 건강악화는 공공, 유통, 서비스 업종에 더욱 많이 나타난다. 민주노총 공공운수연맹 조성애 노동안전국장은 "공공부문의 경우 한정된 예산에서 인력을 운용하다 보니 자연 노동 강도가 높아질 수밖에 없고, 그로 인해 직무스트레스로 인한 돌연사, 자살 등이 빈번하게 발생한다."고 말했다. 정민정 민주노총 서비스연맹 여성국장도 "사람을 많이 대하는 일의 특성상 유통, 서비스 업종의 노동자는 자신의 감정을 억누르고 항상 친절한 모습으로 사람을 대해야 한다. 그러다 보니 감정의 부조화 상태를 경험하게 되고 이는 엄청난 감정에너지 소비와 스트레스를 동반하고 심하게는 대인기피증까지 몰고 온다."고 말했다.

③ 생활과 직업상의 변화

일반적이고 폭넓게 인정되는 스트레스의 원인은 개인이 적응해야 하는 생활과 경력상의 변화이다. 특히 해고나 전보 등과 같이 경력상의 변화와 배우자의 죽음과 같은 갑작스런 생활의 변화는 사실상 사람들에게 매우 강한 스트레스를 주는 것으로 밝혀졌다.

스트레스의 결과, 스트레스를 경험하는 개인은 매우 다양한 신체 병리적 또는 정신 병리적 증상을 경험하게 된다. 이때 스트레스로 인한 결과에 적절하게 대처하지 못하게 되면 장기적으로 괴로워질 것이다. 때로는 지속적인 스트레스가 죽음까지 이르게 하는 신체 질병의 원인이 되기도 하며 대인관계 및 직장생활에서도 심각한 손상을 일으키게 된다. 물론 스트레스는 삶의 정상적인 한 부분이며 새로운 지식, 기술과 행동양식을 습득하기 위하여 직면해야 하는 불가피한 것이다. 그러나 지나친 스트레스는 많은 어려움을 겪게 되고 이때 사람들은 정서적, 인지적, 생리적 기능의 혼란을 경험하게 된다.

2) 스트레스가 개인에 미치는 영향

(1) 스트레스로 인한 신체적 문제

현대인이 경험하는 질병의 50%~80%가 스트레스로 인하여 발병되는 것으로 추정되고 있다. 따라서 스트레스로 인한 질병은 실로 다양하게 나타난다. 지나친 스트레스는 고혈압과 높은 콜레스테롤을 동반하여 심장마비, 위궤양과 관절염의 원인이 되기도 한다. 심지어 스트레스는 암과도 관련될 수 있다. 스트레스가 진행될 때 나타나는 질환을 살펴보면 다음과 같다.

가. 근골격계 질환: 가장 흔한 것이 긴장성 두통이다. 긴장이 계속되면 에너지가 많이 소모되기 때문에 만성적인 피로현상이 동반되기도 한다.

나. 심혈관계 질환: 억눌린 감정이나 분노가 적절하게 해소되지 못하고 쌓이면 자율신경이 흥분되고 부조화가 초래돼 혈압에 영향을 미친다.

다. 위장관계 질환: 심리적 갈등에서 생기는 불안이나 스트레스는 위산과 펩신 분비를 과다하게 촉진해 위궤양을 일으킬 수 있다.

라. 화병: 울화가 치민다, 속에서 무엇인가 올라온다는 등 표현을 쓰기도 하는데, 이는 심리적 갈등이 적절히 해소되지 못하고 쌓인 마음이 몸으로 표출되는 현상이다.

(2) 스트레스로 인한 심리적 문제

정신건강 측면에서 볼 때 지나친 스트레스는 화, 걱정, 불안, 신경과민, 긴장이나 권태감 등을 수반할 수도 있다. 개인의 기분과 정서상태 등에 따라 달라지는데, 특히 성과, 자기존중심의 저하, 의사결정능력의 소실과 직무 불만족과 관련된다.

(3) 스트레스로 인한 형태적 문제

높은 수준의 스트레스에 따른 직접적 형태로는 지나치게 적거나 많은 식사, 불면증, 음주와 흡연의 증가와 약물남용 등과 밀접한 관계가 있다.

3) 스트레스가 조직에 미치는 영향

(1) 결근 및 회피행위

일반적으로 직무스트레스 수준과 결근의 빈도 및 기간 사이에는 정적 연관성이 나타났으며 결근이 지속되면 이직으로 나타나고 있다. 직원의 이직은 새로운 직원에 대한 교육, 훈련 및 직장 전체의 효율성을 저하시키고 동료 직원들의 근무 활동에 대해서도 지장을 초래하게 된다.

(2) 직무 불만족 및 직무수행 능력의 저하

개인의 수행능력은 일정한 범위 내에서 스트레스의 증가와 더불어 증진되지만 일정 시점 이후에는 스트레스 수준의 증가와 더불어 직무수행능력이 떨어진다는 것이다. 스트레스가 직무만족에 대한 불만족을 야기하고 이는 직무수행능력의 저하로 연결되는 가능성을 고려해 볼 필요가 있다.

(3) 사고

Warshaw에 의하면 사고의 원인과 관련된 모든 개인적 요인 가운데 공통분모를 나타내고 있는 것은 사고발생 시점에서 높은 수준의 스트레스를 받았다는 것이다. 이렇게 스트레스에 노출되면 생리학적·심리학적으로 과잉흥분 상태가 됨으로써 잠재적인 사고 위험이 높아지게 된다. 과중한 업무로 인한 피로, 좋지 못한 대인관계 등은 스트레스를 가중시켜 결과적으로는 사고 발생률을 높이는 결과를 초래하게 된다.

4) 스트레스의 관리방안으로는

(1) 개인적 차원의 스트레스 관리

① 신체검사와 운동

스트레스를 감내할 수 있는 정도는 신체검사를 통해 평가할 수 있다. 규칙적인 운동은 근육긴장과 고조된 정신적 에너지를 경감시켜 주고 스트레스의 부정적 효과를 감소시킨다.

② 시간관리

사람들이 자기의 시간을 효율적으로 활용할 수 있게 되면 스트레스에 보다 효과적으로 대처할 수 있을 것이다.

③ 긴장이완훈련

강한 스트레스를 받으면 자율신경계통의 교감신경이 흥분하게 되는데 이런 상태에 적절하게 대응하기 위해서 긴장이완훈련이 이용된다. 이 훈련으로는 명상, 최면, 요가 등이 있다.

④ 바이오피드백

사람은 놀라거나 화가 나면 신체적, 생리적 변화를 일으키는데 이러한 변화를 현대의 전자감지장치나 컴퓨터를 이용해서 관찰하고 개인의 신체적, 생리적 상태를 변화시키려는 방법이 바이오피드백이다.

⑤ 개방적 인간관계 구축

자신의 문제, 위협요인, 좌절과 불안원인을 타인에게 개방하여 자유롭게 상의함으로써 사회적 후원을 의도적으로 구축하는 방법으로 스트레스의 충격을 크게 감소시킬 수 있다.

⑥ 형태적 자기 조절

자신의 형태적 결과를 조심스럽게 관리함으로써 자기 조절을 할 수 있다. 최선은 다하지만 자신의 한계를 인지하고 너무나 많은 일을 한꺼번에 하려고 하는 함정에 빠지지 않도록 실현가능한 목표를 설정하고 일과를 융통성 있게 계획하고 관리하는 것이다.

(2) 조직적 차원의 스트레스 관리

① 개인의 적응수준 제고

정기적으로 직원의 건강상태 및 스트레스 수준을 평가하고 이완훈련프로그램을 실시해야 한다. 스트레스 수준과 관련하여 직무를 평가한 다음 개인의 스트레스 감수능력과 직무를 적합화할 필요가 있다.

② 지원적 조직풍토의 창출

참여적 의사결정과 조직구조를 보다 분권화하고, 공정한 보상체계를 구축하는 것은 조직구성원에게 지원적 조직풍토를 창출하며 직무스트레스를 예방하거나 감소시키고 구성원들이 직무정보를 공유할 수 있도록 정보를 개방하고 커뮤니케이션 채널을 활성화한다.

③ 직무순환·직무확대와 직무충실화

직무순환, 직무확대, 직무충실화는 개인의 직무만족도를 증진시키고 스트레스를 감소시킬 수 있다.

④ 카운슬링의 활용

개인은 목표달성이 좌절되었을 때 심각한 스트레스를 받게 되는데, 이 경우 카운슬링은 목표방해를 극복할 수 있는 행동과정을 선택하는 데 도움을 줌으로써 좌절을 감소시키고 스트레스를 해소시킬 수 있다.

이번에는 소외에 대하여 설명을 해 보자면 원래 소외현상은 자본주의의 산업현장에 종사하는 블루칼라들이 그들이 행하는 노동과정 또는 인간적인 삶으로부터 소외되는 것으로부터 유래되었으나, 오늘날은 화이트칼라들에게도 대규모조직 속에서 점차 기계화되고 단조로운 삶이 이어짐에 따라 크게 나타나고 있다.

루소에 따르면 소외는 인간의 그의 '자연적인(본성적인)' 조건으로부터 분리되자마자 시작되었다. 따라서 하우저는 "소외는 인간이 자연적인 조건 가운데서 살기를 중지한 이래로 존재해 왔다."고 주장하였다. 또한 모든 시대와 모든 사회에는 소외가 존재하였다는 입장에서 로젠버그는 그것이 '모든 역사적 사회들의 특징', 예를 들어 '고대이집트와 중국'의 특징이라고 느꼈다.

현대 사회는 첨단과학기술의 시대로 불리면서 개인과 기업과 국가 간에 끊임없이 경쟁하며 새롭고 편리한 기계를 계속 만들어 내고 있다. 그 결과 기계를 사용하는 현대인들은 편안하고 편리한 삶을 살아가고 있다. 하지만 이로 인해 기계의 도움 없이는 단 하루도 살아가지 못하는 존재가 되어 가고 기계를 떠받들며 살고 있다. 심지어 생활의 수단으로 만들어 놓은 돈을 상전처럼 모시면서 돈의 노예가 되어 살기도 한다. 이렇게 '인간이 만든 것에 인간 스스로가 예속되는 현상'을 독일의 철학자 포이에르 바하는 일찍이 '소외'라고 말했다. 포이에르 바하의 소외는 단순히 외형으로 드러난 '동떨어짐', '괴리됨', '단절됨'과는 그 의미가 다르다. 인간소외는 인간이 자신의 산물인 기계나 기술의 주인이 되지 못하고 오히려 그것의 노예로 전락한 데에서 비롯된 것이다. 인간이 기계나 기술의 노예가 되는 이유는 그것이 우리에게 주는 효율성 때문이다. 에리히 프롬은 현대 사회의 효율지향적 가치가 바로 비인간화된 사회조직, 즉 관료사회와 군대조직과 비인간적인 노동조직을 만들어 낸다고 보았다. 효율성만을 좇는 사회의 비인간성이 인간 서로 간의 소외(사회적 소외)를 불러온다고 본 것이다.

우리 주변에서 자주 벌어지고 있는 소외의 예를 들어보면 신차를 구입한 후 가족들은 만지지도 못하게 하고, 자기만 애지중지하는 사람, 직장 내에서는 사람보다 회사의 중요한 문서를 보관하는 기계를 더 소중히 취급하는 경우 등이 이에 해당될 것이다. 또한 최근 경기 불안 등의 원인으로 생활이 어려워지자 어린이를 유괴하여 돈을 요구하고, 부녀자만을 노린 강도들이 대낮에도 활개치고, 보험금을 타기 위해 벌어지는 온갖 자해 등은 현대인들이 물질적 가치와 생존에만 급급할 뿐 인간다운 삶과는 거리가 멀어지고 있다는 것을 보여 준다. 인간소외는 인간 스스로가 물질적 가치를 최고로 여기는 물질주의 그 자체에서 발생하지만 그에 따라 사회 전체가 비인간화되어 인간의 존엄성이 무참히 짓밟히게 된다. 미국의 작가 아서 밀러가 쓴 희곡 <세일즈맨의 죽음>은 현대 사회의 인간소외 문제를 집요하게 다루고 있다. 경제적인 능력을 중요시하는 '하워드'와 인간적인 정에 호소하는 '윌리'의 모습이 대조적으로 드러난다. '하워드'는 인간의 능력을 문제 삼으며 경제적인 능력이 없다면 직장을 잃을 수도 있다는 것을 행동으로 보여 준다. 결국 해고된 '윌리'는 보험금이라도 남기기 위해 자동차를 폭주해서 자살한다. 이러한 인간소외는 인간다운 자기의 본질을 잃고, 즉자적으로 세상의 물질적 가치를 맹목적으로 좇는 삶에서 시작되었기 때문에, 이를 극복하기 위해서는 실존적 삶을 되찾아야 한다. 다시 말해서 '즉자적 삶'(타인과의 관계를 인식하지 못하는 상태로 나 좋을 대로 하는 행동)에서 '대자적 삶'(타인과의 관계를 인식하는 상태로 타인을 배려하는 행동)으로의 전환과 그 실천이 필요한 것이다. 또한 첨단과학기술의 발달로 점점 더 벌어지는 사람들 간의 소외를 좁히기 위해서는 이제부터라도 기계와 도구에 지나치게 의존하기보다 서로에게 깊은 관심을 가지고, 나눔과 공생의 정신에 따라 인간다운 생활을 해야 한다. 아울러 각자가 자신을 인정하고 경제적 능력으로써가 아닌 다양한 창조적 활동으로써, 자신의 모습을 평가해야 하며 이로써 자신에게 정신적 가치를 부여하는 정신적 성숙이 필요하다.

인간소외는 한마디로 '주체적이지 못하고 끌려가는 삶의 문제'라고 할 수 있다. 이제는 돈이나 물질, 기계나 상품의 소비에 넋을 잃고 살아가는 좀비 (Zombie)적 삶에서 벗어나지 않으면 안 된다. 이는 개인의 노력만으로는 불가능하고, 사회구성원 각자의 생활에서 인간적 가치에 중심을 두는 사회로 전환하려는 노력이 이루어질 때 가능한 일이다. 소외에 대하여 좀 더 체계적으로 들어가 보자면 첫째로는 타인으로부터의 소외이다. 여기에서 소외라는 개념이 인간에게 있어서 역기능적인 사회문제로서의 성격을 나타내기 시작한 것은 산업의 발달이 본격적인 궤도에 진입하기 시작한 것과 보조를 같이하고 있는 것으로 볼 수 있다. 고대 이래로 서구 사회를 지배해 온 가장 현저한 특징은 자유이다. 이는 인간을 이해함에 있어서도 예외는 아니었다. 이러한 특징이 산업혁명을 거치면서 개인 간의 경쟁이라는 한 측면이 부각되면서 인간이 경제적 이익을 추구하면 할수록 더욱더 부자가 될 수 있다는 신념이 확고한 지위를 차지하게 되었다. 그러나 그 결과 그 속에서 살아가는 사람들은 자신의 존재에 위협을 느끼게 되었다. 노동자는 노동시간과 생산량에 근거하여 임금이 결정되는 시장경제원리에 의해서 지배되는 자본주의로 채색된 사회 속에서 비인격적 관계가 되었고 하루에 14시간 이상 일을 하고 여자와 어린아이들까지도 노동에 참여를 해야 했다. 그래서 부를 생산하는 데에 있어서는 엄청난 기여를 했지만 반면 노동자들로부터 그들의 자리를 빼앗아 기계에 전가함으로써 결국은 그들로 하여금 실업의 상태로 빠지게 하고 또한 이로써 사회 속에서의 자신의 정체성을 상실하고야 말았다. 그중 소수의 노동자들만이 이전에는 자신의 보조 역할을 담당하였던 기계에 대하여 이제는 그것의 보조자의 위치로 전락하고 말았으며 또한 소수의 그 노동의 기회를 쟁취하기 위한 자신의 동료들과 더욱 치열한 경쟁을 피할 수 없게 되었다. 이제 인간은 '노동하는 인간'으로서라기보다는 오히려 '노동을 위한 인간'으로서, 자기 자신으로부터 멀어지고 스스로를 포기하며, 결국 자기 자신으로부터 소외된 것이다. 그것은 '소외된 노동'이었다. 산업화의 영향으로 인한 자연으로부터의 소외는 인간의 또 다른 소외, 즉 삶의 터전인 자연으로부터의 소외로 이어진다. 인간의 자연으로부터의 소외는 전적으로 산업화의 영향으로 의해 시작된 것이라고 보는 것보다는 오히려 인간이 자신의 생존을 위해 자연을 개발하기 시작하면서부터라고 하는 것이 더 타당할 것이다. 하지만 인간의 자연에 대한 개발이 자연이 감당할 수 있는 능력을 넘어서기 시작한 것은 산업화 이후에 비로소 두드러지게 나타나기 시작했다는 점에서 그러한 견해가 타당한 것이라고 할 수 있을 것이다. 이러한 산업화로 말미암아 현대 사회에서 가장 심각한 문제로 지적되는 것 중에 하나는 '환경문제'이다.

환경이라는 것은 특정한 생물의 삶을 결정짓는 생활공간일 뿐만 아니라 생물과 생활공간의 관계이기도 한 것이다. 산업화의 거대화와 보조를 같이 하여 증대된 매연과 폐수, 그리고 산업쓰레기로 말미암은 각종 오염, 그리고 공장 부지의 확대와 자원의 과다 채취로 인한 산림과 녹지의 훼손과 고갈 등의 문제는 이미 우리들에게 익숙해진 문제가 되어 있다. 이제 우리는 이러한 오염을 호흡하며 또한 이 오염으로 인해 파괴된 오존층 아래에서 오존주의보를 걱정하며 살아가고 있다. 문제는 오염 자체만이 아니라는 것이다. 대기오염과 토양오염의 합작품인 토양의 산성화는 더 이상 정상적인 생산력을 우리에게 제공해 주지 못하고 있다. 뿐만 아니라 부의 증대를 위한 자원의 무분별한 채취는 이러한 오염과 함께 우리의 생존에 있어 필수불가결의 요소인 수자원을 고갈 및 오염시켜 왔던 것이다. 이러한 파괴와 파손은 생태계 전체에 대한 것이며 더욱이 인간 그 자신도 기껏해야 이런 자연적인 생활계 안에 있는 '의존적이고 기본적으로 불쌍한 존재'이며 따라서 생활계의 종말은 곧 인간의 종말을 의미하는 것이기 때문이다. 한마디로 '세계 및 환경과 인간이 공통된 미래'를 지니기 때문이다. 이런 급격한 변화로 수백만의 사람들의 생활조건의 불안정과 긴장을 더욱 심화시키게 되었다. 전쟁은, 특별히 제2차 세계대전은 서구사상에 있어서 비관주의에로의 편향에 일익을 담당하였다. 이 당시에 대두되었던 실존 철학이 인간을 이방인으로 묘사함으로써 핵심적인 경험의 하나를 표현했다는 사실이 이를 반영하고 있다. 이는 자연으로부터의 소외가 곧 인간의 자기 자신으로부터의 소외로 이어지고 있음을 말하고 있는 것이기도 하다. 자신으로부터의 소외는 그 자체로서 하나의 소외 형태임과 동시에 타인으로부터의 소외와 자연으로부터의 소외의 궁극적인 종착점이기도 하다. 이미 사르트르가 지적한 바대로 인간은 스스로 결단하게 할 뿐 아니라 스스로 결단하도록 강요하는 인간의 주권을 소중히 여기지 않는다. 그는 자유롭도록 선고받았다고 느낀다. 그는 끊임없이 스스로 결단하려고 하는 존재의 상태를 회피하려고 한다. 그러나 인간이 당면한 결단을 회피하려고 할 때 사실 그는 자신의 자아로부터 도피하려고 하는 것이다. 그는 도피할 수 없는 것, 곧 현재의 자기로부터 도피하려고 하는 것이다. 현대인의 특징은 '고독감'으로 이는 '이미 만연되어 있는 우리 시대의 정신이 낳은 결과'이다. 이는 익명성이 지배하고 있는 다수의 군중 속에서 홀로 있다는 느낌이라고 할 수 있는데 그 원인은 일반적으로 인간의 타인들로부터 보호받기를 원하는 의존성향의 심리기제와 함께 현대 사회에서 인간에게 지나치게 강요되는 사회적 적응, 나아가 상술한 공허감에 있는 것으로 볼 수 있다. 메이어에 따르면 인간은 이와 같은 고독감을 해소하기 위해 단체를 만들며 사회로 적응하고자 하는데 그렇게 하기 위해서는 자신의 자아를 잃어야 한다는 대가를 지불해야 한다. 그러나 각자의 목적의식에 의해 결성된 그러한 결합 속에서 인간은 아무리 서로로부터 기대해 보아도 그럴수록 더 깊은 고독감에 빠지고 만다. 현대인의 또 다른 소외는 '불안'이다. 낮과 밤을 가리지 않는 강도, 절도, 남녀노소를 가리지 않는 폭력, 주기적으로 찾아오는 석유파동 등에 대한 불안 속에서 현대인들이 살아가고 있다는 것이다. 이러한 현대인들의 불안은 정신질환의 급증, 이혼율과 자살률의 상승과 같은 형태로 표면화됨으로써 타인으로부터의 소외와 자신으로부터의 소외에까지 이르게 된다. 소외를 극복하기 위한 인간의 노력이 오히려 더 깊은 소외로 몰아가게 되고 마는 것이다. 이것은 타인으로부터의 소외와 관련된 것이다. 즉 자기 자신으로부터의 소외를 회피하기 위한 수단이 그들 타인으로부터의 소외로 이끌며, 이 타인으로부터의 소외가 다시 더 깊은 자신으로부터의 소외의 교두보를 마련해 주는 '소외의 악순환'이 이루어지는 것이다. 소외는 무력감, 무의미성, 무규범성, 고립, 자기 소원 등으로 표현할 수 있다. 여기서 무력감이란 조직 속에 있는 사람이 자신의 노력을 통해서 그가 추구하는 결과를 얻지 못 할 것이라고 느끼는 나머지 자기 앞에 벌어지고 있는 중요한 일에 대해서 속수무책으로 방관만 하는 상태를 의미한다. 무의미성은 개인이 참여하고 있는 일의 의미가 무엇인지 분명히 이해하지도 못하고, 자신이 무엇을 믿어야 할지 혹은 정확하게 무엇을 해야 할지 모를 때 생기는 느낌이다. 무규범성은 아노미이론에서 유래한 것으로 개인의 행위를 규제하는 사회적 규범이 붕괴되거나 더 이상 행위의 규칙으로서 작용하지 못하는 상황을 지칭한다. 고립은 개인이 사회의 지배적인 목표나 가치로부터 떨어져 있다고 느끼는 것으로서 이 같은 고립에 빠진 사람은 주어진 사회 속에서 일반적으로 높이 평가되는 목표나 신념에 대해서도 낮은 가치를 부여하게 된다. 자기 소원은 '하나의 개인이 자신을 이방인으로서 경험하는 한 유형'을 말한다. 소외의 원인은 소외된 노동의 생산물에 대한 '사적 소유'로부터 말미암는다. 이러한 자본을 마르크스는 '축적된 노동'으로 축적한다. 그러므로 "노동은 소유의 독점인 자본의 주관적 본질이며 자본은 노동의 독점적인 객관적 노동이다." 그러므로 마르크스에게 있어서 사적 소유는 산업자본과 토지소유를 포괄하는 개념으로 보아야 한다. 또한 동시에 "토지 소유가 거기로 해소된 후의 자본"을 의미하는 것이기도 하다. 이러한 사적 소유로부터 노동의 소외가 생겨나며 또한 소외된 노동에 의해 사적 소유는 축적된다. 하지만 마르크스 자신도 노동 분업의 필요성과 필연성을 전적으로 부정하고 있지 않는다는 사실이다. 그는 노동 분업이 사회적인 유적 존재의 유적 활동의 표현임을 인정하고 있는 것이다. 오히려 그가 지적하고자 하는 것은 노동 분업이 자본주의하에서는 소외된 형태로 드러날 수밖에 없으며 바로 이것이 사적 소유의 근거가 된다는 점이다.

소외를 야기하는 요인은 조직 속의 인간이 소외를 느끼는 요인에 대해 브라우너(R. Brauner)는 고도의 전문화(분업화), 지루하게 반복되는 작업, 고도로 감시되고 통제받는 작업, 조직 내의 응집적인 사회집단의 결여 등에서 비롯된다고 지적하고 있다. 관료제적 특성을 강하게 갖는 조직일수록 그 구성원을 소외시킬 가능성이 높다. 관료제 조직은 조직의 목표달성을 위한 합리성을 강조하는 메커니즘으로서, 여기에 속하는 인간은 기계를 구성하는 부품에 지나지 않을 수도 있다. 이러한 상황에서 인간은 자기가 하는 일에 대한 의미를 상실하며, 거대한 기계에 비할 때 자신을 왜소하고 무력한 존재로서 인식하게 된다. 더욱이 공식적 권위구조 속에서 비인간적 방법으로 업무가 처리되는 상황 속에서 인간은 사회적 고립과 자기 소원의 감정을 느끼게 된다. 이러한 소외를 감소하는 방안은 무엇보다도 시급하게 필요할 문제이다. 어느 조직에서나 소외는 보편적으로 존재하며, 그 정도가 미미한 경우에는 조직의 목표달성에 별로 지장을 주지 않으나, 너무 심한 경우에는 인간을 비정상적인 병적 상태로 만들거나 조직의 기능을 마비시키게 된다. 따라서 지나친 소외를 감소시켜 인간의 창의성과 자기실현력을 높이고, 이를 통해서 조직의 목표달성능력을 증진시키는 것이 중요하다. 소외를 감소시킬 수 있는 방안을 제시해 보면 다음과 같다. 첫째, 실질적 합리성을 존중하는 조직이념의 추구이다. 실질적 합리성이란 인간의 가치나 목표의 측면에서 합리성을 생각하는 사고방식으로, 이것이 존중되는 조직 환경 속에서는 인간의 가치나 동기가 존중되며 그러한 조직 속의 인간은 훨씬 더 소외로부터 탈피하게 될 것이다. 둘째, 참여적 조직관리의 실현이다. 이를 위해서는 조직구성원들이 서로 평등한 권력과 영향력을 가지고 조직의 의사결정에 참여하고 집행 및 평가에도 관여하는 것이 중요하다. 이로 인해 구성원들은 타인과 협조할 줄 알고 능동적으로 자주관리 능력을 향상시켜 소외를 감소시킬 수 있다. 셋째, 자생적인 비공식 집단의 활동을 인정해야 한다. 비공식적 조직은 조직구성원들로 하여금 공식적 조직에서 얻지 못하는 소속감, 안정감, 만족감을 줄 수 있다. 넷째, 유기적·신축적인 조직관리이다. 상향적 의사소통과 더불어 조직구조를 보다 분권화하고 유기적으로 만들고, 공정한 보상체계를 구축해야 한다. 다섯째, 직무확대, 직무충실화, 직무순환의 방법을 활용한다. 여섯째, 목표달성이 좌절되었을 때 소외를 느끼게 되는데, 카운슬링을 활용하여 소외감을 감소시킬 수 있다. 일곱째, 집단경험과 학습을 이용한다. 감수성훈련 등을 통해 의사소통을 원활하게 함으로써 집단 속에서 자기를 경험하고 인간관계에 대한 학습을 하게 된다. 스트레스와 소외에 대하여 경험하지 못한 사람은 1%일 것이라고 말해도 과언이 아닐 것이다. 어떤 사람이 손실에 대한 위협을 느끼면 일련의 스트레스 반응이 발생하여, 신경전달물질과 코티졸 수준이 모두 증가한다는 말을 책에서 본 적이 있다. 하지만 그 스트레스를 도전으로 생각하는 사람은 스트레스를 받지 않는다고 말하고 있다. 스트레스는 자신이 지각하는 것에 따라 그것이 스트레스가 될 수도 있고 스트레스가 되지 않을 수도 있다는 말이다. 개인의 인내 정도에 따라 다르다. 그렇기 때문에 스트레스의 한계점을 결정할 때에는 개인차를 고려해야 한다. 심각한 스트레스는 심각하게 생각해 봐야 할 문제가 되며 해결해야 하는 것이 필수 조건이다. 그렇지만 일상생활을 살다 보면서 적절한 스트레스는 더욱더 자신을 편안하게 하고 안정감을 느끼게 한다. 우리는 소외가 현대생활의 모든 영역에서 나타나며 따라서 소외의 존재는 최근 역사의 몇 가지 우발적인 사건의 결과가 아니라 우리 시대에서 끊임없이 일어나는 기본적인 성향 가운데 하나, 곧 우리들 모두의 문제임을 인식할 수가 있다. 조직에 있어 소외는 꼭 없애야 할 문제가 된다. 스트레스와 소외 모두 어느 정도의 연관성은 있다고 생각한다. 스트레스와 소외 모두 그 인간이 자신을 다른 사람과 다르다는 존재로서 경험하는 경험의 한 유형이라고 할 수 있겠다.

〈참고문헌〉

이상엽, 행정학총서, 조직론, 2005.

13. 조직 갈등 해결의 대안

1) 갈등의 의미

'갈등'은 인간이 여러 사람과 어울리며 살아간다면 한 번쯤은 겪을 것이며 이에 대한 해결책을 내기 위해 많은 행동을 할 것이다. 이러한 갈등은 여러 측면에서 정의된다. 국어사전의 정의로는 "칡과 등나무가 서로 얽히는 것과 같이, 개인이나 집단 사이에 목표나 이해관계가 달라 서로 적대시하거나 불화를 일으키는 상태"이다.

칡은 葛(갈)이라 하며 왼쪽으로 감아 올라가는 식물이며 등나무는 藤(등)이라 하여 오른쪽으로 감아 올라가는 식물이다. 이렇듯 두 식물은 서로 다른 방향으로 감아 올라가 두 식물이 같이 자라면 감고 올라가지 못하여 자라지 못하고 서로 뒤엉키기만 한다고 한다. 백과사전의 정의로는 "개인의 정서(情緖)나 동기(動機)가 다른 정서나 동기와 모순되어 그 표현이 저지되는 현상"이라 요약할 수 있으며, 심리학 용어로, 이는 인간의 정신생활을 혼란하게 하고 내적 조화를 파괴한다. 갈등상태는 두 개 이상의 상반되는 경향이 거의 동시에 존재하여 어떤 행동을 할지 결정을 못 하는 것을 말한다. 위에서 여러 측면의 정의로 참고하여 생각해 보면 갈등이란 개인 또는 집단이 추구하는 목표, 정서, 동기 등에 대한 서로의 이해관계가 다르며 어떠한 요인으로 인하여 그 표현이 저지되거나 어떤 행동을 할지 결정을 못 내리며 이로 인하여 서로를 적대시하거나 불화를 일으키는 상태라 생각할 수 있다.

2) 갈등의 해결

위에서 제시한 갈등을 해결하기 위한 대안으로는 어떠한 것이 좋을까? 아래에 제시한 예시를 통해 갈등 해결을 위한 대안을 살펴보자.

> 한 여객기가 공중 납치됐다. 테러범들은 본보기로 승객 한 명을 살해하려고 한다. 끌려나온 중년의 신사는 하염없이 눈물을 흘렸다. 권총을 든 테러범이 소리쳤다.
> "겁쟁이처럼 굴지 말고 남자답게 죽어라!"
> 이런 상황에서 살고 싶다면 테러범을 어떻게 설득해야 할까. 신사는 "제발 살려 달라!"고 외치는 대신 "당신을 기다리고 있을 가족을 생각한다면 당신도 나처럼 울게 될 거요."라고 나직이 말했다. 테러범들은 결국 그 신사를 살려 줬다.

이는 미국에서 인질협상 강연 중에 소개된 실제 사례라 한다. '갈등해결학'이라는 낯선 이름의 학문은 이처럼 갈등 상황을 효과적으로 해결하기 위한 것으로 위 사례는 한국인 갈등해결학 박사인 강영진(48) 성균관대 겸임교수가 펴낸 '갈등 해결의 지혜'에 실린 내용이다.

여기에서 강영진 교수님은 '핵심은 두 가지'라고 말한다.

첫째, 자기 처지만 강조하지 말고 상대방의 이야기를 충분히 들음으로써 상호 이해를 높일 것, 둘째, 해결책에 앞서 문제가 뭔지 정확히 파악하는 것이라고 말했다.

이렇듯 갈등을 해결하는 대안으로는 상황에 따라 다르지만 대표적으로는 자신의 생각을 지나치게 강조하기보다는 상대를 조금 더 이해함으로 상호 이해를 높여 문제를 해결하는 것인 거 같다. 이제 이러한 갈등과 갈등 해결의 대안을 좀 더 자세히 알아보자.

3) 갈등의 본질

오늘날 조직에서의 갈등은 보편적인 현상으로 나타나고 있다. 조직은 공통된 목적을 달성하기 위해 여러 사람들이 모여 함께 일하는 집단이다. 따라서 함께 일하는 사람들이 조직의 공통된 목적이 무엇이며, 그것을 어떻게 달성할 수 있는가, 뿐만 아니라 조직 내에서 개인적인 목표를 어떻게 달성할 수 있는가에 대해 서로 이견이 일치하지 않는 등 조직은 항상 갈등의 원인을 내포하고 있다. 제한된 자원에 대한 경쟁은 내적으로나 외적으로 갈등을 불러일으킨다. 자원이 제한된 환경하에서 보다 중요한 것은 서로 상충하는 목표와 일처리 방식을 관리하는 능력이다. 갈등을 해결하지 않거나 관리하지 않게 된다면 그것은 점점 증폭되어 구성원들은 조직의 목적보다는 갈등 그 자체에 대해 더욱 염려하기 때문에 조직이 성장은 멈추게 된다.

갈등은 사람들이 결과에 대해 관심을 가지는 영역에서 서로 다른 인식, 목표, 가치의 충돌로부터 일어난다. 우리는 서로 자기 자신의 방식으로 그것을 보기 때문에 긴장하게 된다. 만약 누군가가 자신의 유일한 선택은 갈등을 지속시키거나 자신의 목적을 포기하는 것이라고 생각한다면 갈등은 인간관계를 약화시키는 원인이 된다. 그러나 갈등은 우리가 적절하게 관리하고 해결하게 된다면 생산적인 성장을 가능하게 한다.

4) 갈등의 발생원인과 기능

(1) 갈등의 발생원인

가. 부, 권력 등 자원의 배분 – 노사갈등
나. 가치관의 차이 – 종교 간 갈등, 이데올로기 간의 갈등
다. 생활환경의 차이 – 빈부 갈등, 도시와 농촌 갈등
라. 사회변동 – 노사갈등(근로자의 증가), 남녀갈등(여권신장)
마. 사회적 쟁점 – 핵 이용 찬성과 반대, 낙태 인정 여부, 환경보전
바. 직업의 분화. 전문화 – 의약분업을 둘러싼 갈등

(2) 갈등의 기능

① 부정적 기능
지나친 대립은 사회를 혼란에 빠뜨리고 파멸을 가져올 수 있다.

② 긍정적 기능(Coser의 견해)
가. 문제점이 무엇인가를 분명히 해 주고 해결방안을 모색하게 함
나. 갈등을 표현하고 해결하는 가운데서 보다 큰 갈등을 미연에 방지하는 역할을 함
예 1) 잉꼬부부가 갑자기 이혼하는 것은 갈등을 초기에 드러내 놓고 해결하지 않았기 때문이다.
예 2) 프랑스대혁명도 갈등을 덮어 두고 있었기 때문에 누적된 결과라 볼

수 있다.

다. 서로를 이해할 수 있는 계기가 되어 사회통합에 기여함

예) '비 온 뒤에 땅이 더 굳어진다.'

5) 갈등 해결의 유형

독일의 심리학자인 Thomas－Kilmann은 타인의 관심을 만족시키고자 노력하는 정도의 협조성과 자신의 관심을 만족시키고자 노력하는 정도의 공격성, 두 차원을 중심으로 갈등의 해결 유형을 타협, 순응, 회피, 협조, 그리고 경쟁 다섯 가지로 구분하였다. ① 타협은 자신과 상대가 서로 양보하여 최적은 아니지만 부분적 만족을 취하는 방식이다. ② 순응은 자신의 욕구 충족을 포기함으로써 갈등을 해결하는 소극적 방식이다. ③ 회피는 자신과 상대방 모두를 무시함으로써 갈등 관계에서 탈출하고자 하는 방식이다. ④ 경쟁은 상대방을 좌절시키고 자신의 욕구를 만족시키려는 적극적 전략이다. ⑤ 협조는 문제 해결을 통해 쌍방 모두 이득을 보게 하려는 윈－윈(win－win) 전략이다. 전통적으로 조화를 중시하고 집단주의적 성향이 강한 동양 문화권에서는 갈등이 부정적으로 인식되어 온 것이 사실이다. 최근 가치관이 많이 서구화되었다고는 하지만 유교사상이 뿌리 깊은 우리나라의 경우, 조직의 성과를 높이려면 갈등을 최소화해야 한다는 생각이 여전히 지배적이다. 그 결과 상하 간에는 아랫사람의 양보 또는 포기가, 동료 간에는 서로 타협함으로써 갈등을 이슈화하지 않으려는 소극적인 해결 방식이 주로 사용되었다.

논리와 합리성을 중시하는 서구에서는 갈등에 대해 자연스럽게 인식하고 적극적으로 해결하려는 자세가 일반화되어 있다. 보스턴에 있는 컨설팅회사인 Vantage Partners의 Jeff Weiss와 Jonathan Hughes는 "조직 안에서 발생하는 갈등이 진정 효과적인 협력 관계로 발전하는 데에는 관리자들이 갈등을 자연스럽고 필요한 것(Natural and Necessary)으로 인식하는 것이 필수적이다."고 말하고 있다. 서구 선진 기업들이 문제 해결을 통한 상호간 협력 관

계 형성을 갈등관리의 주된 목표로 삼는 이유도 이와 같은 맥락에서 이해할
수 있다.

이러한 갈등 해결의 상황별 유형으로 간략히 정리하자면

해결방법	적용상황
회피 (Withdrawing)	- 이슈가 사소할 때 - 자기의 의견을 관철할 가능성이 낮다고 판단될 때 - 분위기를 식힐 필요가 있을 때 - 추가 정보수집이 필요할 때 - 다른 그룹이 보다 효과적으로 갈등을 풀 수 있다고 느낄 때 - 그 이슈가 다른 이슈의 징후라고 보일 때
자기의견 관철 (Forcing)	- 긴급하게 결정해야 할 경우 - 인기가 없는 주요 정책 집행 시 - 옳다고 믿는 주요 안건 집행 시
양쪽 의견 절충 (Compromising)	- 목표가 중요하나 더 이상 설득이 힘들다고 느낄 때 - 상호 배타적인 목표를 가진 집단들이 비슷한 파워를 가지고 있을 때 - 복잡한 문제에 대하여 감정적인 해결책을 도출할 때
상대 의견 수용 (Smoothing)	- 자기의 의견이 틀렸다고 느끼고 합리성이 있다는 것을 보여 줄 때 - 그 이슈가 다른 그룹에게 보다 중요한 사안일 때 - 나중을 위해 신용을 얻고자 할 때 - 조화와 안정성이 매우 중요할 때 - 상대로 하여금 실패를 통해 배우는 것을 느끼게 할 때
문제 해결 (Problem Solving)	- 매우 중요한 통합된 의견을 도출할 때 - 남들의 의견을 들을 필요가 있을 때 - 공감대를 형성하여 지속적인 관계 유지를 할 필요가 있을 때

6) 갈등의 관리

효과적인 갈등관리를 위해서는 다음의 세 가지에 유념할 필요가 있다. 갈
등의 사전 예방과 효과적 관리를 위한 사전 대비, 그리고 갈등이 발생한 상
황에서 신속하고 적절한 해결 방안 마련이 그것이다.

(1) 잠재적 갈등 요소를 점검하라

우선 갈등이 발생할 수 있는 잠재적인 요인을 찾아내는 노력이 있어야 한

다. 구성원들의 불만이나 건의 사항을 수렴할 수 있는 열린 공간을 운영하는 것도 한 방법이 될 수 있다. 드러나는 갈등 유발 요인에 대해서는 지속적인 모니터링도 필요하다. 이러한 노력을 통해 회사는 구성원의 불만을 최소화하기 위한 제도를 고안하고 공정하게 운영함으로써 갈등의 발생을 사전에 줄일 수 있다. 미국의 항공우주산업 회사인 퓨즈사의 경우, 직원의 업무 능력을 감안한 적절한 업무 분배와 업무 성과에 상응하는 공정한 보상시스템을 마련하여 업무 배분과 평가 과정에서 발생할 수 있는 갈등을 사전에 최소화하는 전략을 채택하고 있다. 업무 배분과 평가 제도의 공정성 확보에 특히 중점을 두고 있는데, 이는 제도의 공정성이 의심을 받게 된다면 그 제도의 시행 자체가 심각한 갈등을 유발하는 원인이 되기 때문이다. 부서 간 갈등의 주요 원인이 될 수 있는 회사 내부의 전략과 목표는 시장 여건의 변화를 감안하여 수시로 점검해 보아야 한다. 내부적으로 여러 개의 목표들이 설정되어 있다면 상치되는 부분을 미리 밝혀냄으로써 적절히 조정해야 한다. 예를 들어, 신용카드 회사는 회원의 수를 늘리고 카드 이용률을 증가시켜 시장점유율을 높이는 동시에, 카드사용 대금 회수율을 높임으로써 연체를 줄이려는 노력을 한다. 이러한 목표들은 서로 상치됨으로써 유관 부서 간에 갈등을 일으킬 수 있다. 즉 영업 목표를 위해 회원 자격을 완화하거나 사용 한도를 높이면 이 정책은 곧 부실 채권의 증가라는 부메랑이 되어 돌아오는 것이다. 반대로 부실채권을 막기 위해 회원 자격을 엄격하게 적용하고 사용 한도를 축소시키면 매출 확대에 지장을 받아 영업 부서의 반발을 야기할 수 있다. 이 경우 시장의 상황에 맞게 각 부문의 영업 활동을 탄력적으로 조정하는 것도 부서 간에 갈등을 줄이는 방법이 될 수 있다.

(2) 관리자 역량을 강화하라

조직 안에서 발생하는 갈등을 조기에 적절히 해결하는 데 있어 특히 중요한 것은 관리자의 역할이다. 유능한 관리자라면 구성원들 간의 갈등에 대해 객관적이고 공정한 해결 방안을 제시해 주는 능력을 갖추어야 한다. 흔히 간과되기 쉬운 사실은 갈등에 직접적으로 연관된 당사자일수록 효과적이고 건설적인 해결책을 찾아내기가 가장 어렵다는 것이다. 제3자의 적절한 도움이 있을 때 갈등은 빠른 해결 과정을 밟아 나갈 수 있다. 관리자 역량의 강화는 갈등의 사후 관리뿐만 아니라 사전 예방 차원에서도 매우 중요하다. 리더십 교육을 통해 구성원을 포용하고 조직 내 부드러운 인간관계를 유지할 수 있는 유능한 리더를 육성해야 한다. 갈등 발생 징후를 보일 때 누구나 거리낌 없이 리더에게 상담을 할 수 있는 분위기를 만들어 주는 것이 갈등관리의 시작이다. 한발 더 나아가 부하들 스스로의 갈등 해결 능력을 키워 줄 수 있어야 진정한 리더라 할 수 있을 것이다. IBM에서는 비슷한 유형의 갈등에 대한 반복적인 상담이 관리자들의 업무 효율을 저하시킨다는 판단으로 비효율적인 상담을 줄여 주기 위해 코칭 프로그램을 운영하고 있다. IBM은 먼저 임원들에게 부하 직원들의 갈등관리 능력을 높일 수 있는 교육 자료를 온라인으로 제공하고 있다. 이 자료를 활용하여 임원들이 부하 직원의 갈등관리 능력을 키워 주고 있다. 이를 통해 결국 IBM의 구성원들은 낮은 관리 단계에서부터 갈등관리에 적극적으로 임할 수 있는 것이다.

(3) 신속하게 대처하라

갈등의 효과적인 해결을 위해서는 빠른 대처가 요구된다. 이는 모든 구성원이 갈등관리의 중요성을 제대로 인식하고 있고 대처 방안에 대해 잘 알고 있을 때 가능하다. Intel은 신입사원 교육과정 때부터 신입사원들이 갈등의 적절한 관리와 최선의 해결을 위해 다양한 방식을 시도해 보는 경험을 하게 한다. 이러한 교육 과정을 통해 Intel은 회사가 비즈니스의 필수 요소로 갈등관리에 대해 얼마나 중요하게 여기는지를 구성원에게 보여 주고 있다. 갈등을 관리하지 않고 방치할 경우 시간이 지날수록 상황이 더욱 악화되는 소위 '눈덩이 효과(Snow Ball Effect)'가 발생한다. 어떤 조직에서든 갈등은 필연적으로 발생하는 것이므로 해결은 빠를수록 좋다. 갈등의 해결이 늦어질수록 점점 더 많은 유형, 무형의 비용과 노력이 들어가게 된다. 예컨대, 사업부장과 팀장이 서로 엇갈린 정보를 갖고 있어 오해가 생겼다면 빠른 대응으로 정확한 정보를 명백하게 알려 주기만 하면 쉽게 해결된다. 하지만 양측이나 제3자 그 누구도 나서지 않고 그대로 방치한다면, 두 사람의 감정의 골이 깊어지게 된다. 이러한 소모적 갈등이 지속된다면 차후 업무 추진에도 상당한 영향을 미치게 될 수 있다. 결국 작은 갈등에 신속하게 대응하지 못한 것이 전체 조직의 경쟁력을 약화시키는 결과로 이어질 수 있는 것이다. 특정한 형태의 갈등 유형에 대해서는 회사 내부적으로 일정한 해결 절차나 접근 방식을 공유하는 방안도 고려해 볼 만하다. 갈등을 어떻게 해결해야 할지 고민하는 시간을 대폭 줄임으로써 갈등 발생 시 신속한 대처가 가능하기 때문이다. 예컨대 갈등이 발생하면 먼저 회사의 정형화된 프레임에 사안을 적용하고 나서 결과를 검토하기로 구성원끼리 약속을 미리 해 놓는 것이다. 미국 플로리다에 있는 의료회사인 Blue Cross & Blue Shield라는 회사는 자주 발생하는 내부적인 의견 불일치를 빠른 시간 안에 해결하기 위해 '구축이냐, 구매냐 아니면 제휴냐? (Build, Buy, or Ally?)'라는 간단하고 독특한 의사결정 방식(Trade-off Tool)을 운영하고 있다. 동사는 전략적 업무 제휴에 따른 기간 설비의 확보 방안에 대해 관련 부서 간에 이견이 생기는 상황을 효율적으로 타개하기 위해 이 제도를 활용하고 있다. 시스템을 자체 구축할 것인지, 외부에서 구입할 것인지 또는 제휴를 통해 사용권만을 확보할 것인지를 결정하기 위해 회사는 의사결정을 위한 설문지 형태의 일련 공통 기준들을 제공한다. 관련된 부서들의 구성원들은 단지 각각 제공된 기준에 맞추어 본인들의 생각과 주장을 적어 제출한다. 이 과정에서 나온 결과물은 각각의 방법에 대한 장단점 형태로 공유된다. 조직과 구성원 모두 각 상반된 주장들의 격렬한 충돌을 피할 수 있다. 또한 최종적으로 어떤 결정이 내려지더라도 확보된 정보를 활용함으로써 효과적인 실행으로 이어질 수 있다는 것이다.

(4) 갈등 해결의 열쇠는 '신뢰'

아무리 훌륭한 갈등관리 기법이 사용된다 하더라도 갈등 당사자 간의 신뢰가 바탕이 되지 않으면 갈등은 근본적으로 해결될 수 없다. 생산적 갈등에 대해서는 누군가의 잘못이 아니라 서로 생각이 다를 뿐이라는 사실을 이해할 때 일시적인 갈등은 더 깊고 발전적인 협력 관계로 전환될 수 있다. 따라서 기업 차원의 성공적인 갈등관리가 이루어지기 위해서는 구성원들 간에 신뢰하는 조직문화의 정착이 선행되어야 할 것이다. 이번 레포트의 주제 '갈등 해결의 대안'에 대해 조사하면서 평소에 단순히 해결하는 '갈등'이라는 단어를 다시 생각하게 되었다. 지금까지 일상에서 내가 한 갈등은 친구들끼리 모여서 점심식사는 무엇을 먹을까 어디로 갈까, 친구들 사이의 관계, 그날 하루 어느 과목에 대하여 공부할 것인가와 같은 단순히 답을 내리는 갈등이었다. 그러나 '갈등해결학'이란 과목이 생기고 갈등론 등 갈등을 사회의 여러 측면에서 바라보며 해결해 가는 심오한 갈등과 비교해 보면 '내 갈등은 갈등도 아니였구나.'를 느끼게 되었다.

위에 제시한 갈등 해결의 대안 중 가장 공감이 되는 부분은 **갈등 해결의 열쇠는 '신뢰'** 이것이었다. 나의 일상에서 예를 들어 보자면 친구들 간의 갈등으로 인하여 앙금이 생겨도 신뢰를 바탕으로 서로 풀어 다시 좋은 관계를 이끌어 가는 것을 보면 신뢰가 가장 중요하다고 생각이 된다.

조직관계와 인간관계

1. 인간관계 이해

인간관계를 이해하면 조직에 대한 이해가 선행될 것이다. 우선 인간관계 중에서 인간이 살아가면서 궁금해하는 성 문제에 대한 것부터 알아보도록 하겠다. 여성에 대한 이해를 보면 다음과 같다.

1) '일곱 가지 여성 콤플렉스'

고정적인 성 역할에서 여성에게 강조되는 바는 자신의 욕구를 포기 혹은 양보하고 타인(가족, 친구, 사회)을 위해 사는 것이다. 또한, 온순하고 비공격적인 여성들은 자신들의 감정을 솔직히 표현하는 기회를 갖지 못하게 된다. 여성들에게 주어진 이러한 역할들은 여성들에게 좌절감, 모호함, 자기 비하, 고립감 등의 부정적 감정을 경험하도록 이끈다. 이에 관한 구체적인 문제들에 대해 여성을 위한 모임(1992)은 그들의 책 「일곱 가지 여성 콤플렉스」를 통해 아래와 같은 일곱 개의 콤플렉스를 소개했다.

① 착한 여자 콤플렉스

착한 여자 콤플렉스란 언제나 순종적이고 착하다는 주위의 평판을 듣기 위해 자신의 내면과 갈등하는 심리상태를 말한다. 이런 여성들은 사회에서 요구하는 순종적인 여성상에 자신을 맞추기 위해 끝없이 노력하면서 갈등을 겪는 경우가 많다.

② 신데렐라 콤플렉스

미국의 저널리스트 Colette Dowling은 여성들에게서 볼 수 있는 독특한 증후군을 '신데렐라 콤플렉스'라 부르고, 이를 "억압된 태도와 불안이 뒤얽혀 여성의 창의성과 의욕을 한껏 발휘하지 못하게 하는 일종의 미계발 상태로 묶어 두는 심리 상태"라고 정의하고 있다. 즉 신데렐라 콤플렉스에 빠진 여성은 무엇인가를 하려고 하거나 해야 할 때 두려움이나 불안을 느낀 나머지 주저하며 포기하려는 상태에 이른다. 신데렐라 콤플렉스는 여성의 삶을 통제하는 보이지 않는 벽으로서 여성이 도전이나 경쟁을 기피하게 만든다. 또한 여성에게 어머니와 아내라는 '여성다운' 매력을 지키도록 하고 홀로 자립하여 살아가려는 독신 여성, 이혼녀 등을 비정상적이라고 규정하여 여성들 간의 분리를 조장하기도 한다.

③ 성 콤플렉스

정숙하고 교양 있는 여자는 성적 쾌락을 즐겨서는 안 되며, 다만 출산의 수단이어야 한다는 사회 통념이 여성의 의식과 행동에 파고들어 갈등을 일으킨다. 이러한 갈등이 깊어지면 성적 부적응이 생기고 성적 표현이 어눌해지며, 심지어 성적 불만과 긴장, 강박 관념과 자기 분열이라는 병리적 현상을 드러내기도 한다. 성 콤플렉스란 이러한 그릇된 성 규범을 무의식적으로 받아들여 성적 욕망과 성적 표현, 성에 대한 흥미를 억제하는 동안 갖게 되는 심리적 갈등을 말한다.

④ 외모 콤플렉스

우리나라 속담에 "여자 나이 삼십이면 눈먼 새도 돌아보지 않고, 여자 나이 사십이며 장승도 돌아보지 않는다."는 말이 있다. 이 속담처럼 남자의 의미는 사회적 성취에 있고 여자의 의미는 아름다움에 있다는 생각이 역사 이래 남녀 관계를 지배해 왔다. 외모가 자신의 생애에 중대한 영향을 미친다고 생각하는 여성들은 대부분 더 예뻐지고 싶어 한다. 이것을 흔히 외모 콤플렉스라고 말하는데, 외모에 대한 심리적 부담감이 열등감으로 표현되든 우월감으로 나타나든 여성들의 의식과 생활에 중대한 작용을 한다. 특히 많은 시간과 돈을 투자해서 외모를 가꿔야 한다는 부담과 현대 사회에서 요구하는 실력 있고 성실한 사회인으로서 역할을 다해야 한다는 것 사이에서 여성은 갈등에 빠진다.

여성의 외모 콤플렉스(여성개발원, 1994. 인용)

⑤ 지적 콤플렉스

지적 능력을 갖고자 하는 욕구는 누구에게나 있다. 그러나 여자로 태어났다는 이유로 자라나는 과정에서 지적 능력을 발휘할 기회가 제한됨으로 해서 많은 여성은 자신의 지적 능력을 사회의 적재적소에서 발휘하기 어렵게 된다. 따라서 여성들은 심한 열등감을 느끼고 사회 활동을 하는 데 적극성을 잃어버린다. 이와 같이 사회가 부여한 '여성은 남성에 비해 지적 능력에서 열등하다'는 것을 여성 스스로 내재화함으로써 나타나는 지적 열등감을 '지적 콤플렉스'라고 한다.

⑥ 맏딸 콤플렉스

맏딸은 가부장적 가족 제도와 유교적 전통 속에서 태어나면서부터 장남과는 다른 기대와 지원을 받으며 '살림 밑천'이라는 소리를 들으며 살아간다. 전통적으로 맏딸은 '딸'과 '맏이'라는 두 가지 역할을 해내야 했기 때문에 자유롭게 자아를 성취하며 살아가기 힘들다. 맏딸은 맏이이면서 딸이라는 이유로 아들인 장남만 한 대우를 받지 못한 채 부모의 갈등이나 가정 문제에 누구보다도 더 신경을 쓸 뿐만 아니라 가사도 도외시할 수 없는 등 '살림 밑천'의 역할을 톡톡히 한다. 이렇게 한국 사회의 한 가정에서 태어나 성장하는 맏딸의 모습을 부각시켜 맏딸만이 느끼는 공통적인 갈등을 '맏딸 콤플렉스'라 한다.

⑦ 슈퍼우먼 콤플렉스

최근에 산업화와 근대화 과정을 거치면서 전통적으로 집 안에만 있던 여성이 직업을 갖고 사회로 나오는 추세가 두드러진다.

슈퍼우먼은 자신이 가지고 있는 능력에 관계없이 직장인, 주부, 어머니, 아내, 며느리라는 서로 상충되는 역할을 완벽하게 하려는 사람으로, 많은 여성들이 신체적·심리적으로 갈등하며 알게 모르게 슈퍼우먼 콤플렉스에 빠진다. 그래서 모든 것을 완벽하게 하지 못하면 심한 불안감, 초조감, 죄책감 등으로 고통을 받는다.

2) '여자다워야 한다'는 부담

비록 현대 사회에 오면서 여성에게 요구되는 특성에 변화가 있어 왔으나 우리 사회는 여전히 여성에게 다소곳해야 한다, 타인을 잘 배려해야 한다, 부드러워야 한다는 등의 여성성을 기대한다.

청소년들을 대상으로 한 설문조사의 결과(교육부, 1999)를 보면 이러한 성 정형화로 인한 부담감이 청소년들에게도 예외가 아님을 알 수 있다. 다음은 고등학교 여학생들이 호소하는 불만사항들이다.

▶ "체육시간에 남학생들은 운동하는데, 여학생들은 체육복도 입지 않고 응원만 했어요. 참 황당하다고 생각했어요."

▶ "체육수업시간에 남자들은 축구 등의 운동을 하라고 하면서, 여학생들한테는 고무줄넘기나 하라고 하는데요, 저는 솔직히 구기운동도 잘하거든요. 축구나 농구도 하고 싶은데, 너는 무용이나 해라 하면 솔직히 기분 나빠요. 여자도 농구선수가 될 수 있는데……."

▶ "청소시간에 우리가 하는 것이 마음에 들지 않으시면, '여자가 꼼꼼하게 하지 못하고…….' 하면서 대충 하는 남학생에게는 아무 말씀도 하지 않아요. 여자도 털털하면 그럴 수 있지, 그게 성격 차이지 남녀 차이인가요?"

3) 높은 우울 경향

여성들이 성 고정관념의 틀 속에서 겪게 되는 어려움은 그들의 높은 우울 경향에서도 엿볼 수 있다. 연구들에 따르면 거의 모든 문화권에서 여성들은 남성들에 비해 높은 우울증을 보여(Kleitman, 1991; 박영남, 1994) 우울증에 대한 남녀 비율은 1 : 2에 달한다고 한다(Kleitman, 1991). 이에 대한 생물학적 원인이 불분명한 현실에서(Kleitman, 1991; 임정빈, 정혜정, 1997), 여성의 높은 우울증은 성 역할 고정관념이 하나의 중요한 요인이 될 수 있다고 지적되고 있다. 어린 시절부터 받아 온 강화의 부족, 타인과의 관계성에 대한 지나친 강조, 가정지향적인 역할 강조 등이 그 원인이 될 수 있는 것이다. 특히, 가족의 주기 중 빈둥지(empty nest) 기간에 속하는 중년 여성들에서의 우울증('depression in middle-aged woman,' Bart, 1971)은 그 심각성이 두드러지는데, 이는 이제까지 자신을 희생하며 가족을 위해 봉사해 온 여성이 자녀의 성장과 더불어 더 이상 자신을 필요로 하는 사람이 없다는 것을 인식함으로써 우울을 경험하게 됨을 보여 준다.

4) 미적 추구에 대한 사회적 압력

이상의 어려움 외에도, 남성에게와 달리 여성에게 강조되어 온 미(美)의 가치는 여성에게 지나친 육체적 미에 집착하도록 만든다. 여성의 미가 남성에게서의 지적 능력과 마찬가지로 사회적 지위 확보를 위한 중요한 기준으로 강조되는 사회분위기 속에서, 여성은 생존 전략으로서 자신의 미에 관심을 쏟게 되고 이로 인해 원치 않았던 심리적, 육체적인 폐해들에 시달리게 된다.

위에서 보아서 알 수 있듯이 여성들은 신체변화에 따른 기쁨과 슬픔, 콤플렉스, 우울증 등을 겪는다. 그러므로 이러한 여성들에 대해서 이해하면 조직행동에 대해서도 자연스럽게 파악이 될 수 있다. 여성 지도자를 둔 회사는 상사의 말 한마디, 행동 하나가 중요한 역할을 하는데, 그 상사의 생리주기에 따른 변화를 감지하여 대처한다면 효과적이고 능률적이며, 갈등이 없이 모든 일을 할 수가 있는 것이다. 이것은 여성만의 문제가 아닐 수 있다. 남성 또한 생리적 변화 주기에 따라, 즉 바이오리듬에 따라 시시각각 변화하기 때문이다.

성 태도에 따라서도 다양한 반응과 행동이 나올 수 있다. 아래는 그것에 대한 이야기를 기록해 놓았다.

성에 관한 남녀의 상이한 심리적 반응

남성과 달리 여성은 성욕에 관하여 양가적인 태도를 지니는 것으로 보인다. 즉 남성들이 성에 관하여 긍정적인 태도만을 보이는 반면에 여성들은 이성에 대해 친밀감, 사랑 등의 긍정적 정서와 동시에 생리와 연합된 고통이나 불편, 주위 사람들로부터 들은 부정적 측면들, 임신 공포 등의 부정적 감정들을 지니는 것이다(Hyde & Rosenberg, 1980).

이 외에도 Ramanna과 Reidman(1988, 임정빈, 정혜정, 1997 재인용)은 남성과 여성이 성에 대해 보이는 다음 몇 가지의 상이한 심리적 반응들을 소개한다.

① 성 행동의 의미와 중요성에 대해

남성과 여성은 성 행동에 대해 중요성을 달리 두고 있다. 남성은 여성에 비해 성교를 빈번히 하고 중요하게 여기는 것으로 알려져 있다. 구체적으로 남성은 성교나 자위의 방법을 통해 청년기 이전이나 청년기 동안 성적 활동을 시작하지만 여성의 성적 활동은 보다 늦게 시작되고 시작 이후에도 남성과 같이 지속적이지 않다. 남성은 여성에 비해 성교에 더 큰 의미를 둠으로써 성 생활이 불가능할 경우의 좌절감이 여성들에 비해 훨씬 심한 것으로 보고되고 있다.

② 성 행동에서의 주요 요인에 대해

남성과 여성은 성적 교류에서 중요성을 두는 부분에서도 서로 다르다. 예를 들어, 성교에서 남성이 가장 중요하다고 여기는 것은 육체적인 만족도인 반면, 여성의 경우는 육체적 만족도와 더불어 정서적, 심리적 만족을 강조한다. 이러한 차이는 사회적으로 남성에게는 육체적 쾌락만을 위한 성교가 비교적 허용적이지만, 여성에게는 사랑을 전제로 한 성교만이 합리화될 수 있기 때문인 것으로 풀이된다. 또한 남성은 여성에 비해 성적 흥분을 위한 시각적 자극을 중요시하고 이를 추구하며, 여성에 비해 전희(foreplay)는 중요시하지 않는다.

③ 성 행동에의 기여도와 만족도에 대해

남성과 여성은 성 행동에서 자신들이 그 행위를 위해 기여하는 바가 다르다고 여긴다. 이는 구체적으로 성교의 예에서 잘 나타난다. 먼저 성교를 요구하는 정도에 있어서 남성이 여성에 비해 더 자주 성교를 요구하며 이러한 빈도의 차이는 남녀 간의 갈등을 일으키는 소지가 되기도 한다. 또한 성교

시 남성들은 여성이 자신에 비해 덜 흥분하고 덜 열정적이라고 여긴다. 이
것은 여성에 비해 남성의 오르가슴이 보다 분명하게 관찰되고, 많은 경우
남성들이 보다 적극적으로 성교에 임하기 때문에 자신들이 더욱 많은 흥분
을 느끼는 것으로 인식하게 되는 것이다. 반면, 성교 시 상대 여성이 자신에
비해 적은 만족을 느낀다는 인식은 남성들 자신의 '남성다운' 성적 능력에
문제가 있다는 좌절감으로 이어지기도 한다.

◈ 행정학의 발전과 인간관

합리적 · 경제적 인간관(과학적 관리법: 고전적 모형)
과학적 관리법을 포함한 고전이론에서는 개인은 각자가 자기의 이기적인
목적을 추구하고, 그 과정에서 개인의 발전이 있고 나아가서는 전체 사회의
발전이 있다고 전제함으로써 개인과 조직체의 목적이 일치한다고 보고 있다.

■ 인간에 대한 가정

첫째, 인간은 경제적 · 물질적 욕구를 지닌 타산적 존재이며 경제적 유인
의 제공에 의하여 인간의 동기를 유발할 수 있다. 인간은 쾌락을 원하며 그
것을 얻는 수단인 경제적 이익을 추구한다. 이익추구에 있어서 아주 타산적
이기 때문에 인간을 합리적이라고 본다.

둘째, 조직이 요구하는 직무수행에 대하여 사람들은 피동적이기 때문에
외재적으로 동기가 부여되지 않으면 조직에 기여하는 행동을 하지 못한다.

셋째, 사람들은 조직이 시키는 일을 고통으로 생각하며 게으르고 책임지
기를 싫어한다. 조직은 일하는 것을 원하고 개인은 쾌락과 경제적 이익을
원하기 때문에 조직의 목표와 개인의 목표는 상충된다.

넷째, 조직 내의 인간은 원자적 개인으로 행동하며 조직구성원들은 심리
적으로 상호 분리되어 있다.

다섯째, 인간은 기계의 부속품처럼 외적 조건 설정에 의하여 길들일 수 있다.

■ 인간관리 전략

교환모형 - 사람들이 일을 하는 고통과 희생을 감수한다는 교환조건으로 경제적 보상을 받도록 한다. 교환형 관리는 불신을 바탕으로 하므로 교환의 약속을 지키는지의 여부를 면밀히 감시하고 통제하는 강압형 전략의 뒷받침을 받아야 한다. - hard approach

조직체에서 개인이 추구하는 목적은 주로 경제적인 보상과 안정된 직업이라고 전제함으로써 개인행동의 동기를 경제적인 욕구만족으로 보고 있다. → 따라서 개인은 조직체의 규율과 규정을 준수하고 생산성을 올리는 한편, 조직체는 이에 대응하는 경제적 보상을 해 줌으로써 개인과 조직체의 상호 목적이 달성되는 것으로 가정하고 있다.

■ 사회적 인간: 신고전적 모형

웨스톤 일렉트릭사의 호손공장 실험으로 등장
- 인간에 대한 가정
  인간은 애정, 우정, 집단에의 귀속, 다른 사람들로부터의 인정과 존경 등을 원하는 이른바 사회적 욕구를 지닌 존재로서 이러한 욕구를 충족시켜 주는 유인이 제공될 때 비로소 동기가 유발된다고 한다.
  인간의 사회적 욕구를 중요시하기 때문에 인간을 원자적인 개체로서가 아니라 집단의 구성원으로 파악한다. 인간의 속성 가운데 집단성을 규정하고 이를 매우 중요시한다.

■ 고전적 모형과 인간관계론적 모형의 공통점과 차이점

- 공통점: 두 가지 모형이 다 같이 인간의 피동성, 동기부여의 외재성, 욕

구체계의 획일성 등을 원칙적으로 전제하고 있다. 그리고 조직의 요청과는 상반되는 개인의 욕구를 충족시켜 주는 교환조건으로 조직을 위한 개인의 희생을 받아 낼 수 있다고 믿는 점이라든지 욕구의 충족이 바로 직무수행의 동기가 된다고 보는 점, 인간을 완전한 자유인으로 다루지 않는다는 점
- 차이점: 근로자의 생산성이 그의 사회적 능력에 의하여 좌우된다는 점, 동기유발에 가장 중요한 작용을 하는 것은 비경제적인 유인, 즉 사회적 유인이라는 점, 노동자들은 개인으로서가 아니라 집단의 구성원으로서 행동한다는 점

■ 인간관리 전략

교환적 - 개인의 사회적 욕구를 충족시켜 주는 한도 내에서 개인은 조직의 직무수행 요구에 응한다는 전제하에 사회적 유인과 직무수행을 처방한다. 이러한 교환관계를 뒷받침하는 전략은 집단구성원 간의 교호작용, 개인의 감정과 정서적인 요청, 참여, 동료의 사회적 통제 등에 역점을 두어 사람을 어루만지고 달래는 방향으로 전개 - soft approach
이 방식은 조직의 분권화경향을 조성하고 비공식집단과 일선의 리더십을 중요한 국면으로 부각시킨다. 그러나 계서제의 골격을 공격하지는 않는다.

■ 자기실현적 인간: 성장이론

현대조직학의 처방적 이론에 가장 강력한 영향을 미치고 있기 때문에 현대적 인간 모형이라 한다. 자기실현적 인간 모형의 가정에 동조하는 이론들을 성장이론이라고도 부른다. 인간의 복수 욕구를 확인하지만 인간의 자기실현적·성장적 측면을 가장 강조하기 때문에 성장이론이라고 하는 것이다.
성장이론은 하급의 동물적 욕구보다는 고급의 인간적 욕구에 주의를 환기시키면서 고급욕구의 충족을 지향하는 관리체제가 바람직한 것이라는 점을 묵시적으로 또는 명시적으로 시사한다.

■ 인간에 대한 가정

인간은 복수의 욕구를 가지고 있지만 그 가운데서 가장 중요한 최고급의 욕구는 자기실현적 욕구이다. 인간의 동기유발은 내재적으로 이루어진다. 즉 보람 있고 책임 있는 일과 상장기회가 주어지면 스스로 직무수행동기를 유발할 수 있다. 인간은 직무수행에 대해 능동적이다. 따라서 개인의 목표와 조직의 목표가 본래적으로 상충되는 것은 아니다. 양자의 통합가능성이 높다.

■ 인간관리 전략

인간을 직접적인 다스림과 조종에서 벗어나게 하여 자율적·창의적 업무성취와 보람 있는 직업생활을 보장하려고 한다.

조직의 목표와 개인의 목표가 융화, 통합될 수 있도록 통합형의 인간관리를 처방한다.

통합형 관리는 참여관리, 협동관리, 신뢰관리이며 사람들이 일을 통해 성취하고 성숙할 수 있는 여건을 조성하는 관리이다.

이러한 관리전략은 권한보다는 임무 중심의 조직설계, 저층구조화 및 관리단위의 하향조정, 그리고 구조의 잠정화를 촉진한다.

■ 성장이론의 예시

Maslow의 욕구 5단계론

- 인간의 동기는 욕구의 계층에 따라 순차적으로 유발된다. 생리적 욕구 → 안전에 대한 욕구 → 애정적 욕구 → 긍지와 존경에 대한 욕구 → 자기실현에 대한 욕구
- 욕구의 발로가 순차적이라고 하지만 어느 한 단계의 욕구가 완전히 달성되어야 다음 단계의 욕구가 노출되는 것은 아니다. 실제로 한 욕구가 어느 정도(부분적으로) 충족되면 다음 단계의 욕구가 점차적으로 부각

되어 가는 것이 보통이다.

- 어떤 욕구가 충족되면 그 욕구의 강도는 약해진다. 충족된 욕구는 동기
유발요인으로서의 의미를 상실한다.

→ 비판: 욕구체계의 개인차 무시, 인간의 욕구가 과연 계층적인 것인가,
욕구는 정태적으로 멈추어 존재하지 않는다. 여러 가지 욕구의 혼합으로 한
가지 행동을 유발하기도 한다. 욕구란 지속적으로 충족되어야지 한 번 충족
되면 없어지거나 동기유발과 무관해지는 것은 아니다. 욕구발로의 과정이
단계적 전진성만 강조하고 후진적 진행은 인정하지 않는다는 것이다

■ Herzberg의 욕구충족요인 이원론 : 동기·위생이론 – 불만요인과 만족요인

- 인간의 기본적인 욕구는 서로 반대방향을 가리키는 두 개의 평행선과
같이 이원화되어 있다. 즉 인간은 이원적인 욕구구조를 가지고 있다.
한 가지 욕구체계는 불유쾌한 것 또는 고통을 피하려는 것이고 다른
한 가지 욕구체계는 개인적 성장을 갈구하는 것이다.
- 조직생활에 있어서의 만족과 불만은 서로 별개의 차원에 있으며 불만
의 반대가 만족이 아닌 것이다.
- 조직생활에서 만족을 주는 요인과 불만을 주는 요인은 서로 다르다. 직
무만족의 결정인자는 직무상의 성취와 그에 대한 인정, 보람 있는 직
무, 직무상의 책임과 상장 등 직무 자체에 관련되어 있고 개인에게 성
장감을 줄 수 있는 요인들이다. 불만야기에 관련된 요인들은 조직의 정
책과 행정, 감독, 보수, 대인관계, 작업조건 등 직무 외적 또는 환경적
요인들이다.
- 불만요인의 제거는 불만을 줄여 주는 소극적 효과를 가질 뿐이며 그러
한 효과가 직무행태에 미치는 영향은 단기적임에 불과하다. 반면 만족
요인의 확대는 인간의 자기실현 욕구에 자극을 주고 적극적인 만족을
가져다준다. 불만요인의 제거는 불만을 방지하는 데 기여할 뿐이지만
만족요인(동기요인)의 개선은 직무수행의 동기를 유발한다.

■ McGregor의 X이론과 Y이론

모든 관리전략의 이면에는 인간에 대한 가정이 있음을 전제로 하고 인간관을 두 가지 범주로 구분하였다. 전통적 관리체제(관리전략)를 정당화하는 인간관을 Theory X라 부르고 인간의 성장적 측면에 착안한 새로운 관리체제를 뒷받침해 주는 인간관을 Theory Y로 이름 지었다.

X이론에서는 대부분의 사람들이 일을 싫어한다는 것, 책임을 맡으려 하지 않는다는 것, 행동할 바를 다른 사람이 지시해 주기 바란다는 것, 생리적 욕구 또는 안전의 욕구에 자극을 주는 금전적 보상이나 처벌의 위협에서 일할 동기를 얻는다는 것 등을 가정한다.

→ 이러한 X이론에 입각한 관리전략은 인간의 하급욕구에 자극을 주거나 그것을 만족시켜 주는 데 주력하게 되며 외재적 통제를 강화하는 방향으로 나가게 된다. - 고급욕구를 가진 현대인에게는 부적합한 논리라고 비판

Y이론에서는 대개의 사람들이 본성적으로 일을 싫어하거나 게으르다거나 또는 신뢰할 수 없는 존재가 아니라는 것, 근본적으로 자기규제를 할 수 있으며 조건만 갖추어지면 창의적으로 일에 임할 수 있다는 것, 자아만족, 자기실현 등 고급욕구의 충족에 의하여 일할 동기를 얻는다는 것 등을 가정한다. → Y이론에서 유도되는 관리전략은 인간의 잠재력이 능동적으로 발휘될 수 있는 여건을 조성하는 것이다. 이러한 전략에서 관리의 주된 임무는 조직구성원이 스스로의 노력을 조직의 성공에 지향시킴으로써 그들 자신의 목적을 가장 잘 달성할 수 있는 조건을 형성하는 것이다.

인간에 대한 이해를 위해 좀 더 알기 쉽게 인간관계와 조직을 살펴보면 아래와 같다.

인간은 태어나서부터 죽을 때까지 인간관계로 시작하여 관계 속에서 삶을 영위하는 존재이다. 따라서 인간관계를 원만히 만족스럽게 유지한다면 인생을 더욱 알차고 보람 있게 살 수 있을 것이다. 인간관계 심리학 강좌를 통해 본인을 비롯한 인간 자신의 이해와, 관계 맺음에서의 양상과 그 특징들과, 긍정적이고 성장지향적인 인간관계의 방식을 학습할 수 있었다.

◈ 대인기술

1) 대인기술의 의미와 특징

① 인간관계를 성공적으로 이끌어 갈 수 있는 능력으로서 자신의 권리,
   요구, 만족 또는 의무를 효율적으로 수행하면서 동시에 타인의 유사한
   권리, 요구, 만족, 의무를 훼손시킴이 없이 타인과 자유롭고 개방적인
   교환관계 속에서 자신과 타인의 권리 등을 생산적으로 공유하는 방식
   으로 타인과 의사소통할 수 있는 능력을 말한다.
② 대인관계 기술의 특징(Michelson, 1983)
 - 기본적으로 학습을 통하여 습득된다.
 - 언어적 행동과 비언어적 행동으로 구성된다.
 - 대인기술의 적절성과 효과는 행위자, 상대방 그리고 상황의 특성에 의
   하여 결정된다.
 - 타인으로부터의 사회적 보상을 극대화한다.

2) 대인기술의 유형

(1) 언어적 대인기술: 원만한 인간관계 형성에 매우 중요한 역할을 담당한다.

① 경청하기
 - 표현되는 감정과 정서는 일부분이 생략되거나 왜곡되기도 한다.
 - 상대방의 마음을 정확히 헤아리려면 경청을 해야 하는데, 경청은 언어
   적 표현뿐만 아니라 비언어적인 부분에도 주의를 기울여야 한다.
 - 표현된 말보다는 담겨 있는 메시지를 정확히 확인하는 적극적 경청이
   요구된다.
 ex) 설문조사 결과에서 '나의 이야기를 잘 들어 주는 사람' - > 호감

내 말을 안 듣고 딴 짓을 할 때 - > 불쾌감

② 질문하기
- 상대방에게 추가적인 정보를 요청하고 상대방의 태도, 감정, 의견을 확
  인하는 행동
- 상대방과 그의 화제에 대한 관심과 호기심을 표현하는 것이기도 하며
  때로는 의사소통과정을 통제하는 수단이기도 하다.
- 낯선 사람과 처음 만나는 상황에서는 상대방을 이해하기 위해 많은 질
  문을 하게 된다. 이때 질문은 상대방에 대한 관심과 호기심의 표현이지
  만 적절한 내용의 질문을 하는 것이 중요하다.

③ 반영하기와 공감하기
- 반영하기는 상대방의 표현내용에 대한 사실적 또는 정서적 이해를 보
  여 주는 대인 기술을 말한다. 상대방의 표현내용에 대한 자신의 이해
  정도를 전달하며 자신의 이해내용이 정확한지를 확인하는 기능을 한다.
- 특히 상대방의 표현내용에 대한 사실적인 이해를 넘어서 상대방의 주
  관적인 기분과 입장에 대한 정서적 이해는 반영하기의 중요한 요소인
  데, 이러한 정서적 이해를 특히 공감이라 한다. 공감하기는 상대방이
  자신의 상황과 감정을 잘 이해하며 수용하고 있다는 느낌을 주게 된다.
ex) 별 호응이 없거나 무뚝뚝한 반응을 보일 때 - > 불쾌감
이야기가 잘 통할 때 - > 호감

④ 자기 공개하기
- 자기 공개하기는 대인관계에서 주변 사람들에게 일반적으로 알려져 있
  지 않는 자신의 개인적인 정보를 상대방에게 의도적으로 노출시키는
  행위이다. 자기 공개하기는 상대방으로 하여금 경계심과 두려움을 완화
  하고 신뢰감을 증진하며 자기 공개를 촉진하는 효과를 지닌다.
ex) 자신의 관심사만 이야기할 때(편향된 자기 공개) - > 불쾌감

⑤ 자기주장하기

- 자신의 개인적인 권리를 옹호하고 향상시키기 위해서 타인의 권리를 존중하면서 동시에 자신의 사고, 감정, 신념을 직접적이고 솔직하게 표현하는 행동을 의미한다.

ex) 나에게 관심을 보일 때 - > 호감

솔직할 때 - > 호감

잘난 척할 때, 오버할 때(부적절한 자기주장) - > 불쾌감

⑥ 유머, 농담하기

- 유머는 인간관계 속에 내재하기 쉬운 긴장을 해소하여 편안함을 제공한다. 적절하게 재미있는 이야기를 통해 만남을 편안하고 유쾌하게 만드는 것은 중요한 대인기술이다.
- 그러나 성적인 내용이나 공격적인 유머는 역효과를 가져올 수 있으며 농담을 지나치게 자주 사용하는 것은 부정적인 영향을 미칠 수 있으므로 적절하게 하는 것이 중요하다.

ex) 재미있게 대화를 이끌어 나갈 때 - > 호감

어색하지 않게 편하게 대화할 때 - > 호감

공격적인 유머를 하는 등 말을 험하게 할 때 - > 불쾌감

말이 없고 썰렁하거나 어색할 때 - > 불쾌감

(2) 비언어적 대인기술: 비언어적 행동을 통해 자신의 의사와 감정을 표현

① 얼굴표정(눈썹과 입이 중요)
- 인간이 감정을 표현하는 주된 비언어적 수단
- 우리는 얼굴에 웃음을 지어 상대방에 대한 호의나 만족감을 표현하는 반면, 상대방에 대해서 분노나 불쾌감을 표현할 때는 얼굴을 찡그리거나 험한 인상을 짓는다.
- 얼굴표정을 잘 조절하는 것뿐 아니라 상대방의 얼굴표정을 잘 지각하는 것 역시 중요한 대인기술이다. 얼굴표정을 정확하게 잘 지각하는 것

은 상대방의 감정과 의사를 정확하게 포착하는 것을 의미하기 때문이다.

ex) 잘 웃어 줄 때 -> 호감

② 눈 마주침

- 눈은 우리의 감정을 표현하는 주요한 통로이다. 우리는 눈을 통해 자신의 마음을 전달하고 또 상대방의 마음을 읽는다.
- 눈 마주침은 상대에 대한 관심을 표현하고 여러 가지 감정을 표현하는 수단이다.
- 대인관계 상황에서 상대방과 적절한 눈빛을 주고받는 일은 매우 중요하다.
- 눈을 통해 자신의 감정을 전달하고 또 상대방의 마음을 읽는 것은 매우 중요한 대인기술이다.

ex) 대화할 때 눈을 맞춰 줄 때 ->호감

③ 몸 움직임

- 몸동작을 통해 의사를 표현하는 제스처는 신체언어의 주요한 범주이다.
- 몸동작은 언어적 의미전달을 돕는 주요한 보완적 수단이다.
- 인간관계에서 특히 중요한 몸동작은 인사행동이다.
- 몸의 자세 역시 상대방에 대한 태도를 표현하는 중요한 수단이다.

ex) 다른 행동을 할 때 -> 불쾌감

④ 신체적 접촉

- 우리는 때로 신체적 접촉을 통해 상대방에 대한 감정과 태도를 표현한다.
- 원시적이자 직접적인 방법, 인생의 초기에 우리는 부모와 신체적 접촉을 통해 의사소통을 한다.

⑤ 공간 활용

- 우리는 심리적으로 가까운 사람과는 물리적으로 가깝다.
- 친밀한 사람과는 대화를 나눌 때는 서로 가깝게 앉는다. 그러나 낯선 사람과는 어느 정도의 거리를 유지한다. 이렇듯 사람은 공간행동을 통

해서 의사소통을 한다.

- 상대방에 대한 물리적 거리, 대하는 방향, 그리고 만남장소 등과 같은 공간적 요인을 잘 활용하여 효과적인 의사소통을 하는 것도 중요한 대인기술의 하나이다.

◈ 대인기술의 개선방법

인간관계는 상호작용이다. 상호작용은 구체적인 행동의 교환으로 이루어진다. 상대방에게 자신의 마음을 효과적으로 잘 드러내 전하는 대인기술이 중요하다. 흔히 상대방에게 호감과 애정을 지니고 있으면서도 표현방법이 미숙하여 그러한 마음을 전하지 못하는 사람이 많다. 대인기술의 증진을 위해 인간관계에서 중요한 몇 가지 대인기술을 중심으로 그 개선방법을 살펴보기로 한다.

1) 자기소개

인간관계는 낯선 사람과의 첫 만남에서부터 출발한다. 첫 만남은 서로를 알리고 소개하는 자기소개에서부터 시작된다. 첫 만남에서의 자기소개는 첫인상을 형성하는 데 중요한 역할을 한다. 이러한 첫인상은 앞으로의 관계에 지대한 영향을 미치기 때문이다. 자기소개의 주요 목적은 자신을 잘 알리고 상대방의 호감을 갖도록 하는 것이다. 그래서 지속적이고 친밀한 인간관계가 이루어질 수 있는 발판을 마련하는 것이다.

첫 만남에서 자기를 소개할 때 유의해야 할 점을 살펴보기로 하자.

첫째, 자기소개는 만남의 목적과 대상을 생각해 보고 그에 알맞게 행해져야 한다. 만나는 대상과 목적에 따라 자기를 소개할 내용, 길이, 깊이, 방법 등을 조절해야 한다. 뿐만 아니라 만나는 대상의 성격과 취향에 따라서 자기소개를 조절할 필요가 있다. 따라서 만남이 예상되는 상황이라면 만날 대상에 대해 가능한 한 많은 사전지식을 갖는 것이 유익하다.

둘째, 자신의 특성을 잘 알릴 수 있는 자기소개를 한다. 자신의 이름, 외모, 신분, 성격, 관심사, 취미, 특기 등에 있어서 독특한 점을 잘 부각시킨다. 이러한 자기소개는 상대방의 기억에 오래 남아 추후의 인간관계를 촉진하는 요인이 될 수 있다. 뿐만 아니라 공통의 관심사나 취미는 지속적인 인간관계로 발전하는 실마리가 되기도 한다.

셋째, 첫 만남에서의 자기소개 역시 상호작용적이어야 한다. 특히 개인적 만남에서는 일방적이고 장황한 소개보다 상대방에게 자신을 소개할 기회를 주면서 좀 더 깊이 있고 상세한 자기소개를 교환하는 것이 바람직하다. 좀 더 깊은 수준의 자기 공개를 할 때는 나도 자기 공개의 수준을 심화시킬 필요가 있다. 그러나 첫 만남에서 지나치게 사적이고 깊이 있는 내용을 일방적으로 공개하는 것은 상대방에게 부담을 줄 수 있다. 깊은 수준의 자기 공개는 상대방에게 암묵적으로 같은 수준의 자기 공개를 요구하는 것으로 느껴져 부담스럽게 느껴질 수 있기 때문이다.

넷째, 자기소개는 언어적인 표현을 통해서 이루어질 뿐만 아니라 외모, 옷차림새, 자세, 몸짓 등의 비언어적 수단을 통해서 이루어진다는 점에 유의해야 한다. 만남의 목적과 대상에 따라 적절한 옷차림새를 하고 예의를 지키는 행동거지는 자기소개의 중요한 부분이다.

마지막으로, 자신의 특성을 잘 알릴 수 있는 자기소개 방법을 깊이 생각하고 준비하는 것이 필요하다. 자신의 독특한 점을 잘 부각시킬 수 있는 재치 있는 자기소개 방법을 개발할 필요가 있다. 자기소개를 반드시 재미있고 인상 깊게 해야 한다는 부담을 가질 필요는 없다. 그러나 다른 사람에게 자신을 잘 알리고 호감을 느낄 수 있도록 자신을 소개하는 방법에 대해서 지속적인 관심을 가지고 노력하는 자세가 필요하다.

2) 대화의 기회포착

인간관계의 주요한 요소는 대화이다. 첫 만남 이후 서로에 대한 간략한 자기소개가 이루어지고 나면 '아는 사이'가 된다. 그러나 아는 사이에서는 아직 서로에 대한 깊은 이해나 친밀감이 발전하지 않는다. 첫 만남에서 적어도 상대방에 대한 거부감을 갖지 않는다면, 지속적인 만남이 이루어지게 된다. 인간관계를 발전시키기 위해서는 서로의 만남과 대화가 필요하다. 부적응적 인간관계를 나타내는 사람은 많은 사람을 소개받아도 깊은 관계로 발전시키지 못한다. 아는 사람과 만나 그저 스쳐 지나가는 일만으로는 인간관계가 발전하지 않는다. 아는 사이에서 친밀한 사이로 발전되기 위해서는 서로 대화를 나눌 기회를 포착하고 또 그런 기회를 포착하는 것이 필요하다.

이를 위해서는 첫째, 우연한 만남이라도 상대방에 대한 관심을 표현하는 것이 중요하다. 서로 바빠서 많은 이야기를 할 수 없을 때는, 훗날 좀 더 많은 이야기를 나눌 기회를 마련해 보자는 제안을 하고 헤어지는 것도 좋은 방법일 수 있다.

둘째, 상대방과의 우연한 만남에서 대화를 나눌 적절한 시기를 포착하는 것이 중요하다. 이를 위해서는 상대방의 현재 상황을 미리 알아보는 것이 필요하다. 지금 급히 어디를 가는 사람과 마주쳐 그를 붙잡고 장황하게 긴 이야기를 나누는 것은 상대방을 불편하게 하는 일이다. 따라서 상대방이 어디를 가고 있는 중이며 현재 무엇을 하고 있는 중이었는지를 알아보고 나서 상황에 따라 대화의 기회를 포착해야 한다.

셋째, 대화를 나눌 적절한 장소를 알아 두는 것도 중요하다. 인간관계가 미숙한 사람은 만남의 장소에 대해서 무지하거나 무신경한 경우가 많다. 만나는 대상에 따라 적절한 분위기를 지닌 장소를 선택하는 것도 중요하다.

넷째, 편안한 대화를 위해서 자연스럽고 부담 없는 화제를 준비하는 것이 필요하다. 서로 부담 없이 공개할 수 있는 최근의 생활, 공통의 관심사, 학업이나 직업생활, 누구나 관심을 지니고 있는 사회적 이슈 등으로 화제를 자연스럽게 유도하는 것이 필요하다.

　마지막으로, 친밀한 관계로 발전할 수 있는 대화의 기회를 차단하는 여러 가지 요인에 대한 자각이 필요하다.

　인간관계에 대한 무관심, 여유 없이 바쁘게 사는 생활, 인간관계에서 지나치게 소극적이고 수동적인 태도, 타인에 대한 일반적 불신감과 비판적 태도 등은 새로운 사람과의 인간관계를 발전시키는 데에 장애요인이 될 수 있다. 인간관계의 폭을 넓히려는 사람은 새로 알게 된 사람과 좀 더 깊고 친밀한 대화를 나눌 수 있는 기회를 만드는 것이 중요하다.

3) 경청하기

　인간관계는 서로의 생각과 감정을 교환하는 의사소통과정으로 이루어진다. 상대방의 말을 잘 경청하여 그의 생각과 감정을 잘 이해하는 것은 인간관계에서 매우 중요하다. 사람들의 대화를 잘 관찰해 보면, 상대방의 이야기를 잘 경청하기보다 자신의 이야기를 하는 데 더 열을 올린다. 깊은 수준의 대화는 상대방의 이야기를 진지하게 잘 경청하여 충분히 이해하고 그러한 이해의 바탕 위에서 나의 의견을 이야기하고 이때 상대방 역시 진지하게 잘 경청해 주는 의사소통이다.

　상대방의 말을 잘 경청하기 위해서는 첫째, 상대방에 대한 존중적 관심이 있어야 한다. 상대방에 대한 진정한 관심과 호기심, 그리고 인격적 존중이 있다면 자연히 그의 말에 귀를 기울이게 된다.

　둘째, 잘 경청하는 사람은 여러 가지 행동적 특징을 나타낸다. 말하는 상대의 눈을 쳐다보며 중요한 부분에서는 눈동자가 커지고 고개를 끄덕이거나 상체를 말하는 상대방 쪽으로 기울이는 행동이 나타난다. 이러한 경청행동을 통해 상대방에게 자신이 진지하게 경청하고 있다는 점을 전달함으로써 상대방의 이야기를 촉진시킨다.

　셋째, 보다 적극적인 경청에서는 경청자의 능동적 참여가 이루어진다. 적극적 경청은 모호한 부분에 대해서는 묻고 자신이 이해한 바를 확인하며 상대방의 말에 공감을 표현하는 등의 능동적인 교류 속에서 이루어지는 경청을 말한다.

넷째, 경청하는 일은 상대방에게 화제의 주도권을 맡기는 일이다. 상대방의 이야기가 지나치게 길거나 부적절하지 않는 한, 그가 이야기를 마무리할 때까지 잘 듣는 것이 필요하다.

마지막으로, 잘 경청하는 일은 상대방의 이야기를 수용적인 태도로 이해하는 것이기도 하다. 상대방의 입장과 상황을 고려하면서 듣는다면 이는 매우 성숙한 경청이라고 할 수 있다. 상대방의 이야기를 충분히 듣지도 않고 섣불리 이의를 제기하고 비판 하는 행동은 미숙함의 표현일 수 있다.

4) 공감하기

잘 경청하는 일을 넘어서서 보다 깊은 수준의 대화에서는 공감이 이루어진다. 공감은 인간관계를 심화시키는 가장 중요한 요소이기도 하다.

공감하기를 자세히 설명하면 첫째, 공감하기는 상대방의 말속에 깔려 있는 감정, 사고, 신념을 포착하는 일이다. 이를 위해서 상대방의 말을 외현적 의미로 이해하기보다는 말속에 담겨 있는 심층적 의미를 이해하도록 노력해야 한다.

둘째, 공감하기는 상대방의 말을 상대방의 관점과 입장에서 이해하려는 태도이다. 상대방의 관점과 입장에 서 보기 위해서는 그에 대한 많은 정보를 알고 이해하는 일이 선행되어야 함은 말할 것도 없다.

셋째, 공감하기는 이렇게 느껴진 바를 상대방에게 전달해 주는 일이다. 상대방에게 그기 표현한 외현석 의미를 넘어서 내면적 의미까지 알고 이해하고 있다는 것을 전달해 주는 것이다.

인간은 이해받고 싶어 하는 존재이다. 자신의 의견과 감정을 상대방이 깊이 헤아려 이해해 줄 때 우리는 충분히 이해받았다는 진한 감동을 느끼게 된다. 그렇게 공감적으로 나를 이해해 주는 사람은 나에게 매우 의미 있는 존재가 되는 것이다. 인간은 아무리 고통스러워도 자신의 고통을 자신과 같이 느껴 주고 알아주는 사람이 있다는 인식을 갖게 되면 고통을 극복하는 힘을 얻게 된다.

5) 자기표현하기

자기표현하기는 자신의 내면적 상태를 다른 사람에게 잘 전달하는 일이다. 인간관계에서 어려움을 겪는 사람 중에는 자기표현이 미숙한 사람이 많다. 이러한 사람들은 막상 상대방 앞에서는 무관심한 듯한 행동을 하거나 오히려 속마음과 상반된 행동을 하여 인간관계를 발전시키지 못한다.

인간관계는 서로에 대한 긍정적인 감정을 주고받으면서 발전하고 심화된다. 그런데 상대방에 대한 긍정적 감정을 표현하는 일이 의외로 쉽지 않다. 그 이유는 여러 가지가 있다. 첫째, 상대방의 긍정적인 면이 보이지 않기 때문이다. 둘째, 설혹 상대방에 대한 긍정적인 점이 보완된다 해도, 상대방을 겉치레로 칭찬하는 것 같아 쑥스럽고 아첨하는 것같이 느껴지기 때문이다. 셋째, 상대방에게 긍정적인 표현을 하는 것이 자신을 상대적으로 열등하고 비굴하게 보이게 한다는 생각 때문이다. 넷째, 상대방에 대한 호감과 애정의 표현을 상대방이 받아 주지 않을 경우에 느끼게 될 무안함 때문이다. 이런 여러 가지 이유로 상대방에 대한 긍정적 감정을 표현하지 않게 되면 인간관계의 발전은 기대하기 어렵다.

인간관계의 발전과 심화를 위해서는 상대방에 대한 긍정적 감정을 잘 표현하는 일이 중요하다. 이를 위해서는 몇 가지 노력이 필요하다.

첫째, 상대방의 긍정적인 면을 보도록 노력하는 일이 중요하다. 둘째, 긍정적 감정을 상대방에게 표현하는 것은 자연스럽고 성숙한 행동이라는 생각을 갖는 것이 중요하다. 셋째, 상대방에 대한 긍정적인 감정을 자각하는 것이 필요하다. 마지막으로, 긍정적인 감정을 자연스럽게 잘 표현하여 상대방에게 전달하는 것이 매우 중요하다.

긍정감정을 표현하는 기술은, 모든 대인기술이 그러하듯이 연습하고 노력하면 향상될 수 있다.

긍정감정의 효율적 표현은 상대방이 수긍할 수 있는 호소력 있는 표현이다. 이를 위해서 첫째, 진실성이 느껴지도록 솔직하고 진지하게 표현하여야 한다. 둘째, 모호한 어휘보다는 명료하고 구체적인 어휘를 사용하는 것이 바람직하다. 셋째, 상대방에 대한 판단적 표현보다는 나의 느낌을 중심으로 표현하는 것이 효과적이다. 즉 상대방으로 인해 나에게 와 닿은 긍정적 감정을 표현해 주는 것이다. 넷째, 긍정감정을 느낀 이유나 근거를 이야기해 주는 것도 표현의 신뢰도를 높인다.

긍정감정은 흔히 언어적 표현을 통해 전달되지만 비언어적 표현에 의해서 보다 강력하게 전달될 수도 있다. 관심과 애정이 어린 눈빛, 얼굴표정, 미소, 자세, 행동, 공간적 거리 등 다양한 비언어적 표현방법을 잘 활용하는 것이 중요하다.

사람들이 소개팅을 할 때에 상대방의 어떤 부분에서 호감 또는 불쾌감을 가지게 되는가? 또 그런 부분과 대인기술과의 관계는 어떠한가? 이런 물음에 답하기 위해서 설문조사를 실시하였다. msn메신저를 이용하여 20대 초반 남녀 500명에게 질문하였으며, 질문내용은 간단하게 '소개팅 시 호감 또는 불쾌감이 느껴지는 상대방의 태도는 무엇입니까?'로 하였다. 주관식 질문이라서 통계내기가 어려울 듯하였으나, 의외로 많은 사람들이 비슷한 답변을 하였다.

통계를 낸 결과, 다음과 같은 항목들이 순위권을 차지하였다.

(1) 상대방에게서 호감을 느낄 때 – 남자

① 내 이야기를 잘 들어 줄 때　　　　　　　　　126명(25.2%)

② 잘 웃을 때　　　　　　　　　　　　　　　　85명(17%)

③ 나와 공통의 관심사를 가질 때　　　　　　　　68명(13.6%)

④ 자연스러운 분위기를 이끌어 줄 때   66명(13.2%)

⑤ 스타일이 좋거나 예쁜 여자일 때   59명(11.8%)

(2) 상대방에게서 호감을 느낄 때 - 여자

① 배려 있거나 매너 있는 행동을 할 때   125명(25%)

② 재미있게 대화를 이끌어 나갈 때   102명(20.4%)

③ 내 말에 귀 기울여 줄 때   74명(14.8%)

④ 이야기가 잘 통할 때(공통된 관심사를 가질 때)   65명(13%)

⑤ 어색하지 않고 편하게 해줄 때   48명(9.6%)

(3) 상대방에게서 불쾌감을 느낄 때 - 남자

① 다른 것에 관심을 보이거나 노골적으로 싫은 티를 낼 때   127명(25.4%)

② 별 호응이 없거나 무뚝뚝한 태도를 보일 때   104명(20.8%)

③ 돈은 자연스럽게 남자 쪽이 내기를 바랄 때   55명(11%)

④ 내숭을 떨 때   47명(9.4%)

⑤ 잘난 척을 하거나 예쁜 척을 할 때   45명(9%)

(4) 상대방에게서 불쾌감을 느낄 때 - 여자

① 자기 잘난 척을 하거나 무시하는 등 거만한 행동을 할 때   113명(22.6%)

② 매너 없는 행동을 할 때   106명(21.2%)

③ 내 말을 안 듣고 딴 짓을 하는 등 내게 관심 없는 행동을 할 때

                                                     92명(18.4%)

④ 말이 없고 썰렁한 듯 어색해할 때   68명(13.6%)

⑤ 오버할 때   19명(3.8%)

설문조사 결과를 보면, 남자와 여자의 답변 내용이 미묘하게 차이가 나는

것을 알 수 있다.

이는 일반적으로 소개팅을 할 때 남자는 리드하는 역할을 하고, 여자는 수동적인 입장이라서 서로 기대하는 것이 달라서 그런 것이라고 분석하였다. 남녀의 차이는 우리의 연구주제가 아니기 때문에 이 정도에서 그치기로 하고, 조사 결과에 대해서 분석을 해 보기로 한다.

1위부터 5위까지를 차지한 각 항목들을 면밀히 살펴보면, 놀랍게도 모두 대인기술과 관련이 있다는 것을 쉽게 알 수 있다.

먼저 소개팅 시 호감을 느끼는 경우와 대인기술과의 관계를 알아보자. 남녀 공통으로 높은 비율을 차지한 '내 이야기를 잘 들어 줄 때' 항목은 언어적 대인기술의 '경청하기'에 속한다. '잘 웃을 때'는 비언어적 대인기술의 '얼굴표정', '재미있게 이야기를 이끌어 나갈 때'는 언어적 대인기술의 '유머'와 관련이 있는 항목들이다. '이야기가 잘 통할 때'는 언어적 대인기술의 하나인 '공감대 형성'이 적절하게 이루어지는 경우이고, '어색하지 않고 편하게 해줄 때'는 상대방이 보상성을 잘 이용하고 있는 경우이다. 거의 모든 항목이 대인기술과 관련이 있는 것을 쉽게 알 수 있다.

그렇다면 소개팅 시 불쾌감을 느끼는 경우는 어떠한가? 항목들을 살펴보면 소개팅을 할 때에도 대인기술이 부족한 경우에 불쾌감을 느낀다는 것을 알 수 있다. '싫은 티를 내거나 자신에게 관심 없는 태도를 보일 때'는 '경청하기'의 부족과 부정적 감정 표현의 대표적 예이고, '호응이 없을 때'는 '공감하기'의 부족, '말이 없고 썰렁할 때'는 '유머'의 부족과 관련이 있다. 남자 쪽의 답변 중에 흥미로운 것이 바로 '돈은 자연스럽게 남자가 내길 바랄 때'인데, 이는 남자가 생각하기에 여자가 너무 '지나친 보상성'을 요구해서 불쾌감이 느껴지는 것으로 해석할 수 있다. 또한 '내숭을 떨거나 예쁜 척을 할 때'는 '자기 공개'의 부족과 관련이 있다고 할 수 있디.

결론적으로 설문조사 결과와 대인기술 사이에는 다음과 같은 관계가 있다.
- 대인기술이 효과적으로 사용되면 상대방에게 호감을 줄 수 있다
- 대인기술이 부족하거나 지나치면 상대방에게 불쾌감을 준다.
- 언어적 측면뿐만 아니라 비언어적 측면의 대인기술도 중요하다

- 매너 있거나 배려 있는 행동을 한다.
- 적극적으로 대화에 참여하고 상대방의 이야기를 잘 들어 준다.
- 자기 위주의 이야기가 아닌 공통의 관심사에 대해 이야기하려고 애쓴다.
- 상대가 별로라도 싫은 티를 노골적으로 내지 않고 호감을 느낄 때는 적절히 표현해 준다.
- 자주 미소를 보여 준다.
- 대화할 때에는 부담스럽지 않을 정도로 눈을 마주쳐 준다.
- 적절한 유머로 편안한 분위기를 이끌어 나간다.
- 상대방을 무시하는 발언을 하거나 잘난 척을 하지 않는다.

2. 행정기관의 조직과 정원에 관한 법률

행정기관의 조직과 정원에 관한 통칙

[시행 2009. 4. 6] [대통령령 제21406호, 2009. 4. 6, 일부개정]

제1장 총칙

제1조 (목적) 이 영은 「정부조직법」과 다른 법령에 의하여 설치되는 국가행정기관의 조직 및 정원의 합리적인 책정과 관리를 위한 기준을 정함으로써 능률적인 행정조직의 운영을 기함을 목적으로 한다. <개정 1994.1.17, 2005.3.24, 2009.4.6>

제2조 (정의) 이 영에서 사용되는 용어의 정의는 다음과 같다.

1. '중앙행정기관'이라 함은 국가의 행정사무를 담당하기 위하여 설치된 행정기관으로서 그 관할권의 범위가 전국에 미치는 행정기관을 말한다. 다만, 그 관할권의 범위가 전국에 미치더라도 다른 행정기관에 부

속하여 이를 지원하는 행정기관은 제외한다.

2. '특별지방행정기관'이라 함은 특정한 중앙행정기관에 소속되어, 당해 관할구역 내에서 시행되는 소속 중앙행정기관의 권한에 속하는 행정사무를 관장하는 국가의 지방행정기관을 말한다.

3. '부속기관'이라 함은 행정권의 직접적인 행사를 임무로 하는 기관에 부속하여 그 기관을 지원하는 행정기관을 말한다.

4. '자문기관'이라 함은 부속기관 중 행정기관의 자문에 응하여 행정기관에 전문적인 의견을 제공하거나, 자문을 구하는 사항에 관하여 심의 · 조정 · 협의하는 등 행정기관의 의사결정에 도움을 주는 행정기관을 말한다.

5. '소속기관'이라 함은 중앙행정기관에 소속된 기관으로서, 특별지방행정기관과 부속기관을 말한다.

6. '보조기관'이라 함은 행정기관의 의사 또는 판단의 결정이나 표시를 보조함으로써 행정기관의 목적달성에 공헌하는 기관을 말한다.

7. '보좌기관'이라 함은 행정기관이 그 기능을 원활하게 수행할 수 있도록 그 기관장이나 보조기관을 보좌함으로써 행정기관의 목적달성에 공헌하는 기관을 말한다.

8. '하부조직'이라 함은 행정기관의 보조기관과 보좌기관을 말한다.

제3조 (조직과 정원의 관리목표)

① 행정기관의 조직과 정원은 그 업무의 성질과 양에 따라 업무수행을 위한 적정규모가 유지되도록 하여야 한다.

② 행정기관의 조직은 다른 행정기관의 조직과 기능상의 중복이 없어야 하며, 종합적이고 체계적으로 편성되어야 한다.

③ 행정기관의 기능과 업무량이 변경될 경우에는 그에 따라 행정기관의 조직과 정원도 조정되어야 한다.

제4조 (직제 등)

① 행정기관의 조직과 정원을 규정하는 대통령령은 특별한 사유가 없는 한 「정부조직법」(이하 '법'이라 한다) 제2조제2항의 규정에 의한 중앙

행정기관 단위로 정하고, 그 명칭을 '○○직제'로 한다. <개정 1990.12.31, 2009.4.6>

② 행정기관의 조직과 정원을 규정하는 대통령령(이하 '직제 등'이라 한다)에는 다음 사항이 포함되어야 한다. <개정 1998.2.28. 2005.3.24, 2006.6.15>

1. 행정기관의 설치와 그 소관업무
2. 하부조직과 그 분장업무
3. 삭제 <1990.12.31>
4. 직위에 부여되는 계급(고위공무원단에 속하는 공무원으로 임용되는 직위의 경우에는 공무원의 종류)
5. 공무원의 종류별·계급별 정원(고위공무원단에 속하는 공무원의 경우에는 공무원의 종류별 정원)
5의2. 직제시행규칙을 두지 아니하는 경우에는 제4조의2제2항 각 호의 사항
6. 기타 행정기관의 운영에 관하여 필요한 사항

제4조의2 (직제시행규칙)

① 법 제2조제4항 단서 및 제5항 단서의 규정에 의한 보조기관 또는 이에 상당하는 보좌기관의 설치와 사무분장을 정하는 총리령 또는 부령의 명칭은 특별한 사유가 없는 한 ○○직제시행규칙(이하 '직제시행규칙'이라 한다)으로 한다. <개정 2005.3.24>

② 직제시행규칙에는 다음 사항이 포함되어야 한다. 다만, 직제시행규칙을 두지 아니하는 기관의 경우에는 직무등급(「국가공무원법」 제23조에 따라 행정안전부장관이 배정하는 직무등급을 말한다. 이하 '직무등급'이라 한다)을 훈령·예규 그 밖의 방법으로 표시할 수 있다. <개정 2004.6.11, 2005.3.24, 2006.6.15, 2008.2.29>

1. 법 제2조제4항 단서 및 제5항 단서의 규정에 의한 보조기관 또는 이에 상당하는 보좌기관과 그 분장업무
2. 직위에 부여되는 직급(고위공무원단에 속하는 공무원으로 임용되는 직위의 경우에는 직무등급) 및 공무원의 종류

3. 공무원의 종류별·직급별 정원(고위공무원단에 속하는 공무원의 경우에는 공무원의 종류별 정원)

4. 특별지방행정기관의 관할구역 등에 관한 사항

5. 개방형 직위의 지정

6. 기타 직제 등에서 위임한 하부조직 및 소속기관의 설치와 그 운영에 관하여 필요한 사항

[본조신설 1998.2.28]

제5조 (기능의 배분과 정원의 배정)

① 행정기관의 업무 중 기획·조정 또는 통제기능에 속하는 업무와 전국적으로 통일을 요하는 집행업무는 중앙행정기관에, 기타의 집행업무는 지방행정기관에 배분한다.

② 행정기관에는 그 업무의 성질과 양에 따라 적정한 종류와 규모의 공무원의 정원을 배정하되, 담당업무의 성질상 특별한 경우를 제외하고는 중앙행정기관에는 5급 이상 또는 고위공무원단에 속하는 공무원과 이를 보조하는 최소한의 6·7급 공무원을, 지방행정기관에는 최소한의 5급 이상 또는 고위공무원단에 속하는 공무원과 사무를 직접 담당하는 6급 이하의 공무원을 배정한다. <개정 2006.6.15>

③ 중앙행정기관의 장은 새로운 업무의 발생, 업무량의 증감 등에 효율적으로 대처하기 위하여 일시적으로 각 차관 및 실장·국장이 담당하는 사무의 일부를 조정하여 수행하게 할 수 있다. <신설 2009.4.6>

제6조 (행정기관의 설치) 행정기관을 설치하고자 하는 경우에는 다음 각호의 요건을 갖추어야 한다.

1. 업무의 독자성과 계속성이 있을 것

2. 기존행정기관의 업무와 중복되지 아니할 것

3. 업무의 성질과 양으로 보아 기존행정기관의 기구개편 등으로 그 업무를 수행할 수 없을 만한 타당성이 있을 것

제7조 삭제 <1990.12.31>

제8조 (조직관리지침의 통보와 직제 등의 제정 또는 개정)

① 행정안전부장관은 매년 3월 말일까지 당해 연도의 정부행정조직의 관리·운영방침과 다음 연도의 기구개편안 및 소요정원안의 작성에 필요한 기준을 정한 정부조직관리지침을 수립하여 국무총리의 승인을 얻어 중앙행정기관의 장에게 통보하여야 한다. <개정 1994.1.17, 1998.2.28, 2005.3.24, 2008.2.29>

② 중앙행정기관의 장은 당해 기관과 그 소속기관의 기구와 정원을 조정할 필요가 있다고 인정할 때에는 제1항의 지침에 따라 다음 연도의 기구 개편안과 소요정원안을 작성하여 당해 연도 4월 말일까지 행정안전부장관에게 제출하여야 하며, 행정안전부장관은 이를 검토하여 다음 연도의 기관별 소요기구와 정원을 책정하여야 한다. <개정 1998.2.28, 2008.2.29>

③ 제2항의 규정에 의하여 책정된 소요기구와 정원에 관한 직제 등의 제정 또는 개정에 필요한 조치는 다음 연도 중에 그 소요시기에 따라 행한다. 다만, 다음 연도 1월 중에 시행하여야 할 기구와 정원의 경우에는 당해 연도에 이를 행할 수 있다.

④ 중앙행정기관의 장은 당해 연도 중에 긴급히 기구와 정원을 조정할 필요가 있다고 인정할 때에는 제1항의 정부조직관리지침에서 정한 바에 따라 기구개편안과 소요정원안을 행정안전부장관에게 제출할 수 있다. <개정 1994.1.17, 1995.4.12, 1998.2.28, 2008.2.29>

⑤ 직제 등을 제정하거나 개정되는 직제 등이 다수 중앙행정기관과 관련되는 등 소관 중앙행정기관이 분명하지 아니한 경우에는 행정안전부장관은 제2항 및 제4항의 규정에 의한 중앙행정기관의 장의 기구개편안과 소요정원안의 제출절차 없이 직제 등의 제정 또는 개정에 필요한 조치를 할 수 있다. <개정 1994.1.17, 1998.2.28, 2008.2.29>

⑥ 직제 등은 특별한 사유가 없는 한 연 1회를 초과하여 개정할 수 없다.

제8조의2 (직제시행규칙의 제정 또는 개정)

① 중앙행정기관의 장은 필요한 경우 직제 등에 규정된 당해 기관과 그 소속기관의 기능과 계급별 및 고위공무원단에 속하는 공무원의 정원

의 범위 안에서 제4조의2의 규정에 의하여 직제시행규칙을 제정 또는 개정할 수 있다. 다만, 국무총리 또는 행정각부에 소속하는 중앙행정기관의 장은 국무총리 또는 소속장관에게 직제시행규칙의 제정 또는 개정을 요청할 수 있다. <개정 2006.6.15>

② 중앙행정기관의 장은 제1항의 규정에 의하여 직제시행규칙이 제정 또는 개정된 때에는 이를 지체 없이 행정안전부장관에게 통보하여야 한다. 이 경우 행정안전부장관은 이에 대한 의견을 제시할 수 있다. <개정 2008.2.29>

[본조신설 1998.2.28]

제9조 (직제 등의 개정에 따른 예산조치)

① 행정안전부장관은 제8조제2항의 규정에 의한 다음 연도의 기관별 소요기구와 정원의 책정결과를 당해 연도 6월 말일까지 기획재정부장관에게 통보하여야 하며, 기획재정부장관은 통보된 정원의 범위 안에서 다음 연도의 인건비예산을 편성하여야 한다. <개정 1994.12.23, 1998.2.28, 1999.5.24, 2008.2.29>

② 제1항의 규정에 의하여 소요예산이 예산에 계상된 경우에는 직제 등의 제정 또는 개정에 필요한 조치에 앞서 기획재정부장관과 따로 예산협의를 하지 아니한다. <개정 1994.12.23, 1998.2.28, 1999.5.24, 2008.2.29>

제9조의2 삭제 <1998.2.28>

제10조 (직제 등의 개정요구 등) 중앙행정기관의 장은 당해 기관과 그 소속기관의 기구의 개편과 정원의 조정을 위한 직제 등을 제정 또는 개정하고자 할 때에는 다음 서류를 행정안전부장관에게 제출하여야 한다. <개정 1998.2.28, 2008.2.29>

1. 직제 등의 안
2. 기구의 개편 또는 정원의 조정을 필요로 하는 사유와 그 배경설명서
3. 삭제 <2005.3.24>
4. 소요정원설명서

5. 삭제 <2005.3.24>

6. 삭제 <2005.3.24>

7. 삭제 <2005.3.24>

8. 삭제 <2005.3.24>

9. 삭제 <2005.3.24>

제2장 조직관리

제11조 (차관보)

① 차관보는 장관이 특히 지시하는 사항에 관하여 전문적 지식과 경험을
   활용하여 정책의 입안·기획·조사·연구 등을 통하여 장관과 차관을
   직접 보좌한다.

② 차관보 밑에는 하부조직을 둘 수 없다.

제12조 (보좌기관의 설치 <개정 2005.3.24>)

① 법 제2조제5항의 규정에 의한 보좌기관은 전문적 지식을 활용하여 정
   책의 기획, 계획의 입안, 연구·조사, 심사·평가 및 홍보와 행정개선
   등에 관하여 행정기관의 장이나 그 보조기관을 보좌한다. <개정
   1995.4.12, 2005.3.24>

② 법 제2조제5항의 규정에 의한 보좌기관의 명칭은 담당관·단장·부장
   ·반장 등으로 정할 수 있으며, 업무수행에 필요한 최소한의 하부조직
   을 둘 수 있다. <개정 2005.3.24>

③ 법 제2조제5항 단서의 규정에 의한 보좌기관의 상한 및 설치기준은
   각 중앙행정기관의 계급별 정원, 직무의 특수성 등을 고려하여 행정안
   전부장관이 정한다. <신설 2005.3.24, 2008.2.29>

제13조 삭제 <2004.6.11>

제14조 (보조기관의 설치)

① 중앙행정기관에 실 또는 국을 두는 경우에는 다음의 요건을 갖추어야

한다.

1. 중앙행정기관의 소관업무를 업무의 성질이나 양에 따라 수개로 분담하여 수행할 필요가 있을 것

2. 업무의 한계가 분명하고 업무의 독자성과 계속성이 있을 것

② 법 제2조제3항 본문의 규정에 의하여 실장·국장 밑에 두는 보조기관은 실 또는 국의 소관업무를 업무의 양이나 성질에 따라 수개로 분담하여 수행할 필요가 있는 경우 둘 수 있다.

③ 법 제2조제3항 본문의 규정에 의하여 실장·국장 밑에 두는 보조기관은 과장·반장·팀장 등으로 정할 수 있으며, 3급 내지 5급공무원으로 보한다.

④ 법 제2조제3항 본문의 규정에 의하여 실장·국장 밑에 두는 보조기관의 상한 및 설치기준은 각 중앙행정기관의 계급별 정원, 직무의 특수성 등을 고려하여 행정안전부장관이 정한다. <개정 2008.2.29>

[전문개정 2005.3.24]

제15조 삭제 <2005.3.24>

제16조 삭제 <2005.3.24>

제17조 삭제 <2005.3.24>

제17조의2 삭제 <2005.3.24>

제17조의3 (한시적 보조기관 등의 설치)

① 중앙행정기관의 장은 한시적으로 발생하는 행정수요에 대처하기 위하여 필요하거나 기존의 보조기관과 보좌기관으로는 그 목적을 달성하기 곤란한 중요한 업무가 발생한 때에는 한시적 보조기관 또는 보좌기관(이하 '한시조직'이라 한다)을 설치·운영할 수 있다. <개정 2005.3.24>

② 한시조직 및 이에 소요되는 정원(이하 '한시정원'이라 한다)은 그 존속기간을 3년 이내로 하되, 행정안전부장관과 협의하여 존속기간을 1년 연장할 수 있다. 이 경우 존속기간의 연장은 2회에 한한다. <개정

2008.2.29>

③ 한시조직 및 한시정원은 그 존속기간이 경과한 때에는 자동적으로 폐지된다.

④ 중앙행정기관의 장이 한시조직을 설치하고자 하는 때에는 제10조의 규정에 의한 관련서류를 갖추어 행정안전부장관에게 제출하여야 하며, 행정안전부장관은 한시조직의 타당성 여부를 검토하여 그 결과를 통보하고 직제 등에 반영하는 등 필요한 조치를 취하여야 한다. <개정 2008.2.29>

[본조신설 2004.6.11]

제18조 (특별지방행정기관과 그 하부조직의 설치)

① 특별지방행정기관은 중앙행정기관의 업무를 지역적으로 분담하여 수행할 필요가 있고, 당해 업무의 전문성과 특수성으로 인하여 지방자치단체 또는 그 기관에 위임하여 처리하는 것이 적합하지 아니한 경우에 이를 둘 수 있다.

② 제1항의 규정에 의하여 특별지방행정기관을 두는 경우에는 지역적인 특수성, 행정수요, 다른 기관과의 관계 및 적정한 관할구역 등을 감안하여야 한다.

③ 중앙행정기관의 지시를 받아 일선행정기관을 지휘·감독함을 주된 기능으로 하는 중간 감독기관인 특별지방행정기관은 특별한 경우를 제외하고는 이를 둘 수 없다.

④ 특별지방행정기관의 장의 직급은 그 기관의 규모와 소관 업무의 성질 등에 비추어 적정하게 배정하고, 직무등급은 직무의 곤란성 및 책임도를 고려하여 행정안전부장관이 배정하며, 기관장과의 근무교대제의 운영이 필요한 기관의 경우를 제외하고는 부기관장을 둘 수 없다. <개정 2006.6.15, 2008.2.29>

⑤ 특별지방행정기관의 하부조직의 설치에 관하여는 제12조 및 제14조의 규정을 각각 준용한다. <개정 2005.3.24>

제19조 (부속기관과 그 하부조직의 설치)

① 법 제4조의 규정에 의하여 행정기관에 그 기관에 부속하여 이를 지원하는 부속기관을 둘 수 있다. <개정 2005.3.24>

② 부속기관의 장의 직급은 그 기관의 규모와 소관 업무의 성질 등에 비추어 적정하게 배정하고, 직무등급은 직무의 곤란성 및 책임도를 고려하여 행정안전부장관이 배정하며, 기관장과의 근무교대제의 운영이 필요한 기관의 경우를 제외하고는 부기관장을 둘 수 없다. <개정 2006.6.15, 2008.2.29>

③ 자문기관을 제외한 부속기관의 하부조직의 설치에 관하여는 제12조 및 제14조의 규정을 각각 준용한다. <개정 2005.3.24>

제20조 (자문기관의 설치) 제19조제1항에 따라 행정기관의 부속기관으로 위원회 또는 심의회 등 자문기관을 두는 경우에는 「행정기관소속위원회의설치·운영에관한법률」 및 같은 법 시행령에서 정하는 바에 따른다.

[전문개정 2009.3.31]

제21조 (합의제행정기관의 설치) 법 제5조의 규정에 의하여 행정기관에 그 소관사무의 일부를 독립하여 수행할 필요가 있을 때에는 법률이 정하는 바에 의하여 행정기능과 아울러 규칙을 제정할 수 있는 준입법적 기능 및 이의의 결정 등 재결을 행할 수 있는 준사법적 기능을 가지는 행정위원회 등 합의제행정기관을 둘 수 있다. <개정 1998.2.28, 2005.3.24>

제22조 삭제 <1998.2.28>

제3장 정원관리

제23조 (정원의 배정)

① 공무원의 정원은 계급별·직급별 또는 고위공무원단에 속하는 공무원의 경우에는 공무원의 종류별로 배정하되, 다음 각 호의 기준에 의하여야 한다. <개정 2005.3.24, 2006.6.15>

1. 정원의 배정에 있어, 정원은 행정기관의 업무의 양 및 성질에 따라 정

하고, 직급 또는 고위공무원단에 속하는 공무원으로 보하는 직위에 해당하는지의 여부는 업무의 성질·난이도·책임도 및 다른 행정기관과의 균형 등을 고려하여 정한다.

2. 1개의 직위에는 1개의 직급 또는 직무등급을 부여한다. 다만, 업무의 성격이 특수하거나 1개의 직위에 2개 이상의 이질적인 업무가 복합되어 있는 경우에 한하여 복수직급으로 할 수 있다.

3. 1개의 직위에 대하여는 일반직과 별정직(「별정직공무원 인사규정」의 적용을 받는 별정직에 한한다)의 복수직을 부여할 수 없다. 다만, 실장·국장의 직위 또는 시험·연구·조사·교육·전산·통계·종무·홍보 및 비서에 관한 직위에는 그러하지 아니하다.

② 제1항의 규정에 의하여 직급별 정원을 배정하는 경우에는 행정의 전문성을 제고하기 위하여 동일계급 내 행정직렬의 비율이 하향조정되도록 노력하여야 한다. <신설 1998.2.28>

제23조의2 (보조기관 또는 보좌기관을 보좌하는 4급공무원 <개정 2005.3.24>)

① 중앙행정기관의 정책수립기능을 강화하기 위하여 중앙행정기관(합의제행정기관을 포함한다)에 보조기관 또는 보좌기관을 보좌하는 4급공무원을 둘 수 있다. <개정 2005.3.24>

② 삭제 <2005.3.24>

[본조신설 1994.1.17]

제24조 (기관별 정원의 관리)

① 공무원의 정원은 행정기관별·계급별·직급별 또는 고위공무원단에 속하는 공무원의 경우에는 공무원의 종류별로 배정한다. <개정 2005.3.24, 2006.6.15>

② 행정기관의 장은 상위직급에 결원이 있을 때에는 그 결원의 범위 안에서 동일 직렬의 직근 하위직급(상위직과 하위직의 복수직급인 경우에는 그중 하위직급의 직근하위직급을 말한다)을 임용 또는 임용제청할 수 있다. <개정 2004.6.11>

③ 행정기관의 장은 공무원 정원 중 일부를 인사관계법령이 정하는 바에 따라 「국가공무원법」 제26조의2의 규정에 의한 통상적인 근무시간보다 짧게 근무하는 공무원(이하 이 항에서 '시간제공무원'이라 한다)으로 대체할 수 있다. 이 경우 시간제공무원의 주당 총근무시간은 시간제공무원으로 대체되는 당초 공무원 정원의 주당 총근무시간(정원 1인의 주당 근무시간은 44시간으로 하여 산정한다)을 초과할 수 없다. <신설 2002.7.13, 2005.3.24>

④ 「국가공무원법」의 규정에 의한 겸임의 경우에는 제1항의 규정을 적용하지 아니한다. <개정 2004.6.11, 2005.3.24>

⑤ 중앙행정기관의 장은 소관 업무의 성질상 전문성이 특히 필요하다고 인정되는 경우 계급별 또는 직무등급(고위공무원단 직위의 직무등급은 제외한다)별로 100분의 20의 범위에서 총리령·부령으로 정하는 정원을 계약직 공무원으로 대체할 수 있다. <신설 2009.4.6>

제24조의2 (파견 등으로 인한 별도정원의 관리)

① 중앙행정기관(합의제 행정기관을 포함한다)의 장은 다음 각 호의 1에 해당하는 사유가 발생하여 별도정원(파견자의 정원이 따로 있는 것으로 보고 결원을 보충할 수 있는 정원을 말한다. 이하 같다)을 운용할 필요가 있다고 인정되는 경우에는 기관별·계급별 또는 고위공무원단에 속하는 공무원의 경우에는 공무원의 종류별 별도정원에 관하여 미리 행정안전부장관과 협의하여야 한다. <개정 2005.3.24, 2005.11.4, 2005.12.30, 2006.6.15, 2008.2.29>

1. 「국가공무원법」 제32조의4 및 제43조제2항의 규정에 의한 1년 이상의 파견근무: 「공무원임용령」 제41조제6항 및 「경찰공무원임용령」 제30조제5항의 규정에 의한 파견승인 시

2. 「공무원교육훈련법」 제13조제1항 및 「공무원교육훈련법 시행령」 제31조제1항 및 제37조제1항 규정에 의한 6월 이상의 교육훈련: 위탁교육훈련계획의 협의 시

3. 「공무원교육훈련법」 제13조제2항의 규정에 의하여 수립되는 위탁교육

훈련계획에 의한 6월 이상의 교육훈련: 위탁교육훈련계획의 수립 시

② 행정안전부장관은 제1항제1호의 사유로 인한 별도정원이 장기적·지속적으로 필요하다고 인정되는 경우에는 이를 당해 중앙행정기관의 직제상 정원에 포함하여 운용할 수 있다. <개정 2008.2.29>

[본조신설 2004.6.11]

제25조 삭제 <2006.6.15>

제26조 (정원의 통합관리)

① 제24조의 규정에 불구하고 동일 중앙행정기관의 소속기관이 2개 이상인 경우에는 특별한 사정이 있는 경우를 제외하고는 직제 등에서 그 중앙행정기관의 각 소속기관 정원을 통합하여 정하며, 다음 각 호에 해당하는 경우에는 중앙행정기관의 정원과 소속기관의 정원을 통합하여 정할 수 있다. <개정 1996.6.29, 1998.2.28>

1. 행정기관의 업무량이 계절적·주기적으로 일정한 성향을 가지고 변동하는 경우

2. 행정기관의 직무 성질이 서로 유사한 경우

3. 행정기관의 직렬·직종 및 직급 등이 서로 유사한 경우

② 행정기관의 장은 직무의 종류·곤란성 및 책임도를 고려하여 업무수행상 문제가 없다고 판단되는 경우에는 인사관계규정이 정하는 바에 따라 다음 각 호의 1에 해당되는 공무원 정원을 각각 통합하여 운영할 수 있다. <신설 1990.12.31, 1994.1.17, 1996.6.29, 1998.2.28, 2006.6.15, 2007.1.5, 2008.12.31>

1. 일반직공무원의 7급·8급·9급

2. 기능직공무원의 7등급·8등급·9등급·10등급

3. 경찰공무원의 경위·경사·경장·순경

4. 소방공무원의 소방위·소방장·소방교·소방사

5. 기타 1호 내지 4호에 준하는 공무원의 정원 중 행정안전부장관이 특별히 필요하다고 인정하는 공무원

③ 제2항에 따라 정원을 통합하여 운영하는 경우에 공무원을 승진임용하

는 때에는 그 승진된 자가 당해 직급 또는 계급에 재직하는 기간 동안에는 그에 해당하는 직급 또는 계급의 정원이 따로 있는 것으로 보고, 종전 직급 또는 계급의 정원은 감축된 것으로 본다. <신설 2006.6.15>

제26조의2 (기구개편 및 정원조정에 따른 초과현원의 재배치) 행정안전부장관은 기구개편 및 정원조정에 따라 초과현원이 발생하는 경우에는 관계기관의 장과의 협의를 거쳐 인사관계법령이 정하는 바에 따라 당해 초과현원을 다른 중앙행정기관에 재배치할 수 있다. <개정 1998.2.28, 2005.2.25, 2008.2.29>

[본조신설 1995.4.12]

제27조 (정원의 운영과 통보)

① 중앙행정기관의 장은 소속기관 및 실·국별로 정원을 배정하되, 효율적인 정원운영을 위하여 필요한 경우 중앙행정기관의 공무원정원을 소속기관에 배정하여 운영할 수 있다. 다만, 직제상 직위를 부여하고 있는 정원에 해당하는 인원은 그러하지 아니하다. <개정 1994.1.17, 1996.6.29, 2004.6.11>

② 제1항 단서의 규정에 불구하고 중앙행정기관의 장은 중앙행정기관의 일반직 3급 또는 4급의 복수직급정원과 소속기관의 일반직 4급정원, 중앙행정기관의 일반직 4급 또는 5급의 복수직급정원과 소속기관의 일반직 5급정원을 각각 상호이체하여 배정·운영할 수 있다. 다만, 중앙행정기관과 소속기관 간에 상호이체하여 배정하는 정원은 중앙행정기관의 당해 직급 정원의 2분의 1을 초과할 수 없다. <신설 1996.6.29, 2004.6.11, 2009.4.6>

③ 중앙행정기관의 장은 제1항의 규정에 의하여 정원을 배정한 때에는 정원배정표를 작성하여 지체 없이 이를 행정안전부장관에게 통보하여야 한다. <개정 1998.2.28, 2008.2.29>

제27조의2 (조직진단)

① 행정안전부장관은 정부행정조직을 효율적으로 관리·운영하기 위하여

각급 행정기관의 행정수요 및 업무량 판단, 기구 및 정원의 운영실태, 기능배분의 적정성 등을 분석·평가할 수 있다. 이 경우 행정안전부장관은 필요하다고 인정하는 경우에는 업무 성격상 상호관련성이 있는 행정기관을 분야별로 구분하여 분석·평가할 수 있다. <개정 1998.2.28, 2008.2.29>

② 행정안전부장관은 제1항의 규정에 의한 조직진단결과 시정 또는 보완이 필요하다고 판단되는 사항에 관하여는 관계중앙행정기관의 장의 의견을 들은 후 이에 대한 시정 또는 보완을 요청할 수 있으며, 시정 또는 보완요청을 받은 중앙행정기관의 장은 정당한 사유가 있는 경우를 제외하고는 필요한 조치를 하고 그 결과를 행정안전부장관에게 통보하여야 한다. <개정 1998.2.28, 2008.2.29>

[본조신설 1994.1.17]

제28조 (정원감사) 행정안전부장관은 조직관리상 필요하다고 인정하는 때에는 행정기관에 대하여 정원감사를 실시하고, 그 결과를 해당 기관에 통보하여야 한다. <개정 2008.2.29>

[전문개정 1998.2.28]

제29조 (총액인건비제의 운영에 관한 특례 <개정 2006.12.29>)

① 중앙행정기관의 조직 및 정원 운영의 자율성을 보장하고 합리화를 도모하기 위하여 행정안전부장관이 지정하는 중앙행정기관(「고등교육법」 제2조 및 제3조에 따른 국립대학을 포함한다)의 경우 중앙행정기관별 인건비 총액의 범위 안에서 조직 또는 정원을 운영하는 총액인건비제를 운영할 수 있다. <개정 2006.12.29, 2008.2.29>

② 제1항의 규정에 의하여 총액인건비제를 운영하는 중앙행정기관의 정원의 규정방식 및 배정기준에 대하여는 제4조제2항제5호, 제8조의2제1항, 제17조의3제2항·제4항, 제23조제1항, 제24조제1항 및 제26조의 규정에 불구하고 행정안전부장관이 따로 정하는 바에 의한다. <개정 2006.12.29, 2008.2.29>

③ 행정안전부장관은 제1항에 따라 총액인건비제를 운영하는 중앙행정기

관의 조직 및 정원의 운영실태를 점검하여 그 적정성 및 타당성 등에 대한 평가를 실시하고, 그 결과를 기획재정부장관과 협의하여 해당 기관의 다음 연도 총액인건비에 반영되도록 하는 등 필요한 조치를 하여야 한다. <개정 2006.12.29, 2008.2.29>

[본조신설 2005.3.24]

제30조 (중기인력운영계획의 수립)

① 중앙행정기관의 장은 그 기관의 업무량 증감과 그에 따른 인력수요의 변화 등을 감안하여 부처별 중기인력운영계획을 수립하여 매년 4월 말까지 행정안전부장관에게 제출하여야 한다.

② 행정안전부장관은 제1항에 따라 제출받은 부처별 중기인력운영계획을 종합하여 매년 9월 말까지 각 중앙행정기관별 또는 주요 기능별로 정부 중기인력운영계획을 수립하여야 한다.

③ 제1항 및 제2항에 따른 중기인력운영계획의 수립에 관하여 필요한 세부사항은 행정안전부장관이 정한다.

[본조신설 2008.2.29]

부칙 <제11484호, 1984.8.9>

이 영은 공포한 날로부터 시행한다.

부칙 <제13225호, 1990.12.31>

제1조 (시행일) 이 영은 공포한 날부터 시행한다.

제2조 (다른 법령의 개정) ① 공무원임용령 중 다음과 같이 개정한다.

제32조에 제6항을 다음과 같이 신설한다.

⑥ 행정기관의조직과정원에관한통칙 제26조제2항의 규정에 의하여 공무원 정원을 통합·운영하는 경우 일반직 9급을 일반직 8급으로, 기능직 10등급을 기능직 9등급으로 승진임용하고자 할 때에는 총무처장관은 승진임용대상자의 요건을 당해 직급 8년 이상 근속자로 제한할 수 있다.

② 경찰공무원승진임용규정 중 다음과 같이 개정한다.

제6조에 제4항을 다음과 같이 신설한다.

④ 행정기관의조직과정원에관한통칙 제26조제2항의 규정에 의하여 공무원 정원을 통합·운영하는 경우 순경을 경장으로 승진임용하고자 할 때에는 내무부장관은 승진임용대상자의 요건을 당해 직급 8년 이상 근속자로 제한할 수 있다.

③ 소방공무원승진임용규정 중 다음과 같이 개정한다.

제6조에 제5항을 다음과 같이 신설한다.

⑤ 행정기관의조직과정원에관한통칙 제26조제2항의 규정에 의하여 공무원 정원을 통합·운영하는 경우 소방사를 소방교로 승진임용하고자 할 때에는 내무부장관은 승진임용대상자의 요건을 당해 직급 8년 이상 근속자로 제한할 수 있다.

부칙 <제14102호, 1994.1.17>

제1조 (시행일) 이 영은 공포한 날부터 시행한다.

제2조 (다른 법령의 개정) ① 공무원임용령 중 다음과 같이 개정한다.

제32조제6항을 다음과 같이 하고, 동조에 제7항을 다음과 같이 신설한다.

⑥ 행정기관의조직과정원에관한통칙 제26조제2항의 규정에 의하여 공무원 정원을 통합·운영하는 경우 총무처장관은 일반직 9급을 일반직 8급으로, 기능직 10등급을 기능직 9등급으로 승진임용하고자 할 때에는 승진임용대상자의 요건을 당해 계급 8년 이상 근속자로, 일반직 8급을 일반직 7급으로, 기능직 9등급을 기능직 8등급으로 승진임용하고자 할 때에는 승진임용대상자의 요건을 당해 계급 9년 이상 근속자로 제한할 수 있다.

⑦ 제6항의 당해 계급의 근속기간에는 제31조의 규정에 의하여 승진소요 최저연수에 산입되는 기간이 포함되며, 일반직 8급과 기능직 8등급 이상의 경력 및 일반직 9급과 기능직 10등급 이상의 경력은 서로 통산할 수 있다.

② 경찰공무원승진임용규정 중 다음과 같이 개정한다.

제6조제4항을 다음과 같이 한다.

④ 행정기관의조직과정원에관한통칙 제26조제2항의 규정에 의하여 공무원 정원을 통합·운영하는 경우 경찰청장은 순경을 경장으로 승진임용하고자 할 때에는 승진임용대상자의 요건을 당해 계급 8년 이상 근속자로, 경장을 경사로 승진임용하고자 할 때에는 승진임용대상자의 요건을 당해 계급 9년 이상 근속자로 제한할 수 있다.

③ 소방공무원승진임용규정 중 다음과 같이 개정한다.

제6조제5항을 다음과 같이 한다.

⑤ 행정기관의조직과정원에관한통칙 제26조제2항의 규정에 의하여 공무원 정원을 통합·운영하는 경우 내무부장관은 소방사를 소방교로 승진임용하고자 할 때에는 승진임용대상자의 요건을 당해 계급 8년 이상 근속자로, 소방교를 소방장으로 승진임용하고자 할 때에는 승진임용대상자의 요건을 당해 계급 9년 이상 근속자로 제한할 수 있다.

부칙 ＜제14438호, 1994.12.23＞(재정경제원과그소속기관직제)

제1조 (시행일) 이 영은 공포한 날부터 시행한다.

제2조 내지 제4조 생략

제5조 (다른 법령의 개정) ① 내지 ＜271＞ 생략

＜272＞ 행정기관의조직과정원에관한통칙 중 다음과 같이 개정한다.

제9조제1항 및 제2항 중 '경제기획원장관'을 각각 '재정경제원장관'으로 한다.

＜273＞ 내지 ＜327＞ 생략

부칙 ＜제14620호, 1995.4.12＞

이 영은 공포한 날부터 시행한다.

부칙 ＜제15035호, 1996.6.29＞

이 영은 공포한 날부터 시행한다.

부칙 ＜제15691호, 1998.2.28＞

① (시행일) 이 영은 공포한 날부터 시행한다.

② (한시적 보조기관에 관한 경과조치) 이 영 시행 당시 종전의 제17조의2의 규정에 의하여 설치된 한시적 보조기관에 대하여는 종전의 규정

을 적용한다.

부칙 <제16326호, 1999.5.24>(기획예산처직제)

제1조 (시행일) 이 영은 공포한 날부터 시행한다.

제2조 및 제3조 생략

제4조 (다른 법령의 개정) ① 및 <105> 생략

<106> 행정기관의조직과정원에관한통칙 중 다음과 같이 개정한다.

제9조제1항 및 제2항 중 '예산청장'을 각각 '기획예산처장관'으로 한다.

<107> 내지 <109> 생략

부칙 <제16341호, 1999.5.24>(행정자치부와그소속기관직제)

제1조 (시행일) 이 영은 공포한 날부터 시행한다.

제2조 내지 제4조 생략

제5조 (다른 법령의 개정) ① 및 ② 생략

③ 행정기관의조직과정원에관한통칙 중 다음과 같이 개정한다.

제12조제3항을 삭제한다.

제17조의2를 다음과 같이 신설한다.

제17조의2 (보조기관의 명칭) 중앙행정기관의 보조기관의 명칭은 직제 또
는 직제시행규칙이 정하는 바에 따라 단·팀·반 등으로 달리 정할 수 있다.

④ 생략

부칙 <제17534호, 2002.3.2>

① (시행일) 이 영은 공포한 날부터 시행한다. 다만, 부칙 제2항의 규정은
2002년 5월 1일부터 시행한다.

② (다른 법령의 개정) 특허청과그소속기관직제 중 다음과 같이 개정한다.

제6조제2항에 제6호의2를 다음과 같이 신설한다.

6의2. 공무원의 임용·복무·교육훈련 그 밖의 인사사무

제9조제2항제3호를 다음과 같이 한다.

3. 공무원의 급여 및 연금사무

부칙 <제17669호, 2002.7.13>(계약직공무원)

제1조 (시행일) 이 영은 공포한 날부터 시행한다.

제2조 생략

제3조 (다른 법령의 개정) ① 행정기관의조직과정원에관한통칙 중 다음과 같이 개정한다.

제24조제3항을 제4항으로 하고, 동조에 제3항을 다음과 같이 신설한다.

③ 행정기관의 장은 공무원 정원 중 일부를 인사관계법령이 정하는 바에 따라 국가공무원법 제26조의2의 규정에 의한 통상적인 근무시간보다 짧게 근무하는 공무원(이하 이 항에서 '시간제공무원'이라 한다)으로 대체할 수 있다. 이 경우 시간제공무원의 주당 총근무시간은 시간제공무원으로 대체되는 당초 공무원 정원의 주당 총근무시간(정원 1인의 주당 근무시간은 44시간으로 하여 산정한다)을 초과할 수 없다.

② 생략

부칙 <제18427호, 2004.6.11>

제1조 (시행일) 이 영은 공포한 날부터 시행한다.

제2조 (다른 법령의 개정) ① 행정자치부와그소속기관직제 중 다음과 같이 개정한다.

제11조제4항에 제36호를 다음과 같이 신설한다.

36. 기부금품모집 규제 및 허가

제14조제2항제16호를 삭제한다.

② 국무회의규정 중 다음과 같이 개정한다.

제10조제2항 중 '의정관'을 '의정관리국장'으로 한다.

③ 차관회의규정 중 다음과 같이 개정한다.

제11조제2항 중 '의정관실 의정담당관'을 '의정관리국 의정과장'으로 한다.

부칙 <제18715호, 2005.2.25>(공무원임용령)

제1조 (시행일) 이 영은 공포한 날부터 시행한다.

제2조 내지 제4조 생략

제5조 (행정기관의조직과정원에관한통칙의 개정) 행정기관의조직과정원에관한통칙 일부를 다음과 같이 개정한다.

제26조의2 중 '행정자치부장관은'을 '중앙인사위원회는'으로 한다.

제6조 내지 제8조 생략

부칙 <제18745호, 2005.3.24>

① (시행일) 이 영은 공포한 날부터 시행한다.

② (적용례) 제12조제3항 및 제14조제4항의 개정규정은 이 영 시행 이후 제정 또는 개정되는 직제시행규칙부터 적용한다.

부칙 <제19113호, 2005.11.4>(경찰공무원임용령)

제1조 (시행일) 이 영은 공포한 날부터 시행한다.

제2조 (다른 법령의 개정) ① 「행정기관의조직과정원에관한통칙」 일부를 다음과 같이 개정한다.

제24조의2제1항제1호 중 '「공무원임용령」 제41조제6항'을 '「공무원임용령」 제41조제6항 및 「경찰공무원임용령」 제30조제5항'으로 한다.

② 및 ③ 생략

부칙 <제19251호, 2005.12.30>

부칙(공무원임용령) <제19251호, 2005.12.30>

① (시행일) 이 영은 공포한 날부터 시행한다.

② (다른 법령의 개정) 행정기관의조직과정원에관한통칙 일부를 다음과 같이 개정한다.

제24조의2제1항제2호 및 제3호 중 '1년'을 각각 '6월'로 한다.

부칙 <제19526호, 2006.6.15>

제1조 (시행일) 이 영은 2006년 7월 1일부터 시행한다. 다만, 제26조제2항제3호의 개정 규정은 공포한 날부터 시행한다.

제2조 (다른 법령의 개정) ① 책임운영기관의설치·운영에관한법률시행령 일부를 다음과 같이 개정한다.

제16조제1항 중 '종류별·계급별 정원'을 '종류별·계급별 정원 또는 고위공무원단에 속하는 공무원의 정원'으로, '부속기관의 장의 직위'를 '부속기관의 장의 직위와 고위공무원단 소속 공무원으로 보하는 직위'로, '계급'을 '계급 또는 직무등급(「국가공무원법」 제23조에 따라 중앙인사위원회가 행정자치부장관과 협의하여 배정하는 직무등급을 말한다. 이하 같다)'으로

하고, 동조제2항에 단서를 다음과 같이 신설한다.

다만, 고위공무원단에 속하는 공무원의 경우에는 종류와 정원을 명시한다.

제16조의2를 다음과 같이 신설한다.

제16조의2 (직무등급의 표시) 소속책임운영기관의 고위공무원단에 속하는 공무원으로 보하는 직위의 직무등급은 총리령 또는 부령에 표시한다.

② 국가공무원총정원령 일부를 다음과 같이 개정한다.

제3조제3항 중 '연도별·직급별·기관별'을 '연도별, 직급별, 고위공무원단에 속하는 공무원의 종류별 및 기관별'로 한다.

③ 정책보좌관의설치및운영에관한규정 일부를 다음과 같이 개정한다.

제2조제2항 중 '2급 내지 4급 일반직공무원 또는 이에 상당하는 별정직공무원'을 '4급 이상 일반직공무원·별정직공무원 또는 고위공무원단에 속하는 일반직공무원 또는 별정직공무원'으로 한다.

부칙 <제19792호, 2006.12.29>

제1조 (시행일) 이 영은 2007년 1월 1일부터 시행한다.

제2조 (다른 법령의 개정) 책임운영기관의설치·운영에관한법률시행령 일부를 다음과 같이 개정한다.

제30조의 제목, 동조제1항·제2항 전단 및 제3항 중 '시범운영'을 각각 '운영'으로 한다.

부칙 <제19824호, 2007.1.5>(소방공무원 승진임용 규정)

제1조 (시행일) 이 영은 공포한 날부터 시행한다.

제2조 (다른 법령의 개정) ① 행정기관의조직과정원에관한통칙 중 일부를 다음과 같이 개정한다.

제26조제2항제4호 중 '소방장'을 '소방위·소방장'으로 한다.

② 생략

부칙 <제20731호, 2008.2.29>

이 영은 공포한 날부터 시행한다.

부칙 <제21214호, 2008.12.31>(행정안전부와그소속기관직제)

제1조 (시행일) 이 영은 공포한 날부터 시행한다. <단서 생략>

제2조부터 제4조까지 생략

제5조 (다른 법령의 개정) ①부터 <87>까지 생략

<88> 행정기관의조직과정원에관한통칙 일부를 다음과 같이 개정한다.

제20조제1항 각 호 외의 부분 중 '행정자치부장관'을 '행정안전부장관'으로 한다.

제26조제2항제5호 중 '행정자치부장관'을 '행정안전부장관'으로 한다.

<89>부터 <175>까지 생략

부칙 <제21384호, 2009.3.31>(행정기관소속위원회의설치·운영에관한법률시행령)

제1조 (시행일) 이 영은 2009년 4월 1일부터 시행한다.

제2조 (다른 법령의 개정) ① 생략

② 행정기관의조직과정원에관한통칙 일부를 다음과 같이 개정한다.

제20조를 다음과 같이 한다.

제20조 (자문기관의 설치) 제19조제1항에 따라 행정기관의 부속기관으로 위원회 또는 심의회 등 자문기관을 두는 경우에는 「행정기관소속위원회의설치·운영에관한법률」 및 같은 법 시행령에서 정하는 바에 따른다.

부칙 <제21406호, 2009.4.6>

이 영은 공포한 날부터 시행한다.

3. 조직관리를 위한 신프로젝트

조직관리를 위해서 행정적, 정치적, 문화적, 사회적 합의적인 대안이 필요하다. 대부분 자기분야만 중요한 것처럼 생각하고, 타 분야는 가치가 없는 것으로 이해하는 사람들이 많다. 그런 상황에서 조직에 대한 것도 다양할 수밖에 없는 것이다. 이러한 다양한 조직 이해를 합일점을 찾아 공통된 가치관으로 결집시키는 작용이 필요하다. 이것을 조직관리자가 해야 할 리더십인 것이다.

　조직관리자는 갈등 해결을 우선적으로 시행해야 한다. 어떠한 조직이든지 갈등이 존재하고, 처음에는 갈등이 작은 규모이다가 점차 커지고 조직이 와해되는 결과까지 진전될 수도 있다. 특히 공공기관에서는 갈등 해결이 중요한 이슈가 되고 있음을 감지하여야 한다.

　이에 대한 해결을 국가 법령에서는 어떠한 법으로 하고 있는지 아래에서 알아보도록 하겠다.

공공기관의 갈등 예방과 해결에 관한 규정
[시행 2009. 1. 1] [대통령령 제21185호, 2008. 12. 24, 타법개정]

제1장 총칙

　제1조 (목적) 이 영은 중앙행정기관의 갈등 예방과 해결에 관한 역할·책무 및 절차 등을 규정하고 중앙행정기관의 갈등 예방과 해결 능력을 향상시킴으로써 사회통합에 이바지함을 목적으로 한다.

　제2조 (정의) 이 영에서 사용하는 용어의 정의는 다음과 같다.

1. '갈등'이라 함은 공공정책(법령의 제정·개정, 각종 사업계획의 수립·추진을 포함한다. 이하 같다)을 수립하거나 추진하는 과정에서 발생하는 이해관계의 충돌을 말한다.

2. '갈등영향분석'이라 함은 공공정책을 수립·추진할 때 공공정책이 사회에 미치는 갈등의 요인을 예측·분석하고 예상되는 갈등에 대한 대책을 강구하는 것을 말한다.

　제3조 (적용대상)

① 이 영은 중앙행정기관(총리령으로 정하는 대통령 소속기관 및 국무총리 소속기관을 포함한다. 이하 같다)에 적용함을 원칙으로 한다.

② 지방자치단체, 그 밖의 공공기관은 이 영과 동일한 취지의 갈등관리제

도를 운영할 수 있다.

제4조 (중앙행정기관의 책무)

① 중앙행정기관은 사회 전반의 갈등예방 및 해결 능력을 강화하기 위하여 종합적인 시책을 수립·추진하여야 한다.

② 중앙행정기관은 갈등의 예방 및 해결과 관련된 법령 등을 지속적으로 정비하여야 한다.

③ 중앙행정기관은 갈등을 신속하고 효율적으로 해결할 수 있는 다양한 수단을 발굴하여 적극 활용하여야 한다.

④ 중앙행정기관은 소속 직원을 대상으로 갈등을 예방하고 갈등 해결 능력을 향상하기 위한 교육훈련을 실시하고 갈등관리능력을 기관의 인사운영의 중요한 기준으로 설정·반영하여야 한다.

제2장 갈등 예방 및 해결의 원칙

제5조 (자율해결과 신뢰확보)

① 갈등의 당사자는 대화와 타협을 통하여 자율적으로 갈등을 해결할 수 있도록 노력하여야 한다.

② 중앙행정기관의 장은 공공정책을 수립·추진할 때 이해관계인의 신뢰를 확보할 수 있도록 노력하여야 한다.

제6조 (참여와 절차적 정의) 중앙행정기관의 장은 공공정책을 수립·추진할 때 이해관계인·일반시민 또는 전문가 등의 실질적인 참여가 보장되도록 노력하여야 한다.

제7조 (이익의 비교형량) 중앙행정기관의 장은 공공정책을 수립·추진할 때 달성하려는 공익과 이와 상충되는 다른 공익 또는 사익을 비교·형량하여야 한다.

제8조 (정보공개 및 공유) 중앙행정기관의 장은 이해관계인이 공공정책의 취지와 내용을 충분히 이해할 수 있도록 관련정보를 공개하고 공유하도록

노력하여야 한다.

제9조 (지속가능한 발전의 고려) 중앙행정기관의 장은 공공정책을 수립·추진할 때 지속가능한 발전을 위한 요소를 고려하여야 한다.

제3장 갈등의 예방

제10조 (갈등영향분석)

① 중앙행정기관의 장은 공공정책을 수립·시행·변경함에 있어서 국민생활에 중대하고 광범위한 영향을 주거나 국민의 이해 상충으로 인하여 과도한 사회적 비용이 발생할 우려가 있다고 판단되는 경우에는 해당 공공정책을 결정하기 전에 갈등영향분석을 실시할 수 있다.

② 중앙행정기관의 장은 제1항에 따른 갈등영향분석서를 작성하여 제11조에 따른 갈등관리심의위원회에 심의를 요청하여야 한다.

③ 제2항에 따른 갈등영향분석서에는 다음 각 호의 사항이 포함되어야 한다.

1. 공공정책의 개요 및 기대효과
2. 이해관계인의 확인 및 의견조사 내용
3. 관련 단체 및 전문가의 의견
4. 갈등유발요인 및 예상되는 주요쟁점
5. 갈등으로 인한 사회적 영향
6. 갈등의 예방·해결을 위한 구체적인 계획
7. 그 밖에 갈등의 예방·해결을 위하여 필요한 사항

④ 중앙행정기관의 장이 「환경정책기본법」 제25조에 따른 사전환경성검토, 「환경영향평가법」에 따른 환경영향평가 또는 「도시교통정비 촉진법」에 따른 교통영향분석·개선대책 등을 실시하면서 이 영이 정한 갈등영향분석 기법을 활용한 경우에는 제1항에 따른 갈등영향분석을 실시한 것으로 본다. <개정 2008.12.24>

제11조 (갈등관리심의위원회의 설치) 중앙행정기관은 소관 사무의 갈등관리와 관련된 사항을 심의하기 위하여 갈등관리심의위원회(이하 '위원회'라 한다)를 설치하여야 한다. 다만, 갈등이 많이 발생하지 않는 기관으로서 총리령으로 정하는 기관은 당해 기관의 장이 판단해 위원회를 설치하지 않을 수 있다.

제12조 (위원회의 구성 · 운영)

① 위원회는 위원장을 포함한 11인 이내의 위원으로 구성한다.

② 중앙행정기관의 장은 소속 직원 또는 갈등의 예방과 해결에 관한 학식과 경험이 풍부한 자 중에서 위원을 임명 또는 위촉하되, 공무원이 아닌 위원이 전체 위원의 과반수가 되도록 하여야 한다.

③ 위원회의 위원장은 민간위원 중에서 호선하여 선출한다.

④ 위원의 임기는 2년으로 하고 보궐위원의 임기는 전임자의 잔임기간으로 한다. 다만, 공무원인 위원의 임기는 당해 직에 재직하는 기간으로 한다.

⑤ 위원회는 재적위원 과반수의 출석으로 개의하고 출석위원 과반수의 찬성으로 의결한다.

⑥ 위원은 중립적이고 공정한 입장에서 활동하여야 한다.

⑦ 그 밖에 위원회의 운영에 관하여 필요한 사항은 위원회의 의결을 거쳐 위원장이 정한다.

제13조 (위원회의 기능) 위원회는 다음 각 호의 사항을 심의한다.

1. 제4조제1항에 따른 종합적인 시책의 수립 · 추진에 관한 사항

2. 제4조제2항에 따른 법령 등의 정비에 관한 사항

3. 제4조제3항에 따른 다양한 갈등 해결수단의 발굴 · 활용에 관한 사항

4. 제4조제4항에 따른 교육훈련의 실시에 관한 사항

5. 제10조에 따른 갈등영향분석에 관한 사항

6. 갈등의 예방 · 해결에 관한 민간활동의 지원에 관한 사항

7. 그 밖에 갈등의 예방 · 해결에 관하여 중앙행정기관의 장이 필요하다고 인정한 사항

제14조 (심의결과의 반영) 중앙행정기관의 장은 정당한 사유가 있는 경우를 제외하고는 제13조에 따른 위원회의 심의결과를 공공정책의 수립·추진 과정에 성실히 반영하여야 한다.

제15조 (참여적 의사결정방법의 활용)

① 중앙행정기관의 장은 제13조제5호에 따른 갈등영향분석에 대한 심의 결과 갈등의 예방·해결을 위하여 이해관계인·일반시민 또는 전문가 등의 참여가 중요하다고 판단되는 경우에는 이해관계인·일반시민 또는 전문가 등도 참여하는 의사결정방법을 활용할 수 있다.

② 중앙행정기관의 장은 공공정책을 결정함에 있어 참여적 의사결정방법 의 활용결과를 충분히 고려하여야 한다.

제4장 갈등조정협의회

제16조 (갈등조정협의회)

① 중앙행정기관의 장은 공공정책으로 인하여 발생한 갈등 해결을 위하여 필요하다고 판단되는 경우에는 각 사안별로 갈등조정협의회(이하 '협의회'라 한다)를 구성하여 운영할 수 있다.

② 중앙행정기관의 장은 협의회의 구성과 운영에 필요한 행정적 지원을 하여야 한다.

제17조 (협의회의 구성)

① 협의회는 제19조에 따른 의장 1인, 관계 중앙행정기관 및 이해관계인 으로 구성한다.

② 관계 중앙행정기관 및 이해관계인(이하 '당사자'라 한다)은 필요하다고 인정하는 경우 관련단체와 전문가를 협의회에 참석시킬 수 있다.

③ 공동의 이해관계가 있는 다수의 당사자는 그중 1인 또는 수인을 대표 당사자로 선임할 수 있다.

제18조 (의장의 역할) 협의회 의장은 중립성과 공정성을 바탕으로 당사자

간의 갈등이 해소될 수 있도록 지원·촉진하는 역할을 수행하며, 당사자의 의사를 최대한 존중하여야 한다.

제19조 (의장의 선임) 협의회 의장은 당해 사안과 직접 관련이 없는 자 중 당사자 간의 합의에 의해 선정하는 것을 원칙으로 한다.

제20조 (협의회의 기본규칙 등)

① 협의회의 구체적인 구성과 운영은 당사자가 정하는 기본규칙에 따른다.

② 협의회의 기본규칙은 다음 각 호의 사항을 포함하여 작성할 수 있다.

1. 협의회의 목적

2. 당사자의 범위

3. 협의회 의장의 선정

4. 진행일정

5. 협의의 절차

6. 협의결과문의 작성

7. 협의회 운영과정에서 발생하는 비용 분담에 관한 사항

8. 그 밖에 협의회 운영에 필요하다고 당사자가 합의한 사항

③ 당사자는 상호존중과 신뢰를 바탕으로 공동의 이익이 되는 대안을 창출하기 위하여 적극적으로 협력하여야 한다.

제21조 (협의결과문의 내용 및 이행)

① 협의결과문의 내용은 법령 등에 위배되거나 중대한 공익을 침해하지 않아야 한다.

② 중앙행정기관은 제1항에 따른 협의결과를 성실하게 이행하도록 노력하여야 한다.

제22조 (협의회 절차의 공개) 이 영에 의한 협의절차는 비공개를 원칙으로 하되 당사자들이 모두 합의한 경우에는 공개할 수 있다.

제23조 (비밀유지) 중앙행정기관의 장과 관계공무원은 협의회 과정에서 알게 된 비밀을 타인에게 누설하거나 직무상 목적 외에 이를 사용하여서는 안 된다.

제5장 보칙

제24조 (갈등관리연구기관의 지정·운영)

① 국무총리실장은 갈등관리와 관련해 다음 각 호의 업무를 수행하도록 하기 위해 갈등관리관련 연구기관 또는 단체를 갈등관리 연구기관으로 지정할 수 있다. <개정 2008.2.29>

1. 갈등의 예방·해결을 위한 정책·법령·제도·문화 등의 조사·연구
2. 갈등의 예방·해결 과정과 관련된 매뉴얼 작성·보급
3. 갈등의 예방·해결을 위한 교육훈련 프로그램의 개발·보급
4. 갈등영향분석에 관한 조사·연구
5. 참여적 의사결정방법의 활용방법에 대한 조사·연구
6. 그 밖에 갈등의 예방·해결에 필요한 사항

② 국무총리실장은 제1항에 따라 지정된 기관 또는 단체에 대하여 그 활동에 필요한 경비의 일부 또는 전부를 예산의 범위 안에서 지원할 수 있다. <개정 2008.2.29>

③ 제1항에 따른 연구기관의 지정·운영 등에 관하여 필요한 사항은 총리령으로 정한다.

제25조 (갈등관리매뉴얼의 작성 및 활용)

① 국무총리실장은 제24조제1항제2호에 따른 갈등관리매뉴얼을 중앙행정기관의 장에게 통보하여야 한다. <개정 2008.2.29>

② 중앙행정기관의 장은 소관정책을 추진함에 있어 갈등관리매뉴얼을 활용하여야 한다.

③ 중앙행정기관의 장은 제1항에 따라 배부된 매뉴얼에 각 부처의 특성을 반영한 내용을 추가·보완할 수 있다.

제26조 (갈등관리실태의 점검·보고 등)

① 국무총리실장은 중앙행정기관에 의한 갈등관리의 실태 등을 점검·평가하여야 한다. <개정 2008.2.29>

② 국무총리실장은 제1항에 따른 점검·평가를 위하여 중앙행정기관의 장에게 갈등관리 실태 등에 관한 자료의 제출을 요구할 수 있다. <개정 2008.2.29>

③ 중앙행정기관의 장은 제2항에 따라 자료 제출을 요청받은 경우 특별한 사유가 없는 한 관련 자료를 제공하여야 한다.

④ 국무총리실장은 제1항에 따른 점검·평가결과를 국무회의에 보고할 수 있다. <개정 2008.2.29>

⑤ 갈등관리에 대한 관계부처간의 협의 등을 위하여 제11조에 따라 위원회를 설치한 중앙행정기관으로 구성되는 갈등관리정책협의회를 국무조정실에 둔다.

⑥ 제1항에 따른 점검과 제5항에 따른 갈등관리정책협의회 운영에 관하여 필요한 사항은 총리령으로 정한다.

제27조 (지속가능발전위원회와의 협의 등) 「지속가능발전위원회 규정」 제2조제1호 및 별표와 관련된 정책에 관한 계획을 수립하거나 다수 부처가 관련된 정책을 수립하는 과정에서 중앙행정기관의 장이 갈등의 예방과 해결을 위하여 필요하다고 판단하는 경우에는 「지속가능발전위원회 규정」 제3조의 2에 따른 지속가능발전위원회의 갈등조정특별위원회와 협의하거나 자문을 요청할 수 있다.

제28조 (갈등전문인력의 양성 등) 중앙행정기관은 갈등관리에 관한 전문인력을 양성하기 위한 교육훈련, 자격제도의 도입 등 필요한 시책을 수립할 수 있다.

제29조 (수당지급 등)

① 중앙행정기관은 제11조에 따라 설치된 위원회 위원 또는 제20조제2항 제7호에 따라 발생한 비용에 대해 예산의 범위 내에서 수당·여비 그밖에 필요한 경비를 지급할 수 있다.

② 중앙행정기관은 갈등관리에 필요한 조사·연구·교육훈련과 민간부문의 자발적인 갈등관리 활동을 촉진하기 위하여 예산의 범위 내에서 필요한 재정지원 등을 할 수 있다.

부칙 <제19886호, 2007.2.12>

이 영은 공포 후 3월이 경과한 날부터 시행한다.

부칙 <제20724호, 2008.2.29>(국무총리실과그소속기관직제)

제1조(시행일) 이 영은 공포한 날부터 시행한다.

제2조부터 제6조까지 생략

제7조 (다른 법령의 개정)

① 공공기관의갈등예방과해결에관한규정 일부를 다음과 같이 개정한다.

제24조제1항 각 호 외의 부분 및 제2항, 제25조제1항 및 제26조제1항·제2항·제4항 중 '국무조정실장'을 각각 '국무총리실장'으로 한다.

②부터 ⑦까지 생략

부칙 <제21185호, 2008.12.24>(환경영향평가법시행령)

제1조 (시행일) 이 영은 2009년 1월 1일부터 시행한다. <단서 생략>

제2조 및 제3조 생략

제4조 (다른 법령의 개정)

① 생략

② 공공기관의갈등예방과해결에관한규정 일부를 다음과 같이 개정한다.

제10조제4항 중 '「환경정책기본법」 제25조에 따른 사전환경성검토 또는 「환경·교통·재해등에관한영향평가법」에 따른 환경영향평가'를 '「환경정책기본법」 제25조에 따른 사전환경성검토, 「환경영향평가법」에 따른 환경영향평가 또는 「도시교통정비 촉진법」에 따른 교통영향분석·개선대책'으로 한다.

③부터 <22>까지 생략

제5조 생략

공공기관의 갈등 예방과 해결에 관한 규정 시행규칙
[시행 2009. 1. 2] [총리령 제892호, 2009. 1. 2, 일부개정]

제1조 (목적) 이 규칙은 「공공기관의갈등예방과해결에관한규정」에서 위임

된 사항과 그 시행에 관하여 필요한 사항을 규정함을 목적으로 한다.

제2조 (적용대상) 「공공기관의갈등예방과해결에관한규정」(이하 '영'이라 한다) 제3조제1항에서 '총리령으로 정하는 대통령 소속기관 및 국무총리 소속기관'이란 다음 각 호의 기관을 말한다. <개정 2008.7.2>

1. 대통령 소속기관: 방송통신위원회

2. 국무총리 소속기관: 국무총리실, 금융위원회

제3조 (갈등관리심의위원회의 임의적 설치기관) 영 제11조 단서에서 '총리령으로 정하는 기관'이란 다음 각 호의 어느 하나에 해당하는 기관을 말한다. <개정 2008.7.2>

1. 법무부

2. 법제처

3. 국무총리실

4. 통계청

5. 기상청

6. 검찰청

7. 특허청

제4조 (참여적 의사결정 방법의 활용) 중앙행정기관의 장은 갈등을 예방하고 신속하게 해결하기 위하여 갈등영향분석을 실시하지 않은 사안의 경우에도 영 제15조제1항에 따른 참여적 의사결정 방법을 활용할 수 있다.

제5조 (갈등관리연구기관의 지정)

① 국무총리실장은 영 제24조제1항에 따라 하나 이상의 연구기관 또는 단체를 갈등관리연구기관(이하 '연구기관'이라 한다)으로 지정할 수 있다. <개정 2008.7.2>

② 제1항에 따라 연구기관을 지정하고자 하는 경우에는 연구기관 지정사실을 관보에 게재하고, 국무총리실 홈페이지 또는 국내에서 발간하는 일간지 등을 통해 공고하여야 한다. <개정 2008.7.2>

제6조 (연구기관의 요건) 국무총리실장은 갈등관리에 관한 전문가 또는 조직을 보유하고 있는 기관으로서 다음 각 호의 어느 하나에 해당하는 기관

중에서 연구기관을 지정하여야 한다. <개정 2008.7.2>

1. 「정부출연연구기관등의설립·운영및육성에관한법률」에 따라 설립된 연구기관

2. 「고등교육법」 제2조에 따른 학교에 설치된 부설연구소

3. 「민법」 제32조에 따른 비영리법인 또는 그 부설연구소

4. 기업부설 연구소

제7조 (지정신청)

① 연구기관으로 지정받고자 하는 자는 별지 서식의 지정기관 신청서와 다음 각 호의 서류를 국무총리실장에게 제출하여야 한다. <개정 2008.7.2>

1. 영 제24조제1항 각 호에 대한 사업계획서

2. 법인등기부 등본(법인에 한한다)

3. 신청기관 일반현황(조직체계, 주요업무 및 인력현황 등)

4. 그 밖에 지정심사에 필요한 서류

② 제10조제1항에 따라 연구기관 지정기간이 종료된 연구기관도 지정신청을 할 수 있으며, 이 경우에도 제1항에 따른 서류를 제출하여야 한다.

③ 연구기관 지정신청 접수기간은 최소 30일 이상으로 하여야 한다.

④ 지정신청서는 전산접수와 우편접수 방식으로 접수한다.

제8조 (심사위원회 구성 및 운영)

① 국무총리실장은 연구기관을 지정하기 위하여 위원장 1명을 포함한 7명 이내의 위원으로 심사위원회를 구성하여야 한다. <개정 2008.7.2>

② 심사위원회의 위원은 관계 공무원과 관련분야에 대해 풍부한 경험과 지식을 가진 민간 전문가로 구성한다.

③ 심사위원회의 위원장은 국무총리실 사회통합정책실장이 되고, 관계 공무원은 고위공무원단에 속하는 일반직공무원 또는 이에 상당하는 공무원 중에서 국무총리실장이 지명하는 자가 된다. <개정 2008.7.2>

④ 삭제 <2009.1.2>

⑤ 심사위원회는 재적위원 3분의 2 이상의 출석으로 개의하고, 출석위원

과반수 찬성으로 의결한다.

제9조 (지정사실의 통지)

① 국무총리실장은 제8조제5항에 따라 연구기관이 지정된 경우 다음 각
호의 사항을 관보에 게재하고 홈페이지 등을 통해 공개하여야 한다.
<개정 2008.7.2>

1. 지정된 연구기관의 명칭과 주소

2. 지정연월일 및 지정기간

3. 주요 기능 및 역할

② 국무총리실장은 연구기관이 지정된 날로부터 7일 이내에 연구기관 지
정사실을 해당 연구기관의 장에게 통지하여야 한다. <개정 2008.7.2>

제10조 (지정기간)

① 연구기관의 지정 기간은 3년을 원칙으로 한다. 다만, 국무총리실장이
과제수행 기간의 연장, 과제의 일관성 유지 등을 위해 지정기간 연장
이 필요하다고 판단하는 경우에는 최대 2년까지 기간을 연장할 수 있
다. <개정 2008.7.2>

② 국무총리실장은 제1항에 따른 지정기간이 만료되기 전 3개월까지 지
정된 연구기관의 장에게 기간의 종료 통지나 기간 연장에 관한 통지
를 하여야 한다. <개정 2008.7.2>

제11조 (경비의 지원과 관리)

① 연구기관의 장은 영 제24조제2항에 따라 지원되는 경비를 해당 사업
수행에 필요한 용도에 한하여 사용하여야 한다.

② 국무총리실장은 연구기관의 경비사용 내역을 확인할 필요가 있다고
판단하는 경우 연구기관의 장에게 경비사용 내역을 제출하도록 요구
할 수 있다. <개정 2008.7.2>

③ 제2항에 따라 경비사용 내역 제출을 요구받은 연구기관의 장은 이를
지체 없이 국무총리실장에게 제출하여야 한다. <개정 2008.7.2>

제12조 (시정요구) 국무총리실장은 연구기관으로 지정된 자가 과제수행
내용을 위반하거나 제11조제1항을 위반하는 경우에는 시정을 요구할 수 있

다. <개정 2008.7.2>

제13조 (연구결과물의 제출) 연구기관으로 지정된 자는 매년 12월 31일까지 연구실적, 교육훈련실시 결과 등을 국무총리실장에게 제출하여야 한다. <개정 2008.7.2>

제14조 (갈등관리실태의 점검 등) 국무총리실장은 영 제26조제1항에 따라 중앙행정기관의 갈등관리실태 등을 점검하고자 하는 경우에 특별한 사유가 없는 한 미리 다음 각 호의 사항을 명시하여 관계 행정기관에 통지하여야 한다. <개정 2008.7.2>

1. 점검사항

2. 점검일정

3. 점검자 인적사항

4. 그 밖에 점검에 필요하다고 판단되는 사항

제15조 (갈등관리정책협의회 구성 및 운영)

① 영 제26조제5항에 따른 갈등관리정책협의회(이하 '정책협의회'라 한다)는 위원장 1명을 포함한 25명 이내의 위원으로 구성한다.

② 위원장은 국무총리실장이 되고, 위원은 기획재정부차관·교육과학기술부차관·국방부차관·행정안전부차관·문화체육관광부차관·농림수산식품부차관·지식경제부차관·방송통신위원회부위원장·보건복지가족부차관·환경부차관·노동부차관·국토해양부차관·소방방재청장·문화재청장·산림청장 그 밖에 위원장이 필요하다고 인정하는 관계부처 또는 청의 차관·차장 또는 청장이 된다. 이 경우 복수차관이 있는 기관은 해당 기관의 장이 지정하는 차관으로 한다. <개정 2008.7.2>

③ 정책협의회는 다음 각 호의 사항을 심의·조정한다.

1. 공공갈등 예방과 해결을 위하 법령정비 등 제도개선에 관한 사항

2. 공공갈등과 관련된 교육·홍보에 관한 사항

3. 그 밖에 위원장이 공공갈등과 관련하여 정책협의회의 심의가 필요하다고 인정하는 사항

④ 정책협의회의 사무를 처리하기 위하여 간사 1명을 두되, 간사는 국무

총리실 사회통합정책실장이 된다. <개정 2008.7.2>

제16조 (회의)

① 위원장은 정책협의회의 회의를 소집하며 그 의장이 된다.

② 정책협의회의 회의는 재적위원 과반수의 출석으로 개의하고, 출석위원 과반수의 찬성으로 의결한다.

제17조 (관계기관 등에의 협조요청) 정책협의회는 직무수행을 위하여 필요한 때에는 전문지식과 경험이 있는 관계공무원 또는 관계전문가를 참석하게 하여 의견을 듣거나 관계기관·단체 등에 대하여 자료 및 의견의 제출 등 필요한 협조를 요청할 수 있다.

제18조 (수당 및 여비) 제8조에 따른 심사위원회 및 제15조에 따른 정책협의회에 출석한 위원 및 관계전문가 등에 대하여는 예산의 범위 안에서 수당·여비 그 밖에 필요한 경비를 지급할 수 있다. 다만, 공무원이 그 소관 업무와 직접 관련하여 출석하는 경우에는 그렇지 않다.

부칙 <제847호, 2007.5.11>

이 규칙은 2007년 5월 13일부터 시행한다.

부칙 <제884호, 2008.7.2>

이 규칙은 공포한 날부터 시행한다.

부칙 <제892호, 2009.1.2>

이 규칙은 공포한 날부터 시행한다.

갈등 해결을 위해 조직 간의 협조가 필요하며, 가장 적합한 단계인 중간 단계에서 국가가 개입하여야 한다. 그런데 대부분은 처음부터 국가가 개입하거나, 이미 문제가 불거져 막다른 경우에 국가가 개입하는 수도 있다. 그러므로 해결을 보기보다는 문제를 더욱 악화시키거나, 때로는 그것을 정치적으로 이용하는 계기를 만들어 주기도 한다.

4. 노동조합과 조직문제 해결

공무원의 노동조합 설립 및 운영 등에 관한 법률 시행령
[시행 2006. 7. 1] [대통령령 제19515호, 2006. 6. 12, 타법개정]

제1조 (목적) 이 영은 「공무원의노동조합설립및운영등에관한법률」에서 위임된 사항과 그 시행에 관하여 필요한 사항을 규정함을 목적으로 한다.

제2조 (산하조직 설치사실의 통보) ① 「공무원의노동조합설립및운영등에관한법률」(이하 '법'이라 한다) 제5조의 규정에 따라 설립된 공무원의 노동조합(이하 '노동조합'이라 한다)이 지부·분회 등 산하조직을 설치한 경우 노동조합의 대표자는 그 사실을 다음 각 호의 구분에 따라 노동부장관 또는 지방노동관서의 장에게 통보하여야 한다.

1. 연합단체인 노동조합, 국회·법원·헌법재판소·선거관리위원회 및 행정부의 노동조합 그 밖의 전국규모의 단위노동조합의 경우에는 노동부장관

2. 제1호의 노동조합 외의 노동조합의 경우에는 지방노동관서의 장

② 제1항의 규정에 의한 산하조직 설치사실의 통보에 관하여 필요한 사항은 노동부령으로 정한다.

제3조 (노동조합 가입이 금지되는 공무원의 범위) 법 제6조제2항 및 제4항의 규정에 따라 노동조합에 가입할 수 없는 공무원의 범위는 다음 각 호와 같다. <개정 2006.6.12>

1. 다른 공무원에 대하여 지휘·감독권을 행사하거나 다른 공무원의 업무를 총괄하는 업무에 종사하는 공무원: 다음 각 목의 어느 하나에 해당하는 공무원

가. 법령·조례 또는 규칙에 따라 다른 공무원을 지휘·감독하며 그 복무를 관리할 권한과 책임을 부여받은 공무원(직무 대리자를 포함한다)

나. 훈령 또는 사무분장 등에 따라 부서장을 보조하여 부서 내 다른 공무

원의 업무 수행을 지휘·감독하거나 총괄하는 업무에 주로 종사하는
공무원

2. 인사·보수에 관한 업무를 수행하는 공무원 등 노동조합과의 관계에서
   행정기관의 입장에 서서 업무를 수행하는 공무원: 다음 각 목의 어느
   하나에 해당하는 업무에 주로 종사하는 공무원(자료정리 등 단순히 업
   무를 보조하는 자를 제외한다)

가. 공무원의 임용·복무·징계·소청심사·보수·연금 그 밖에 후생복
    지에 관한 업무

나. 노동조합 및 「공무원직장협의회의설립·운영에관한법률」에 따른 직장
    협의회에 관한 업무

다. 예산·기금의 편성 및 집행(단순집행을 제외한다)에 관한 업무

라. 행정기관의 조직과 정원의 관리에 관한 업무

마. 감사에 관한 업무

바. 보안업무, 질서유지업무, 청사시설의 관리 및 방호에 관한 업무, 비
    서·운전업무

3. 교정·수사 그 밖에 이와 유사한 업무에 종사하는 공무원: 다음 각 목
   의 어느 하나에 해당하는 공무원

가. 「공무원임용령」 별표 1의 공무원 중 교정·보호·검찰사무·마약수
    사·출입국관리 및 철도공안직렬의 공무원

나. 조세범처벌절차 법령에 따라 검찰총장 또는 검사장의 지명을 받아 조
    세범칙사건의 조사를 전담하는 공무원

다. 수사업무에 주로 종사하는 공무원

라. 국가정보원에 근무하는 공무원

4. 업무의 주된 내용이 노동관계의 조정·감독 등 노동조합의 조합원으로
   서의 지위를 가지고 수행하기에 적절하지 아니하다고 인정되는 업무에
   종사하는 공무원: 다음 각 목의 어느 하나에 해당하는 공무원

가. 「노동위원회법」에 따른 노동위원회의 사무국에서 조정사건이나 심판
    사건의 업무를 담당하는 공무원

나. 「근로기준법」에 따라 노동부 및 그 소속기관에서 「근로기준법」, 「산업안전보건법」 그 밖의 노동관계 법령 위반의 죄에 관하여 사법경찰관의 직무를 행하는 근로감독관

다. 「선원법」에 따라 「선원법」 및 「근로기준법」 그 밖의 선원근로관계 법령 위반의 죄에 관하여 사법경찰관의 직무를 행하는 선원근로감독관

라. 지방자치단체에서 「노동조합및노동관계조정법」에 따른 노동조합 설립 신고, 단체협약 및 쟁의행위 등에 관한 업무에 주로 종사하는 공무원

제4조 (비교섭 사항) 법 제8조제1항 단서에서 "법령 등에 의하여 국가 또는 지방자치단체가 그 권한으로 행하는 정책결정에 관한 사항, 임용권의 행사 등 그 기관의 관리·운영에 관한 사항"이라 함은 다음 각 호의 사항을 말한다.

1. 정책의 기획 또는 계획의 입안 등 정책결정에 관한 사항

2. 공무원의 채용·승진 및 전보 등 임용권의 행사에 관한 사항

3. 기관의 조직 및 정원에 관한 사항

4. 예산·기금의 편성 및 집행에 관한 사항

5. 행정기관이 당사자인 쟁송(불복신청을 포함한다)에 관한 사항

6. 기관의 관리·운영에 관한 그 밖의 사항

제5조 (교섭권 위임사실 등의 통보) 법 제8조제1항의 규정에 따른 정부교섭대표(이하 '정부교섭대표'라 한다)는 법 제8조제3항 내지 제5항의 규정에 따라 공동으로 교섭하거나, 교섭하고 단체협약을 체결할 권한을 위임하는 등의 경우에는 그 사실을 상대방에게 통보하여야 한다. 이 경우 관련 정부교섭대표 및 관계기관의 장 등의 성명과 위임내용 등을 구체적으로 명시하여야 한다.

제6조 (교섭요구의 시기) 법 제9조제2항의 규정에 따른 교섭요구는 노동부령이 정하는 바에 따라 단체협약의 유효기간 만료일 3월 전부터 교섭개시 예정일 30일 전까지 이를 하여야 한다.

제7조 (교섭요구사실의 공고와 교섭참여)

① 법 제9조제3항의 규정에 따른 교섭요구사실의 공고는 교섭의 요구를

받은 후 지체 없이 이를 하여야 한다.

② 법 제9조제3항의 규정에 따라 교섭에 참여하고자 하는 노동조합은 제 1항의 규정에 따른 공고일부터 7일 이내에 노동부령이 정하는 바에 따라 정부교섭대표에게 교섭을 요구하여야 한다.

③ 정부교섭대표는 제2항의 규정에 따른 교섭요구기간이 만료된 후 지체 없이 법 제9조제2항 및 동조제3항의 규정에 따라 교섭요구를 한 노동 조합(이하 '교섭노동조합'이라 한다)을 공고하고, 교섭노동조합에게 통 보하여야 한다.

④ 정부교섭대표는 제6조 및 제2항의 규정에 따른 교섭요구기간 안에 교 섭요구를 하지 아니한 노동조합의 교섭요구에 대하여는 이를 거부할 수 있다.

제8조 (교섭위원의 선임)

① 교섭노동조합은 제7조제3항의 규정에 따른 공고일부터 20일 이내에 교섭위원을 선임하여 교섭노동조합의 대표자가 각각 서명 또는 날인 한 서면으로 정부교섭대표에게 통보하여야 한다. 이 경우 교섭위원의 수는 조직의 규모 등을 고려하여 정하되, 10인 이내가 되도록 하여야 한다.

② 제1항의 규정에 따른 교섭위원의 선임에 있어 교섭노동조합이 2 이상 인 경우에는 교섭노동조합 간의 합의에 따라 교섭위원을 선임하되, 제 1항 전단의 규정에 따른 기간 안에 합의하지 못하는 때에는 교섭노동 조합의 조합원 수에 비례하여 교섭위원을 선임하여야 한다.

제9조 (교섭의 준비·개시 등) 노동관계 당사자는 제8조제1항의 규정에 따른 교섭위원의 선임통보가 있은 후 지체 없이 교섭내용·교섭일시·교섭 장소 그 밖의 교섭에 필요한 사항을 협의하고 교섭을 개시하여야 한다.

제10조 (단체협약의 이행통보) 정부교섭대표는 법 제10조제1항의 규정에 따라 단체협약으로서의 효력을 가지지 아니하는 단체협약의 내용에 대한 이 행결과를 당해 단체협약의 유효기간 만료일 3월 전까지 상대방에게 서면으 로 통보하여야 한다.

제11조 (노동쟁의의 조정 또는 중재의 통보 등)

① 「노동위원회법」 제2조제2항의 규정에 따른 중앙노동위원회(이하 '중앙
　노동위원회'라 한다)는 법 제12조 또는 법 제13조의 규정에 따른 조정
　또는 중재를 하게 된 경우 지체 없이 이를 서면으로 관계당사자에게
　통보하여야 한다.

② 중앙노동위원회는 법 제12조 또는 법 제13조제1호의 규정에 따른 조
　정 또는 중재의 신청을 받은 경우 그 신청내용이 법 제12조 또는 법
　제13조의 규정에 따른 조정 또는 중재의 대상이 아니라고 인정하는
　때에는 신청인에게 그 사유와 조정 또는 중재 외의 다른 해결방법을
　알려 주어야 한다.

③ 법 제12조 또는 법 제13조제1호의 규정에 따른 조정 또는 중재의 신
　청방법에 관하여는 노동부령으로 정한다.

제12조 (공무원노동관계조정위원회의 구성)

① 법 제14조제2항의 규정에 따른 공무원노동관계조정위원회(이하 '위원
　회'라 한다)의 공익위원 중 1인은 상근으로 한다.

② 중앙노동위원회 위원장은 법 제14조제3항의 규정에 따라 공익위원을
　추천함에 있어 관련 기관 또는 단체의 의견을 들을 수 있다.

③ 법 제15조의 규정에 따른 소위원회(이하 '소위원회'라 한다)의 위원장
　은 소위원회의 위원 중에서 위원회의 위원장이 중앙노동위원회의 위
　원장과 협의하여 지명하는 자가 되며, 소위원회의 위원장은 소위원회
　의 의장이 된다.

제13조 (부당노동행위 구제신청의 통보) 「노동위원회법」 제2조제1항의 규
정에 따른 노동위원회는 「노동조합및노동관계조정법」 제82조의 규정에 따
라 공무원 또는 노동조합으로부터 구제신청을 받은 때에는 지체 없이 그 사
실을 상대방인 행정관청과 소관 소청심사위원회에 통보하여야 한다.

제14조 (다른 대통령령과의 관계)

① 공무원에 적용할 노동조합 및 노동관계 조정에 관하여 이 영에서 정
　하지 아니한 사항에 대하여는 제2항에서 정하는 경우를 제외하고는 「

노동조합및노동관계조정법 시행령」이 정하는 바에 따른다. 이 경우 동 법 시행령 제9조제1항 본문 중 '노동부장관 또는 특별시장·광역시 장·도지사(이하 '행정관청'이라 한다)'는 '노동부장관'으로, 제9조제3 항·제11조제2항 및 제13조제4항 중 '당해 사업 또는 사업장의 사용 자나 사용자단체'는 각각 '당해 기관의 장'으로, 제10조제4항 중 '사 업 또는 사업장'은 각각 '기관'으로, 제29조제1항 중 '노동위원회'는 '중앙노동위원회'로, 제30조제1항 중 '중재위원회'는 '공무원노동관계 조정위원회'로, 제33조제1항 각 호 외의 부분 단서 중 '연합단체인 노 동조합과 전국규모의 산업별 단위노동조합'은 '연합단체인 노동조합, 국회·법원·헌법재판소·선거관리위원회 및 행정부의 노동조합 그 밖의 전국규모의 단위노동조합'으로, 동항제14호 중 '법 제96조'는 '법 제96조(동조제1항제3호를 제외한다)'로 보고, 동법 시행령 중 '근 로자'는 '공무원'으로, '행정관청'은 각각 '노동부장관'으로 본다.

② 「노동조합및노동관계조정법 시행령」 제7조, 제8조, 제11조제1항제4호, 제14조, 제17조 내지 제26조, 제28조, 제29조제2항, 제31조, 제32조 및 제33조제1항제10호 내지 제13호·제17호·제18호의 규정은 노동 조합에 대하여는 이를 적용하지 아니한다.

부칙 <제19303호, 2006.1.27>

이 영은 2006년 1월 28일부터 시행한다.

부칙 <제19515호, 2006.6.12>(공무원임용령)

제1조 (시행일) 이 영은 2006년 7월 1일부터 시행한다. <단서 생략>

제2조 생략

제3조 (다른 법령의 개정)

① 생략

② 공무원노동조합설립및운영등에관한법률시행령 일부를 다음과 같이 개 정한다.

제3조제3호 가목 중 '교정·소년보호·보호관찰·검찰사무·마약수사·

출입국관리 및 철도공안직렬의 공무원'을 '교정·보호·검찰사무·마약수사·출입국관리 및 철도공안직렬의 공무원'으로 한다.

교원의 노동조합 설립 및 운영 등에 관한 법률
[시행 2008. 2. 29] [법률 제8852호, 2008. 2. 29, 타법개정]

제1조 (목적) 이 법은 국가공무원법 제66조제1항 및 사립학교법 제55조의 규정에 불구하고 노동조합및노동관계조정법 제5조 단서의 규정에 의하여 교원의 노동조합 설립에 관한 사항을 정하고 교원에 적용할 노동조합및노동관계조정법에대한특례를 규정함을 목적으로 한다.

제2조 (정의) 이 법에서 '교원'이라 함은 초·중등교육법 제19조제1항에서 규정하고 있는 교원을 말한다. 다만, 해고된 자로서 노동조합및노동관계조정법 제82조제1항의 규정에 의하여 노동위원회에 부당노동행위의 구제신청을 한 자의 경우에는 중앙노동위원회의 재심판정이 있을 때까지 이를 교원으로 본다.

제3조 (정치활동의 금지) 교원의 노동조합(이하 '노동조합'이라 한다)은 일체의 정치활동을 하여서는 아니 된다.

제4조 (노동조합의 설립)

① 교원은 특별시·광역시·도·특별자치도(이하 '시·도'라 한다) 단위 또는 전국단위에 한하여 노동조합을 설립할 수 있다. <개정 2006. 12.30>

② 노동조합을 설립하고자 하는 자는 노동부장관에게 설립신고서를 제출하여야 한다.

제5조 (노동조합 전임자의 지위)

① 교원은 임용권자의 허가가 있는 경우에는 노동조합의 업무에만 종사할 수 있다.

② 제1항의 규정에 의하여 허가를 받아 노동조합의 업무에만 종사하는 자(이하 '전임자'라 한다)는 당해 기간 중 교육공무원법 제44조 및 사

립학교법 제59조의 규정에 의한 휴직명령을 받은 것으로 본다.

③ 전임자는 그 전임기간 중 봉급을 받지 못한다.

④ 전임자는 그 전임기간 중 전임자임을 이유로 승급 기타 신분상의 불이익을 받지 아니한다.

제6조 (교섭 및 체결권한 등)

① 노동조합의 대표자는 그 노동조합 또는 조합원의 임금·근무조건·후생복지 등 경제적·사회적 지위향상에 관한 사항에 대하여 교육과학기술부장관, 시·도 교육감 또는 사립학교를 설립·경영하는 자와 교섭하고 단체협약을 체결할 권한을 가진다. 이 경우 사립학교의 경우에는 사립학교를 설립·경영하는 자가 전국 또는 시·도단위로 연합하여 교섭에 응하여야 한다. <개정 2001.1.29, 2008.2.29>

② 제1항의 경우에 노동조합의 교섭위원은 당해 노동조합을 대표하는 자와 그 조합원으로 구성하여야 한다.

③ 조직대상을 같이하는 2 이상의 노동조합이 설립되어 있는 경우에는 노동조합은 교섭창구를 단일화하여 단체교섭을 요구하여야 한다.

[유효기간 2009.12.31]

④ 제1항의 규정에 의한 단체교섭을 하거나 단체협약을 체결하는 경우에는 관계 당사자는 국민여론 및 학부모의 의견을 수렴하여 성실히 교섭하고 단체협약을 체결하여야 하며, 그 권한을 남용하여서는 아니 된다.

⑤ 제1항의 규정에 의한 단체교섭의 절차 등에 관하여 필요한 사항은 대통령령으로 정한다.

제7조 (단체협약의 효력)

① 제6조제1항의 규정에 의하여 체결된 단체협약의 내용 중 법령·조례 및 예산에 의하여 규정되는 내용과 법령 또는 조례에 의한 위임을 받아 규정되는 내용은 단체협약으로서의 효력을 가지지 아니한다.

② 교육과학기술부장관, 시·도 교육감 및 사립학교를 설립·경영하는 자는 제1항의 규정에 의하여 단체협약으로서의 효력을 가지지 아니하는 내용에 대하여는 그 내용이 이행될 수 있도록 성실히 노력하여야

한다. <개정 2001.1.29, 2008.2.29>

제8조 (쟁의행위의 금지) 노동조합과 그 조합원은 파업·태업 기타 업무의 정상적인 운영을 저해하는 일체의 쟁의행위를 하여서는 아니 된다.

제9조 (노동쟁의의 조정신청 등)

① 제6조의 규정에 의한 단체교섭이 결렬된 경우에는 당사자 일방 또는 쌍방은 중앙노동위원회에 조정을 신청할 수 있다.

② 제1항의 규정에 의하여 당사자 일방 또는 쌍방이 조정을 신청한 경우에는 중앙노동위원회는 지체 없이 조정을 개시하여야 하며 당사자 쌍방은 이에 성실히 임하여야 한다.

③ 조정은 제1항의 규정에 의한 신청이 있는 날부터 30일 이내에 종료하여야 한다.

제10조 (중재의 개시) 중앙노동위원회는 다음 각 호의 1에 해당하는 때에는 중재를 행한다.

1. 제6조의 규정에 의한 단체교섭이 결렬되어 관계 당사자 쌍방이 함께 중재를 신청한 경우

2. 중앙노동위원회가 제시한 조정안을 당사자 일방 또는 쌍방이 거부한 경우

3. 중앙노동위원회 위원장이 직권 또는 노동부장관의 요청에 의하여 중재에 회부한다는 결정을 한 경우

제11조 (교원노동관계조정위원회의 구성)

① 교원의 노동쟁의를 조정·중재하기 위하여 중앙노동위원회에 교원노동관계조정위원회(이하 '위원회'라 한다)를 둔다.

② 제1항의 규정에 의한 위원회는 중앙노동위원회 위원장이 지명하는 조정담당 공익위원 3인으로 구성한다. 다만, 관계당사자의 합의로 중앙노동위원회의 조정담당 공익위원이 아닌 자를 추천하는 경우에는 그 추천된 자를 지명하여야 한다.

③ 위원회의 위원장은 위원회의 위원 중에서 호선한다.

제12조 (중재재정의 확정 등)

① 관계당사자는 중앙노동위원회의 중재재정이 위법하거나 월권에 의한 것이라고 인정하는 경우에는 행정소송법 제20조의 규정에 불구하고 그 중재재정서의 송달을 받은 날부터 15일 이내에 중앙노동위원회 위원장을 피고로 하여 행정소송을 제기할 수 있다.

② 제1항의 기간 내에 행정소송을 제기하지 아니한 때에는 그 중재재정은 확정된다.

③ 제2항의 규정에 의하여 중재재정이 확정된 때에는 관계당사자는 이에 따라야 한다.

④ 중앙노동위원회의 중재재정은 제1항의 규정에 의한 행정소송의 제기에 의하여 그 효력이 정지되지 아니한다.

⑤ 제2항의 규정에 의하여 확정된 중재재정의 내용은 단체협약과 동일한 효력을 가진다.

제13조 (교원소청심사청구와의 관계 <개정 2005.1.27>) 노동조합및노동관계조정법 제81조제1호 및 제5호의 규정에 의한 행위로 인하여 교원이 해고 기타 불이익을 받은 것을 이유로 당해 교원 또는 노동조합이 동법 제82조제1항의 규정에 의하여 노동위원회에 그 구제를 신청한 경우에는 교원지위향상을위한특별법 제9조의 규정에 불구하고 교원소청심사위원회에 소청심사를 청구할 수 없다. <개정 2005.1.27>

제14조 (다른 법률과의 관계)

① 교원에 적용할 노동조합 및 노동관계조정에 관하여 이 법에서 정하지 아니한 사항에 대하여는 제2항에서 정하는 경우를 제외하고는 노동조합및노동관계조정법이 정하는 바에 따른다. 이 경우 동법 제3조 중 '단체교섭 또는 쟁의행위로'는 '단체교섭으로'로, 동법 제4조 중 '단체교섭·쟁의행위'는 '단체교섭'으로, 동법 제10조제1항 본문 중 '연합단체인 노동조합과 2 이상의 특별시·광역시·도에 걸치는 단위노동조합은 노동부장관에게, 그 외의 노동조합은 특별시장·광역시장·도지사에게'는 '노동부장관에게'로, 동법 제12조제1항 중 '노동부장관 또는 특별시장·광역시장·도지사(이하 '행정관청'이라 한다)는'은 '노동

부장관은'으로, 동법 제58조·제60조제1항 내지 제4항 및 제61조제3항 중 '조정위원회 또는 단독조정인'은 '교원노동관계조정위원회'로, 동법 제59조 중 '조정위원회의 위원장 또는 단독조정인'은 '교원노동관계조정위원회 위원장'으로, 동법 제61조제1항 중 '조정위원 전원 또는 단독조정인'은 '교원노동관계조정위원회 위원 전원'으로, 동법 제66조제1항·제67조 및 제68조제2항 중 '중재위원회'는 '교원노동관계조정위원회'로, 동법 제81조제3호 중 '노동조합의 대표자 또는 노동조합으로부터 위임을 받은 자'는 '노동조합의 대표자'로, 동법 제90조 중 '제44조제2항, 제69조제4항, 제77조 또는 제81조'는 '제81조'로, 동법 제92조제1호 중 '제31조제1항의 규정에 의하여 체결된 단체협약 또는 제36조제1항의 규정에 의한 결정에 위반한 자'는 '제31조제1항의 규정에 의하여 체결된 단체협약에 위반한 자'로, 동법 제94조 중 '제88조 내지 제93조'는 '제89조제2호, 제90조, 제92조, 제93조'로, 동법 중 '근로자'는 '교원'으로, 동법 중 '사용자'는 '교육과학기술부장관, 시·도 교육감, 사립학교를 설립·경영하는 자 또는 교원에 관한 사항에 대하여 교육과학기술부장관, 시·도 교육감, 사립학교를 설립·경영하는 자를 위하여 행동하는 자'로, 동법 중 '행정관청'은 '노동부장관'으로 본다. <개정 2001.1.29, 2008.2.29>

② 노동조합및노동관계조정법 제2조제4호 라목 단서, 제24조, 제29조제2항·제3항, 제36조 내지 제46조, 제51조 내지 제57조, 제60조제5항, 제62조 내지 제65조, 제66조제2항, 제69조 내지 제80조, 제81조제2호 단서, 제88조, 제89조제1호, 제91조, 제96조제1항제3호 및 부칙(법률 제5310호) 제5조제1항·제2항의 규정은 노동조합에 대하여는 이를 적용하지 아니한다.

③ 공직선거및선거부정방지법 제87조 단서의 규정은 노동조합에 대하여는 이를 적용하지 아니한다.

제15조 (벌칙)

① 제8조의 규정에 위반한 자는 5년 이하의 징역 또는 5천만 원 이하의

벌금에 처한다.

② 제12조제3항의 규정에 위반한 자는 2년 이하의 징역 또는 2천만 원 이하의 벌금에 처한다.

부칙 <제5727호, 1999.1.29>

① (시행일) 이 법은 1999년 7월 1일부터 시행한다.

② (유효기간) 제6조제3항의 규정은 2009년 12월 31일까지 그 효력을 가진다.<개정 2001.3.28, 2006.12.30>

부칙 <제6400호, 2001.1.29>(정부조직법)

제1조 (시행일) 이 법은 공포한 날부터 시행한다. <단서 생략>

제2조 생략

제3조 (다른 법률의 개정) ① 내지 ④ 생략

⑤ 교원의노동조합설립및운영등에관한법률 중 다음과 같이 개정한다.

제6조제1항 전단, 제7조제2항 및 제14조제1항 후단 중 '교육부장관'을 각각 '교육인적자원 부장관'으로 한다.

⑥ 내지 <79> 생략

제4조 생략

부칙 <제6456호, 2001.3.28>(노동조합및노동관계조정법)

① (시행일) 이 법은 공포한 날부터 시행한다. <단서 생략>

② (다른 법률의 개정) 법률 제5727호 교원의노동조합설립및운영등에관한법률 부칙 제2항 중 '2001년'을 '2006년'으로 한다.

부칙 <제7354호, 2005.1.27>(교원지위향상을위한특별법)

제1조 (시행일) 이 법은 공포한 날부터 시행한다.

제2조 생략

제3조 (다른 법률의 개정)

① 교원의노동조합설립및운영등에관한법률 중 다음과 같이 개정한다.

제13조의 제목 중 '교원징계 재심청구'를 '교원소청심사청구'로 하고, 동

조 중 '교원징계재심위원회에 재심을'을 '교원소청심사위원회에 소청심사를' 로 한다.

② 및 ③ 생략

제4조 생략

부칙 <제8157호, 2006.12.30>

이 법은 2007년 1월 1일부터 시행한다.

부칙 <제8852호, 2008.2.29>(정부조직법)

제1조(시행일) 이 법은 공포한 날부터 시행한다. 다만, ……<생략>…… 부칙 제6조에 따라 개정되는 법률 중 이 법의 시행 전에 공포되었으나 시행일이 도래하지 아니한 법률을 개정한 부분은 각각 해당 법률의 시행일부터 시행한다.

제2조부터 제5조까지 생략

제6조 (다른 법률의 개정) ①부터 <531>까지 생략

<532> 교원의노동조합설립및운영등에관한법률 일부를 다음과 같이 개정한다.

제6조제1항 전단, 제7조제2항 및 제14조제1항 중 '교육인적자원부장관'을 각각 '교육과학기술부장관'으로 한다.

<533>부터 <760>까지 생략

제7조 생략

노동조합 및 노동관계조정법
[시행 2008. 3. 28] [법률 제9041호, 2008. 3. 28, 일부개정]

제1장 총칙

제1조 (목적) 이 법은 헌법에 의한 근로자의 단결권·단체교섭권 및 단체

행동권을 보장하여 근로조건의 유지·개선과 근로자의 경제적·사회적 지위의 향상을 도모하고, 노동관계를 공정하게 조정하여 노동쟁의를 예방·해결함으로써 산업평화의 유지와 국민경제의 발전에 이바지함을 목적으로 한다.

제2조 (정의) 이 법에서 사용하는 용어의 정의는 다음과 같다.

1. '근로자'라 함은 직업의 종류를 불문하고 임금·급료 기타 이에 준하는 수입에 의하여 생활하는 자를 말한다.

2. '사용자'라 함은 사업주, 사업의 경영담당자 또는 그 사업의 근로자에 관한 사항에 대하여 사업주를 위하여 행동하는 자를 말한다.

3. '사용자단체'라 함은 노동관계에 관하여 그 구성원인 사용자에 대하여 조정 또는 규제할 수 있는 권한을 가진 사용자의 단체를 말한다.

4. '노동조합'이라 함은 근로자가 주체가 되어 자주적으로 단결하여 근로조건의 유지·개선 기타 근로자의 경제적·사회적 지위의 향상을 도모함을 목적으로 조직하는 단체 또는 그 연합단체를 말한다. 다만, 다음 각 목의 1에 해당하는 경우에는 노동조합으로 보지 아니한다.

가. 사용자 또는 항상 그의 이익을 대표하여 행동하는 자의 참가를 허용하는 경우

나. 경비의 주된 부분을 사용자로부터 원조받는 경우

다. 공제·수양 기타 복리사업만을 목적으로 하는 경우

라. 근로자가 아닌 자의 가입을 허용하는 경우. 다만, 해고된 자가 노동위원회에 부당노동행위의 구제신청을 한 경우에는 중앙노동위원회의 재심판정이 있을 때까지는 근로자가 아닌 자로 해석하여서는 아니 된다.

마. 주로 정치운동을 목적으로 하는 경우

5. '노동쟁의'라 함은 노동조합과 사용자 또는 사용자단체(이하 '노동관계 당사자'라 한다) 간에 임금·근로시간·복지·해고 기타 대우 등 근로조건의 결정에 관한 주장의 불일치로 인하여 발생한 분쟁상태를 말한다. 이 경우 주장의 불일치라 함은 당사자 간에 합의를 위한 노력을 계속하여도 더 이상 자주적 교섭에 의한 합의의 여지가 없는 경우를 말한다.

6. '쟁의행위'라 함은 파업·태업·직장폐쇄 기타 노동관계 당사자가 그 주장을 관철할 목적으로 행하는 행위와 이에 대항하는 행위로서 업무의 정상적인 운영을 저해하는 행위를 말한다.

제3조 (손해배상 청구의 제한) 사용자는 이 법에 의한 단체교섭 또는 쟁의행위로 인하여 손해를 입은 경우에 노동조합 또는 근로자에 대하여 그 배상을 청구할 수 없다.

제4조 (정당행위) 형법 제20조의 규정은 노동조합이 단체교섭·쟁의행위 기타의 행위로서 제1조의 목적을 달성하기 위하여 한 정당한 행위에 대하여 적용된다. 다만, 어떠한 경우에도 폭력이나 파괴행위는 정당한 행위로 해석되어서는 아니 된다.

제2장 노동조합

제1절 통칙

제5조 (노동조합의 조직·가입) 근로자는 자유로이 노동조합을 조직하거나 이에 가입할 수 있다. 다만, 공무원과 교원에 대하여는 따로 법률로 정한다.

제6조 (법인격의 취득)

① 노동조합은 그 규약이 정하는 바에 의하여 법인으로 할 수 있다.

② 노동조합은 당해 노동조합을 법인으로 하고자 할 경우에는 대통령령이 정하는 바에 의하여 등기를 하여야 한다.

③ 법인인 노동조합에 대하여는 이 법에 규정된 것을 제외하고는 민법 중 사단법인에 관한 규정을 적용한다.

제7조 (노동조합의 보호요건)

① 이 법에 의하여 설립된 노동조합이 아니면 노동위원회에 노동쟁의의 조정 및 부당노동행위의 구제를 신청할 수 없다.

② 제1항의 규정은 제81조제1호·제2호 및 제5호의 규정에 의한 근로자

의 보호를 부인하는 취지로 해석되어서는 아니 된다.

③ 이 법에 의하여 설립된 노동조합이 아니면 노동조합이라는 명칭을 사용할 수 없다.

제8조 (조세의 면제) 노동조합에 대하여는 그 사업체를 제외하고는 세법이 정하는 바에 따라 조세를 부과하지 아니한다.

제9조 (차별대우의 금지 <개정 2008.3.28>) 노동조합의 조합원은 어떠한 경우에도 인종, 종교, 성별, 연령, 신체적 조건, 고용형태, 정당 또는 신분에 의하여 차별대우를 받지 아니한다. <개정 2008.3.28>

제2절 노동조합의 설립

제10조 (설립의 신고)

① 노동조합을 설립하고자 하는 자는 다음 각 호의 사항을 기재한 신고서에 제11조의 규정에 의한 규약을 첨부하여 연합단체인 노동조합과 2 이상의 특별시·광역시·도·특별자치도에 걸치는 단위노동조합은 노동부장관에게, 2 이상의 시·군·구(자치구를 말한다)에 걸치는 단위노동조합은 특별시장·광역시장·도지사에게, 그 외의 노동조합은 특별자치도지사·시장·군수·구청장(자치구의 구청장을 말한다. 이하 제12조제1항에서 같다)에게 제출하여야 한다. <개정 1998.2.20, 2006.12.30>

1. 명칭
2. 주된 사무소의 소재지
3. 조합원 수
4. 임원의 성명과 주소
5. 소속된 연합단체가 있는 경우에는 그 명칭
6. 연합단체인 노동조합에 있어서는 그 구성노동단체의 명칭, 조합원 수, 주된 사무소의 소재지 및 임원의 성명·주소

② 제1항의 규정에 의한 연합단체인 노동조합은 동종산업의 단위노동조

합을 구성원으로 하는 산업별 연합단체와 산업별 연합단체 또는 전국 규모의 산업별 단위노동조합을 구성원으로 하는 총연합단체를 말한다.

제11조 (규약) 노동조합은 그 조직의 자주적·민주적 운영을 보장하기 위하여 당해 노동조합의 규약에 다음 각 호의 사항을 기재하여야 한다. <개정 2006.12.30>

1. 명칭
2. 목적과 사업
3. 주된 사무소의 소재지
4. 조합원에 관한 사항(연합단체인 노동조합에 있어서는 그 구성단체에 관한 사항)
5. 소속된 연합단체가 있는 경우에는 그 명칭
6. 대의원회를 두는 경우에는 대의원회에 관한 사항
7. 회의에 관한 사항
8. 대표자와 임원에 관한 사항
9. 조합비 기타 회계에 관한 사항
10. 규약변경에 관한 사항
11. 해산에 관한 사항
12. 쟁의행위와 관련된 찬반투표 결과의 공개, 투표자 명부 및 투표용지 등의 보존·열람에 관한 사항
13. 대표자와 임원의 규약위반에 대한 탄핵에 관한 사항
14. 임원 및 대의원의 선거절차에 관한 사항
15. 규율과 통제에 관한 사항

제12조 (신고증의 교부)

① 노동부장관, 특별시장·광역시장·도지사·특별자치도지사 또는 시장·군수·구청장(이하 '행정관청'이라 한다)은 제10조제1항의 규정에 의한 설립신고서를 접수한 때에는 제2항 전단 및 제3항의 경우를 제외하고는 3일 이내에 신고증을 교부하여야 한다. <개정 1998.2.20, 2006.12.30>

② 행정관청은 설립신고서 또는 규약이 기재사항의 누락 등으로 보완이 필요한 경우에는 대통령령이 정하는 바에 따라 20일 이내의 기간을 정하여 보완을 요구하여야 한다. 이 경우 보완된 설립신고서 또는 규약을 접수한 때에는 3일 이내에 신고증을 교부하여야 한다. <개정 1998.2.20>

③ 행정관청은 설립하고자 하는 노동조합이 다음 각 호의 1에 해당하는 경우에는 설립신고서를 반려하여야 한다. <개정 1998.2.20>

1. 제2조제4호 각목의 1에 해당하는 경우

2. 제2항의 규정에 의하여 보완을 요구하였음에도 불구하고 그 기간 내에 보완을 하지 아니하는 경우

④ 노동조합이 신고증을 교부받은 경우에는 설립신고서가 접수된 때에 설립된 것으로 본다.

제13조 (변경사항의 신고 등) ① 노동조합은 제10조제1항의 규정에 의하여 설립신고된 사항 중 다음 각 호의 1에 해당하는 사항에 변경이 있는 때에는 그날부터 30일 이내에 행정관청에게 변경신고를 하여야 한다. <개정 1998.2.20, 2001.3.28>

1. 명칭

2. 주된 사무소의 소재지

3. 대표자의 성명

4. 소속된 연합단체의 명칭

② 노동조합은 매년 1월 31일까지 다음 각 호의 사항을 행정관청에게 통보하여야 한다. 다만, 제1항의 규정에 의하여 전년도에 변경신고된 사항은 그러하지 아니하다. <개정 1998.2.20, 2001.3.28>

1. 전년도에 규약의 변경이 있는 경우에는 변경된 규약내용

2. 전년도에 임원의 변경이 있는 경우에는 변경된 임원의 성명

3. 전년도 12월 31일 현재의 조합원 수(연합단체인 노동조합에 있어서는 구성단체별 조합원 수)

제3절 노동조합의 관리

제14조 (서류비치 등)

① 노동조합은 조합설립일부터 30일 이내에 다음 각 호의 서류를 작성하여 그 주된 사무소에 비치하여야 한다.

1. 조합원 명부(연합단체인 노동조합에 있어서는 그 구성단체의 명칭)

2. 규약

3. 임원의 성명·주소록

4. 회의록

5. 재정에 관한 장부와 서류

② 제1항제4호 및 제5호의 서류는 3연간 보존하여야 한다.

제15조 (총회의 개최)

① 노동조합은 매년 1회 이상 총회를 개최하여야 한다.

② 노동조합의 대표자는 총회의 의장이 된다.

제16조 (총회의 의결사항)

① 다음 각 호의 사항은 총회의 의결을 거쳐야 한다.

1. 규약의 제정과 변경에 관한 사항

2. 임원의 선거와 해임에 관한 사항

3. 단체협약에 관한 사항

4. 예산·결산에 관한 사항

5. 기금의 설치·관리 또는 처분에 관한 사항

6. 연합단체의 설립·가입 또는 탈퇴에 관한 사항

7. 합병·분할 또는 해산에 관한 사항

8. 조직형태의 변경에 관한 사항

9. 기타 중요한 사항

② 총회는 재적조합원 과반수의 출석과 출석조합원 과반수의 찬성으로 의결한다. 다만, 규약의 제정·변경, 임원의 해임, 합병·분할·해산 및 조직형태의 변경에 관한 사항은 재적조합원 과반수의 출석과 출석

조합원 3분의 2 이상의 찬성이 있어야 한다.

③ 임원의 선거에 있어서 출석조합원 과반수의 찬성을 얻은 자가 없는 경우에는 제2항 본문의 규정에 불구하고 규약이 정하는 바에 따라 결선투표를 실시하여 다수의 찬성을 얻은 자를 임원으로 선출할 수 있다.

④ 규약의 제정·변경과 임원의 선거·해임에 관한 사항은 조합원의 직접·비밀·무기명투표에 의하여야 한다.

제17조 (대의원회)

① 노동조합은 규약으로 총회에 갈음할 대의원회를 둘 수 있다.

② 대의원은 조합원의 직접·비밀·무기명투표에 의하여 선출되어야 한다.

③ 대의원의 임기는 규약으로 정하되 3년을 초과할 수 없다.

④ 대의원회를 둔 때에는 총회에 관한 규정은 대의원회에 이를 준용한다.

제18조 (임시총회 등의 소집)

① 노동조합의 대표자는 필요하다고 인정할 때에는 임시총회 또는 임시대의원회를 소집할 수 있다.

② 노동조합의 대표자는 조합원 또는 대의원의 3분의 1 이상(연합단체인 노동조합에 있어서는 그 구성단체의 3분의 1 이상)이 회의에 부의할 사항을 제시하고 회의의 소집을 요구한 때에는 지체 없이 임시총회 또는 임시대의원회를 소집하여야 한다.

③ 행정관청은 노동조합의 대표자가 제2항의 규정에 의한 회의의 소집을 고의로 기피하거나 이를 해태하여 조합원 또는 대의원의 3분의 1 이상이 소집권자의 지명을 요구한 때에는 15일 이내에 노동위원회의 의결을 요청하고 노동위원회의 의결이 있는 때에는 지체 없이 회의의 소집권자를 지명하여야 한다. <개정 1998.2.20>

④ 행정관청은 노동조합에 총회 또는 대의원회의 소집권자가 없는 경우에 조합원 또는 대의원의 3분의 1 이상이 회의에 부의할 사항을 제시하고 소집권자의 지명을 요구한 때에는 15일 이내에 회의의 소집권자를 지명하여야 한다. <개정 1998.2.20>

제19조 (소집의 절차) 총회 또는 대의원회는 회의개최일 7일 전까지 그

회의에 부의할 사항을 공고하고 규약에 정한 방법에 의하여 소집하여야 한다. 다만, 노동조합이 동일한 사업장 내의 근로자로 구성된 경우에는 그 규약으로 공고기간을 단축할 수 있다.

제20조 (표결권의 특례) 노동조합이 특정 조합원에 관한 사항을 의결할 경우에는 그 조합원은 표결권이 없다.

제21조 (규약 및 결의처분의 시정)

① 행정관청은 노동조합의 규약이 노동관계법령에 위반한 경우에는 노동위원회의 의결을 얻어 그 시정을 명할 수 있다. <개정 1998.2.20>

② 행정관청은 노동조합의 결의 또는 처분이 노동관계법령 또는 규약에 위반된다고 인정할 경우에는 노동위원회의 의결을 얻어 그 시정을 명할 수 있다. 다만, 규약위반 시의 시정명령은 이해관계인의 신청이 있는 경우에 한한다. <개정 1998.2.20>

③ 제1항 또는 제2항의 규정에 의하여 시정명령을 받은 노동조합은 30일 이내에 이를 이행하여야 한다. 다만, 정당한 사유가 있는 경우에는 그 기간을 연장할 수 있다.

제22조 (조합원의 권리와 의무) 노동조합의 조합원은 균등하게 그 노동조합의 모든 문제에 참여할 권리와 의무를 가진다. 다만, 노동조합은 그 규약으로 조합비를 납부하지 아니하는 조합원의 권리를 제한할 수 있다.

제23조 (임원의 선거 등)

① 노동조합의 임원은 그 조합원 중에서 선출되어야 한다.

② 임원의 임기는 규약으로 정하되 3년을 초과할 수 없다.

제24조 (노동조합의 전임자)

① 근로자는 단체협약으로 정하거나 사용자의 동의가 있는 경우에는 근로계약 소정의 근로를 제공하지 아니하고 노동조합의 업무에만 종사할 수 있다.

② 제1항의 규정에 의하여 노동조합의 업무에만 종사하는 자(이하 '전임자'라 한다)는 그 전임기간 동안 사용자로부터 어떠한 급여도 지급받아서는 아니 된다.

제25조 (회계감사)

① 노동조합의 대표자는 그 회계감사원으로 하여금 6월에 1회 이상 당해 노동조합의 모든 재원 및 용도, 주요한 기부자의 성명, 현재의 경리 상황 등에 대한 회계감사를 실시하게 하고 그 내용과 감사결과를 전체 조합원에게 공개하여야 한다.

② 노동조합의 회계감사원은 필요하다고 인정할 경우에는 당해 노동조합의 회계감사를 실시하고 그 결과를 공개할 수 있다.

제26조 (운영상황의 공개) 노동조합의 대표자는 회계연도마다 결산결과와 운영상황을 공표하여야 하며 조합원의 요구가 있을 때에는 이를 열람하게 하여야 한다.

제27조 (자료의 제출) 노동조합은 행정관청이 요구하는 경우에는 결산결과와 운영상황을 보고하여야 한다. <개정 1998.2.20>

제4절 노동조합의 해산

제28조 (해산사유)

① 노동조합은 다음 각 호의 1에 해당하는 경우에는 해산한다. <개정 1998.2.20>

1. 규약에서 정한 해산사유가 발생한 경우
2. 합병 또는 분할로 소멸한 경우
3. 총회 또는 대의원회의 해산결의가 있는 경우
4. 노동조합의 임원이 없고 노동조합으로서의 활동을 1년 이상 하지 아니한 것으로 인정되는 경우로서 행정관청이 노동위원회의 의결을 얻은 경우

② 제1항제1호 내지 제3호의 사유로 노동조합이 해산한 때에는 그 대표자는 해산한 날부터 15일 이내에 행정관청에게 이를 신고하여야 한다. <개정 1998.2.20>

제3장 단체교섭 및 단체협약

제29조 (교섭 및 체결권한)

① 노동조합의 대표자는 그 노동조합 또는 조합원을 위하여 사용자나 사용자단체와 교섭하고 단체협약을 체결할 권한을 가진다.

② 노동조합과 사용자 또는 사용자단체로부터 교섭 또는 단체협약의 체결에 관한 권한을 위임받은 자는 그 노동조합과 사용자 또는 사용자단체를 위하여 위임받은 범위 안에서 그 권한을 행사할 수 있다.

③ 노동조합과 사용자 또는 사용자단체는 제2항의 규정에 의하여 교섭 또는 단체협약의 체결에 관한 권한을 위임한 때에는 그 사실을 상대방에게 통보하여야 한다.

제30조 (교섭 등의 원칙)

① 노동조합과 사용자 또는 사용자단체는 신의에 따라 성실히 교섭하고 단체협약을 체결하여야 하며 그 권한을 남용하여서는 아니 된다.

② 노동조합과 사용자 또는 사용자단체는 정당한 이유 없이 교섭 또는 단체협약의 체결을 거부하거나 해태하여서는 아니 된다.

제31조 (단체협약의 작성)

① 단체협약은 서면으로 작성하여 당사자 쌍방이 서명 또는 날인하여야 한다. <개정 2006.12.30>

② 단체협약의 당사자는 단체협약의 체결일부터 15일 이내에 이를 행정관청에게 신고하여야 한다. <개정 1998.2.20>

③ 행정관청은 단체협약 중 위법한 내용이 있는 경우에는 노동위원회의 의결을 얻어 그 시정을 명할 수 있다. <개정 1998.2.20>

제32조 (단체협약이 유효기간)

① 단체협약에는 2년을 초과하는 유효기간을 정할 수 없다.

② 단체협약에 그 유효기간을 정하지 아니한 경우 또는 제1항의 기간을 초과하는 유효기간을 정한 경우에 그 유효기간은 2년으로 한다.

③ 단체협약의 유효기간이 만료되는 때를 전후하여 당사자 쌍방이 새로운 단체협약을 체결하고자 단체교섭을 계속하였음에도 불구하고 새로운 단체협약이 체결되지 아니한 경우에는 별도의 약정이 있는 경우를 제외하고는 종전의 단체협약은 그 효력만료일부터 3월까지 계속 효력을 갖는다. 다만, 단체협약에 그 유효기간이 경과한 후에도 새로운 단체협약이 체결되지 아니한 때에는 새로운 단체협약이 체결될 때까지 종전 단체협약의 효력을 존속시킨다는 취지의 별도의 약정이 있는 경우에는 그에 따르되, 당사자 일방은 해지하고자 하는 날의 6월전까지 상대방에게 통고함으로써 종전의 단체협약을 해지할 수 있다. <개정 1998.2.20>

제33조 (기준의 효력)

① 단체협약에 정한 근로조건 기타 근로자의 대우에 관한 기준에 위반하는 취업규칙 또는 근로계약의 부분은 무효로 한다.

② 근로계약에 규정되지 아니한 사항 또는 제1항의 규정에 의하여 무효로 된 부분은 단체협약에 정한 기준에 의한다.

제34조 (단체협약의 해석)

① 단체협약의 해석 또는 이행방법에 관하여 관계 당사자 간에 의견의 불일치가 있는 때에는 당사자 쌍방 또는 단체협약에 정하는 바에 의하여 어느 일방이 노동위원회에 그 해석 또는 이행방법에 관한 견해의 제시를 요청할 수 있다.

② 노동위원회는 제1항의 규정에 의한 요청을 받은 때에는 그날부터 30일 이내에 명확한 견해를 제시하여야 한다.

③ 제2항의 규정에 의하여 노동위원회가 제시한 해석 또는 이행방법에 관한 견해는 중재재정과 동일한 효력을 가진다.

제35조 (일반적 구속력) 하나의 사업 또는 사업장에 상시 사용되는 동종의 근로자 반수 이상이 하나의 단체협약의 적용을 받게 된 때에는 당해 사업 또는 사업장에 사용되는 다른 동종의 근로자에 대하여도 당해 단체협약이 적용된다.

제36조 (지역적 구속력)

① 하나의 지역에 있어서 종업하는 동종의 근로자 3분의 2 이상이 하나의 단체협약의 적용을 받게 된 때에는 행정관청은 당해 단체협약의 당사자의 쌍방 또는 일방의 신청에 의하거나 그 직권으로 노동위원회의 의결을 얻어 당해 지역에서 종업하는 다른 동종의 근로자와 그 사용자에 대하여도 당해 단체협약을 적용한다는 결정을 할 수 있다. <개정 1998.2.20>

② 행정관청이 제1항의 규정에 의한 결정을 한 때에는 지체 없이 이를 공고하여야 한다. <개정 1998.2.20>

제4장 쟁의행위

제37조 (쟁의행위의 기본원칙)

① 쟁의행위는 그 목적·방법 및 절차에 있어서 법령 기타 사회질서에 위반되어서는 아니 된다.

② 조합원은 노동조합에 의하여 주도되지 아니한 쟁의행위를 하여서는 아니 된다.

제38조 (노동조합의 지도와 책임)

① 쟁의행위는 그 쟁의행위와 관계없는 자 또는 근로를 제공하고자 하는 자의 출입·조업 기타 정상적인 업무를 방해하는 방법으로 행하여져서는 아니 되며 쟁의행위의 참가를 호소하거나 설득하는 행위로서 폭행·협박을 사용하여서는 아니 된다.

② 작업시설의 손상이나 원료·제품의 변질 또는 부패를 방지하기 위한 작업은 쟁의행위 기간 중에도 정상적으로 수행되어야 한다.

③ 노동조합은 쟁의행위가 적법하게 수행될 수 있도록 지도·관리·통제할 책임이 있다.

제39조 (근로자의 구속제한) 근로자는 쟁의행위 기간 중에는 현행범 외에

는 이 법 위반을 이유로 구속되지 아니한다.

제40조 삭제 <2006.12.30>

제41조 (쟁의행위의 제한과 금지)

① 노동조합의 쟁의행위는 그 조합원의 직접·비밀·무기명투표에 의한 조합원 과반수의 찬성으로 결정하지 아니하면 이를 행할 수 없다.

② 「방위사업법」에 의하여 지정된 주요방위산업체에 종사하는 근로자 중 전력, 용수 및 주로 방산물자를 생산하는 업무에 종사하는 자는 쟁의행위를 할 수 없으며 주로 방산물자를 생산하는 업무에 종사하는 자의 범위는 대통령령으로 정한다. <개정 2006.1.2>

제42조 (폭력행위 등의 금지)

① 쟁의행위는 폭력이나 파괴행위 또는 생산 기타 주요업무에 관련되는 시설과 이에 준하는 시설로서 대통령령이 정하는 시설을 점거하는 형태로 이를 행할 수 없다.

② 사업장의 안전보호시설에 대하여 정상적인 유지·운영을 정지·폐지 또는 방해하는 행위는 쟁의행위로서 이를 행할 수 없다.

③ 행정관청은 쟁의행위가 제2항의 행위에 해당한다고 인정하는 경우에는 노동위원회의 의결을 얻어 그 행위를 중지할 것을 통보하여야 한다. 다만, 사태가 급박하여 노동위원회의 의결을 얻을 시간적 여유가 없을 때에는 그 의결을 얻지 아니하고 즉시 그 행위를 중지할 것을 통보할 수 있다. <개정 1998.2.20, 2006.12.30>

④ 제3항 단서의 경우에 행정관청은 지체 없이 노동위원회의 사후승인을 얻어야 하며 그 승인을 얻지 못한 때에는 그 통보는 그때부터 효력을 상실한다. <개정 1998.2.20, 2006.12.30>

제42조의2 (필수유지업무에 대한 쟁의행위의 제한)

① 이 법에서 '필수유지업무'라 함은 제71조제2항의 규정에 따른 필수공익사업의 업무 중 그 업무가 정지되거나 폐지되는 경우 공중의 생명·건강 또는 신체의 안전이나 공중의 일상생활을 현저히 위태롭게 하는 업무로서 대통령령이 정하는 업무를 말한다.

② 필수유지업무의 정당한 유지·운영을 정지·폐지 또는 방해하는 행위
는 쟁의행위로서 이를 행할 수 없다.

[본조신설 2006.12.30]

제42조의3 (필수유지업무협정) 노동관계 당사자는 쟁의행위기간 동안 필
수유지업무의 정당한 유지·운영을 위하여 필수유지업무의 필요 최소한의
유지·운영 수준, 대상직무 및 필요인원 등을 정한 협정(이하 '필수유지업무
협정'이라 한다)을 서면으로 체결하여야 한다. 이 경우 필수유지업무협정에
는 노동관계 당사자 쌍방이 서명 또는 날인하여야 한다.

[본조신설 2006.12.30]

제42조의4 (필수유지업무 유지·운영 수준 등의 결정)

① 노동관계 당사자 쌍방 또는 일방은 필수유지업무협정이 체결되지 아
니하는 때에는 노동위원회에 필수유지업무의 필요 최소한의 유지·운
영 수준, 대상직무 및 필요인원 등의 결정을 신청하여야 한다.

② 제1항의 규정에 따른 신청을 받은 노동위원회는 사업 또는 사업장별
필수유지업무의 특성 및 내용 등을 고려하여 필수유지업무의 필요 최
소한의 유지·운영 수준, 대상직무 및 필요인원 등을 결정할 수 있다.

③ 제2항의 규정에 따른 노동위원회의 결정은 제72조의 규정에 따른 특
별조정위원회가 담당한다.

④ 제2항의 규정에 따른 노동위원회의 결정에 대한 해석 또는 이행방법
에 관하여 관계당사자 간에 의견이 일치하지 아니하는 경우에는 특별
조정위원회의 해석에 따른다. 이 경우 특별조정위원회의 해석은 제2항
의 규정에 따른 노동위원회의 결정과 동일한 효력이 있다.

⑤ 제2항의 규정에 따른 노동위원회의 결정에 대한 불복절차 및 효력에
관하여는 제69조와 제70조제2항의 규정을 준용한다.

[본조신설 2006.12.30]

제42조의5 (노동위원회의 결정에 따른 쟁의행위) 제42조의4제2항의 규정
에 따라 노동위원회의 결정이 있는 경우 그 결정에 따라 쟁의행위를 한 때에
는 필수유지업무를 정당하게 유지·운영하면서 쟁의행위를 한 것으로 본다.

[본조신설 2006.12.30]

제42조의6 (필수유지업무 근무 근로자의 지명) 노동조합은 필수유지업무 협정이 체결되거나 제42조의4제2항의 규정에 따른 노동위원회의 결정이 있는 경우 사용자에게 필수유지업무에 근무하는 조합원 중 쟁의행위기간 동안 근무하여야 할 조합원을 통보하여야 하며, 사용자는 이에 따라 근로자를 지명하고 이를 노동조합과 그 근로자에게 통보하여야 한다. 다만, 노동조합이 쟁의행위 개시 전까지 이를 통보하지 아니한 경우에는 사용자가 필수유지업무에 근무하여야 할 근로자를 지명하고 이를 노동조합과 그 근로자에게 통보하여야 한다.

[본조신설 2006.12.30]

제43조 (사용자의 채용제한)

① 사용자는 쟁의행위 기간 중 그 쟁의행위로 중단된 업무의 수행을 위하여 당해 사업과 관계없는 자를 채용 또는 대체할 수 없다.

② 사용자는 쟁의행위기간 중 그 쟁의행위로 중단된 업무를 도급 또는 하도급 줄 수 없다.

③ 제1항 및 제2항의 규정은 필수공익사업의 사용자가 쟁의행위 기간 중에 한하여 당해 사업과 관계없는 자를 채용 또는 대체하거나 그 업무를 도급 또는 하도급 주는 경우에는 적용하지 아니한다. <신설 2006. 12.30>

④ 제3항의 경우 사용자는 당해 사업 또는 사업장 파업참가자의 100분의 50을 초과하지 않는 범위 안에서 채용 또는 대체하거나 도급 또는 하도급 줄 수 있다. 이 경우 파업참가자 수의 산정 방법 등은 대통령령으로 정한다. <신설 2006.12.30>

제44조 (쟁의행위 기간 중의 임금지급 요구의 금지)

① 사용자는 쟁의행위에 참가하여 근로를 제공하지 아니한 근로자에 대하여는 그 기간 중의 임금을 지급할 의무가 없다.

② 노동조합은 쟁의행위 기간에 대한 임금의 지급을 요구하여 이를 관철할 목적으로 쟁의행위를 하여서는 아니 된다.

제45조 (조정의 전치)

① 노동관계 당사자는 노동쟁의가 발생한 때에는 어느 일방이 이를 상대방에게 서면으로 통보하여야 한다.

② 쟁의행위는 제5장제2절 내지 제4절의 규정에 의한 조정절차(제61조의 2의 규정에 따른 조정종료 결정 후의 조정절차를 제외한다)를 거치지 아니하면 이를 행할 수 없다. 다만, 제54조의 규정에 의한 기간 내에 조정이 종료되지 아니하거나 제63조의 규정에 의한 기간 내에 중재재정이 이루어지지 아니한 경우에는 그러하지 아니하다. <개정 2006. 12.30>

제46조 (직장폐쇄의 요건)

① 사용자는 노동조합이 쟁의행위를 개시한 이후에만 직장폐쇄를 할 수 있다.

② 사용자는 제1항의 규정에 의한 직장폐쇄를 할 경우에는 미리 행정관청 및 노동위원회에 각각 신고하여야 한다. <개정 1998.2.20>

제5장 노동쟁의의 조정

제1절 통칙

제47조 (자주적 조정의 노력) 이 장의 규정은 노동관계 당사자가 직접 노사협의 또는 단체교섭에 의하여 근로조건 기타 노동관계에 관한 사항을 정하거나 노동관계에 관한 주장의 불일치를 조정하고 이에 필요한 노력을 하는 것을 방해하지 아니한다.

제48조 (당사자의 책무) 노동관계 당사자는 단체협약에 노동관계의 적정화를 위한 노사협의 기타 단체교섭의 절차와 방식을 규정하고 노동쟁의가 발생한 때에는 이를 자주적으로 해결하도록 노력하여야 한다.

제49조 (국가 등의 책무) 국가 및 지방자치단체는 노동관계 당사자 간에

노동관계에 관한 주장이 일치하지 아니할 경우에 노동관계 당사자가 이를 자주적으로 조정할 수 있도록 조력함으로써 쟁의행위를 가능한 한 예방하고 노동쟁의의 신속·공정한 해결에 노력하여야 한다.

제50조 (신속한 처리) 이 법에 의하여 노동관계의 조정을 할 경우에는 노동관계 당사자와 노동위원회 기타 관계기관은 사건을 신속히 처리하도록 노력하여야 한다.

제51조 (공익사업 등의 우선적 취급) 국가·지방자치단체·국공영기업체·방위산업체 및 공익사업에 있어서의 노동쟁의의 조정은 우선적으로 취급하고 신속히 처리하여야 한다.

제52조 (사적 조정·중재)

① 제2절 및 제3절의 규정은 노동관계 당사자가 쌍방의 합의 또는 단체협약이 정하는 바에 따라 각각 다른 조정 또는 중재방법(이하 이 조에서 '사적조정 등'이라 한다)에 의하여 노동쟁의를 해결하는 것을 방해하지 아니한다. <개정 2006.12.30>

② 노동관계 당사자는 제1항의 규정에 의하여 노동쟁의를 해결하기로 한 때에는 이를 노동위원회에 신고하여야 한다.

③ 제1항의 규정에 의하여 노동쟁의를 해결하기로 한 때에는 다음 각 호의 규정이 적용된다.

1. 조정에 의하여 해결하기로 한 때에는 제45조제2항 및 제54조의 규정. 이 경우 조정기간은 조정을 개시한 날부터 기산한다.

2. 중재에 의하여 해결하기로 한 때에는 제63조의 규정. 이 경우 쟁의행위의 금지기간은 중재를 개시한 날부터 기산한다.

④ 제1항의 규정에 의하여 조정 또는 중재가 이루어진 경우에 그 내용은 단체협약과 동일한 효력을 가진다.

⑤ 사적조정 등을 수행하는 자는 「노동위원회법」 제8조제2항제2호 각 목의 자격을 가진 자로 한다. 이 경우 사적조정 등을 수행하는 자는 노동관계 당사자로부터 수수료, 수당 및 여비 등을 받을 수 있다. <신설 2006.12.30>

제2절 조정

제53조 (조정의 개시)

① 노동위원회는 관계 당사자의 일방이 노동쟁의의 조정을 신청한 때에는 지체 없이 조정을 개시하여야 하며 관계 당사자 쌍방은 이에 성실히 임하여야 한다.

② 노동위원회는 제1항의 규정에 따른 조정신청 전이라도 원활한 조정을 위하여 교섭을 주선하는 등 관계 당사자의 자주적인 분쟁 해결을 지원할 수 있다. <신설 2006.12.30>

제54조 (조정기간)

① 조정은 제53조의 규정에 의한 조정의 신청이 있은 날부터 일반사업에 있어서는 10일, 공익사업에 있어서는 15일 이내에 종료하여야 한다.

② 제1항의 규정에 의한 조정기간은 관계 당사자 간의 합의로 일반사업에 있어서는 10일, 공익사업에 있어서는 15일 이내에서 연장할 수 있다.

제55조 (조정위원회의 구성)

① 노동쟁의의 조정을 위하여 노동위원회에 조정위원회를 둔다.

② 제1항의 규정에 의한 조정위원회는 조정위원 3인으로 구성한다.

③ 제2항의 규정에 의한 조정위원은 당해 노동위원회의 위원 중에서 사용자를 대표하는 자, 근로자를 대표하는 자 및 공익을 대표하는 자 각 1인을 그 노동위원회의 위원장이 지명하되, 근로자를 대표하는 조정위원은 사용자가, 사용자를 대표하는 조정위원은 노동조합이 각각 추천하는 노동위원회의 위원 중에서 지명하여야 한다. 다만, 조정위원회의 회의 3일 전까지 관계 당사자가 추천하는 위원의 명단제출이 없을 때에는 당해 위원을 위원장이 따로 지명할 수 있다.

④ 노동위원회의 위원장은 근로자를 대표하는 위원 또는 사용자를 대표하는 위원의 불참 등으로 인하여 제3항의 규정에 따른 조정위원회의 구성이 어려운 경우 노동위원회의 공익을 대표하는 위원 중에서 3인을 조정위원으로 지명할 수 있다. 다만, 관계 당사자 쌍방의 합의로

선정한 노동위원회의 위원이 있는 경우에는 그 위원을 조정위원으로 지명한다. <신설 2006.12.30>

제56조 (조정위원회의 위원장)

① 조정위원회에 위원장을 둔다.

② 위원장은 공익을 대표하는 조정위원이 된다. 다만, 제55조제4항의 규정에 따른 조정위원회의 위원장은 조정위원 중에서 호선한다. <개정 2006.12.30>

제57조 (단독조정)

① 노동위원회는 관계 당사자 쌍방의 신청이 있거나 관계 당사자 쌍방의 동의를 얻은 경우에는 조정위원회에 갈음하여 단독조정인에게 조정을 행하게 할 수 있다.

② 제1항의 규정에 의한 단독조정인은 당해 노동위원회의 위원 중에서 관계 당사자의 쌍방의 합의로 선정된 자를 그 노동위원회의 위원장이 지명한다.

제58조 (주장의 확인 등) 조정위원회 또는 단독조정인은 기일을 정하여 관계 당사자 쌍방을 출석하게 하여 주장의 요점을 확인하여야 한다.

제59조 (출석금지) 조정위원회의 위원장 또는 단독조정인은 관계 당사자와 참고인외의 자의 출석을 금할 수 있다.

제60조 (조정안의 작성)

① 조정위원회 또는 단독조정인은 조정안을 작성하여 이를 관계 당사자에게 제시하고 그 수락을 권고하는 동시에 그 조정안에 이유를 붙여 공표할 수 있으며, 필요한 때에는 신문 또는 방송에 보도 등 협조를 요청할 수 있다.

② 조정위원회 또는 단독조정인은 관계 당사자가 수락을 거부하여 더 이상 조정이 이루어질 여지가 없다고 판단되는 경우에는 조정의 종료를 결정하고 이를 관계 당사자 쌍방에 통보하여야 한다.

③ 제1항의 규정에 의한 조정안이 관계 당사자의 쌍방에 의하여 수락된 후 그 해석 또는 이행방법에 관하여 관계 당사자 간에 의견의 불일치

가 있는 때에는 관계 당사자는 당해 조정위원회 또는 단독조정인에게 그 해석 또는 이행방법에 관한 명확한 견해의 제시를 요청하여야 한다.

④ 조정위원회 또는 단독조정인은 제3항의 규정에 의한 요청을 받은 때에는 그 요청을 받은 날부터 7일 이내에 명확한 견해를 제시하여야 한다.

⑤ 제3항 및 제4항의 해석 또는 이행방법에 관한 견해가 제시될 때까지는 관계 당사자는 당해 조정안의 해석 또는 이행에 관하여 쟁의행위를 할 수 없다.

제61조 (조정의 효력)

① 제60조제1항의 규정에 의한 조정안이 관계 당사자에 의하여 수락된 때에는 조정위원 전원 또는 단독조정인은 조정서를 작성하고 관계 당사자와 함께 서명 또는 날인하여야 한다. <개정 2006.12.30>

② 조정서의 내용은 단체협약과 동일한 효력을 가진다.

③ 제60조제4항의 규정에 의하여 조정위원회 또는 단독조정인이 제시한 해석 또는 이행방법에 관한 견해는 중재재정과 동일한 효력을 가진다.

제61조의2 (조정종료 결정 후의 조정)

① 노동위원회는 제60조제2항의 규정에 따른 조정의 종료가 결정된 후에도 노동쟁의의 해결을 위하여 조정을 할 수 있다.

② 제1항의 규정에 따른 조정에 관하여는 제55조 내지 제61조의 규정을 준용한다.

[본조신설 2006.12.30]

제3절 중재

제62조 (중재의 개시) 노동위원회는 다음 각 호의 어느 하나에 해당하는 때에는 중재를 행한다. <개정 2006.12.30>

1. 관계 당사자의 쌍방이 함께 중재를 신청한 때

2. 관계 당사자의 일방이 단체협약에 의하여 중재를 신청한 때

3. 삭제 <2006.12.30>

제63조 (중재 시의 쟁의행위의 금지) 노동쟁의가 중재에 회부된 때에는 그날부터 15일간은 쟁의행위를 할 수 없다.

제64조 (중재위원회의 구성)

① 노동쟁의의 중재 또는 재심을 위하여 노동위원회에 중재위원회를 둔다.

② 제1항의 규정에 의한 중재위원회는 중재위원 3인으로 구성한다.

③ 제2항의 중재위원은 당해 노동위원회의 공익을 대표하는 위원 중에서 관계 당사자의 합의로 선정한 자에 대하여 그 노동위원회의 위원장이 지명한다. 다만, 관계 당사자 간에 합의가 성립되지 아니한 경우에는 노동위원회의 공익을 대표하는 위원 중에서 지명한다.

제65조 (중재위원회의 위원장)

① 중재위원회에 위원장을 둔다.

② 위원장은 중재위원 중에서 호선한다.

제66조 (주장의 확인 등)

① 중재위원회는 기일을 정하여 관계 당사자 쌍방 또는 일방을 중재위원회에 출석하게 하여 주장의 요점을 확인하여야 한다.

② 관계 당사자가 지명한 노동위원회의 사용자를 대표하는 위원 또는 근로자를 대표하는 위원은 중재위원회의 동의를 얻어 그 회의에 출석하여 의견을 진술할 수 있다.

제67조 (출석금지) 중재위원회의 위원장은 관계 당사자와 참고인 외의 자의 회의출석을 금할 수 있다.

제68조 (중재재정)

① 중재재정은 서면으로 작성하여 이를 행하며 그 서면에는 효력발생 기일을 명시하여야 한다.

② 제1항의 규정에 의한 중재재정의 해석 또는 이행방법에 관하여 관계 당사자 간에 의견의 불일치가 있는 때에는 당해 중재위원회의 해석에 따르며 그 해석은 중재재정과 동일한 효력을 가진다.

제69조 (중재재정 등의 확정)

① 관계 당사자는 지방노동위원회 또는 특별노동위원회의 중재재정이 위법이거나 월권에 의한 것이라고 인정하는 경우에는 그 중재재정서의 송달을 받은 날부터 10일 이내에 중앙노동위원회에 그 재심을 신청할 수 있다.

② 관계 당사자는 중앙노동위원회의 중재재정이나 제1항의 규정에 의한 재심결정이 위법이거나 월권에 의한 것이라고 인정하는 경우에는 행정소송법 제20조의 규정에 불구하고 그 중재재정서 또는 재심결정서의 송달을 받은 날부터 15일 이내에 행정소송을 제기할 수 있다.

③ 제1항 및 제2항에 규정된 기간 내에 재심을 신청하지 아니하거나 행정소송을 제기하지 아니한 때에는 그 중재재정 또는 재심결정은 확정된다.

④ 제3항의 규정에 의하여 중재재정이나 재심결정이 확정된 때에는 관계 당사자는 이에 따라야 한다.

제70조 (중재재정 등의 효력)

① 제68조제1항의 규정에 따른 중재재정의 내용은 단체협약과 동일한 효력을 가진다.

② 노동위원회의 중재재정 또는 재심결정은 제69조제1항 및 제2항의 규정에 따른 중앙노동위원회에의 재심신청 또는 행정소송의 제기에 의하여 그 효력이 정지되지 아니한다.

[전문개정 2006.12.30]

제4절 공익사업 등의 조정에 관한 특칙

제71조 (공익사업의 범위 등)

① 이 법에서 '공익사업'이라 함은 공중의 일상생활과 밀접한 관련이 있거나 국민경제에 미치는 영향이 큰 사업으로서 다음 각 호의 사업을

말한다. <개정 2006.12.30>

1. 정기노선 여객운수사업 및 항공운수사업

2. 수도사업, 전기사업, 가스사업, 석유정제사업 및 석유공급사업

3. 공중위생사업, 의료사업 및 혈액공급사업

4. 은행 및 조폐사업

5. 방송 및 통신사업

② 이 법에서 '필수공익사업'이라 함은 제1항의 공익사업으로서 그 업무의 정지 또는 폐지가 공중의 일상생활을 현저히 위태롭게 하거나 국민경제를 현저히 저해하고 그 업무의 대체가 용이하지 아니한 다음 각 호의 사업을 말한다. <개정 2006.12.30>

1. 철도사업, 도시철도사업 및 항공운수사업

2. 수도사업, 전기사업, 가스사업, 석유정제사업 및 석유공급사업

3. 병원사업 및 혈액공급사업

4. 한국은행사업

5. 통신사업

제72조 (특별조정위원회의 구성)

① 공익사업의 노동쟁의의 조정을 위하여 노동위원회에 특별조정위원회를 둔다.

② 제1항의 규정에 의한 특별조정위원회는 특별조정위원 3인으로 구성한다.

③ 제2항의 규정에 의한 특별조정위원은 그 노동위원회의 공익을 대표하는 위원 중에서 노동조합과 사용자가 순차적으로 배제하고 남은 4인 내지 6인 중에서 노동위원회의 위원장이 지명한다. 다만, 관계 당사자가 합의로 당해 노동위원회의 위원이 아닌 자를 추천하는 경우에는 그 추천된 자를 지명한다. <개정 2006.12.30>

제73조 (특별조정위원회의 위원장)

① 특별조정위원회에 위원장을 둔다.

② 위원장은 공익을 대표하는 노동위원회의 위원인 특별조정위원 중에서 호선하고, 당해 노동위원회의 위원이 아닌 자만으로 구성된 경우에는

그중에서 호선한다. 다만, 공익을 대표하는 위원인 특별조정위원이 1
인인 경우에는 당해 위원이 위원장이 된다.

제74조 삭제 <2006.12.30>

제75조 삭제 <2006.12.30>

제5절 긴급조정

제76조 (긴급조정의 결정)

① 노동부장관은 쟁의행위가 공익사업에 관한 것이거나 그 규모가 크거
나 그 성질이 특별한 것으로서 현저히 국민경제를 해하거나 국민의
일상생활을 위태롭게 할 위험이 현존하는 때에는 긴급조정의 결정을
할 수 있다.

② 노동부장관은 긴급조정의 결정을 하고자 할 때에는 미리 중앙노동위
원회 위원장의 의견을 들어야 한다.

③ 노동부장관은 제1항 및 제2항의 규정에 의하여 긴급조정을 결정한 때
에는 지체 없이 그 이유를 붙여 이를 공표함과 동시에 중앙노동위원
회와 관계 당사자에게 각각 통고하여야 한다.

제77조 (긴급조정시의 쟁의행위 중지) 관계 당사자는 제76조제3항의 규정
에 의한 긴급조정의 결정이 공표된 때에는 즉시 쟁의행위를 중지하여야 하
며, 공표일부터 30일이 경과하지 아니하면 쟁의행위를 재개할 수 없다.

제78조 (중앙노동위원회의 조정) 중앙노동위원회는 제76조제3항의 규정에
의한 통고를 받은 때에는 지체 없이 조정을 개시하여야 한다.

제79조 (중앙노동위원회의 중재회부 결정권)

① 중앙노동위원회의 위원장은 제78조의 규정에 의한 조정이 성립될 가
망이 없다고 인정한 경우에는 공익위원의 의견을 들어 그 사건을 중
재에 회부할 것인가의 여부를 결정하여야 한다.

② 제1항의 규정에 의한 결정은 제76조제3항의 규정에 의한 통고를 받은
날부터 15일 이내에 하여야 한다.

제80조 (중앙노동위원회의 중재) 중앙노동위원회는 당해 관계 당사자의 일방 또는 쌍방으로부터 중재신청이 있거나 제79조의 규정에 의한 중재회부의 결정을 한 때에는 지체 없이 중재를 행하여야 한다.

제6장 부당노동행위

제81조 (부당노동행위) 사용자는 다음 각 호의 1에 해당하는 행위(이하 '부당노동행위'라 한다)를 할 수 없다.

1. 근로자가 노동조합에 가입 또는 가입하려고 하였거나 노동조합을 조직하려고 하였거나 기타 노동조합의 업무를 위한 정당한 행위를 한 것을 이유로 그 근로자를 해고하거나 그 근로자에게 불이익을 주는 행위

2. 근로자가 어느 노동조합에 가입하지 아니할 것 또는 탈퇴할 것을 고용조건으로 하거나 특정한 노동조합의 조합원이 될 것을 고용조건으로 하는 행위. 다만, 노동조합이 당해 사업장에 종사하는 근로자의 3분의 2 이상을 대표하고 있을 때에는 근로자가 그 노동조합의 조합원이 될 것을 고용조건으로 하는 단체협약의 체결은 예외로 하며, 이 경우 사용자는 근로자가 당해 노동조합에서 제명된 것을 이유로 신분상 불이익한 행위를 할 수 없다.

3. 노동조합의 대표자 또는 노동조합으로부터 위임을 받은 자와의 단체협약체결 기타의 단체교섭을 정당한 이유 없이 거부하거나 해태하는 행위

4. 근로자가 노동조합을 조직 또는 운영하는 것을 지배하거나 이에 개입하는 행위와 노동조합의 전임자에게 급여를 지원하거나 노동조합의 운영비를 원조하는 행위. 다만, 근로자가 근로시간 중에 사용자와 협의 또는 교섭하는 것을 사용자가 허용함은 무방하며, 또한 근로자의 후생자금 또는 경제상의 불행 기타 재액의 방지와 구제 등을 위한 기금의 기부와 최소한의 규모의 노동조합사무소의 제공은 예외로 한다.

5. 근로자가 정당한 단체행위에 참가한 것을 이유로 하거나 또는 노동위

원회에 대하여 사용자가 이 조의 규정에 위반한 것을 신고하거나 그에 관한 증언을 하거나 기타 행정관청에 증거를 제출한 것을 이유로 그 근로자를 해고하거나 그 근로자에게 불이익을 주는 행위

제81조 (부당노동행위) 사용자는 다음 각 호의 어느 하나에 해당하는 행위(이하 '부당노동행위'라 한다)를 할 수 없다. <개정 2006.12.30>

1. 근로자가 노동조합에 가입 또는 가입하려고 하였거나 노동조합을 조직하려고 하였거나 기타 노동조합의 업무를 위한 정당한 행위를 한 것을 이유로 그 근로자를 해고하거나 그 근로자에게 불이익을 주는 행위

2. 근로자가 어느 노동조합에 가입하지 아니할 것 또는 탈퇴할 것을 고용조건으로 하거나 특정한 노동조합의 조합원이 될 것을 고용조건으로 하는 행위. 다만, 노동조합이 당해 사업장에 종사하는 근로자의 3분의 2 이상을 대표하고 있을 때에는 근로자가 그 노동조합의 조합원이 될 것을 고용조건으로 하는 단체협약의 체결은 예외로 하며, 이 경우 사용자는 근로자가 그 노동조합에서 제명된 것 또는 그 노동조합을 탈퇴하여 새로 노동조합을 조직하거나 다른 노동조합에 가입한 것을 이유로 근로자에게 신분상 불이익한 행위를 할 수 없다.

3. 노동조합의 대표자 또는 노동조합으로부터 위임을 받은 자와의 단체협약체결 기타의 단체교섭을 정당한 이유 없이 거부하거나 해태하는 행위

4. 근로자가 노동조합을 조직 또는 운영하는 것을 지배하거나 이에 개입하는 행위와 노동조합의 전임자에게 급여를 지원하거나 노동조합의 운영비를 원조하는 행위. 다만, 근로자가 근로시간 중에 사용자와 협의 또는 교섭하는 것을 사용자가 허용함은 무방하며, 또한 근로자의 후생자금 또는 경제상의 불행 기타 재액의 방지와 구제 등을 위한 기금의 기부와 최소한의 규모의 노동조합사무소의 제공은 예외로 한다.

5. 근로자가 정당한 단체행위에 참가한 것을 이유로 하거나 또는 노동위원회에 대하여 사용자가 이 조의 규정에 위반한 것을 신고하거나 그에 관한 증언을 하거나 기타 행정관청에 증거를 제출한 것을 이유로 그 근로자를 해고하거나 그 근로자에게 불이익을 주는 행위

[시행일: 2010.1.1] 제81조제2호

제82조 (구제신청)

① 사용자의 부당노동행위로 인하여 그 권리를 침해당한 근로자 또는 노동조합은 노동위원회에 그 구제를 신청할 수 있다.

② 제1항의 규정에 의한 구제의 신청은 부당노동행위가 있은 날(계속하는 행위는 그 종료일)부터 3월 이내에 이를 행하여야 한다.

제83조 (조사 등)

① 노동위원회는 제82조의 규정에 의한 구제신청을 받은 때에는 지체 없이 필요한 조사와 관계 당사자의 심문을 하여야 한다.

② 노동위원회는 제1항의 규정에 의한 심문을 할 때에는 관계 당사자의 신청에 의하거나 그 직권으로 증인을 출석하게 하여 필요한 사항을 질문할 수 있다.

③ 노동위원회는 제1항의 규정에 의한 심문을 함에 있어서는 관계 당사자에 대하여 증거의 제출과 증인에 대한 반대심문을 할 수 있는 충분한 기회를 주어야 한다.

④ 제1항의 규정에 의한 노동위원회의 조사와 심문에 관한 절차는 중앙노동위원회가 따로 정하는 바에 의한다.

제84조 (구제명령)

① 노동위원회는 제83조의 규정에 의한 심문을 종료하고 부당노동행위가 성립한다고 판정한 때에는 사용자에게 구제명령을 발하여야 하며, 부당노동행위가 성립되지 아니한다고 판정한 때에는 그 구제신청을 기각하는 결정을 하여야 한다.

② 제1항의 규정에 의한 판정·명령 및 결정은 서면으로 하되, 이를 당해 사용자와 신청인에게 각각 교부하여야 한다.

③ 관계 당사자는 제1항의 규정에 의한 명령이 있을 때에는 이에 따라야 한다.

제85조 (구제명령의 확정)

① 지방노동위원회 또는 특별노동위원회의 구제명령 또는 기각결정에 불

복이 있는 관계 당사자는 그 명령서 또는 결정서의 송달을 받은 날부터 10일 이내에 중앙노동위원회에 그 재심을 신청할 수 있다.

② 제1항의 규정에 의한 중앙노동위원회의 재심판정에 대하여 관계 당사자는 그 재심판정서의 송달을 받은 날부터 15일 이내에 행정소송법이 정하는 바에 의하여 소를 제기할 수 있다.

③ 제1항 및 제2항에 규정된 기간 내에 재심을 신청하지 아니하거나 행정소송을 제기하지 아니한 때에는 그 구제명령·기각결정 또는 재심판정은 확정된다.

④ 제3항의 규정에 의하여 기각결정 또는 재심판정이 확정된 때에는 관계 당사자는 이에 따라야 한다.

⑤ 사용자가 제2항의 규정에 의하여 행정소송을 제기한 경우에 관할법원은 중앙노동위원회의 신청에 의하여 결정으로써, 판결이 확정될 때까지 중앙노동위원회의 구제명령의 전부 또는 일부를 이행하도록 명할 수 있으며, 당사자의 신청에 의하여 또는 직권으로 그 결정을 취소할 수 있다.

제86조 (구제명령 등의 효력) 노동위원회의 구제명령·기각결정 또는 재심판정은 제85조의 규정에 의한 중앙노동위원회에의 재심신청이나 행정소송의 제기에 의하여 그 효력이 정지되지 아니한다.

제7장 보칙

제87조 (권한의 위임) 이 법에 의한 노동부장관의 권한은 대통령령이 정하는 바에 따라 그 일부를 지방노동관서의 장에게 위임할 수 있다.

제8장 벌칙

제88조 (벌칙) 제41조제2항의 규정에 위반한 자는 5년 이하의 징역 또는

5천만 원 이하의 벌금에 처한다.

　제89조 (벌칙) 다음 각 호의 어느 하나에 해당하는 자는 3년 이하의 징역 또는 3천만 원 이하의 벌금에 처한다. <개정 2006.12.30>

　1. 제37조제2항, 제38조제1항, 제42조제1항 또는 제42조의2제2항의 규정에 위반한 자

　2. 제85조제3항의 규정에 의하여 확정되거나 행정소송을 제기하여 확정된 구제명령에 위반한 자

　제90조 (벌칙) 제44조제2항, 제69조제4항, 제77조 또는 제81조의 규정에 위반한 자는 2년 이하의 징역 또는 2천만 원 이하의 벌금에 처한다.

　제91조 (벌칙) 제38조제2항, 제41조제1항, 제42조제2항, 제43조제1항·제2항·제4항, 제45조제2항 본문, 제46조제1항 또는 제63조의 규정을 위반한 자는 1년 이하의 징역 또는 1천만 원 이하의 벌금에 처한다.

　[전문개정 2006.12.30]

　제92조 (벌칙) 다음 각 호의 1에 해당하는 자는 1천만 원 이하의 벌금에 처한다. <개정 2001.3.28>

　1. 제31조제1항의 규정에 의하여 체결된 단체협약의 내용 중 다음 각목의 1에 해당하는 사항을 위반한 자

　가. 임금·복리후생비, 퇴직금에 관한 사항

　나. 근로 및 휴게시간, 휴일, 휴가에 관한 사항

　다. 징계 및 해고의 사유와 중요한 절차에 관한 사항

　라. 안전보건 및 재해부조에 관한 사항

　마. 시설·편의제공 및 근무시간 중 회의참석에 관한 사항

　바. 쟁의행위에 관한 사항

　2. 제61조제1항의 규정에 의한 조정서의 내용 또는 제68조제1항의 규정에 의한 중재재정서의 내용을 준수하지 아니한 자

　제93조 (벌칙) 다음 각 호의 1에 해당하는 자는 500만 원 이하의 벌금에 처한다.

　1. 제7조제3항의 규정에 위반한 자

2. 제21조제1항·제2항 또는 제31조제3항의 규정에 의한 명령에 위반한 자

제94조 (양벌규정) 법인 또는 단체의 대표자, 법인·단체 또는 개인의 대리인·사용인 기타의 종업원이 그 법인·단체 또는 개인의 업무에 관하여 제88조 내지 제93조의 위반행위를 한 때에는 행위자를 벌하는 외에 그 법인·단체 또는 개인에 대하여도 각 해당 조의 벌금형을 과한다.

제95조 (과태료) 제85조제5항의 규정에 의한 법원의 명령에 위반한 자는 500만 원 이하의 금액(당해 명령이 작위를 명하는 것일 때에는 그 명령의 불이행 일수 1일에 50만 원 이하의 비율로 산정한 금액)의 과태료에 처한다.

제96조 (과태료)

① 다음 각 호의 1에 해당하는 자는 500만 원 이하의 과태료에 처한다.

1. 제14조의 규정에 의한 서류를 비치 또는 보존하지 아니한 자

2. 제27조의 규정에 의한 보고를 하지 아니하거나 허위의 보고를 한 자

3. 제46조제2항의 규정에 의한 신고를 하지 아니한 자

② 제13조, 제28조제2항 또는 제31조제2항의 규정에 의한 신고 또는 통보를 하지 아니한 자는 300만 원 이하의 과태료에 처한다.

③ 제1항 및 제2항의 규정에 의한 과태료는 대통령령이 정하는 바에 의하여 행정관청이 부과·징수한다. <개정 1998.2.20>

④ 제3항의 규정에 의한 과태료의 처분에 불복이 있는 자는 그 처분의 고지를 받은 날부터 30일 이내에 행정관청에게 이의를 제기할 수 있다. <개정 1998.2.20>

⑤ 제3항의 규정에 의한 과태료의 처분을 받은 자가 제4항의 규정에 의하여 이의를 제기한 때에는 행정관청은 지체 없이 관할법원에 그 사실을 통보하여야 하며, 그 통보를 받은 관할법원은 비송사건절차법에 의한 과태료의 재판을 한다. <개정 1998.2.20>

⑥ 제4항의 규정에 의한 기간 내에 이의를 제기하지 아니하고 과태료를 납부하지 아니한 때에는 국세체납처분의 예에 의하여 이를 징수한다.

부칙 <제5310호, 1997.3.13>

제1조 (시행일) 이 법은 공포한 날부터 시행한다.

제2조 (적용시한) 제71조제2항의 규정 중 제1호의 시내버스 운송사업에 관한 규정 및 제4호의 은행사업(한국은행법에 의한 한국은행은 제외한다)에 관한 규정은 2000년 12월 31일까지 적용한다.

제3조 (노동조합에 관한 경과조치) 이 법 시행 당시 종전의 규정에 의하여 설립신고증을 교부받은 노동조합은 이 법에 의하여 설립된 노동조합으로 본다.

제4조 (해고자에 관한 경과조치) 이 법 시행 당시 해고의 효력을 다투고 있는 자는 제2조제4호 라목 단서의 규정에 불구하고 근로자가 아닌 자로 해석하여서는 아니 된다.

제5조 (노동조합 설립에 관한 경과조치)

① 하나의 사업 또는 사업장에 노동조합이 조직되어 있는 경우에는 제5조의 규정에 불구하고 2009년 12월 31일까지는 그 노동조합과 조직대상을 같이 하는 새로운 노동조합을 설립할 수 없다. <개정 2001.3.28, 2006.12.30>

② 행정관청은 설립하고자 하는 노동조합이 제1항의 규정에 위반한 경우에는 그 설립신고서를 반려하여야 한다. <개정 1998.2.20>

③ 노동부장관은 2009년 12월 31일까지 제1항의 기한이 경과된 후에 적용될 교섭창구 단일화를 위한 단체교섭의 방법·절차 기타 필요한 사항을 강구하여야 한다. <개정 2001.3.28, 2006.12.30>

제6조 (노동조합 전임자에 관한 적용의 특례<개정 2001.3.28>) ① 제24조제2항 및 제81조제4호의 규정(노동조합의 전임자에 대한 급여지원에 관한 규정에 한한다)은 이를 2009년 12월 31일까지 적용하지 아니한다. <개정 2001.3.28, 2006.12.30>

② 노동조합과 사용자는 전임자에 대한 급여지원 규모를 노사협의에 의하여 점진적으로 축소하도록 노력하되, 이 경우 그 재원을 노동조합의 재정자립에 사용하도록 한다. <개정 2001.3.28>

제7조 (단체협약의 효력에 관한 경과조치) 이 법 시행 당시 종전의 규정에 의하여 체결한 단체협약은 이 법에 의하여 행한 것으로 본다.

제8조 (노동쟁의의 조정에 관한 경과조치)

① 이 법 시행 당시 종전의 규정에 의하여 신청한 사적조정·중재는 이 법에 의한 사적조정·중재를 신청한 것으로 본다.

② 이 법 시행 당시 종전의 규정에 의하여 노동위원회에 신청한 조정·중재는 이 법에 의한 조정·중재를 신청한 것으로 본다. 이 경우 조정기간을 산정함에 있어서는 제54조의 규정에도 불구하고 종전의 규정에 의한다.

③ 이 법 시행 당시 종전의 규정에 의하여 조정이 종료된 노동쟁의는 제45조의 규정을 적용함에 있어서 조정을 거친 것으로 본다.

제9조 (노동조합업무 등에 관한 경과조치)

① 이 법 시행 당시 종전의 규정에 의하여 근로자, 노동조합 또는 사용자가 노동부장관, 행정관청 또는 노동위원회에 행한 신고, 신청, 요구 등은 각각 이 법에 의하여 행한 것으로 본다.

② 이 법 시행 당시 종전의 규정에 의하여 노동부장관 또는 행정관청이 노동위원회에 행한 요청 등은 각각 이 법에 의하여 행한 것으로 본다.

③ 이 법 시행 당시 종전의 규정에 의하여 노동부장관 또는 행정관청이 행한 명령, 지명, 결정 등은 각각 이 법에 의하여 행한 것으로 본다.

제10조 (벌칙에 관한 경과조치) 이 법 시행 전의 행위에 대한 벌칙의 적용에 있어서는 종전의 규정에 의한다.

제11조 (다른 법률과의 관계) 이 법 시행 당시 다른 법령에서 종전의 노동조합및노동관계조정법 또는 그 규정을 인용한 것은 이 법 중 그에 해당하는 규정이 있는 경우에는 이 법 또는 이 법의 해당 조항을 인용한 것으로 본다.

부칙 <제5511호, 1998.2.20>

제1조 (시행일) 이 법은 1998년 5월 1일부터 시행한다.

제2조 (일방해지에 관한 경과조치) 이 법 시행 당시 종전의 제32조제3항의 규정에 의하여 단체협약을 일방해지한 경우에는 종전의 규정에 의한다.

제3조 (권한변경에 따른 경과조치)

① 이 법 시행 당시 종전의 규정에 의하여 노동부장관이 행한 신고증의
　교부·명령 기타의 행위(연합단체인 노동조합과 2 이상의 특별시·광
　역시·도에 걸치는 단위노동조합 외의 노동조합에 관한 사항에 한한
　다)는 이 법에 의한 특별시장·광역시장·도지사가 행한 행위로 본다.

② 이 법 시행 당시 종전의 규정에 의하여 노동부장관에 대하여 행한 신
　고·신청 기타의 행위(연합단체인 노동조합과 2 이상의 특별시·광역
　시·도에 걸치는 단위노동조합 외의 노동조합에 관한 사항에 한한다)
　는 이 법에 의한 특별시장·광역시장·도지사에 대하여 행한 행위로
　본다.

부칙 <제6456호, 2001.3.28>

① (시행일) 이 법은 공포한 날부터 시행한다. 다만, 제13조의 개정규정은
　공포 후 6월이 경과한 날부터 시행한다.

② (다른 법률의 개정) 법률 제5727호 교원의노동조합설립및운영등에관한
　법률 부칙 제2항 중 '2001년'을 '2006년'으로 한다.

부칙 <제7845호, 2006.1.2>(방위사업법)

제1조 (시행일) 이 법은 공포한 날부터 시행한다. <단서 생략>

제2조 내지 제14조 생략

제15조 (다른 법률의 개정)

① 및 ② 생략

③ 노동조합및노동관계조정법 일부를 다음과 같이 개정한다.
　제41조제2항 중 '방위산업에관한특별조치법'을 '「방위사업법」'으로 한다.

④ 내지 ⑦생략

제16조 생략

부칙 <제8158호, 2006.12.30>

제1조 (시행일) 이 법은 2007년 7월 1일부터 시행한다. 다만, 제42조의2
내지 제42조의6, 제43조제3항·제4항, 제62조제3호, 제71조, 제74조, 제75
조, 제89조제1호(필수유지업무에 대한 쟁의행위의 제한에 관한 부분에 한한
다)의 개정규정은 2008년 1월 1일부터, 제81조제2호의 개정규정은 2010년

1월 1일부터, 법률 제5310호 노동조합및노동관계조정법 부칙(법률 제6456호 노동조합및노동관계조정법중개정법률에 따라 개정된 내용을 포함한다) 제5조 제1항·제3항 및 제6조제1항의 개정규정은 2007년 1월 1일부터 시행한다.

제2조 (필수유지업무 도입을 위한 준비행위) 노동관계 당사자 또는 노동위원회는 필수유지업무의 도입을 위하여 필요한 다음 각 호의 사항에 대하여는 이 법 시행 전에 할 수 있다.

1. 필수유지업무협정의 체결
2. 제42조의4제2항의 결정

제3조 (권한변경에 따른 경과조치)

① 이 법 시행 당시 종전의 규정에 따라 특별시장·광역시장·도지사가 행한 신고증의 교부, 명령 그 밖의 행위(2 이상의 시·군·구에 걸치는 단위노동조합 외의 노동조합에 관한 사항에 한한다)는 이 법에 따른 특별자치도지사·시장·군수·구청장이 행한 행위로 본다.

② 이 법 시행 당시 종전의 규정에 따라 특별시장·광역시장·도지사에 대하여 행한 신고·신청 그 밖의 행위(2 이상의 시·군·구에 걸치는 단위노동조합 외의 노동조합에 관한 사항에 한한다)는 이 법에 따른 특별자치도지사·시장·군수·구청장에 대하여 행한 행위로 본다.

제4조 (필수공익사업의 조정사건에 관한 경과조치) 부칙 제1조 단서의 규정에 따른 제62조제3호, 제71조, 제74조 및 제75조의 개정규정의 시행 전에 노동위원회에 신청한 필수공익사업에 대한 조정사건에 대하여는 종전의 규정에 따른다.

제5조 (벌칙에 관한 경과조치) 이 법 시행 전에 행한 행위에 대한 벌칙의 적용에 있어서는 종전의 규정에 따른다. 다만, 제42조제3항의 규정에 따른 명령에 위반한 행위에 대한 벌칙의 적용에 관하여는 그러하지 아니하다.

부칙 <제9041호, 2008.3.28>

이 법은 공포한 날부터 시행한다.

노동위원회법

[시행 2008. 1. 1] [법률 제8474호, 2007. 5. 17, 일부개정]

제1장 총칙

제1조 (목적) 이 법은 노동관계에 있어서 판정 및 조정업무의 신속·공정한 수행을 위하여 노동위원회를 설치하고 그 운영에 관한 사항을 규정함으로써 노동관계의 안정과 발전에 이바지함을 목적으로 한다.

제2조 (노동위원회의 구분·소속 등)

① 노동위원회는 중앙노동위원회·지방노동위원회 및 특별노동위원회로 구분한다.

② 중앙노동위원회 및 지방노동위원회는 노동부장관 소속하에 두며, 지방노동위원회의 명칭·위치 및 관할구역은 대통령령으로 정한다.

③ 특별노동위원회는 특정한 사항을 관장하기 위하여 필요한 경우에 당해 특정사항을 관장하는 중앙행정기관의 장 소속하에 둔다.

제2조의2 (노동위원회의 소관 사무) 노동위원회의 소관 사무는 다음 각 호와 같다.

1. 「노동조합및노동관계조정법」·「근로기준법」·「근로자참여및협력증진에관한법률」·「교원의노동조합설립및운영등에관한법률」·「공무원의노동조합설립및운영등에관한법률」·「기간제및단시간근로자보호등에관한법률」 및 「파견근로자보호등에관한법률」에 따른 판정·결정·의결·승인·인정 또는 차별시정 등에 관한 업무

2. 「노동조합및노동관계조정법」·「교원의노동조합설립및운영등에관한법률」 및 「공무원의노동조합설립및운영등에관한법률」에 따른 노동쟁의 조정·중재 또는 관계 당사자의 자주적인 노동쟁의 해결지원에 관한 업무

3. 제1호 및 제2호의 업무수행과 관련된 조사·연구·교육 또는 홍보 등에 관한 업무

4. 그 밖에 다른 법률에 따라 노동위원회의 소관으로 규정된 업무

[본조신설 2007.1.26]

제3조 (노동위원회의 관장)

① 중앙노동위원회는 다음 각 호의 사건을 관장한다.

1. 지방노동위원회 및 특별노동위원회의 처분에 대한 재심사건

2. 2 이상의 지방노동위원회의 관할구역에 걸친 노동쟁의의 조정사건

3. 다른 법률에 의하여 그 권한에 속하는 것으로 규정된 사건

② 지방노동위원회는 당해 관할구역에서 발생하는 사건을 관장하되, 2 이상의 관할구역에 걸친 사건(제1항제2호의 조정사건을 제외한다)은 주된 사업장의 소재지를 관할하는 지방노동위원회에서 관장한다.

③ 특별노동위원회는 관계법률이 정하는 바에 따라 그 설치목적으로 규정된 특정사항에 관한 사건을 관장한다.

④ 중앙노동위원회위원장은 효율적인 노동쟁의의 조정을 위하여 필요하다고 인정하는 경우에는 제1항제2호의 규정에 불구하고 지방노동위원회를 지정하여 당해 사건을 처리하게 할 수 있다.

⑤ 중앙노동위원회위원장은 제2항의 규정에 의한 주된 사업장을 정하기 어렵거나 주된 사업장의 소재지를 관할하는 지방노동위원회에서 처리하기 곤란한 사정이 있는 경우에는 직권으로 또는 관계당사자나 지방노동위원회위원장의 신청에 따라 지방노동위원회를 지정하여 당해 사건을 처리하게 할 수 있다.

제4조 (노동위원회의 지위 등)

① 노동위원회는 그 권한에 속하는 업무를 독립적으로 수행한다.

② 중앙노동위원회위원장은 중앙노동위원회 및 지방노동위원회의 예산·인사·교육훈련 기타 행정사무를 총괄하며, 소속공무원을 지휘·감독한다.

③ 중앙노동위원회위원장은 행정사무의 지휘·감독권의 일부를 대통령령이 정하는 바에 의하여 지방노동위원회위원장에게 위임할 수 있다.

제5조 (특별노동위원회의 조직 등)

① 특별노동위원회에 대하여는 제6조제3항 내지 제7항, 제9조제2항 및 제4항의 규정을 적용하지 아니한다. <개정 2007.1.26>

② 다음 각 호의 1에 해당하는 사항에 대하여는 당해 특별노동위원회의 설치근거가 되는 법률에서 달리 정할 수 있다.

1. 제6조제2항의 규정에 의한 근로자위원·사용자위원 및 공익위원의 수
2. 제11조의 규정에 의한 상임위원

③ 특별노동위원회에 대하여는 제15조제3항 내지 제5항의 규정을 적용함에 있어서 심판담당공익위원·차별시정담당공익위원 및 조정담당공익위원은 이를 공익위원으로 본다. <개정 2006.12.21>

제2장 조직

제6조 (노동위원회의 구성 등)

① 노동위원회는 근로자를 대표하는 위원(이하 '근로자위원'이라 한다)과 사용자를 대표하는 위원(이하 '사용자위원'이라 한다) 및 공익을 대표하는 위원(이하 '공익위원'이라 한다)으로 구성한다.

② 노동위원회 위원의 수는 근로자위원·사용자위원은 각 10인 이상 50인 이하, 공익위원은 10인 이상 70인 이하의 범위 안에서 각 노동위원회의 업무량을 감안하여 대통령령으로 정한다. 이 경우 근로자위원과 사용자위원은 동수로 한다. <개정 1999.4.15, 2006.12.21, 2007.1.26>

③ 근로자위원은 노동조합이 추천한 자 중에서 위촉하고 사용자위원은 사용자단체가 추천한 자 중에서 위촉하되, 중앙노동위원회의 경우에는 노동부장관의 제청으로 대통령이, 지방노동위원회의 경우에는 지방노동위원회위원장의 제청으로 중앙노동위원회위원장이 각각 위촉한다. <개정 2007.1.26>

④ 공익위원은 당해 노동위원회위원장·노동조합 및 사용자단체가 각각 추천한 자 중에서 노동조합과 사용자단체가 순차적으로 배제하고 남

은 자를 위촉대상 공익위원으로 하고, 그 위촉대상 공익위원 중에서 중앙노동위원회의 공익위원은 노동부장관의 제청으로 대통령이, 지방노동위원회의 공익위원은 지방노동위원회위원장의 제청으로 중앙노동위원회위원장이 각각 위촉한다. <개정 2007.1.26>

⑤ 제4항의 규정에 불구하고 노동조합 또는 사용자단체가 공익위원의 추천 또는 추천된 공익위원을 순차적으로 배제하는 절차를 거부하는 경우에는 당해 노동위원회위원장이 위촉대상 공익위원을 선정할 수 있다. <신설 2007.1.26>

⑥ 공익위원은 다음과 같이 구분하여 위촉한다. <개정 2006.12.21, 2007.1.26>

1. 심판사건을 담당하는 심판담당공익위원

2. 차별시정사건을 담당하는 차별시정담당공익위원

3. 조정(調整)사건을 담당하는 조정담당공익위원

⑦ 노동위원회 위원의 추천절차, 공익위원의 순차배제의 방법 기타 위원의 위촉에 관하여 필요한 사항은 대통령령으로 정한다. <개정 2007.1.26>

제6조의2 (공인노무사의 권리구제 대리)

① 노동위원회는 제2조의2제1호 중 판정·결정·승인·인정 또는 차별시정 등에 관한 사건에 있어서 「공인노무사법」 제26조의2제1항에 따라 사회취약계층을 위하여 공인노무사로 하여금 권리구제업무를 대리하게 할 수 있다.

② 제1항에 따라 사회취약계층을 위한 권리구제업무를 대리하는 경우의 요건, 대상, 공인노무사의 보수에 관한 사항 등 필요한 사항은 노동부령으로 정한다.

[본조신설 2007.5.17]

제7조 (위원의 임기 등)

① 노동위원회 위원의 임기는 3년으로 하되, 연임할 수 있다.

② 위원이 궐위된 경우 보궐위원의 임기는 전임자의 잔임기간으로 한다.

다만, 위원장 또는 상임위원이 궐위되어 후임자를 임명한 경우 후임자의 임기는 새로이 개시된다. <개정 2007.1.26>

③ 위원은 그 임기가 만료된 경우 후임자가 위촉될 때까지 계속 그 직무를 집행한다.

④ 위원의 처우에 관하여는 대통령령으로 정한다.

제8조 (공익위원의 자격기준 등)

① 중앙노동위원회의 공익위원은 다음의 구분에 따라 다음 각 목의 어느 하나에 해당하는 자로서 노동문제에 관한 지식과 경험이 있는 자 중에서 위촉한다.<개정 2005.12.29, 2006.12.21, 2007.1.26>

1. 심판담당공익위원 및 차별시정담당공익위원

가. 노동문제와 관련된 학문을 전공한 자로서 공인된 대학에서 부교수 이상으로 재직한 자

나. 판사·검사·군법무관·변호사 또는 공인노무사의 직에 7년 이상 재직한 자

다. 노동관계업무에 7년 이상 종사한 자로서 2급 또는 2급 상당 이상의 공무원이나 고위공무원단에 속하는 공무원으로 재직한 자

라. 기타 노동관계업무에 15년 이상 종사하여 전문적 지식과 경험을 갖춘 자로서 심판담당공익위원 또는 차별시정담당공익위원으로 적합하다고 인정되는 자

1의2. 삭제 <2007.1.26>

2. 조정담당공익위원

가. 공인된 대학에서 부교수 이상으로 재직한 자

나. 판사·검사·군법무관·변호사 또는 공인노무사의 직에 7년 이상 재직한 자

다. 노동관계업무에 7년 이상 종사한 자로서 2급 또는 2급 상당 이상의 공무원이나 고위공무원단에 속하는 공무원으로 재직한 자

라. 기타 노동관계업무에 15년 이상 종사한 자 또는 사회적 덕망이 있는 자로서 조정담당공익위원으로 적합하다고 인정되는 자

② 지방노동위원회의 공익위원은 다음의 구분에 따라 다음 각 목의 어느 하나에 해당하는 자로서 노동문제에 관한 지식과 경험이 있는 자 중에서 위촉한다. <개정 2005.12.29, 2006.12.21, 2007.1.26>

1. 심판담당공익위원 및 차별시정담당공익위원

가. 노동문제와 관련된 학문을 전공한 자로서 공인된 대학에서 조교수 이상으로 재직한 자

나. 판사·검사·군법무관·변호사 또는 공인노무사의 직에 3년 이상 재직한 자

다. 노동관계업무에 3년 이상 종사한 자로서 3급 또는 3급 상당 이상의 공무원이나 고위공무원단에 속하는 공무원으로 재직한 자

라. 노동관계업무에 10년 이상 종사한 자로서 4급 또는 4급 상당 이상의 공무원으로 재직한 자

마. 기타 노동관계업무에 10년 이상 종사하여 전문적 지식과 경험을 갖춘 자로서 심판담당공익위원 또는 차별시정담당공익위원으로 적합하다고 인정되는 자

1의2. 삭제 <2007.1.26>

2. 조정담당공익위원

가. 공인된 대학에서 조교수 이상으로 재직한 자

나. 판사·검사·군법무관·변호사 또는 공인노무사의 직에 3년 이상 재직한 자

다. 노동관계업무에 3년 이상 종사한 자로서 3급 또는 3급 상당 이상의 공무원이나 고위공무원단에 속하는 공무원으로 재직한 자

라. 노동관계업무에 10년 이상 종사한 자로서 4급 또는 4급 상당 이상의 공무원으로 재직한 자

마. 기타 노동관계업무에 10년 이상 종사한 자 또는 사회적 덕망이 있는 자로서 조정담당공익위원으로 적합하다고 인정되는 자

③ 삭제 <2007.1.26>

제9조 (위원장) ① 노동위원회에 위원장 1인을 둔다.

② 중앙노동위원회위원장은 중앙노동위원회의 공익위원 자격을 가진 자 중에서 노동부장관의 제청으로, 지방노동위원회위원장은 지방노동위원회의 공익위원 자격을 가진 자 중에서 중앙노동위원회위원장의 추천과 노동부장관의 제청으로 대통령이 각각 임명한다. <개정 2007.1.26>

③ 중앙노동위원회위원장은 정무직으로 한다.

④ 노동위원회위원장(이하 '위원장'이라 한다)은 공익위원이 되며, 심판사건·차별시정사건과 조정사건을 담당할 수 있다. <개정 2006.12.21>

제10조 (위원장의 직무)

① 위원장은 당해 노동위원회를 대표하며 회무를 통리한다.

② 위원장이 부득이한 사유로 직무를 수행할 수 없는 때에는 공익위원 중에서 대통령령이 정하는 바에 의하여 선임된 자가 그 직무를 대행한다.

제11조 (상임위원)

① 노동위원회에 상임위원을 두며 상임위원은 당해 노동위원회의 공익위원 자격을 가진 자 중에서 중앙노동위원회위원장의 추천과 노동부장관의 제청으로 대통령이 임명한다.

② 상임위원은 공익위원이 되며, 심판사건·차별시정사건과 조정사건을 담당할 수 있다. <개정 2006.12.21>

③ 각 노동위원회에 두는 상임위원의 수 및 계급 등은 대통령령으로 정한다.

제11조의2 (위원의 행위규범)

① 노동위원회의 위원은 법과 양심에 따라 공정하고 성실하게 업무를 수행하여야 한다.

② 중앙노동위원회는 노동위원회 위원이 제1항의 규정에 따라 업무를 수행하기 위하여 준수하여야 할 행위규범 및 그 운영에 관련된 사항을 제15조의 규정에 따른 노동위원회 전원회의의 의결을 거쳐 정할 수 있다.

③ 제2항의 규정에 따른 행위규범은 다음 각 호의 사항을 정한다.

1. 노동위원회 위원의 업무수행과 관련하여 향응·금품 등을 받는 행위의 금지에 관한 사항

2. 노동위원회 위원이 관계 당사자 일방에 편파적이거나 사건처리를 방해하는 등 공정성 및 중립성을 훼손하는 행위의 금지·제한에 관한 사항

3. 제15조의 규정에 따른 부문별위원회 출석 등 성실한 업무수행과 관련된 사항

4. 그 밖에 노동위원회 위원의 품위유지 등을 위하여 필요한 사항

[본조신설 2007.1.26]

제12조 (결격사유) 국가공무원법 제33조의 규정에 해당하는 자는 노동위원회 위원에 위촉될 수 없다.

제13조 (위원의 신분보장)

① 노동위원회 위원은 다음 각 호의 어느 하나에 해당하는 경우를 제외하고는 그 의사에 반하여 면직 또는 해촉되지 아니한다. <개정 2007.1.26>

1. 「국가공무원법」 제33조의 규정에 해당하게 된 경우

2. 장기간의 심신쇠약으로 직무를 수행할 수 없게 된 경우

3. 직무와 관련된 비위사실이 있거나 노동위원회 위원직을 유지하기에 적합하지 아니하다고 인정되는 비위사실이 있는 경우

4. 제11조의2의 규정에 따른 행위규범을 위반하여 위원으로서 직무를 수행하기 곤란한 경우

② 노동위원회 위원이 제1항제1호에 해당하게 된 경우에는 당연히 면직 또는 해촉된다. <개정 2007.1.26>

제14조 (사무처와 사무국 <개정 2007.1.26>)

① 중앙노동위원회에는 사무처를, 지방노동위원회에는 사무국을 둔다. <개정 2007.1.26>

② 사무처와 사무국의 조직·운영에 관하여 필요한 사항은 대통령령으로 정한다. <개정 2007.1.26>

③ 노동부장관은 노동위원회 사무처 또는 사무국 소속 직원을 노동부와

노동위원회 간에 전보할 경우 중앙노동위원회위원장의 의견을 들어야
한다. <신설 2007.1.26>

제14조의2 (중앙노동위원회 사무처장)

① 중앙노동위원회에는 사무처장 1인을 둔다.

② 사무처장은 중앙노동위원회 상임위원 중 1인이 겸직한다.

③ 사무처장은 중앙노동위원회위원장의 명을 받아 사무처의 사무를 처리
하며 소속 직원을 지휘·감독한다.

[본조신설 2007.1.26]

제14조의3 (조사관)

① 사무처와 사무국에 조사관을 둔다.

② 조사관은 위원장, 제15조의 규정에 따른 부문별위원회의 위원장 또는
제16조의2의 규정에 따른 주심위원의 지휘를 받아 노동위원회의 소관
사무 수행에 필요한 조사를 하고 부문별위원회에 출석하여 의견을 진
술할 수 있다.

③ 조사관은 중앙노동위원회위원장이 노동위원회 사무처 또는 사무국 소
속 공무원 중에서 임명하되, 그 임명·자격 등에 관하여 필요한 사항
은 대통령령으로 정한다.

[본조신설 2007.1.26]

제3장 회의

제15조 (회의의 구성 등)

① 노동위원회에는 전원회의 외에 그 권한에 속하는 업무를 부문별로 처
리하기 위하여 다른 법률에 특별한 규정이 있는 경우를 제외하고는
심판위원회·차별시정위원회·조정위원회·특별조정위원회·중재위
원회(중재위원회)·교원노동관계조정위원회(교원노동관계조정위원회)

및 공무원노동관계조정위원회(공무원노동관계조정위원회)(이하 '부문별 위원회'라 한다)를 둔다. <개정 1999.4.15, 2005.1.27, 2006.12.21>

② 전원회의는 당해 노동위원회 소속위원 전원으로 구성하며 다음 각 호의 사항을 처리한다.

1. 노동위원회의 운영등 일반적인 사항의 결정

2. 제22조제2항의 규정에 의한 근로조건의 개선에 관한 권고

3. 제24조 및 제25조의 규정에 의한 지시 및 규칙의 제정(중앙노동위원회에 한한다)

③ 심판위원회는 심판담당공익위원 중 위원장이 지명하는 3인(위원장 또는 상임위원 1인을 포함하여야 한다)으로 구성하며, 「노동조합및노동관계조정법」·「근로기준법」·「근로자참여및협력증진에관한법률」 그 밖의 법률에 따라 노동위원회의 판정·의결·승인 또는 인정 등을 받도록 규정된 사항을 처리한다. <개정 2007.1.26>

④ 차별시정위원회는 차별시정담당공익위원 중 위원장이 지명하는 3인(위원장 또는 상임위원 1인을 포함하여야 한다)으로 구성하며, 「기간제및단시간근로자보호등에관한법률」 또는 「파견근로자보호등에관한법률」에 따른 차별시정과 관련된 사항을 처리한다. <개정 2007.1.26>

⑤ 조정위원회·특별조정위원회 및 중재위원회는 「노동조합및노동관계조정법」이 정하는 바에 따라 구성하며 동법의 규정에 의한 조정·중재 기타 이와 관련된 사항을 각각 처리한다. 이 경우 공익위원은 조정담당공익위원(위원장 또는 상임위원을 포함한다) 중에서 선정한다. <개정 2006.12.21, 2007.1.26>

⑥ 제3항 및 제4항의 규정에 불구하고 위원장은 위원장 또는 상임위원의 업무가 과도하여 정상적인 업무수행이 곤란하게 되는 등 부득이한 사유가 있는 경우에는 위원장 또는 상임위원을 제외한 심판담당공익위원 3인과 차별시정담당공익위원 3인으로 각각 심판위원회와 차별시정위원회를 구성할 수 있다. <신설 2007.1.26>

⑦ 위원장은 제3항 내지 제5항의 규정에 불구하고 부문별위원회를 구성

함에 있어서 특정 부문별위원회에 사건이 과도하게 집중되는 등 부득이한 사유가 있는 경우에는 심판담당공익위원·차별시정담당공익위원 또는 조정담당공익위원의 담당 분야와 관계 없이 위원으로 지명할 수 있다. <신설 2007.1.26>

⑧ 교원노동관계조정위원회는 교원의노동조합설립및운영등에관한법률이 정하는 바에 따라 설치·구성하며, 동법의 규정에 의한 조정·중재 기타 이와 관련된 사항을 처리한다. <신설 1999.4.15, 2006.12.21, 2007.1.26>

⑨ 공무원노동관계조정위원회는 공무원의노동조합설립및운영등에관한법률이 정하는 바에 따라 설치·구성하며, 동법의 규정에 의한 조정·중재 그 밖에 이와 관련된 사항을 처리한다. <신설 2005.1.27, 2006.12.21, 2007.1.26>

제15조의2 (단독심판 등) 위원장은 다음 각 호의 어느 하나에 해당하는 경우에는 심판담당공익위원 또는 차별시정담당공익위원 1인을 지명하여 사건을 처리하게 할 수 있다.

1. 신청기간을 넘기는 등 신청의 요건을 명백하게 갖추지 못한 경우
2. 관계 당사자 쌍방의 신청이 있거나 동의를 얻은 경우

[본조신설 2007.1.26]

제16조 (회의의 소집)

① 위원장은 전원회의의 의장이 되며 부문별위원회위원장은 다른 법률에 특별한 규정이 있는 경우를 제외하고는 부문별위원회 위원 중에서 호선하고 당해 부문별위원회의 의장이 된다.

② 위원장 또는 부문별위원회위원장은 제15조제1항의 규정에 의한 전원회의 또는 부문별위원회를 각각 소집한다. 다만, 위원장은 필요하다고 인정하는 경우에는 부문별위원회를 소집할 수 있다.<개정 1999.4.15>

③ 위원장 또는 부문별위원회위원장은 전원회의 또는 부문별위원회를 구성하는 위원 과반수가 회의의 소집을 요구한 때에는 이에 응하여야 한다.

제16조의2 (주심위원) 부문별위원회위원장은 부문별위원회의 원활한 운영을 위하여 필요하다고 인정하는 경우에는 주심위원을 지명하여 사건의 처리를 주관하도록 할 수 있다.

[본조신설 2007.1.26]

제16조의3 (화해의 권고 등)

① 노동위원회는「노동조합및노동관계조정법」제84조 또는「근로기준법」제28조의 규정에 따른 판정·명령 또는 결정이 있기 전까지 관계 당사자의 신청 또는 직권에 의하여 화해를 권고하거나 화해안을 제시할 수 있다. <개정 2007.4.11>

② 노동위원회는 화해안을 작성함에 있어서 관계 당사자의 의견을 충분히 들어야 한다.

③ 노동위원회는 관계 당사자가 화해안을 수락한 때에는 화해조서를 작성하여야 한다.

④ 화해조서에는 관계 당사자와 화해에 관여한 위원 전원이 서명 또는 날인하여야 한다.

⑤ 제3항 및 제4항의 규정에 따라 작성된 화해조서는「민사소송법」에 따른 재판상 화해의 효력을 갖는다.

⑥ 제1항 내지 제4항의 규정에 따른 화해의 방법, 화해조서의 작성 등에 관하여 필요한 사항은 중앙노동위원회가 따로 정한다.

[본조신설 2007.1.26]

제17조 (의결)

① 노동위원회의 전원회의는 재적위원 과반수의 출석으로 개의하고 출석위원 과반수의 찬성으로 의결한다.

② 부문별위원회의 회의는 구성위원 전원의 출석으로 개의하고 출석위원 과반수의 찬성으로 의결한다.

③ 제2항의 규정에 불구하고 공무원노동관계조정위원회의 전원회의는 재적위원 과반수의 출석으로 개의하고 출석위원 과반수의 찬성으로 의결한다.

④ 전원회의 또는 부문별위원회의 회의에 참여한 위원은 그 의결 사항에 대하여 서명 또는 날인하여야 한다.

[전문개정 2007.1.26]

제17조의2 (의결결과의 통지 등)

① 노동위원회는 부문별위원회의 의결결과를 지체 없이 당사자에게 통보하여야 한다.

② 노동위원회는 그 처분에 관하여 당사자에게 서면으로 통지하여야 하며, 처분의 효력은 명령서・결정서 또는 재심판정서를 받은 날부터 발생한다.

[본조신설 2007.1.26]

제18조 (보고 및 의견청취)

① 위원장 또는 부문별위원회위원장은 소관회의에 부의된 사항에 관하여 구성위원 또는 조사관으로 하여금 회의에 보고하도록 할 수 있다. <개정 2007.1.26>

② 심판위원회・차별시정위원회는 의결하기 전에 당해 노동위원회의 근로자위원 및 사용자위원 각 1인 이상의 의견을 들어야 한다. 다만, 근로자위원 또는 사용자위원이 출석요구를 받고 정당한 이유 없이 출석하지 아니하는 경우에는 그러하지 아니하다. <개정 2006.12.21>

제19조 (회의의 공개) 노동위원회의 회의는 공개한다. 다만, 당해 회의의 결의에 의하여 공개하지 아니할 수 있다.

제20조 (회의의 질서유지) 위원장 또는 부문별위원회위원장은 소관회의의 공정한 진행을 방해하거나 질서를 문란하게 하는 자에 대하여는 퇴장명령 그 밖에 질서유지에 필요한 조치를 취할 수 있다. <개정 2007.1.26>

제21조 (위원의 제척・기피 등)

① 위원은 다음 각 호의 어느 하나에 해당하는 경우에는 당해 사건에 관한 직무집행에서 제척된다. <개정 2007.1.26>

1. 위원 또는 그 배우자나 배우자이었던 자가 당해 사건의 당사자가 되거나 당해 사건의 당사자와 공동권리자 또는 의무자의 관계에 있는 경우

2. 위원이 당해 사건의 당사자와 「민법」 제777조의 규정에 따른 친족의 관계에 있거나 있었던 경우

3. 위원이 당해 사건에 관하여 진술이나 감정을 한 경우

4. 위원이 당해 사건에 관하여 당사자의 대리인으로서 관여하거나 관여하였던 경우

5. 위원이 당해 사건의 원인이 된 처분 또는 부작위에 관여한 경우

② 위원장은 제1항의 사유가 있는 때에는 직권 또는 당사자의 신청에 따라 제척의 결정을 하여야 한다. <신설 2007.1.26>

③ 당사자는 심의·의결 또는 조정의 공정을 기대하기 어려운 위원이 있을 경우에는 위원장에게 그 사유를 적어 기피신청을 할 수 있다. <개정 2007.1.26>

④ 위원장은 제3항의 기피신청이 이유 있다고 인정되는 경우에는 그 위원을 교체하여야 한다. <개정 2007.1.26>

⑤ 위원장은 사건이 접수되는 즉시 제2항의 규정에 따른 제척신청 및 제3항의 규정에 따른 기피신청을 할 수 있음을 사건당사자에게 알려야 한다. <개정 2007.1.26>

제4장 권한

제22조 (협조요청 등)

① 노동위원회는 그 사무집행을 위하여 필요하다고 인정할 때에는 관계 행정기관에 협조를 요청할 수 있으며 협조를 요청받은 관계행정기관은 특별한 사유가 없는 한 이에 응하여야 한다.

② 노동위원회는 관계행정기관으로 하여금 근로조건의 개선에 관하여 필요한 조치를 하도록 권고할 수 있다.

제23조 (위원회의 조사권 등)

① 노동위원회는 제2조의2의 규정에 따른 소관 사무(제3호의 업무를 제외

한다)와 관련하여 사실관계의 확인 등 그 사무집행을 위하여 필요하다고 인정할 때에는 사용자·사용자단체·노동조합 기타 관계인에 대하여 출석·보고 또는 필요한 서류의 제출을 요구하거나 위원장 또는 부문별위원회위원장이 지명한 위원 또는 조사관으로 하여금 사업 또는 사업장의 업무상황·서류 기타 물건을 조사하게 할 수 있다. <개정 2007.1.26>

② 제1항의 규정에 의하여 조사하는 위원 또는 조사관은 그 권한을 표시하는 증표를 관계인에게 제시하여야 한다. <개정 2007.1.26>

③ 노동위원회는 제1항의 규정에 의하여 관계당사자 외에 필요하다고 인정되어 출석한 자에 대하여는 대통령령이 정하는 바에 의하여 비용을 변상한다.

제24조 (중앙노동위원회의 지시권 등) 중앙노동위원회는 지방노동위원회 또는 특별노동위원회에 대하여 노동위원회의 사무처리에 관한 기본방침 및 법령의 해석에 관하여 필요한 지시를 할 수 있다.

제25조 (중앙노동위원회의 규칙제정권) 중앙노동위원회는 중앙노동위원회·지방노동위원회 또는 특별노동위원회의 운영 기타 필요한 사항에 관한 규칙을 제정할 수 있다.

제26조 (중앙노동위원회의 재심권)

① 중앙노동위원회는 당사자의 신청이 있는 경우 지방노동위원회 또는 특별노동위원회의 처분을 재심하여 이를 인정·취소 또는 변경할 수 있다.

② 제1항의 규정에 의한 신청은 관계법령에 특별한 규정이 있는 경우를 제외하고는 지방노동위원회 또는 특별노동위원회가 행한 처분을 통지받은 날부터 10일 이내에 하여야 한다.

③ 제2항의 기간은 불변기간으로 한다. <개정 2007.1.26>

제27조 (중앙노동위원회의 처분에 대한 소)

① 중앙노동위원회의 처분에 대한 소는 중앙노동위원회위원장을 피고로 하여 처분의 통지를 받은 날부터 15일 이내에 이를 제기하여야 한다.

② 이 법에 의한 소의 제기로 처분의 효력은 정지하지 아니한다.

③ 제1항의 기간은 불변기간으로 한다.

제5장 보칙

제28조 (비밀엄수의 의무 등 <개정 2007.1.26>)

① 노동위원회의 위원이나 직원 또는 그 위원이나 직원이었던 자는 그 직무에 관하여 지득한 비밀을 누설하여서는 아니 된다.

② 노동위원회의 사건처리에 관여한 위원이나 직원 또는 그 위원이나 직원이었던 자로서 변호사·공인노무사 등은 영리를 목적으로 당해 사건에 관하여 그 직무를 행하여서는 아니 된다. <신설 2007.1.26>

제29조 (벌칙적용에 있어서의 공무원 의제) 노동위원회의 위원 중 공무원이 아닌 위원은 형법 기타 법률에 의한 벌칙의 적용에 있어서 공무원으로 본다.

제6장 벌칙

제30조 (벌칙) 제28조의 규정에 위반한 자는 1년 이하의 징역 또는 300만 원 이하의 벌금에 처한다.

제31조 (벌칙) 제23조제1항의 규정에 따른 노동위원회의 조사권 등과 관련하여 다음 각 호에 해당하는 자는 500만 원 이하의 벌금에 처한다.

1. 노동위원회의 보고 또는 서류제출 요구에 응하지 아니하거나 거짓의 보고 또는 서류를 제출한 자

2. 관계 위원 또는 조사관의 조사를 거부·방해 또는 기피한 자

[전문개정 2007.1.26]

제32조 (양벌규정) 법인 또는 단체의 대표자, 법인·단체 또는 개인의 대

리인·사용인 기타의 종업원이 그 법인·단체 또는 개인의 업무에 관하여 제31조의 위반행위를 한 때에는 행위자를 벌하는 외에 그 법인·단체 또는 개인에 대하여도 동조의 벌금형을 과한다.

제33조 (과태료)

① 제20조의 규정에 따른 퇴장명령에 불응한 자는 100만 원 이하의 과태료에 처한다.

② 제1항의 규정에 따른 과태료는 대통령령이 정하는 바에 따라 노동위원회가 부과·징수한다.

③ 제2항의 규정에 따른 과태료 처분에 불복하는 자는 그 처분을 고지받은 날부터 30일 이내에 노동위원회에 이의를 제기할 수 있다.

④ 제2항의 규정에 따른 과태료 처분을 받은 자가 제3항의 규정에 따라 이의를 제기한 때에는 노동위원회는 지체 없이 관할 법원에 그 사실을 통보하여야 하며 그 통보를 받은 관할 법원은 「비송사건절차법」에 따른 과태료의 재판을 한다.

⑤ 제3항의 규정에 따른 기간 이내에 이의를 제기하지 아니하고 과태료를 납부하지 아니한 때에는 국세체납처분의 예에 따라 이를 징수한다.

[본조신설 2007.1.26]

부칙 <제5311호, 1997.3.13>

제1조 (시행일) 이 법은 공포한 날부터 시행한다.

제2조 (관장사건에 관한 경과조치) 이 법 시행 당시 종전의 규정에 의하여 2 이상의 특별시·광역시 또는 도에 걸친 사건으로서 중앙노동위원회에서 처리 중인 사건은 제3조제2항의 규정에 불구하고 중앙노동위원회가 처리한다.

제3조 (위원장 등의 임명에 관한 경과조치) 1997년 2월 28일 현재 위원장 또는 상임위원으로 재직 중이었던 자가 이 법에 의한 위원장 또는 상임위원으로 임명되는 경우에는 노동위원회법(법률 제3770호)에 의하여 임명된 날

부터 그 임기를 기산한다.

제4조 (출석·보고 등 요구에 대한 경과조치) 이 법 시행 당시 노동위원회가 행한 출석·보고 또는 필요한 서류의 제출 요구는 이 법에 의하여 행한 것으로 본다.

제5조 (벌칙에 관한 경과조치) 이 법 시행 전의 행위에 대한 벌칙의 적용에 있어서는 종전의 규정에 의한다.

부칙 <제5962호, 1999.4.15>

이 법은 공포한 날부터 시행한다. 다만, 제15조제1항 및 제5항의 개정규정은 1999년 7월 1일부터 시행한다.

부칙 <제7380호, 2005.1.27>(공무원의노동조합설립및운영등에관한법률)

제1조 (시행일) 이 법은 공포 후 1년이 경과한 날부터 시행한다.

제2조 (다른 법률의 개정) ① 및 ② 생략

③ 노동위원회법 중 다음과 같이 개정한다.

제15조제1항 중 '중재위원회 및 교원노동관계조정위원회'를 '중재위원회(중재위원회)·교원노동관계조정위원회(교원노동관계조정위원회) 및 공무원노동관계조정위원회(공무원노동관계조정위원회)'로 하고, 동조에 제6항을 다음과 같이 신설한다.

⑥ 공무원노동관계조정위원회는 공무원의노동조합설립및운영등에관한법률이 정하는 바에 따라 설치·구성하며, 동법의 규정에 의한 조정·중재 그 밖에 이와 관련된 사항을 처리한다.

부칙 <제7773호, 2005.12.29>(정부조직법)

제1조 (시행일) 이 법은 2006년 7월 1일부터 시행한다.

제2조 (다른 법률의 개정) ① 및 ② 생략

③ 노동위원회법 일부를 다음과 같이 개정한다.

제11조제3항 중 '직급'을 '계급 등'으로 한다.

④ 내지 ⑤ 생략

부칙 <제7796호, 2005.12.29>(국가공무원법)

제1조 (시행일) 이 법은 2006년 7월 1일부터 시행한다.

제2조 (적격심사에 관한 적용례)

① 제70조의2제1항제2호의 규정은 이 법 시행 이후의 기간에 대한 근무성적 평정부터 적용한다.

② 제70조의2제1항제3호의 규정은 이 법 시행 이후 보직을 받지 못하게 된 경우부터 적용한다.

제3조 (고위공무원단에 속하게 되는 공무원에 관한 경과조치)

① 이 법 시행 당시 제2조의2제2항 각 호의 직위에 임용되어 재직 중이거나 파견·휴직 등으로 인사관리되고 있는 1급 내지 3급의 일반직공무원과 이에 상당하는 별정직공무원 및 계약직공무원은 이 법 시행일부터 이 법에 의한 고위공무원단에 속하는 것으로 본다.

② 이 법 시행 당시 종전의 규정에 의한 임용절차가 진행 중인 경우 이미 진행된 임용절차는 이 법에 의하여 임용절차가 진행된 것으로 본다.

제4조 (적격심사에 관한 경과조치) 부칙 제3조제1항의 규정에 해당하는 자에 대하여 제70조의2제1항제1호 본문의 규정을 적용함에 있어서는 이 법 시행일을 임용된 날로 본다.

제5조 (공무원을 자격요건으로 하는 규정에 관한 경과조치) 이 법 시행 당시 다른 법령에 규정된 자격요건 등에 행정부의 1급 내지 3급의 일반직공무원이나 이에 상당하는 별정직공무원 또는 계약직공무원(「지방자치법」 제101조제2항·제103조제4항 및 「지방교육자치에관한법률」 제35조제2항의 규정에 의하여 지방자치단체 또는 지방교육행정기관에 두는 국가공무원을 포함한다. 이하 이 조에서 같다)이 포함되어 있는 경우 그 법령을 적용함에 있어서 이 법 시행 후 최초로 그 법령이 개정될 때까지는 고위공무원단에 속하는 일반직공무원·별정직공무원 또는 계약직공무원이 포함되는 것으로 본다. 이 경우 재직기간을 산정하는 때에는 고위공무원단에 속하는 일반직공무원·별정직공무원 또는 계약직공무원으로 재직한 기간은 각각 행정부의 1급 내지 3급의 일반직공무원이나 이에 상당하는 별정직공무원 또는 계약직공무원으로 재직한 기간으로 본다.

제6조 (다른 법률의 개정) ① 내지 <22> 생략

<23> 노동위원회법 일부를 다음과 같이 개정한다.

제8조제1항제1호 다목 및 동항제2호 다목 중 '공무원'을 각각 '공무원이나 고위공무원단에 속하는 공무원'으로 한다.

제8조제2항제1호 다목 및 동항제2호 다목 중 '공무원'을 각각 '공무원이나 고위공무원단에 속하는 공무원'으로 한다.

<24> 내지 <68> 생략

부칙 <제8075호, 2006.12.21>

이 법은 2007년 1월 1일부터 시행한다. 다만, 제6조제2항의 개정규정은 공포한 날부터 시행한다.

부칙 <제8296호, 2007.1.26>

① (시행일) 이 법은 2007년 4월 1일부터 시행한다.

② (공익위원의 위촉에 관한 적용례) 제6조제4항의 개정규정은 이 법 시행 후 최초로 위촉되는 공익위원부터 적용한다.

③ (지방노동위원회위원장의 임명에 관한 적용례) 제9조제2항의 개정규정은 이 법 시행 후 최초로 임명되는 지방노동위원회위원장부터 적용한다.

부칙 <제8372호, 2007.4.11>(근로기준법)

제1조 (시행일) 이 법은 공포한 날부터 시행한다. <단서 생략>

제2조 내지 제15조 생략

제16조 (다른 법률의 개정) ① 내지 ⑩ 생략

⑪ 노동위원회법 일부를 다음과 같이 개정한다.

제16조의3제1항 중 '제33조'를 '제28조'로 한다.

⑫ 내지 <24> 생략

제17조 생략

부칙 <제8474호, 2007.5.17>

이 법은 2008년 1월 1일부터 시행한다.

노동조합과 노동문제를 이해해야만 조직을 효과적으로 관리할 수 있다.

대부분의 조직은 운영자와 피운영자 간의 갈등이 존재한다. 그리고 이득에 대한 가치가 다르기 때문에 의견 차이가 올 수 있으며, 바라보는 시각도 상이하다. 다양한 욕구를 충족시켜 주기 위해서는 노동문제를 유연하게 해결할 필요가 있다. 이것이 조직관리자가 해야 할 테크닉인 것이다. 문제를 해결하고 조직이 수월하게 운영될 수 있도록 여건과 환경을 만들어 주어야 한다. 조직문제를 너무 쉽게 접근하여서도 안 되고 너무 어렵게만 볼 수도 없는 문제이다. 다원주의적 접근이 필요하며 다양성이 존재해야 한다.

▌약 력

1994. U.S.A. Midwest University(M.Div)
2002. 고려대학교(교육정책학 석사 – 수석장학생)
2005. 성균관대학교 대학원 박사 Cand(교육행정학 전공)

1991. 한국세무신문사 전문취재부 기자
1995. 한국어린이선교원신학교 캠퍼스 분교장
2002. 고려교육정책학회 상임회장(학진 학회검색 가능)
2002. 몬테쏘리학회 상임회장(학진 학회검색 가능)
2002. 고구려대학교 설립추진위원회 법인이사
2003. 한주신학 학술원 설립이사(신학원 교수)
2003. U.S.A. Glenford University 교육학과 교수 역임
2004. U.S.A. Cohen University 정책학과 외래교수
2004. 한국복지상담학술재단 이사 겸 홍보처장
2005. U.S.A. Holy People University Campus 유학담당 지도교수
2005. PHILIPPINE PRESBYTERIAN THEOLOGICAL COLLEGE 객원교수
2005. 대통령직속기관 사법개혁추진위원회 모의재판 배우 활동(광주법원, 서울 공연)
2005. 혜전대학 adjunct professor 역임
2006. 고위직 직무교육 콘텐츠 연기자 활동(기아, 현대, 대우 자동차)
2006. 장애인복지시설, 행복한재단 이사 활동
2009. 혜전대학 초빙교수
2008. 지방분권신문사 사장(대표이사) 역임
2008. 중부권발전연구소 연구소장 역임
2009. Korea Entertainment institute 대표이사
2009. 한민대학교 출강
2009. 고려신학대학원, 고려사이버신학대학 원격평생교육원 기획처장

▌주요 논문

「우리나라의 복지행정제도에 관한 고찰 연구」(1988)
「Kal Barth의 신관 연구」(1988)
「한국 민중문화와 민중 신학 연구」(1992)
「Rein hold Niebuhr & Marx에 대한 상관관계 연구」(1993)
「A CHRONOLOGICAL HARMONY OF THE RESURRECTION
  APPEARANCES OF JESUS THE MESSIAH」(1994)
「북한종교의 변화 전망 연구」(2002)
「교육위원회와 지방의회간의 갈등 현상에 관한 연구」(2001)
「조선조 과거시험 방식의 정책적 분석」(공동, 2005)
「조선의 과거제도에 대한 정책적 연구」(공동, 2005)
「조선왕조 과거제도 인사정책 연구」(공동, 2005)
「조선왕조 과거시험주기 정책적 주장 분석연구」(공동, 2005)
「조선왕조 과거제도가 현대 정책에 주는 의미」(공동, 2005)
「과거제도 시험주기의 정책 분석연구」(공동, 2005)
「북한 종교지형 변천 정책 분석연구」(공동, 2005)

▌주요 저서

1. 『대학생활영어』(공저)
2. 『행정경제교육』(저술)
3. 『행정정책기획론』(저술)
4. 『의원학』(저술)
5. 『국회의원학』(저술)
6. 『교육정책학 상』(저술)
7. 『교육정책학 하』(저술)
8. 『산학협동교육학』(저술)
9. 『현대교육학실기론』(저술)
10. 『현대환경행정론』(공저)
11. 『행정사무관리론』(공저)
12. 『영재교육심리』(저술)
13. 『인사행정학』(저술)
14. 『행정복지론』(저술)
15. 『조직신학』(공저)
16. 『아다르마 성공비법』(저술)
17. 『동양환경행정』(저술)
18. 『교육학과 비서행정』(저술)
19. 『7만교인 교육론』(저술)
20. 『지방자치발전론』(저술)
21. 『CEO 지도자론』(공저)
22. 『NGO 행정론』(공저)
23. 『경영행정학』(저술)
24. 『직업과 경제』(저술)
25. 『실기교육방법론』(저술)
26. 『전산실무』(저술)
27. 『사회복지행정론』(공저)
28. 『대박마케팅』(공저)
29. 『행정학』(저술)
30. 『멘토』(저술)
31. 『모세오경의 교육론』(공저)
32. 『사회복지정책론』(공저)
33. 『금융·재테크 성공론』(공저)
34. 『사회복지법제』(저술)
35. 『리더쉽 성공론』(저술)
36. 『사회복지상담』(저술)
37. 『경찰행정법』(공저)
38. 『무역법과 상거래』(공저)
39. 『복지행정조사방법론』(저술)
40. 『행정조직관리론』(저술)

외 다수

김두흠

▌약력

대불대학교 사회복지학과 졸업
개신대학원대학교 졸업
U.S.A. Bethany 신학대학원 종교교육학 석사
U.S.A. California(I.T.S.C) 박사(D.Min)
U.S.A. Shepherd University 박사(Th.D)

한국어린이선교원신학교 교수
Holy People University General Education
In The Field of Education Church Professor
바울선교신학연구원 교무처장 및 교수
한국국제 기아대책기구 전주지역 이사
법무부 보호관찰위원(목회자 협의회)
지방분권신문사 전남북 총괄 지국장
대한예수교장로회(합동) 전주 새힘교회 위임목사
한민대학교 전주학습관 관장(교수)

이필호

▌약 력

국토연구원 토지·주택연구실 연구원 역임
한국지방공기업학회 간사 역임
대진대학교, 혜전대학, 건동대학교 출강

▌주요 논문 및 저서

「율곡의 행정개혁사상에 관한 연구」
「용인시 서북부지역 종합계획수립연구」(공동)
「토공과 주공의 통합방안 연구」(공동)
「대전광역시 새주소 부여체계에 관한 연구」(공동)
「고속도로접도구역 지정범위조정 및 매수 청구제도」(공동)

『NGO 행정론』(공저)
『CEO 지도자론』(공저)
『대박마케팅』(공저)
『사회복지정책론』(공저)
『경찰행정법』(공저)
『행정조직관리론』(공저)
외 다수

행정조직관리론

초판인쇄 | 2010년 1월 22일
초판발행 | 2010년 1월 22일

지은이 | 한만봉·김두흠·이필호
펴낸이 | 채종준
펴낸곳 | 한국학술정보㈜
주 소 | 경기도 파주시 교하읍 문발리 파주출판문화정보산업단지 513-5
전 화 | 031) 908-3181(대표)
팩 스 | 031) 908-3189
홈페이지 | http://www.kstudy.com
E-mail | 출판사업부 publish@kstudy.com

등 록 | 제일산-115호(2000. 6. 19)

ISBN 978-89-268-0754-5 93350 (Paper Book)
     978-89-268-0755-2 98350 (e-Book)